传播视野中的近代中国

——— 复旦大学信息与传播研究中心主持 ———

黄旦　周奇 ◎ 主编

媒介、文化与知识传播

MEIJIE, WENHUA YU ZHISHI CHUANBO

中国传媒大学出版社
·北京·

图书在版编目(CIP)数据

媒介、文化与知识传播/黄旦,周奇主编.--北京：中国传媒大学出版社，2021.1
（传播视野中的近代中国）
ISBN 978-7-5657-2898-3

Ⅰ.①媒… Ⅱ.①黄…②周… Ⅲ.①报业－新闻事业史－研究－中国－近代 Ⅳ.①G219.295

中国版本图书馆 CIP 数据核字（2021）第 016729 号

媒介、文化与知识传播
MEIJIE,WENHUA YU ZHISHI CHUANBO

主　　编	黄　旦　周　奇
责任编辑	于水莲
特约编辑	张继媛
封面设计	拓美设计
责任印制	李志鹏

出版发行　**中国传媒大学**出版社

社　　址	北京市朝阳区定福庄东街1号	邮　编	100024
电　　话	86-10-65450528　65450532	传　真	65779405
网　　址	http://cucp.cuc.edu.cn		
经　　销	全国新华书店		
印　　刷	唐山玺诚印务有限公司		
开　　本	787mm×1092mm　　1/16		
印　　张	20.25		
字　　数	426 千字		
版　　次	2021 年 1 月第 1 版		
印　　次	2021 年 1 月第 1 次印刷		
书　　号	ISBN 978-7-5657-2898-3/G·2898	定　价	92.00 元

本社法律顾问：北京李伟斌律师事务所　郭建平
版权所有　翻印必究　印装错误　负责调换

重解报刊之"魅"
——报刊与历史研究

黄 旦

"档案是时间织成的布面上的一个小缺口,是对意外事件的偶然一瞥。但档案的体积又是如此之庞大,置身其中犹如扑入大海,无边无际无所适从"。这让阿莱特·法尔热觉得,阅读档案就好像驻足于一片黑压压没有空地的森林,只有在其中停留太久之后,双眼习惯了黑暗,方能够辨认出树木的轮廓。这真"像走在一条满是裂缝且分叉的小径上,需在寂静和摸索中构思问题。这就像一个在眼前旋转无数次的万花筒:暂停片刻,想象的图案就有了具体的外形,然后再次碎裂成五颜六色的光彩,新的形态也随之出现。这些图案非常短暂,稍微晃动就会产生其他形状。档案中所能找到的意义如同这些图案一样,有力但短暂,随着万花筒的旋转而逐个出现"。[①] 档案所散发之"魅",令阿莱特·法尔热陶醉其间难舍难离。

那么,报刊可也有其自身之"魅"乎?法尔热倒是将档案与印刷材料做过一点比较。她指出:后者是一种专门针对公众的文本,是用来让公众阅读和理解的;无论曲笔或直书,印刷材料都有自己的意图,最简单、最明显的目的就是被其他人阅读。这与她所接触的司法档案性质完全不同。司法档案中虽然记录着许多人的生活的大致轨迹,但他们从没要求以这种方式被记录下来,[②]更不必说公之于众。用福柯的话来说,这是那些"无名者的生活"。[③] 法尔热因而以为,任何印刷材料,无论多么陌生,都不能与档案相媲美,尤其是那种身临其境之感。[④]

档案与印刷材料是否能相媲美(为什么非得相媲美呢?),这是另一个问题,但她所指出的"无名"与"有名"——印刷材料有意并有指向地让人阅读,从而缺少芸芸众生活色生香的气息和温度,多少说明印刷材料是有不同于档案之"魅"的,甚至与之气质是

[①] [法]阿莱特·法尔热:《档案之魅》,申华明译,商务印书馆2020年版,第4、2、49、66页。
[②] [法]阿莱特·法尔热:《档案之魅》,第3-4页。
[③] [法]福柯:《无名者的生活》,李猛译,《社会理论论坛》1999年总第6期。
[④] [法]阿莱特·法尔热:《档案之魅》,第3页。

相背而行的。"印刷术不是把文件紧锁深藏,而是把它们从箱子里和密室里拿出来复制,让人们都能看到这些文档。"① 戈公振将"为公众而刊行",确定为报纸的"原质"之一,②不是没有道理的。

报刊与历史研究,大而化之,可分为两类,姑且命为"历史的报刊研究"和"报刊的历史研究"。二者虽然都以报刊为对象,但意图和重点均不同。前者是追寻报刊中的历史踪迹,以澄清、证明、补正、丰富某一历史过程或历史事件。简而言之,是以"报"证史——将报刊作为研究和书写历史的依据或材料,属于"所有研究史学撰著史籍所必须根据之种种资料"③之一。后者是要理清报刊自身的历史脉络,展示其演变的过程及其对社会的影响,可谓以"报"为学——一个特定的研究领域和学科,"用历史的眼光,研究关于报纸自身发达之经过,及其对于社会文化之影响之学问也"④。

我没有具体查考过以"报"证史起于何时。"凡道光以来一切档案、碑传、文集、笔记、报章、杂志,皆为史料",其实也只有在这之后,研究史学撰著史籍所根据的种种资料中,才可能有"报刊"的位置,因为从传教士开始的中国现代报刊是在道光之后才慢慢形成气候(虽然认可报刊有资格成为史料还有一个过程)的。陈垣所言极是,史料是"愈近愈繁"。⑤

"愈近愈繁",可见史料是只进不出,纳新而不吐故。"档案、碑传、文集、笔记、报章、杂志,皆为史料",即是其"愈繁"的过程和呈现的面貌。由此也使另一个道理得以显明:若"档案、碑传、文集、笔记、报章、杂志"一个个遁迹消失,史料也就无从谈起。以此而言,史料是由"档案、碑传、文集、笔记、报章、杂志"所创、所产和所供,也没有什么不妥。它们是各安其位各开其路,这与当今有了数字技术而有大数据和数据挖掘是同一个道理。要是我们认可"档案、碑传、文集、笔记、报章、杂志"均为不同类型的媒介,历史材料就是媒介的无中生有,那么德布雷的这句话是一点也不差的:文化和文明传承,总是通过媒介载体的使用,亦即以技术性能为出发点。⑥ 因此,"世间没有所谓自然存在之史料,凡一切资料俱必通过史家之觉识与命义始具史料意义与功能"⑦的说法,还只是出于史料和史家治史的关系,若以史料构成而言,恐怕还得加上一句:一切资料俱必由处于不同位置和关系中的媒介所开拓。

---

① [美]伊丽莎白·爱森斯坦:《作为变革动因的印刷机:早期近代欧洲的传播与文化变革》,何道宽译,北京大学出版社 2010 年版,第 68 页。
② 戈公振:《中国报学史》,生活·读书·新知三联书店 1955 年版,第 6 页。
③ 王尔敏:《史学方法》,广西师范大学出版社 2005 年版,第 122 页。
④ 戈公振:《中国报学史》,第 1 页。
⑤ 转引自李剑鸣:《历史学家的修养和技艺》,上海三联书店 2007 年版,第 239 页。
⑥ [法]雷吉斯·德布雷:《媒介学引论》,刘文玲译,陈卫星审译,中国传媒大学出版社 2014 年版,第 5 页。
⑦ 王尔敏:《史学方法》,第 134 页。

媒介(档案、碑传、文集、笔记、报章、杂志等)各有所长,打开并通向不同的区间,①因此也就各"魅"其"魅"。档案之"魅"非报刊之"魅":如果档案可以比拟为一个矩阵,并不表达"唯一"真相,它有时引导人们去发现,有时又让人迷失;②报刊就是李普曼所说的"探照灯",虽然摇曳不定,但光照所向则确定不移,唯我独断。档案是无数人留下的痕迹,报刊是要让无数人围观它散发出的社会现实痕迹。就其实质,二者不应是真与假或者真实程度之辨,而是各有各的真实。好比"门"和"窗",都可以透视外界,各自的形态框架决定了其视野所及和能发挥的作用,岂能摆放在真实与否的层面进行较量?任何一种媒介,都有其特定的意图、体制制度、运作方式和性质功能,它们互为纠缠又互为区分,"各种特性的符号链与异常多样的编码模式(生物的,政治的,经济的,等等)相连接,这就发动了种种不同的符号机制和事物状态"③,构成了历史的不同层面。"档案既提供了信息,也提供了使用信息的方式或者使信息具有逻辑性的方式"④,报刊亦是一样。各类史料可以互相参照,但不宜随便统合。以"报"证史的历史报刊之研究,大多忽视了这一点。他们习惯于把报刊内容抽取出来,与其他史料(比如档案)辨别排比,以构成一个特定的"真",档案和报刊之"魅"也就因此荡然无存。

历史不能说源自文字,但的确是文字,使得历史有了明确记载。汉字的"史",据称其本意是史官——以文字记事的人,后又申义为文字和历史记载。到了汉代,古代的字书一概名之为"史"。"文字的作用是记事,记录下来的材料"就是"史料"。章学诚于是有言,"盈天地之间,凡涉著作之林,皆是史学"⑤。这既成就了历史,同时也为理解历史和史料,造就了特定的思维定式、辨析逻辑和读解方式。熟既能生巧,也导致熟视无睹,一切好似理所当然,故很少有人意识到,"严格意义上的文字是一种技术,它塑造了现代人的智能活动,给智能活动提供动力"⑥。这为历史及其研究带来的,就是根深蒂固的文字心智。史家以线性的文字思维来认识、读解和评判一切,成了一种布迪厄意义上的"惯习",或福柯意义上的"规训"。所以海登·怀特就特地提醒,现代的历史学家应该意识到视觉影像的解读是完全不同于书写档案的。⑦

其实,史学家对待视觉图像还是相当谨慎的,它毕竟与文字记事差别太大,其自身之"魅"难以忽视也不能轻易抹除,否则彼得·伯克也不必专写一本《图像证史》。可是

---

① [德]马丁·塞尔:《实在的传媒和传媒的实在》,载[德]西皮尔·克莱默尔编著:《传媒、计算机、实在性——真实性表象和新传媒》,孙和平译,中国社会科学出版社 2008 年版,第 215-237 页,引见第 215 页。
② [法]阿莱特·法尔热:《档案之魅》,第 68 页。
③ [法]德勒兹·加塔利:《资本主义与精神分裂(卷 2):千高原》,姜宇辉译,上海书店出版社 2010 年版,第 7 页。
④ [法]阿莱特·法尔热:《档案之魅》,第 58 页。
⑤ 许凌云:《读史入门》,中国人民大学出版社 2007 年版,第 3 页。
⑥ [美]沃尔特·翁:《口语文化与书面文化:语词的技术化》,何道宽译,北京大学出版社 2008 年版,第 63 页。
⑦ [美]海登·怀特:《书写史学与视听史学》,王佳怡译,《电影艺术》2014 年第 6 期,第 116-120 页。

报刊不同,本就以"文字"为本,又是一种"记事",看上去与"档案、碑传、文集、笔记"就是自家兄弟,属于"愈近愈繁"的家族自然添"丁"。这就不会使人去思想它们之间有什么不同,反而是轻车熟路随手拿来。于是报中所载,与档案、文集、碑传所录的毫无二致,在历史的报刊研究中都属于同样性质的基本事实和历史材料。

自然,对于一些具体事实的查证,比如人物、地点、时间、事件、状况等等,这确实有着不可忽视的作用,但正因仅仅关注其"记载",报刊与历史的关系也就远远得不到展示。拿报纸来说,它是有"报"有"纸":"报"以印刷为手段,以机构为标志,造就"公共书信"或"公共交谈"①式的传散沟通之范式;"纸"则有格式有面貌,长、短、疏、密,图、题、形、字之间,细细策划处处讲究,更不必说定期出版——报纸所不能或缺的时间因素。依麦克卢汉的说法,正是依仗着这样的时间,报纸才能够把社会塑造成一种整体的和延续的形象。② 当把这一切——"报"和"纸"都撇开,仅是剥离出那点内容,虽然干净,但怎能称得上是报刊研究,且又是什么意义上的报刊研究呢?比如"苏报案",醉心于《苏报》内容以检点"革命运动"的点点滴滴,也就不会关心章士钊在报纸上所做的手脚,以及报纸与张园演讲、爱国学生等等的互为作用。伊丽莎白·爱森斯坦在关于印刷术的研究中注意到这样一个现象,印刷术本有着诸多的影响,大多数欧洲近代史学者唯一熟悉的基本就是为传播新教思想出力。与关于其他运动的文字记述一样,在宗教改革记述中,印刷术的影响往往被腰斩,仅限于"传播"思想一个功能。一旦宗教改革完结,新教的传播完成,印刷商和出版商也就不再值得注意,历史的聚光灯就集中在后起似乎更加重要的发展动态上了。③ 若不是新教宣传,印刷术也就没有出场的机会,既然如此,仅限于其"传播"思想的"腰斩"式理解,也就不令人奇怪。这种状况是否同样发生在中国历史学家关于报刊与历史的记述中呢?

以此看,王奇生的《新文化运动是如何"运动"起来的》④一文,对于历史的报刊研究就深有启发意义,因为其很好地揭示了现代刊物的特殊之处,即对于社会运动的策划、运作和介入。一旦引入这一变量,报刊内容的理解就不一样,新文化运动的过程和面向马上变得复杂,尽管其本意仍是出于澄清新文化运动的过程及其复杂面向。现代政治运动和大众媒介总是在一定的境遇中互为接近并相互作用⑤(不是相互补充),成为其迥异于传统政治(比如文书政治、清议政治)的重大特征。费夫贺看到的印刷书,

---

① [法]加布里埃尔·塔尔德著,特里·N.克拉克编:《传播与社会影响》,何道宽译,中国人民大学出版社2005年版,第245页。
② [加]马歇尔·麦克卢汉:《理解媒介——论人的延伸》,何道宽译,商务印书馆2000年版,第266-267页。
③ [美]伊丽莎白·爱森斯坦:《作为变革动因的印刷机:早期近代欧洲的传播与文化变革》,第17页。
④ 王奇生:《新文化运动是如何"运动"起来的》,《近代史研究》2007年第1期,第21-40页。
⑤ [美]托德·吉特林:《新左派运动的媒介镜像》,张锐译,胡正荣校,华夏出版社2007年版,第3页。

不单是技术上的巧妙发明,也是西方文明最有力的推手。① "推手"的报刊与其"记载"不能分离,脱离了前者,那些"文字记载"梳理得再仔细,也不可能是"活"的。此种重于运动的因与果,而不是政治运动的经验和实际展开,②按照史家自身意图,也能勾勒并验证某些历史事实,但其代价是可能失去历史报刊的实际面貌和由此带来的历史事件的特殊性,见不出"戊戌变法""苏报案""新文化运动"等等各自的"灵韵",似乎它们是在同一个平面上的"运动"之重复,不同的只是宗旨、规模、目标、过程及其社会政治背景。

书本的本性是桀骜不驯的,③这句话恰恰证明了媒介的力量。史料的"愈近愈繁",并没有使人脱离字书的影响,反而统统摄入字书的光束,远近高低一般同。书写在没有媒介概念的情况下充当了通用的标准性媒介,④使得历史研究对于报刊的历史运用和演变的研究,难有新的进展和突破。细究起来,史籍本也是十分讲究区分的,是有"媒介学"的。依我看,目录学便是。书籍编目分类的要义,即是指示、标明书籍的部次流别,以便"即类求书,因书究学","辨章学术,考镜源流"。⑤ 史料是寻找历史之指路碑,⑥目录学则就是寻找辨析史料之"指路碑":注出不同书籍——"媒介"源流,就像今天的媒介理论辨别不同的媒介一样。其差异是前者始终在字书的范围之内,是字书的同异之辨,因为这就是当时媒介的状况及其要求。只是久久熏染于此,习焉不察,致使史家们没能举一反三,跳出此山中,从新的角度想象、理解和分辨"愈近愈繁"的媒介史料和报刊之"魅",在熟悉的目录学基础上,添加不熟悉的"愈近愈繁"的媒介知识,形成新的一种"目录学",从而为学史、读史、治史,开出一道新的类似目录学(比如史料媒介学)的入门之径。

另一类的研究,亦即一开始提到的"报刊的历史研究",则是另一番景象。自改革开放以来,他们一直在为如何显示报刊之"魅"——报刊史的定位及其独有价值而努力。不过其动因与媒介无关,而是来自如何与历史研究,更具体地讲是如何与政治史、革命史研究区别开来。"人们议论最多的是,编写出来的中国新闻事业史缺乏自己的个性和特色,它往往和中国近现代政治史、思想史或者中共党史差不多"⑦。

报刊史混同于革命史和政治史,既是最直观的现象,也是遭受诟病最多的。那么,

---

① [法]费夫贺、马尔坦:《印刷书的诞生》,李鸿志译,广西师范大学出版社 2006 年版,作者序,第 3 页;具体可参其第八章。
② [美]林·亨特:《法国大革命中的政治、文化和阶级》,汪珍珠译,华东师范大学出版社 2011 年版,第 14 页。
③ [美]沃尔特·翁:《口语文化与书面文化:语词的技术化》,第 59 页。
④ [德]弗里德里希·基特勒:《留声机 电影 打字机》,邢春丽译,复旦大学出版社 2017 年版,第 6 页。
⑤ 许凌云:《读史入门》,第 4 页。
⑥ 周谷城语,转引自王尔敏《史学方法》,第 120 页。
⑦ 宁树藩:《中国新闻事业史研究方法的若干问题》,载《宁树藩文集》,汕头大学出版社 2003 年版,第 147-157 页,引见第 147 页。

如何做呢？首先的建议是重新勾画体例,使之有报刊史自身的特点,不完全按照政治斗争来分期。① 进而言之,应以新闻事业发展为主线,改变让新闻事业史围绕一个个政治思想斗争和一个个政治任务展开,而是反过来,新闻事业的发展过程是主体,政治思想斗争的发展过程是客体,后者是为了说明前者而存在的,现在是错把政治现象当成了本学科的研究对象。②

一个学科居然误认了自己的研究对象,好似婴儿被调包而错换了人生。这样的表述听上去不可思议,倒也清晰昭示出论者们的思路。无论是"报刊史自身的特点",还是以"新闻事业发展为主线"、为"主体",都在在表明报刊史研究者们深信,报刊或者新闻事业可以从社会其他方面切割出来,圈出一个以"新闻现象"为界的"地块",既可以保证其独有的研究对象,又能够确立研究之特色。这就马上牵扯出一个问题:什么是"主体"(自身),怎么来认定?

作为一个哲学概念,主体不是一个自然实体。暂且不谈其词源学意义,仅就由笛卡尔所开启的主体哲学看,主体主要针对人而言。人凭着"我思"而成为认识的主体,意志的主宰,万物的尺度,自我"作为绝对本原,以理论理性的姿态踏上了自我认识之路"。③ 由于人因群而在,人的自主自为就抽象为共同体的主体性——主张、信念和目标。共同信念是群体的一种内在属性,一个团体就是作为主体的群体,团体信念就是这些作为主体的群体的认知状态。④ 所以马克思就说,"人是一个特殊的个体,并且正是他的特殊性使他成为一个个体,成为一个现实的、单个的社会存在物,同样,他也是总体,观念的总体,被思考和被感知的社会的自为的主体的存在,正如他在现实中既作为对社会存在的直观和现实享受而存在,又作为人的生命表现的总体而存在一样"⑤。在这个意义上,说新闻业或者报刊有其主体性也是成立的。如果真的能将此把握为"主线",一一展开其变革和演化的历史面向,报刊史研究及其体例,肯定闪耀出自己的独特色彩,不复是"政治史、党史、思想史"的摹本。

然而,事情似非这么简单。比如哈贝马斯所见的欧洲报刊,就曾有过不同的阶段:以小型手抄行业为组织形式的私人通信系统,以思想传播为主的个人新闻写作阶段,以及19世纪30年代从"传播信念的报刊业向商业报刊业的转变"⑥。美国的报刊在

---

① 方汉奇:《关于新闻史研究的几点体会和建议》,载方汉奇:《报史与报人》,新华出版社1991年版,第22-37页,引见第23页。
② 宁树藩:《中国新闻事业史研究方法的若干问题》,载《宁树藩文集》,第148-149页;以及宁树藩:《关于改进中国新闻事业史的科研工作加速学科建设问题》,载《宁树藩文集》,第158-163页,引见第160页。
③ 倪梁康:《自识与反思》,商务印书馆2002年版,第11页。
④ 石辰威:《潜在集体信念》,《浙江大学学报》(人文社会科学版)2020年第5期,第71-79页,引见第73-74页。
⑤ [德]马克思:《1844年经济学哲学手稿》,中共中央马克思恩格斯列宁斯大林著作编译局译,人民出版社2000年版,第84页。
⑥ [德]哈贝马斯:《公共领域的结构转型》,曹卫东、王晓珏、刘北城、宋伟杰译,学林出版社1999年版,第220-221页。

18世纪前期,"不是政治工具,也不是新闻采集机构",早期的报纸从来不主动采集新闻,只是刊登收集到的任何东西,作为一门生意来做。直到19世纪中期,办报都"不是一种独立性的工作,而是在政治世界里的一条前进道路"。① 梁启超所称的"一人之报、一党之报、一国之报"和"世界之报",虽不乏渲染和夸张,但的确道出了报刊的复杂性。想想19世纪晚期上海的情形:传教士刊物、《申报》、《上海新报》、《时务报》等等,就见其一斑。这也就意味着,报刊(新闻事业)并无一个纯粹的唯一的"新闻现象"之"主体"(自身)。进一步说,报刊(新闻事业)是不是主体,是什么样的主体,来自研究者的体认,来自研究的角度、问题,来自历史现象与研究者与之的体验性契合,与之所设定的标准、预想某物或某方面的意义等等息息相关,并非一个客观的事实性存在。这就是利科所说的,是一个叙事认同的问题,是要讲述那个作为"谁"的活动。这个"谁",不仅仅指研究者的理解和把握,也是依赖叙事方式来塑造的。研究者既是其理解者,也是其创造者和解说者。② 由于历史书写的问题、兴趣和确定的意义不同,所判定和型塑的主体就自然不同。比如报刊的历史可以从不同的视角来展开:作为技术的历史、经济的历史、社会或文化的历史、传递新闻的历史。詹姆斯·凯瑞甚至说,报刊自身就是人类意识的一种表达。无论我们将之视为一种制度,一套关于表达的法律特权,还是技术构成的主体,它首先都是一种精神气质和想象力的表达。③ 借此我们就可以说,报刊是技术的主体、经济的主体、社会和文化的主体,也可以是新闻报道的主体乃至于意识表达的主体。历史并不知道自己是主体,也不清楚自己有着什么意义,只有历史的书写者知道可能性。历史学作为一门学科,它本质上就是理论性的。④ 可是做报刊史研究的学者中,明白这一点的似乎很少,好像历史研究不是戴着特定的"眼镜",循着预想的逻辑,做着"披沙拣金"的工作,而是凭空一扫,便是"满城尽带黄金甲"。

理论思考上的困境,迷恋而执着于"新闻情结",将其绝对化为所有报刊的本然,也就难以在研究上打开局面,转而只能在具体事例中做辨析打比方:"我们的研究主体是新闻现象而不是政治现象。如果是在政治现象对新闻现象起着支配作用的情况下,其考察的着力点是政治现象对新闻现象的制约关系,也就是政治如何影响报纸观念、办报思想、宣传策略等等。如果新闻现象和政治现象是相统一的,便要从新闻现象的历史联系中提炼出新闻的研究课题,就像《民报》和《新民丛报》的论战,既是政治现象又是新闻现象,就不是去评判其政治主张,而是研究'论战'和'党报'出现的关系,探讨双

---

① [美]迈克尔·舒德森:《好公民:美国公共生活史》,郑一卉译,北京大学出版社2014年版,第29、101页。
② [德]狄尔泰:《精神科学中历史世界的建构》,安延明译,中国人民大学出版社2010年版,第81、184-185页。
③ James W. Carey, "The Problem of Journalism History", *Journalism History*, Vol.1, No.1(1974).
④ [英]西蒙·冈恩:《历史学与文化理论》,韩炯译,北京大学出版社2012年版,第23页。

方的宣传形式,以及'论战'对于新闻文体改革的推动"。① 这种"一案一策"式的经验谈,虽然充满着研究者苦心探索之印迹,毕竟是实用层面的个人体验和判断,不是一种标准也不可能形成通则,更无法放大到什么"主线"或"主体"。即就其针对的政治报刊而论,政治和报刊本就一体:报刊是政治的报刊,政治是报刊的政治,二者不存主从关系,也不能人为断开,否则就什么都不是。如果一定要做比较,其对象也是非政治报刊,而不是什么"政治现象"与"新闻现象"。

可见,历史报刊的研究是"愈近愈繁",多多益善;报刊的历史研究则要"削繁就简",试图返回到一个纯净的"新闻现象"或"新闻事业"之原点,从而勾画出其闭环式运动:产生、发展及其内在规律,展示报刊之"魅"。之所以命名为"新闻事业史"(或者"新闻史"),应该也是出于此种想法。报刊要报道新闻,或者要研究以报道新闻为己任的报刊,与将"新闻"(什么新闻?是机械复制时代的新闻还是前报刊的口语新闻?)作为整个报刊历史的质的规定性,完全不是一回事。更不必说戈公振式的"刊登新闻、揭载评论"之报纸,本身就是历史的,是报刊历史特定时期的产物,并不代表所有,更不能覆盖或贯通所有报刊或者媒介。所谓的"中国新闻事业通史",始终难以把广播、电视、通讯社等等统为一体,就足以说明其中的问题。于是只能围着所谓的"政治现象"和"新闻现象"打着转转,百般纠结又裹步难前:"在新闻史研究中,我们绕不开政治思想的影响"。"曾苦苦思索,却找不到出路。几经考究,深感以新闻特性分期,实难做到,还是依据政治斗争形势分期为妥",因为新闻史本身与政治思想斗争史之间的关系特别紧密,而"新闻史本体结构复杂多元,联系松散",带不动总体的变化。最后不得不妥协,在"无可奈何的情况下,在政治形势的空间找一个落脚点",不过"所安下的还是新闻事业自己的家",其证据就是汇全国之力的《中国新闻事业通史》,"虽是以政治斗争形势分期,可这种分期只表现于各章的题名,至于表现具体内容的节、目,写的都是新闻活动,并未因分期而导致与政治史混同"。② 分期是历史书写的基础,历史展开过程的逻辑,不同分期就是不同的历史,这是常识,现在竟可以与史实两张皮。暂且不论是否混同,也暂且不论寄居在别人的屋檐下是否可以安下自己的"家",其中所透露的一个信息是确定无疑的,这种探索基本不成功。

新闻史结构复杂多元不是错误,错误在于要清除这些多元和复杂,归并一起塞入一件紧身衣中,无功而返自是必然。报刊历史的研究者,因未能深刻把握报刊,亦就不能把握报刊史。报刊是三位一体:它是一种物质,是符号信息的载体,同时又是一种传播运作的方式。报刊史研究者仅仅关注"信息",将报刊"内容"等同于报刊,"报"化约

---

① 宁树藩:《关于改进中国新闻事业史的科研工作加速学科建设问题》,载《宁树藩文集》,第160-161页。
② 郭丽华、宁树藩:《树立"本体意识"、探索新闻特性、加强新闻史学科建设——与著名新闻史学家、复旦大学博士生导师宁树藩先生一席谈》,《新闻大学》2007年第4期。

为"纸",此是一误。在这前提下,报刊史研究者又一厢情愿地认定内容即"新闻"(包括观念和技巧),并力图以此划界,自成一体,这既忽视了报刊的多样性与"报刊新闻"或"新闻报刊"的特殊性,又不能将"新闻现象"与"政治现象"切割清楚,于是只有再三强调报刊不是政治,但无法因此证明报刊是什么,此误二也。最后,而且更为致命的是,从内容着手,注定了把如何书写报刊史,当成了如何区分研究对象和还原对象,从未想到报刊应是报刊史书写的视角,是讲述"主体"——那个作为"谁"的活动时所抱有的特定站点。报刊史是研究报刊在历史进程中,是如何以自己的方式,在不同情境下卷入社会,在影响、改变社会的同时也改变自己,而不是拘泥于那张纸上刊载了什么和如何刊载。总而言之,报刊史研究者感觉到的病症或许没有错,渴望突出报刊之"魅"的心情和努力也十分可敬,可是开出的药方完全错了,因为他们始终没有搞清"报刊"是什么而且在什么地方。

伊格尔斯曾以"重新定向"四个字,来概括 20 世纪历史学的变化,原因是"自从 19 世纪初期国际上就开始作为一种专业规范在运用着的那种历史研究方式,已经是既不符合 20 世纪下半叶的社会政治状况,也不符合现代科学的要求了"。[①] 当今中国的报刊与历史研究,无论是历史的报刊研究还是报刊的历史研究,恐怕也需要"重新定向",因为 20 世纪后期至今的"媒介"现实,已经并将继续给以往作为一种专业规范在运用着的那种报刊与历史的研究方式,带来重大的冲击,迫使我们不得不重新理解和看待一百多年前产生的新媒介——现代报刊,不得不重新领会历史书写的报刊之"魅"。

正是出于这样的缘由,遂有了"传播视野下的中国研究"学术研讨会。此会的想法以及首先发起,来自周奇先生。他是历史学出身,又到复旦大学新闻学院做过博士后,对两边的情况均有了解,属于能看到"堡垒"薄弱处的"内部人"。同时他所供职有年的《学术月刊》杂志社,在国内卓有影响,聚结着广泛的学术人脉,这也有利于选择和邀请与会者。首届的会议时间是 2012 年,由《学术月刊》杂志社和上海市对外文化交流协会共同举办,我的任务是邀请部分新闻传播学界的学者参加。隔了一年,自 2014 年第二届开始,改为由复旦大学信息与传播研究中心和《学术月刊》杂志社联合举办并持续至今,一年一次没有停顿,一转眼已经是八届。其具体如下:

2014 年 9 月,第二届传播视野下的中国研究论坛(2014),地点:上海,承办者:复旦大学信息与传播研究中心;

2015 年 7 月,第三届传播视野下的中国研究论坛(2015):传播变革与近代中国,地点:沈阳,承办者:辽宁大学新闻与传播学院;

---

① [美]格奥尔格·伊格尔斯:《二十世纪的历史学:从科学的客观性到后现代的挑战》,何兆武译,山东大学出版社 2006 年版,第 1 页。

2016年11月,第四届传播视野下的中国研究论坛(2016):媒介、交往与近代化中国,地点:广州,承办者:暨南大学新闻与传播学院;

2017年8月,第五届传播视野下的中国研究论坛(2017):近代中国的传媒、文本与社会变迁,地点:西安,承办者:西北大学新闻传播学院;

2018年10月,第六届传播视野下的中国研究论坛(2018):媒介再思:传播技术与社会变迁,地点:武汉,承办者:华中科技大学新闻与传播学院;

2019年8月,第七届传播视野下的中国研究论坛(2019):史料、史观与路径:媒介变革与近代中国,地点:南京,承办者:南京师范大学新闻与传播学院;

2020年12月,第八届传播视野下的中国研究论坛(2020):媒介变迁与知识生产,地点:广州,承办者:华南理工大学新闻与传播学院。

关于这个会议的开法,当时与周奇是有基本共识的:第一,会议规模不宜大,大概在20多人。第二,与会者必须递交完整论文。第三,要有比较充分的讨论时间,不能是走马灯似的"我方唱罢你登台"。第四,要跨学科,首先是历史学者和报刊史学者的互为切磋,然后能慢慢扩展到其他学科。以"传播视野下的中国研究"为会名,也正是想为学科的多样化留有充足的空间。第五,每年会议讨论要有重点,而且有新意(从以上所列的每年主题变化中就可以见出这一点)。就总体观之,除了学科的多样化未能完全做到之外,其他的基本上都是落实了的。无论如何,以"传播"的名义能将不同学科的学者召集在一起,就是一个了不起的开创。会议主题的设想,则更是蕴含着举办者对于学术前沿的理解及其引领之意,故而显得不同一般。也正因如此,这个会在新闻传播学界赢得了不错的名声,其所具有的学术品格和展现出来的严谨会风,是有一定口碑的。

现在展现在大家面前的,就是从第二届到第七届会议论文中有所选择的成果,① 大致上可以反映出会议的面貌和质量。显然,论文集中的文章并非篇篇都属上乘,而且有所参差也是难免,不过作者们的创新努力是明显可见的。无论是其关注的论题,切入的视角,乃至于研究和书写的路数,均不乏使人有面目一新之感。需要说明的是,论文集的编纂主要来自周奇之功,他以一个学术刊物编辑的眼光,以及本职工作所养成的细心和耐心,以文章质量为重,同时也综合考虑其他因素(比如尽量呈现地域和作者的多元),精挑细选,形成了现有这样的五卷;其间还要分别与作者联系,要考虑每一卷的主题以及文章主题的集中,完成了巨大的工作量。在此,对周奇的辛勤劳动和对报刊与历史研究的不懈推动,表示深深的谢意。自然,同样也非常感谢各位论文的作者为此所做出的贡献。

---

① 第一届会议的论文在开完之后即结集为《传播视野与中国研究》,由上海人民出版社于2014年出版;第八届会议的时间是2020年,其论文还来不及收入。

会议时间久了,就容易落入既有的套路。因此,八届会议之后,如何能够在现有基础上有进一步的推进,这既包括组织思路、主旨,也包括会议质量的提高和会议方式的变化,已是我们面临而且必须要解决的一个问题。之前曾经和周奇有所讨论,初步也有了一些想法,不过还未有一个定案。在这个意义上说,这套论文集的出版,是总结以往,更是为开拓未来。我们愿意以此为契机,百尺竿头更进一步,也非常期待各位旧友新朋的批评、建议和支持,只有同心合力,锲而不舍,方有报刊与历史研究的新天地、新景象。

目　录

变革背景下的媒介实践与知识转型

在"书"与"刊"之间:媒介变革视野中的近代中国知识转型
　　——对早期几份传教士中文刊物的考察　　　　　　　黄　旦 / 3

《中外新报》中的伦理与科学启蒙　　　　　　　　　　　李安定 / 27

丛书时代语境下的研究系与共学社　　　　　　　　　　陈　捷 / 37

晚清书院读报活动与时务新知的传播　　　　　　　　　蒋建国 / 53

大众传播与清季财经知识形态转型
　　——以日本税制与清季税制革新为中心　　　　　　刘增合 / 70

海东之国与未见之书:试论抄本《论语征》及其相关问题　曹南屏 / 87

话语流变与知识生成

从"大书院"到"大学":近代中国对 university 的翻译　　范广欣 / 107

现代中国"劳动"观念的形成
　　——以 1890—1924 年为中心　　　　　　　　　　 刘宪阁 / 123

"文以载政":清末民初的"新名词"论述　　　　　　　张仲民 / 143

"渔权即海权":民初报刊的海权观　　　　　　　　　　　赵建国　夏　天 / 161

"一支笔胜于三千毛瑟枪"话语考
　　——从毛泽东引用拿破仑之语谈起　　　　　　　　　　　邬国义 / 177

物质与感官世界中的知识传播

近代中国的全球生化战知识转译与传播(1918—1937)　　　　皮国立 / 195

图绘"西医的观念":晚清西医东渐的视觉修辞实践
　　——兼论观念史研究的视觉修辞方法　　　　　　　　　　刘　涛 / 224

传教士报刊与晚清报刊诗词演进　　　　　　　　　　　　　　焦　宝 / 247

"听"得见的城市:晚清上海的钟声与感官文化　　　　　　　季凌霄 / 262

中国近代文化的"声音转向"与知识革命　　　　　　　　　　王东杰 / 281

变革背景下的
媒介实践与知识转型

在"书"与"刊"之间:
媒介变革视野中的近代中国知识转型*
——对早期几份传教士中文刊物的考察

黄 旦
(浙江大学传媒与国际文化学院)

摘要:本文以晚清传教士中文刊物为对象,从中国"书"与西方"刊"的角度,考察媒介形态和知识变化对于中国现代转型的推动。文章认为:传教士的中文刊物,是综合了中国书籍、宗教小册子、西方现代报刊等诸种元素的再"发明";"书"与"刊"表征两种不同的知识系统和生产方式,二者的消长,意味着"刊"介入了中国以"书"为主导的知识生产和秩序格局,改变了原来的知识系统,进而推动了中国的变革和转型。"书"与"刊"互为中介的发明实践,为理解中国现代报刊的历史,衡量报刊与中国现代转型,提供了新的启示。

关键词:"书"与"刊";传教士报刊;知识生产;现代转型

引 言

姚公鹤说:

> 当戊戌四、五年间,朝旨废八股改试经义策论,士子自多濯磨,虽在穷乡僻壤,亦订结数人合阅沪报一份。而所谓时务策论,主试者以报纸为蓝本,而命题不外乎是。应试者以报纸为兔园册子,而服习不外乎是。书贾坊刻,亦间就各报分类摘抄售以佗利。①

很巧,大约也就是姚公鹤说的这个时间,中国江南吴江县,在离城二十里处乡间,

---

* 本文原载于《中国社会科学》2019年第1期,有修改。
① 姚公鹤:《上海报纸小史》,载杨光辉、熊尚厚、吕良海、李仲民编:《中国近代报刊发展概况》,新华出版社1986年版,第258-278页,引见第266页。

有一贾姓人家,也算是累代书香,三个儿子跟随一位孟老夫子专注于经书,以博功名,对于其时需兼考时务策论及掌故天算舆地的政策变化,一无所知。孟老夫子虽先有所闻,毕竟一窍不通,生怕被砸饭碗就装聋作哑。一个闷声不响教,三个稀里糊涂学,待一上考场,即遭一闷棍,马上被打落堂下。吃一堑总算长一智,明白缘由后,少不了改换门庭,重拜名师,并开始接触报纸,未料由此竟收止不住,很快就成了报纸迷。①

中国考场,历来是经典书籍的地盘,竟被报纸破门而入,真可谓地覆天翻。更具意味的是,比三位贾小子赴考稍早一点,也就是1896年,京城一位朝廷大员,上了一道《请推广学校折》的折子,直陈教育变革建议,"广立报馆"乃其之一,并将报与书做了这样的比较:

> 知今而不知古,则为俗士,知古而不知今,则为腐儒。欲博古者,莫若读书,欲通今者,莫若阅报,二者相须而成,缺一不可。②

书籍和报纸本属不同的媒介,代表不同的知识类型。按罗伯特·帕克的感知型知识和理解型知识之别③,报纸应入之于前,书籍则归之于后。可是,在晚清中国大吏的眼里,却是"二者相须而成,缺一不可",这是一个很耐人寻思的现象。

知识与报刊,由于具有理解中国现代转型的重要意义,早已是诸多方家精耕细作之域。尤其是近些年从思想史、知识史角度,考察报刊与社会思想观念的相互渗透辗转缠绵,时常令人耳目一新。自然,他们的关注点都是内容,是一种新的"知识"如何在报刊上呈现及散布。至于报刊与书籍的差异,诸如"博古"和"通今"之类,多在其视野之外④。照说,这应是报刊史家义不容辞的职责。的确如此,报刊进入中国及其采用,是诸种报刊史的固定叙事框架。令人费解的是,报刊史研究者大多存有"一母多胎"的坚执念头,以为所有报刊都来自一个不言而喻的"西方报刊"原型,报刊的历史就成为一个个"原装进口"报刊如何被运用和实践的过程。所以,报刊史家和历史学家大体是殊途同归:前者侧重于报刊如何传递新知,后者关切的是报刊传递了何种新知。虽有个别学者注意到了后来维新报刊的"面目"——书本的形式⑤,但由于作者本意是文本形式创制与中国报业演变的关系,不同媒介的特性及其意义也就因此而脱落。

---

① 李伯元:《文明小史》第十四回"解牙牌数难祛迷信,读新闻纸渐悟文明",上海古籍出版社1997年版。
② 李端棻:《奏请推广学校设立译局报馆折》,《戊戌变法》(二),上海人民出版社、上海书店出版社2000年版,第295-296页。
③ R. Park, *Society*. NY: Free Press, 1955. pp.71-76.
④ 代表性成果如潘光哲:《开创"世界知识"的公共空间:〈时务报〉译稿研究》,《史林》2006年第5期;章清:《清季民国时期的"思想界"》,社会科学文献出版社2014年版。最新的成果则有张寿安主编:《晚清民初的知识转型与知识传播》,北京师范大学出版社2018年版。
⑤ 李玲、陈春华:《维新报刊的"面目体裁"——以〈时务报〉为中心》,《中国现代文学研究丛刊》2012年第12期,第128-138页。

本文意在从媒介形式——"书"与"刊"切入，以早期的传教士中文刊物为对象，重新打量这种新媒介的生成及其与中国现代转型的关系。我的思路是：不同媒介有其不同的技术和文化"偏向"[①]，从而产生不同的传播形态和方式[②]。这不是暗示报刊及其后果是由媒介物质技术所直接驱动的，而是从媒介学入眼，任何一种媒介，其技术和形式的特点就规定了其内容的组织和呈现，规定了接收和体验的方式，重组了人们之间以及与现实的关系。[③] 此外，中国早期现代刊物是传教士所创，使得媒介转换与知识和社会转型更具有不同文化、不同知识碰撞的复杂性。"书"与"刊"的变换，是一种"揭橥"和"建构"、"发现"和"想象"的"双向辩证的关系"。[④] 最后，媒介及其传播形态的变更，会打破"何为自然秩序、何为合理、何为必需、何为必然、何为真实等等"[⑤]的知识观念、真理认知和思维定式，从而动摇传统中国的根基。总之，本文打算考察并论证作为一种新媒介的现代刊物，在引入中国时是如何与"书"相互转化，并由此构成中国现代转型的动力。文章以《察世俗每月统记传》（以下简称《察世俗》）、《东西洋考每月统记传》（以下简称《东西洋考》）、《遐迩贯珍》和《六合丛谈》为对象，这样的选择有些随意但非毫无所据。1860年代之前，这几份刊物均具有代表意义[⑥]。作为一个群落，显示出中文刊物的最初轮廓，基本能满足本文问题的解决。

一、察世俗书：每月初日传数篇

《察世俗》的模样世所罕见，它采用中国线装书的形式。这想必是考虑到了中国人的阅读惯习，也不排除条件所限，中国的雕版印刷工谙于此道。当然，可能还有《京报》——当时公开发行的登载官方内容的刊物样式所予之启发。马礼逊进入广州不久，就注意上了《京报》，并对其出版与发行情形有详细描述。[⑦] 在马礼逊的日记以及与伦敦的通信中，也时常可以见到关于《京报》上的消息。在1833年4月的《中国丛报》中，就有对《京报》，尤其是广州市面上所看到的类型及其内容所做的具体记载。[⑧] 据说《中国丛报》上翻译自《京报》的消息，大多出自马礼逊之手，不知该篇文章是否就

[①] 哈罗德·伊尼斯：《传播的偏向》，何道宽译，中国人民大学出版社2003年版。
[②] 以波斯特的说法，不同媒介具有不同符号交换结构形态的"信息方式"。参见马克·波斯特：《信息方式：后结构主义与社会语境》，范静哗译，周宪校，商务印书馆2000年版，第13页。
[③] Friedrich Krotz, "Mediatization: A Concept With Which to Grasp Media and Societal Change", in Knut Lundby(ed.), *Mediatization: Concept, Changes, Consequences*, NY: Peter Lang, 2009, p.23.
[④] J. J. 克拉克：《东方启蒙：东西方思想的遭遇》，于闽梅、曾祥波译，上海人民出版社2011年版，第275页。
[⑤] 尼尔·波斯曼：《技术垄断：文化向技术投降》，北京大学出版社2007年版，第6页。
[⑥] 现在一般都认为，《察世俗每月统记传》是第一份中文刊物，《东西洋考每月统记传》是中国境内第一份中文刊物，《遐迩贯珍》是香港第一份中文刊物，《六合丛谈》则是上海第一份中文刊物。
[⑦] 苏精：《马礼逊与中文印刷出版》，台湾学生书局2000年版，第12页。
[⑧] "Peking Gazette",《中国丛报》(*The Chinese Repository*), No. 12, Vol.1 (April 1833)；张西平主编，顾钧、杨慧玲整理，广西师范大学出版社2008年版，卷一，第511-512页。

来自他。由此想到白瑞华说的,"中国的本土报纸就像外国新闻纸一样,为之现代报业的形成发挥着同样的作用"①,可谓眼光独具。

《察世俗》的对外宣称就叫"书"②,并不刻意与"邸报"/《京报》相区别,比如冠以"新报"之名等。诚然,无论是从理论还是具体使用中,书的含义很不清晰,与期刊本就不易分辨,通常后者也可以称为书。联合国教科文组织倒是试着给书下了一个界定,必须是"至少50页以上的非定期印刷出版物"。不过据说这也是为便于统计比较,并非要提供一个准确的界定。③

不过,"非定期"三字的确击中书的要害,报刊的最大特征就是定期出版,这不仅成为其内容挑选和排列的合法性依据,同时也"创造了一个超乎寻常的群众仪式:几乎分秒不差的同时消费(想象)",并且会"持续地确信那个想象的世界就植根于日常生活中,清晰可见"④。正是如此,塔尔德注意到书籍并不关心当前,"激励民族活力并使之万众一心、众志成城的,正是报纸每天的波动状况"⑤。这同样符合麦克卢汉的观感。他说,书籍是个人的自白形式,报纸是以马赛克的形式提供群体参与的机会。如果希望报纸在一个单一层次上去表达固定的观点,等于强求报纸具有书籍的特性,好比让所有的百货商店统统都只设一个柜台。⑥ 波斯特捕捉到的是媒介特性所导致的符号结构表意方式不同。报刊出现之后,之前那种有一稳定的指涉物——物质客体,能指和所指十分清楚的"再现方式转变为信息方式,从语境化的线性分析转变为摆出一副客观外表的孤立数据的蒙太奇"⑦。用现在的话来说,也就是信息化碎片化了。凡此种种,均表明报刊是偏向空间,书籍是偏向时间。⑧ 由此就产生了另一个重大不同,知识类型不一样。书籍是条理化系统化知识的象征,代表着学问。"写书的目的是为了给那些已经饱览百家经书的人阅读"⑨,报刊多是即时浅显的内容。难怪有人感慨:"书是长期思考的成果,具有稳定的影响。但是,这种影响却被刊物和报纸的增长破坏了。"⑩

以此衡量,《察世俗》更近于书而不是刊物,除了定期出版。无论从目的、内容还

---

① R. S. Britton, "The Chinese Periodical Press, 1800-1912",载白瑞华:《中国近代报刊史》,苏世军译,中央编译出版社2013年版,附录二,Preface,第198页。
② 参《察世俗每月统记传序》,《察世俗每月统记传》,嘉庆乙亥年七月。
③ 弗雷德里克·巴比耶:《书籍的历史》,刘阳等译,广西师范大学出版社2005年版,第3-4页。
④ 本尼迪克特·安德森:《想象的共同体》,吴叡人译,上海人民出版社2003年版,第33-35页。
⑤ 加布里埃尔·塔尔德:《传播与社会影响》,何道宽译,中国人民大学出版社2005年版,第237页。
⑥ 马歇尔·麦克卢汉:《理解媒介》,何道宽译,商务印书馆2000年版,第256、260页。
⑦ 马克·波斯特:《信息方式:后结构主义与社会语境》,第86-87页。
⑧ 这里借用了伊尼斯的观点,即:媒介特性不一,某些媒介更偏向于时间上的纵向传播,比如笨重耐久的媒介;而另一种媒介或更偏向于空间中的横向传播,该媒介轻巧而便于运输,由此导致所在文化产生不同偏向(哈罗德·伊尼斯:《传播的偏向》,第二章)。
⑨ 哈罗德·伊尼斯:《传播的偏向》,第7页。
⑩ 哈罗德·伊尼斯:《传播的偏向》,第64页。

是书写看,当前事件均非其关注重点,也没有想成为公共交谈的平台,更不可能脱离特定的宗教语境,使所指和能指相浮离。米怜明言,创办一份"期刊"的想法,本就来自中文书的启发。第一,其阅读人数"比其他任何民族都要多";第二,"汉语书面语具有一种其他语言所没有的统一性";第三,"书籍可以被民众普遍理解"。此外,书籍携带便捷,"能大量进入中国"。① 在我看来,中国书籍给予米怜的启示恐怕还不止于此。

书籍不只"是一种商品或一种信息载体,它还将被理解为一种组织信息和观点的方式,促进某些机构和社会群体形成的一个框架,这个框架对某些表达和论证方式的发展更为有利"②。这就是说,书的形式便是"书"的表达,为人们认识和理解书籍做出提示。以中国为例,依照周绍明的研究,一提到书籍,中国人第一反应不是实用的或经济的好处,而是政治的——识字读书可铺设通达仕途之路与社会的——道德之教化,书也由此获得了崇高之地位,作为"一种社会和道德标杆",赢得"一种虔诚的、实际上带有宗教性的认识,认为书是神圣的东西",甚至"这种认识在清代的著述中比以往各朝受到更多的注意"。中国书的这种特征,让人们想到的是与古代圣贤的关系,而不是与其他读者的关系,因而不可能存在"想象共同体"或者欧洲"文人共和国"③的意念。中国书籍的这种"神圣感",恰恰是米怜所需要的:一方面,《察世俗》因此获得不言而喻的崇高地位;另一方面,罩着"神圣"的光环来宣讲神理,不致辱没基督的荣光。所以,《察世俗》的书籍形式,即便有其功利性的策略考虑,也是来自西方宗教文化和中国儒家文化的契合。它是米怜们站在自己的文化立场上对中国文化的巡视,也是中国文化在这种寻觅中的显露。

然而,《察世俗》毕竟是刊物,其篇幅容量就不如书,更别说按期出版的介入,打断了内容的稳定和系统,"每月统记传",就明明白白地向读者表明,它不同于中国的经典书籍。首先,"每月"是《察世俗》的时间,是现代的线性时间。其次,它"察"的是"世俗"——神理、人道、国俗、天文、地理、偶遇,不是圣贤的思想。最后,其读者定位主要不在"富贵之人",而是"得闲少"且有志于"道"的贫穷做工者,所以其"每篇必不可长",亦非"甚奥之书",而是"容易读之书"。所有这一切,使"统记传"这颇显怪异的三个字——若做"全面载录"或"杂烩"理解——勉强与现代杂志④的意思有了瓜葛。需要注意的是,米怜的解释都在于内容,报刊的最根本特征——出版"时间"反而是轻轻带

---

① 米怜:《新教在华传教前十年回顾》,大象出版社 2008 年版,第 72 页。
② 周绍明:《书籍的社会史》,何朝晖译,北京大学出版社 2009 年,中文版代序,第Ⅱ—Ⅲ页。
③ 周绍明:《书籍的社会史》,第 155-165、105-106 页。文人共和国是 17 和 18 世纪跨越国界的欧洲知识分子共同体,具有政治实体的特点,处在公共领域的中心。参 Dena Goodman, *The Republic of Letters*:*A Cultural History of the French Enlightenment*, 1994, Cornell University Press.
④ 英语单词"magazine"来源于法语词 magazin,后者又来自阿拉伯语 makbzan,意为"仓库"。参大卫·斯隆编著:《美国传媒史》,刘琛等译,戴江雯校译,上海人民出版社 2010 年版,第 370 页。

过,"此书乃每月初日传数篇的"。其实,恰恰是出版"时间"才决定了现代报刊不同于书的特殊之处,否则,即就米怜上面所告白的这一切,一般的宗教小册子也是完全可以做到的。米怜如此告知读者,"读了后,可以将每篇存留在家里,而俟一年尽了之日,把所传的凑成一卷,不致失书道理,方可流传下以益后人也"①,可见他压根就不介意与传教小册子的混淆,甚至在他心目中,《察世俗》不排除就是用中文定期出版的宗教册子——书②。白瑞华就是这样指认的:所有内容几乎都不具新闻性,"与其说它是一份月刊,还不如说它是一本定期出版的宗教小册子"③。由此,"每月初日传"之类我们今天看起来非常重要的现代刊物之征状,在米怜眼里,除了有利于繁忙的传教士见缝插针,将写作化整为零,"事先规划好一篇文章的内容,再按顺序每月编写一部分"之外,主要好处是"因为按月出版的缘故,得以逐渐展现了神圣真理的许多部分"。"经过12期或20期的累积就形成完整的一本书"④,定期出版成为"内容"编制的辅助和手段,而不是现代刊物的生产规则、程式和阅读的特殊性。⑤

用现代的标准看,《察世俗》好像是书非书,似刊又非刊,它与同样出自米怜之手的《印中搜闻》完全是两个系统。如果说后者属于西方现代刊物的系列,前者则无有谱系可依,实是混杂各种要素——中国的"邸报""书籍",包括西洋的宗教小册子以及期刊——的再创造。形式决定内容,此种非书非刊的杂交,让米怜在内容安排上左右为难。书籍的谨严和经典与期刊的通俗和浅显,就是《察世俗》首先必须化解的矛盾。看看他的自我表白:

> 察世俗书,必载道理各等也。神理人道国俗天文地理偶遇,都必有些,随道之重遂传之,最大是神理,其次是人情,又次是国俗,是三样多讲,其余随时顺讲。⑥

设想固然美好,操作却难免顾此失彼。"神理人道"占据绝大部分,为全刊篇幅的

---

① 《察世俗每月统记传序》。
② 刊物上的文章不少最后都以小册子形式印行,有的多次重印,比如米怜发表在《察世俗每月统记传》上的《张远两友相论》《进小门走窄路解论》等。
③ R. S. Britton,"The Chinese Periodical Press, 1800-1912",载白瑞华《中国近代报刊史》,第215页。米怜在介绍《察世俗每月统记传》时还特地说明,其"篇幅至今一直和宗教小册相当"(米怜:《新教在华传教前十年回顾》,第73页),可见他始终是以小册子作为尺度的。
④ 米怜:《新教在华传教前十年回顾》,第73页。
⑤ 这为麦都思提供了范例,他在主编《特选撮要每月纪传》过程中,就是仿效米怜,一个题目分期撰写刊登,最后再结集成书(苏精:《铸以代刻:传教士与中文印刷变局》,台湾大学出版中心2014年版,第90页)。这也进一步证明,米怜及麦都思都是着意于书,刊服从于书,是书的分期刊载。
⑥ 《察世俗每月统记传序》。据米怜,最初设想这个小型出版物应将传播一般知识与宗教、道德知识结合起来,并包括当前公众事件的纪要,以期启迪思考与激发兴趣。(米怜:《新教在华传教前十年回顾》,第72页。)

85%,其余内容尚不足 15%,①根本谈不上什么"随时顺讲"。也许是效果不佳或许是听到了什么,米怜后来特地做了一番说明:"主要是宗教和道德类文章,关于天文学的最简单和显而易见的原理、有教育意义的逸闻趣事、历史文献的节选和重大政治事件的介绍等等,给本刊内容增加一些变化。但是,这些都少于原来的设想的篇幅"。他把这一切归于人手和时间的不够。② 这不失为一种解释。不过,时间和精力即便是问题,也不是唯一的症结。作为定期出版的宗教册子,本意就是代替口头传教。"当一个传教士不能亲自前往邻近的国家,用自己的声音宣讲上帝伟大的启示,那他的职责就是送去已准备现成的替代物。"③所以,米怜根本就不可能以刊物的特点来办传教小册子,倒过来才是正常的,实际上也是这么干的。《察世俗》停办之后,麦都思萌生继承之意,《特选撮要每月纪传》随即在巴达维亚问世。主办的人是变了,刊物却仍旧,几乎就是《察世俗》第二。可见,《察世俗》的状况是由其形式和思路决定了的,时间和精力倒是次要。

于是,米怜把"彩色云般""使众位亦悦读"——宗教宣传小册子惯用的手法,搬到《察世俗》,就丝毫不令人奇怪了。它首选的叙述框架,是天下一家、万众同类:

> 全地上之人如一大家,虽不同国,不须分别,都是神原造的,都是自一祖宗留传下来的,都是弟兄,皆要相和、相助才好。④

"四海一家"的"世界主义"表述,就其古典意义,本就源自基督教世界,可诠释为"四海之内皆平等"。到了文艺复兴时期,开始向世俗化转变,遂有"四海之内皆兄弟"之意。而后,"世界主义"又与启蒙运动相接,成为"文人共和国"成员的身份认同和行为方式:不仅忠诚于国家,而且忠诚于超越国界的文人网络,忠诚于自己的宗教及其秩序。⑤ 无法确证浮现在米怜们心中的究竟是如何一种"世界主义":就其漂洋过海背井离乡撒播福音的传教士身份而言,不可能没有"众生平等"的信念,以"博爱者"作为刊物编纂者之名,多少说明了这一点;⑥从其来中国之前的生活和学习环境看,启蒙主义的大潮也不能不在他们身上烙下印迹,所以"神理、人道、国俗、天文、地理、偶遇"都"传之",尽管还是以"道"为重。唯可认定的是,选用"全地上之人如一大家""都是兄弟"这样的表

---

① 苏精:《马礼逊与中文印刷出版》,第163页。
② 米怜:《新教在华传教前十年回顾》,第73页。
③ 米怜:《新教在华传教前十年回顾》,第75页。
④ 《立义馆告帖》,《察世俗每月统记传》,嘉庆乙亥年七月。
⑤ 魏厄姆·弗瑞豪夫:《"概念史"、"社会史"和"文化史":以"世界主义"为例》,载伊安·汉普歇尔-蒙克:《比较视野中的概念史》,周保巍译,华东师范大学出版社2010年版,第157-179页,引见第163-168页。
⑥ 马礼逊在1812年写给伦敦传教会的信中就曾这样说道:"基督教,就其精神来说,是世界宗教,它可以埋葬民族偏见,如能对之有更多的明白、相信和喜爱,就更加便于世界各国都团结起来。因为各国人民都是兄弟。"(马礼逊夫人编:《马礼逊回忆录》,顾长声译,广西师范大学出版社2004年版,第84页。)

述,是米怜们深思熟虑的结果,也是非常巧妙的修辞策略。首先,它蕴含着基督教义精神;其次,符合印刷媒介面向众人一视同仁的特点;最后,而且也是最重要的,与中国人的"四海之内皆兄弟"契合相通,容易抓住中国人的兴趣和"悦读",可谓将"神理""人道"和媒介特征完美结合。

　　米怜式的"全地上",是以"民族国家"为界,是"虽不同国,不须分别"的"全地上",而不是当时中国人所惯常理解的"四海",泛指地理意义上的"九洲"或特指文化意义上的"天下"。在中国人的"四海"中,"国"的概念是很淡薄的,即便有"国",明晰的是"华夏",依稀的则是不同方位的"夷"。米怜们认为"不同国"而"又如一大家",源自人"都是神原造",是一种仰赖于"神性"的"普遍主义",犹如阿伦特所说,其性质上"形成一个 corpus(肢体),其成员必须像同一家庭的兄弟那样相互联系在一起"①。在神光映照中,"国"的壁垒淡化,即"不须分别"。"不须分别"不等于没有分别,不过是"分"而"不须别"。这自然也与中式的"兄弟"相差甚远。中国的"兄弟",是基于血缘、地缘的"一家人",属于有别而不分,哪怕"阋于墙",仍然是兄弟。可见,米怜有意无意挪用中国表述的意义,造就出一种模糊的亲和表述,一方面可以与中国文化相洽,另一方面,成全《察世俗》展现的都属"一大家"的面貌:"一种人全是,抑一种人全非,未之有也。……论人、论理,亦是一般。"②"多闻,择其善者而从之"的刊头语,语气是委婉的,口吻是诚恳的,基调则是柔中含刚毋庸置辩。既然如此,所谓的《察世俗》之"察",就不是中国人自己的目睹,实是"上帝"代为之"察",并且早就"察"毕,一切均已确定不移,唯一需要付出的就是竖起耳朵——多闻。居高指点而又处处显示低调平等,此种"讲"与"听"的主客体关系,让我们具体触摸到了《察世俗》的姿态、意向及试图达到的效果:一个宣讲规劝而不是公共讨论的平台,耶儒打通,模糊教义与具体指涉物的关联造成语境错觉,从而达到意义分享之目的——教义渗透。

　　"听",自然须是中国人熟悉且能入耳,《察世俗》为之采用的手法,就是"对话"式,即由"天国"之仆将教义讲给中国人听。马礼逊在翻译《圣经》时左拣右挑,最后选定《三国演义》的风格。《三国演义》处于文言和白话之间,既不失典雅尊贵,又清晰易懂。③ 由此推想,《察世俗》的"如彩色云",难免也有《三国演义》的影子闪烁,比如后来影响深远的《张远两友相论》,显然就是说书④的翻版:"今夜却将深,怕不能讲完,后日是望日,料月必是光,请相公再过来坐讲,好不好?对曰:如此甚好。于是两人遂相拱

---

① 汉娜·阿伦特:《公共领域和私人领域》,刘锋译,载汪晖、陈燕谷主编:《文化与公共性》,生活·读书·新知三联书店1998年版,第57-124页,引见第84-85页。
② 《察世俗每月统记传序》。
③ 米怜:《新教在华传教前十年回顾》,第43-44页。
④ 韩南认为《张远两友相论》属于虚构式的"小说",米怜采取这样的对话体叙事,既是受印度传教士所常用手法的启发,也吸收了中国小说的传统。参韩南:《中国近代小说的兴起》,徐侠译,上海教育出版社2010年版,第59-60页及第59页注(12)。

手而别。"①这既确立了宗教宣传册子的路数②,又改造了中国原有的书面语,与后来的传教士只是口述,而将文章留给中国助手来润色大不一样③,无意中却开启了白话文之先声。

那么,《察世俗》为中国带来了什么呢?有论者认为,它对于中国现代新闻事业观念有三个重要启发:广泛求知的观念、通俗普及的观念,以及解放民智的观念。④即便不说夸大,也属后见之推论,并不表示当时的效应。据一位学者对19世纪晚期同样坐落在南海边的岛屿——香港荃湾地区的考察,当时民间流行的读物,主要是宗谱、皇历、对联集、日常行为礼仪、契约文本、教育读本、民谣和诗歌普及读物、小说,还有不少与宗教道德相关的(包括拜神)。⑤ 在这样的知识文化氛围里,《察世俗》最能显示的意义只有一个——定期出版的"书",并且是"神理人道国俗天文地理偶遇"的"新媒介",从而与书籍和《京报》有着根本的区分。

二、展示事实:以定期方式传播有用的知识

与马礼逊、米怜迫于无奈不同,郭实腊是主动出击办刊物,尽管面对想象中的中国读者,他也称之为"书"⑥。他是如此说的:

> 当文明几乎在地球各处取得迅速进步并超越无知与谬误之时,——即使排斥异己的印度人也已开始用他们自己的语言出版若干期刊,——唯独中国人却一如既往,依然故我。虽然我们与他们长久交往,他们仍自称为天下诸民族之首领,并视所有其他民族为"蛮夷"。⑦

这段话最引人注目的就是"我们"和"他们"。由此想来,刊名《东西洋考每月统计传》(以下简称《东西洋考》)应是郭实腊仔细斟酌过的。"东西洋"作为一个具体地域的方

---

① 《张远两友相论·第五回》,《察世俗每月统记传》第四卷,嘉庆二十三年(1818)(戊寅年)。
② 胡道静:"这种文体成了中国布道书的范本,在此后半世纪中,大约有十三种小册子是用两个人的对话格式来写的,而传播延长至一世纪之久,迄今还有流到我们手里来的。"参胡道静:《新闻史上的新时代》,载《胡道静文集·上海历史研究》,上海人民出版社2011年版,第375-544页,引见第443页。
③ R. S. Britton, "The Chinese Periodical Press, 1800-1912", 载白瑞华:《中国近代报刊史》,第216页。
④ 胡道静:《新闻史上的新时代》,载《胡道静文集·上海历史研究》,第444页。
⑤ James Hayes, "Specialists and Written Materials in the Village World", in David Johnson, Andrew J. Nathan, and Evelyn S. Rawski (Eds.), *Popular Culture in Late Imperial China*, University of California Press, 1985, pp.75-111.
⑥ 比如第一期新闻一栏中王、陈两位好友的对话。
⑦ 原载于 *The Chinese Repository*(《中国丛报》),1833年8月,此处用的是黄时鉴先生的译文,引见黄时鉴整理:《东西洋考每月统记传》,中华书局1997年版,导言,第12页。

位,中国人是早有所闻的。① 据孙江教授考证,"东洋""西洋"在元代航海家汪大渊的《岛夷志略》中就已出现。不过中国原本关于"东西洋"的认知,是基于南北方向而不是东西。更具体地说,东西洋是对于南海的想象,"乃是在内含了南海诸地地理知识和航海知识之后所建构的自我/他者知识"。待利玛窦以"大西洋人"自称进入中国,"东西洋"就发生了大变化。利氏将中国原有的"东西洋",转换到了"泰西"的东西坐标轴上,"东西洋的概念化入欧洲地理知识之中",原本南北向的"东西洋"含义也就慢慢脱落不见,②变成了利玛窦式的东西洋——欧洲与中国的指称。不消说,这也就是郭实腊要考的"东西洋"。

当郭实腊把"我们/他们"以"东西"方位排列时,"东西洋"就转化为文明与愚昧的不同地界。如果说《察世俗》是在"上帝"目光统领下的"察",《东西洋考》的"考"则是从"西洋"视野出发之考,"使中国人获致我们的技艺、科学与准则"③。此种大异于《察世俗》的筹划和想法,与郭实腊个人的状况,包括其个性、经历、思想观念及所处的条件不无关联。郭实腊看上去大胆、粗野,敢冒险。17 岁时,当街拦住巡游经过的普鲁士国王,献上自己的"致敬诗",以博得好感谋求资助继续求学。④ 据说,在他心目中,"自然法则"与"上帝创造自然"是可以互换的。中国遏制对外贸易是对上帝的挑战,是对天赋人权的侵害。⑤ "为了打开一个与中国自由交往的局面"⑥,他三番五次潜入中国沿海考察。甚至其体态形貌也不招人喜欢:"大脸""凶眼";"外形矮壮,品味举止粗俗,行动活跃,言语迅速,谈话兴高采烈而又引人入胜"⑦;法国驻澳门领事甚至给本国外交部打了他的小报告,称"这位汉学家的话没有一句是真的"⑧。

《东西洋考》创办时的广州,西人已不少,1834 年之后,仅英国商人及其雇员就"迅速增加到 100 人以上"。关键是"这 100 多名英国在华商人,是一个拥有相当强大的经济实力的群体,他们经营的合法和非法贸易额,在 1830 年代一般维持在 6000 万元的规模,这个数字相当于当时清朝财政收入的 1.5 倍和英国财政收入的 2/5 左右"。经济是政治的基础,实力强了,就要抱团组织,广州的外商团体在 1830 年代也就陆续出

---

① 比如在明人的《南都繁会图》中,就有"东西两洋货物齐全"的招幌,参王正华:《过眼繁华》,载李孝悌编:《中国的城市生活》,北京大学出版社 2013 年版,第 29-80 页。另据黄时鉴先生断言,这刊名可能受到明末张燮《东西洋考》的影响。参黄时鉴整理:《东西洋考每月统记传》,导言,第 3 页。
② 参孙江:《"东洋"的变迁——近代中国语境里的"东洋"概念》,载孙江主编:《新史学(第二卷):概念·文本·方法》,中华书局 2008 年版,第 3-26 页。
③ 引见黄时鉴整理:《东西洋考每月统记传》,导言,第 12 页。
④ 俞强:《鸦片战争前传教士眼中的中国》,山东大学出版社 2010 年版,第 49 页。
⑤ 俞强:《鸦片战争前传教士眼中的中国》,第 59 页。
⑥ 转引自顾长声:《从马礼逊到司徒雷登》,上海书店出版社 2005 年版,第 46 页。
⑦ 转引自韩南:《中国近代小说的兴起》,第 61-62 页。
⑧ 弗兰克·韦尔什:《香港史》,王皖强、黄亚红译,中央编译出版社 2007 年版,第 193 页。

现。① 这既是与马礼逊和米怜"沉重地挣扎前行"②之处境所不能相提并论的,同时也使得郭实腊有了不一样的感觉和底气。所以,"我们/他们"的区分,自有缘由。

这预示着郭实腊就不会是像米怜那样的出场,他自称是"爱汉者"。"爱"表示亲善,不是敌人;恰也是一个"爱"字,一刀切出了"汉"与"非汉"——东洋和西洋之界限。这与米怜的"博爱者"虽一字之差,立场、态度和身份认知之差异,立时昭然。因此,郭实腊虽也口称"合四海为一家,联万姓为一体,中外无异视",但他不像米怜,以"万处万人皆有神造"为前提,而是直接挑明自己是异国"远人",要用"汉话""阐发文艺","纂此文"。《察世俗》是要以同去异,"一种人全是,抑一种人全非,未之有也";《东西洋考》意在同中辨异,"国民之犹水之有分派,木之有分枝,虽远近异势,疏密异形";《察世俗》是以天国的不分彼此,隐去俗国之别;《东西洋考》始终围绕东与西之界别,"结其外中之绸缪","请善读者""不轻忽远人之文矣"。③

有人说,郭实腊的《东西洋考》犹似西方文明的定期辩解书,心平气和(inoffensive)地展示欧洲文化的优越性。④ 这怕是被郭实腊的"远客"口吻迷惑了。《东西洋考》实际摆出的是一副外恭内倨的挑战者姿态,《中国丛报》上的那个办刊设想,就足以证明这一点。除此之外,随手还可举出三个证据:第一,在道光癸巳年八月的刊物⑤上,开篇的"论"中云:"夫远客知礼行义,何可称之夷人?比较之与禽兽,待之如外夷。呜呼,远其错乎,何其谬论者矣。"⑥貌似委婉的口气,遮掩不住内心的强烈不满。郭实腊早就对"夷"的称呼表示出反感,认为这是"野蛮人"的代指。1858年签署的中英《天津条约》,明确规定以后禁用"夷"字,据说就与郭实腊的暗中推动有关。⑦第二,《东西洋考》的每期封面上都刊有一条儒家语录,这应仿自《察世俗》。不过与后者始终固定一条语录不同,《东西洋考》是每一期都不一样。"格言是一种陈述","不是对任何一般事理的陈述,而是对行动的陈述,说明有所为有所不为"。⑧ 郭实腊的刊头语,既是为突出每一期主旨,更是要借力打力,用中国的古训来教训中国人。第一期上的"人无远虑必有近忧",就是其精心挑选的。"家长式"的警告口吻,已不是《察世俗》"多闻,择其善者而从之"的苦口婆心。第三,他要以"展示事实"的方式来征服中国人。

"展示事实",就其欧洲渊源,属亚里士多德式的修辞手法,"根据事实进行论战,除

---

① 吴义雄:《在宗教与世俗之间》,广东教育出版社2000年版,第8、12、16-21页。
② 米怜:《新教在华传教前十年回顾》,第35页。
③ 《东西洋考每月统记传序》,道光癸巳年六月,引见黄时鉴整理:《东西洋考每月统记传》,第3页。
④ R. S. Britton,"The Chinese Periodical Press, 1800-1912",载白瑞华:《中国近代报刊史》,第217页。
⑤ 刊物是六月创办的,七月与六月的完全相同,所以,在严格意义上,这是第二期。
⑥ 《东西洋考每月统记传》,道光癸巳年八月,引见黄时鉴整理:《东西洋考每月统记传》,第23页。
⑦ 详参刘禾:《帝国的话语政治:从近代中国冲突看现代世界秩序的形成》,生活·读书·新知三联书店2009年版,第52-63页。
⑧ 亚里士多德:《修辞学》,罗念生译,生活·读书·新知三联书店1991年版,第111页。

了证明事实如此之外,其余的活动都是多余的"①。为此,郭实腊创造了"展示事实"的方式——设置栏目并出以目录。《东西洋考》的栏目有些微变动②,其主干则十分稳定,分论、历史、地理和新闻。以"论"居首,自然是打算高屋建瓴以理念开道,为后面文章做铺垫。这些文章大多是从不同角度反复述说大西洋国和大西洋人的状况,展示"学问不独在一国之知,倒也包普天下焉"③。"历史"紧随之后,符合中国人"六经皆史"的传统,同时可与"论"形成呼应。西洋各国学问与文化的源远流长,可证其辉煌灿烂丝毫不让于中国。"孰好学察之,及视万国当一家也"。④ 紧接着的"地理","可明知岛屿之远近,外国之形势,风俗之怪奇,沙礁之险,埠头之繁,好湾泊所等事"。借此让中国人了解"远人"之来历,远万里到中国"通市"的不易,故"应以礼待之"。⑤ 最后是"新闻",有益于闻"远方之事务",俾使天下万国,"视同一家"⑥,同时也为历史和地理补上现实的"血肉"。

"分类就是赋予世界以结构"。⑦ 不难看出,郭实腊所构造的"东西洋",是由虚至实,从时间到空间,先叙往事再补近事的逻辑展开,形成"三明治"式的骨架:"地理"居中,一头顶着"历史",一头附着"新闻",将过去和现在、空间和时间汇聚在一起。他的确是在"展示事实":"历史""地理"和"新闻",都属于确定不移的事实;他试图要展示的是一个动态的有内在关联的"东西洋"之事实:过去与现在因地理而得以共存,地理因历史和新闻具有了生命和动力。借此,东西洋与人也发生了关系:既是利益相关的关系,又是"考"与"被考"的关系。这既为中国人提供了一种"西洋景观",更重要的是给予中国人一种新的观看和认识"天下"的方式。

《东西洋考》的栏目和目录设置,第一次为中国人提供了现代刊物的轮廓及其理念。首先,刊物是为"展示事实"而不是播撒理念,史、地、新闻均切实可证,《东西洋考》就是"东西洋"的本来面貌。其次,事实归入栏目和目录,表明"东西洋"的事实(知识)是有条理和规则的。最后,历史、地理、新闻诸个栏目排开,过去与现在共在,历史和最新变动呼应,地理有了动感,"东西洋"具有一种现实节奏——与时间同步。如果这样的理解没有言过其实,那么,《东西洋考》的分类和栏目,是透过"展示事实"的规则和标准,提供了现代知识排列的基本样貌。这样一种知识秩序,不仅与中国"书"的知识体系截然不同而且也必然形成挑战。这也就使得《东西洋考》除了具有媒介史上的开启

---

① 亚里士多德:《修辞学》,第 148 页。
② 参黄时鉴整理:《东西洋考每月统记传》,第 37-49 页。
③ 《东西洋考每月统记传》,道光癸巳年九月,引见黄时鉴整理:《东西洋考每月统记传》,第 33 页。
④ 《东西洋考每月统记传》,道光癸巳年六月,引见黄时鉴整理:《东西洋考每月统记传》,第 4 页。
⑤ 《东西洋考每月统记传》,道光癸巳年六月,引见黄时鉴整理:《东西洋考每月统记传》,第 7 页。
⑥ 《东西洋考每月统记传》,道光癸巳年八月,引见黄时鉴整理:《东西洋考每月统记传》,第 28 页。
⑦ 齐格蒙特·鲍曼:《对秩序的追求》,邵迎生译,载周宪主编:《文化现代性精粹读本》,中国人民大学出版社 2010 年版,第 95-108 页,引见第 95 页。

性意义,还具有知识史和思想史的重要意义。戈公振所谓的"我国言现代报纸者,或推此为第一种"①,也应该放在这样的脉络中来理解。

对中国书籍最具威胁性的,恐怕就是内中的"东西史记和合"和"新闻"。《东西史记和合》一文的不同寻常也是最为荒谬之处,是将"东史"和"西史"按同样的历史分期上下对照编排。"东史是中国史,西史是其古史与英国王朝史。东史起自盘古开天地,迄于明亡;西史起自上帝造天地,迄于英吉利哪耳王朝。"②该文努力通过时间轴使东史和西史对应,比如以"洪水之先"为名,将盘古开天与亚当及伊甸园、三皇纪与三子(亚当的三个儿子)论相互比照,以显示出东西史之"和合"。

《东西史记和合》据说是麦都思阅读中国典籍之所得,他是用一种"假设"的自然时间——年代学形式,把另一个空间与中国强行并列在一起;同时通过空间的并置,消弭了时间——两种文化各自独具的不同经验和来历,"给它们加上原本没有的持存","粗暴地将它们相互同化"③,编织出一种具有可比性的"逻辑"。在让人观摩的同时,强迫进行着"较量","迫使世界在那些它仍然不知不识的问题上采取一定的态度,并因此拒绝或回避一种不知不识的状态"。④中国原有的"天下观"——由内到外、由中心到边缘的"天地差序格局"⑤秩序在较量中垮塌,同时被取消的还有中国书籍的知识及其系统。这是一种"入侵",是一种特别的"入侵","旨在对世界全图中的空白进行填补"。⑥《东西洋考》因此"生产一种秩序,并且将这一秩序书写在野蛮或者堕落了的社会的躯体之上",以书写历史的名义,"纠正、制服或者教育这一历史"。⑦ 道光乙未年五月的《东西洋考》上的首篇文章《论欧逻巴事情》,一开篇就是这样的场景:法兰西人胡蕃与名为黄习的汉人为好友,"忽一日,黄来见胡,登堂看见地图,读其字看出欧逻巴号",遂向胡请教,胡一一道来,给从未迈出国门,"不知远国之形势"的黄习上了一课,终使之由惊讶而服气,"今多承指述,敢不心佩"。⑧

"多承指述,敢不心佩"的并非只有这一位黄习。《东西洋考》的诸篇对话,如"子外寄父""火蒸船""侄外奉姑书""儒外寄朋友书""叔家答侄"等⑨,总是搭配两个角色:一个见多识广,与洋人情意相洽;另一个必孤陋寡闻,浅薄无知。前者意气风发,神情飘

---

① 戈公振:《中国报学史》,生活·读书·新知三联书店1955年版,第68页。
② 黄时鉴整理:《东西洋考每月统记传》,导言,第16页。
③ 福柯:《尼采、谱系学、历史》,王简译,载福柯著,杜小真编:《福柯集》,上海远东出版社2003年版,第146-165页,引见第154页。
④ 齐格蒙特·鲍曼:《对秩序的追求》,邵迎生译,载周宪主编:《文化现代性精粹读本》,第99页。
⑤ 葛兆光:《中国思想史》(第一卷),复旦大学出版社1998年版,第130页。
⑥ 齐格蒙特·鲍曼:《对秩序的追求》,邵迎生译,载周宪主编:《文化现代性精粹读本》,第101页。
⑦ 米歇尔·德·塞托:《日常生活实践:1.实践的艺术》,方琳琳、黄春柳译,南京大学出版社2015年版,第233页。
⑧ 黄时鉴整理:《东西洋考每月统记传》,第171页。
⑨ 郭实腊所著《大英国统志》一书,也都是这样的对话体。其中愚昧闭塞的"李相公"受到海归"叶相公"开启"茅塞",终"抱愧"告服。(熊月之:《西学东渐与晚清社会》,中国人民大学出版社2011年版,第92-93页。)

逸,对海外种种奇闻逸事人情世故滔滔不绝而又文雅得体;后者先是以颟顸自负出场,继之是全神贯注如饥似渴"听",最后或是"沉吟不语",或是如梦方醒良久不肯起身。这实际上就是"东西洋考"的寓意,"考"只是证明,结论早就有了。郭实腊的这种虚构式叙事,吸取了马礼逊和米怜的一些技巧①,可是其叙事之关系,不再是《察世俗》的"张远两友"之情形,后者是在"梧桐"下,"枝叶茂阴甚浓"处,"月明""天色甚美"中两个朋友的促膝叙谈;《东西洋考》是主从分明,教育者和被导引者角色一清二楚,看上去是东西方知识"和合",其实是使"后者在知识和文化上都要包含在西方兴趣之内"②。

"新闻"一词的汉语本义,实指街谈巷议奇事异闻③,历来不登大雅之堂,是市井无赖,如《红楼梦》中的甄士隐、《金瓶梅》中的西门庆之流的日常用语,在中国的"经史子集"中不可能有其踪迹。《申报》初始遭人鄙视,不能说与"新闻"的这种想象无关。《东西洋考》的"新闻",却是意在"缘此探闻各国之事","闻以广见识也"。④ 这种 18 世纪中产阶级发明的文化形式⑤,不仅颠覆了汉语"新闻"的含义,也祛了中国知识的"魅",表明现实变动的"新闻"(知识),具有与历史、地理等"经典"的同等重要性。此种置"新闻"与"史地"同等位置的做法,契合刊物反映现实为本的取向,但绝不是中国书籍的路数。中国书籍基本是回头看,评注经典,最高境界是"为往圣继绝学"⑥,"新闻"以"新"(通今)为要,恰是其反面,可谓南辕北辙。正是在这样的认知图式中,"西方各国最奇之事"——新闻纸的历史及概貌,在《东西洋考》的"新闻"栏目中推出,首次呈现在中国人眼前,这就是中国历史上的第一篇新闻学专题论文《新闻纸略论》。⑦

《东西洋考》的中国读者读到此文,想必会是十分好奇和震撼。无处查证该文的来源以及郭实腊登载该文的真实用意,能够揣测的或许有两点:第一,就其内容看,主要是为提供"新闻纸"的概貌,意在让中国人具体了解这一新媒介;第二,"新闻纸"固是西洋"技艺、科学和准则"的内容之一,但值得注意的是,郭实腊是在"新闻"栏目中刊载《新闻纸略论》,《新闻纸略论》成了"新闻"。在其第一期中,郭实腊也是于"新闻"栏中,通过两位虚拟的华人之口,将出版《东西洋考》这一"新闻"告知众人,由此或许可以触探到其内在的逻辑。《新闻纸略论》之所以具有"新闻"价值,不是"论"本身而是"论"中的"新闻纸",其具体对应物就是《东西洋考》。所以,《东西洋考》是《新闻纸略论》的中国近景,是具体实例;《新闻纸略论》是远景,是西洋众多的《东西洋考》之集聚。由此,

---

① 韩南:《中国近代小说的兴起》,第 66 页。
② J. J. 克拉克:《东方启蒙:东西方思想的遭遇》,第 296-297 页。
③ 汉语中的"消息"和"新闻",本各有所指,不可混用。就我所见,对此分析最为透彻的是张大芝教授(《新闻理论基本问题》,陕西人民教育出版社 1990 年版,第 1-6 页)。
④ 《东西洋考每月统记传》,道光癸巳年八月,引见黄时鉴整理:《东西洋考每月统记传》,第 28 页。
⑤ 詹姆斯·凯瑞:《作为文化的传播》,丁未译,华夏出版社 2005 年版,第 10 页。
⑥ 以冯友兰先生的说法,这是一种被后世儒家传之永久的"以述为作"的精神,"经书代代相传时,他们就写出了无数的注疏"。(《中国哲学简史》,北京大学出版社 2013 年版,第 42 页。)
⑦ 载《东西洋考每月统记传》,道光癸巳年十二月,引见黄时鉴整理:《东西洋考每月统记传》,第 66 页。

新闻的重要性,在"新闻纸"的繁盛中得以证明;西洋新闻纸的繁盛,又可以证明《东西洋考》之类的价值及重要性。虚与实互为烘托,新闻纸与新闻互为定义和强化,郭实腊在中国书籍的"卧榻之侧",引出一种全新的"媒介",嫁接起另一个知识桥梁。

有材料证明,《东西洋考》确曾在中国人中间传播。① 《海国图志》征引《东西洋考》共13期达24篇文章,梁廷枏、徐继畬也都读过《东西洋考》。② 征引和引述,不仅是认可或部分认可了《东西洋考》,更是中国书籍对刊物"知识"的再生产,这在一定程度上表明刊物穿透了"书"的壁垒,介入了书籍内容的组织。因而,从"书"与"刊"的角度讲,《东西洋考》的影响不仅在于现代刊物样式的确立,更是重组了中国媒介格局和知识系统。难怪《中国丛报》评价说,"以定期方式传播有用的知识,在这个神圣帝国是从未有过"③。由此想到舒登声说的:"媒体的力量并不只是在于(甚至不主要在于)它宣告事实的力量,还在于它有力量提供宣告出现的形式。……世界被组合成一种毋庸置疑且不受关注的叙述惯例,并被理想化,它不再是讨论的对象,而成了任何讨论的根本前提。"④这应成为我们理解《东西洋考》的关键。

三、赖尔作南针:中土向无所有

1853年的《遐迩贯珍》与1857年的《六合丛谈》,其总体框架和布局依然是重西洋知识,依然是将神学和知识摆于前,新闻纪事类的内容置于最后。然而,《东西洋考》"三明治式"的架构,在这两个刊物中已经不存,目录中大多直接亮出文章名,新闻也用"近日各报"("近日杂报")或"泰西近事述略"替代,现时性和世俗性更为明显,《遐迩贯珍》还开创了每期刊登"世界新闻"的先例⑤。韦廉臣说,《六合丛谈》"兼具报纸与杂志性质"⑥,虽然以此来说明《遐迩贯珍》似更为妥当。

目录翻新就是一种征兆,证明举办者意在突出刊物的特点,中国书籍不再是先在的投影,尽管它们有时也还自称为书。《遐迩贯珍》这样验明自己的"正身":

> 中国,除邸抄载上谕、奏折仅得朝廷举动大略外,向无日报之类。惟泰西

---

① 黄时鉴整理:《东西洋考每月统记传》,导言,第25页。据《中国丛报》说,《东西洋考每月统记传》被传送到南京、北京和帝国的其他地方。见《中国丛报》(The Chinese Repository),No.4(August 1834),张西平主编,顾钧、杨慧玲整理,卷三,第197页。
② 黄时鉴整理:《东西洋考每月统记传》,导言,第27-29页。
③ 《中国丛报》(The Chinese Repository),Vol.2,No.5(September 1833),张西平主编,顾钧、杨慧玲整理,卷二,第242页。
④ 迈克尔·舒登声:《新闻的力量》,刘艺娉译,华夏出版社2011年版,第50页。
⑤ 松浦章:《序说:〈遐迩贯珍〉的世界》,载沈国威、内田庆士、松浦章编著:《遐迩贯珍——附解题·索引》,上海辞书出版社2005年版,第5-14页,引见第6页。
⑥ 转引自周振鹤:《〈六合丛谈〉的编纂及其词汇》,载沈国威编著:《六合丛谈·附解题·索引》,上海辞书出版社2006年版,第159-178页,引见第161页。

各国,如此帙者,恒为叠见,且价亦甚廉。虽寒素之家,亦可购阅。其内备各种信息,商船之出入,要人之往来,并各项著作篇章。设如此方,遇有要务所关,或奇信始现,顷刻而西方皆悉其详。……俾得以洞明真理,而增智术之益。①

这个被《北华捷报》称为十分出色且"外柔内刚"的"序言"②,很值得我们注意。它以中西的两相比照作为总体思路:中国本"可置之列邦上等之伍",所惜者,至今"列邦间有蒸蒸日上之势,而中国且将降格以从焉"。原因只有一个——"总缘中国迩年,与列邦不通闻问"。除了邸抄"仅得朝廷举动大略外",再无其他渠道,不像泰西各国报刊盛行,"内备各种信息"。一边是"向无所有",一边是"恒为叠见",且"向无所有"与"降格以从","恒为叠见"与"蒸蒸日上",报刊与国家和文明的兴衰,在《遐迩贯珍》的笔下,竟是如此紧密相联因果立判。这种功能主义的报刊观,作为现代性话语的一部分,首先就是由传教士输入中国的。以刊物自己现身说法,《遐迩贯珍》应该算是头一个(几十年以后崛起于报坛的梁启超,高擎的旗号就是"报馆有益于国事")。正是在这样一番转折烘托之下,《遐迩贯珍》亮相,"吾屡念及此,思于每月一次,纂辑贯珍一帙,诚为善举"。从今往后,"列邦之善端,可以述之以中土,而中国之美行,亦可以达之于我邦。俾两家日臻于洽习,中外均得其裨也"③。第一期刊登的开题诗,多少可证其这一番心迹:

创论通遐迩,宏词贯古今;幽深开鸟道,声价重鸡林;妙解醒尘目,良工费苦心;吾儒稽域外,赖尔作南针。④

"创论通遐迩"和"赖尔作南针",若前句指的是刊物的内容,"南针"即是《遐迩贯珍》的媒介意象,是其所具的指引性意义。这种基调在《六合丛谈》也是昭然。且看,"溯自吾西人""航海东来"已有十四年,由于通商口岸有限,西人足迹不广,加上"言语"和"政教"不同,中国士民不能"尽明吾意",于是就有了"颁书籍以通其理,假文字以达其辞",以使"性情不至于隔阂,事理有可以观摩,而遐迩自能一致矣"⑤。此种"欲通中外之情,载远近之事,尽古今之变"的"书",在中国尚付阙如:

---

① 《序言》,《遐迩贯珍》1853年第一号,载沈国威、内田庆士、松浦章编著:《遐迩贯珍——附解题·索引》,第4-5页。
② "A Chinese Monthly", *The North-China Herald*, No. 160 (August 20, 1853).
③ 《序言》,《遐迩贯珍》1853年第一号,载沈国威、内田庆士、松浦章编著:《遐迩贯珍——附解题·索引》,第4-5页。
④ 《遐迩贯珍》1853年第一号,载沈国威、内田庆士、松浦章编著:《遐迩贯珍——附解题·索引》。
⑤ 《六合丛谈小引》,《六合丛谈》1857年第一号,载沈国威编著:《六合丛谈·附解题·索引》,上海辞书出版社2006年版,第521-522页。

> 粤稽中国载籍极博,而所纪皆陈迹也,如六经诸子、三通等书。吾人皆喜泛览涉猎,因以观事度理,推陈出新,竭心思以探奥窔,略旧说而创妙法,惟在乎学之勤而已。①

"载籍极博","所纪"却皆是"陈迹",说的是内容,直指的是知识,遭否定的却是"籍"。这不是因"陈迹"来源于"籍",而是因"籍"本就属"陈迹"。这与李端棻所谓的"博古"大有不同。"博古"还是正面的,仍然具有存在的价值;"陈迹"只是以往的留存,毫无实际意义。因此,"推陈出新",首先要有新的"书","竭心思以探奥窔,略旧说而创妙法"之"书"。有新媒介才有新知识,媒介即为知识。

"向无所有"和"推陈出新",着眼的都是时间。这时间不同于《东西洋考》中的《东西史和合》,后者不过挪用年代分期,将不同的东西重新切割,嵌入同一个空间,以便"和合"较量。《遐迩贯珍》和《六合丛谈》的新与旧,是将两个不同空间纳入同一个时间流程,表示其所处的不同阶段,是"上等列邦"和"降格以从"的"新"与"旧"。

新或新时代,在西方本是一个中性词,但到了 18 世纪末,"在工业革命和法国大革命促成的历史经验的加速增长的语境中","这个词明确地把这个观念的质的维度与它司空见惯的'中性'用法隔离开来",新与现代性合而为一。② 恰如布鲁门伯格所言:"现代性是第一个和唯一一个把自己理解为一个时代的时期,它在这样做的同时创造了其他时代。"③《遐迩贯珍》和《六合丛谈》中的新和旧话语,表达的正是这样的意思。于是,"中土""邸报"和"列邦""日报",就不是各自的社会和不同的传播实践,而是在同一个由"过去"向"未来"不断奔进过程中的两个不同时间段落。当《遐迩贯珍》们称自己为"新"——"中土向无所有"时,同时也就创造出了一个以书籍为代表的处处皆"陈迹"的中土。以此来看,稍迟些的宁波《中外新报》和上海《中国教会新报》,索性在报名中直接嵌入一个"新"字,以示与"旧"区隔,其意义就不是一个报名的问题了。当"新"如此获得自身历史的质的规定时,历史已"不是发生在时间当中,而是因为时间而发生"④。自 1855 年第二号开始,《遐迩贯珍》封二上一直固定不变的世界地图消失了,出现的则是"英年月闰日歌诀",同时还将公历一年中每个月的 1 日,与中国农历时间对接,其用意恐怕就是要表明,西邦和中土本就属于同一个时间序列。就这样,中国被锁定在了一个确定的时间和位置中,在日报"向无所有"的荒蛮之地,向报纸林立的繁盛前景踮脚眺望。

"新"与"旧"已然明确,再花笔墨做什么"考"就显得多余,《遐迩贯珍》要做的就是

---

① 《六合丛谈小引》,《六合丛谈》1857 年第一号,载沈国威编著:《六合丛谈·附解题·索引》,第 521-522 页。
② 彼得·奥斯本:《时间的政治——现代性与先锋》,王志宏译,商务印书馆 2004 年版,第 24-27 页。
③ 转引自彼得·奥斯本:《时间的政治——现代性与先锋》,第 27 页。
④ 彼得·奥斯本:《时间的政治——现代性与先锋》,第 27 页。

汇聚远近而来的"珠宝"①——"列邦"的"善端"被活生生摆在"中土"面前：地质、彗星、地球、政治制度、生物总论、身体略论、香港纪略、粤省公司等，一一排开分别道来，"俾得以洞明真理，而增智术之益"②。如此这般，让中国人明了现今大势，自动辨析出何为"新"，何属"陈迹"：《西程述概》见到的是英国的"层楼寓馆，行客句留"，"火船火车，星掣电驰"③；《瀛海笔记》录下了英吉利"民物之蕃庶，建造之高宏，与夫政治之明良，制度之详佣"④。还有泰西诸国的"补灾救患普行良法"⑤、"花旗国政治制度"⑥、英占后香港的逐渐繁荣和有序（《香港纪略》⑦《本港议创新例》⑧《香港客岁户口册》⑨），当然，还有大量的中国内地之动乱和"每降日下"。由此，"览是篇者，计道里之非遥，揽关河以如绘，目悬岛屿，兴寄梯航；好风时来，高人行迈；翩翩群彦，爰集英邦，庶不负余握管而著此篇之深意也夫"⑩。

与此相应，"远人"的感觉慢慢淡去，"主人"的意识俨然生成，鸦片战争之后的情势变化，使传教士们有了精神舒展的傲然之态。《遐迩贯珍》的"序言"，就是由西邦的"吾"，面向中土的读者徐徐道来。这个"吾"（或"余"），或于文前点题，或在结尾加按，总是不断在刊物中闪现。《六合丛谈》更简便，在其创刊"小引"中，就直接标出"英国伟烈亚力书于沪城"。就一般意义言，"署名"是文责自负的一种表现，但是在这两份传教士刊物中，"署名"不仅以公开亮明身份的意味，更重要的是有意展示西邦"翩翩群彦"之风采。所以，这种"署名"，不是"东西和合"意义上的"融入"，而是"中与西"或"新与旧"对立意味上的"相交"，是出于"盖欲人人得究事物之颠末，而知其是非，并得识世事之变迁，而增其闻见"⑪的灌输。"究颠末""知是非""识变迁""增闻见"均需"中土向无所有"的新媒介为"华夏格物致知之一助"，足以显示中国"载籍"之无能和无效，"皆属陈迹"。

---

① " A Chinese Monthly"。其原文是 United pearls gathered from far and near。
② 《序言》，《遐迩贯珍》1853 年第一号，载沈国威、内田庆士、松浦章编著：《遐迩贯珍——附解题·索引》，第 4-5 页。
③ 《西程述概》，《遐迩贯珍》1853 年第二号，载沈国威、内田庆士、松浦章编著：《遐迩贯珍——附解题·索引》，第 12-14 页。
④ 《瀛海笔记》，《遐迩贯珍》1854 年第七号，载沈国威、内田庆士、松浦章编著：《遐迩贯珍——附解题·索引》，第 84-86 页。
⑤ 《补灾救患普行良法》，《遐迩贯珍》1854 年第一号，载沈国威、内田庆士、松浦章编著：《遐迩贯珍——附解题·索引》，第 45-47 页。
⑥ 《花旗国政治制度》，《遐迩贯珍》1854 年第二号，载沈国威、内田庆士、松浦章编著：《遐迩贯珍——附解题·索引》，第 52-54 页。
⑦ 《遐迩贯珍》1853 年第一号，载沈国威、内田庆士、松浦章编著：《遐迩贯珍——附解题·索引》，第 7-8 页。
⑧ 《遐迩贯珍》1854 年第四号，载沈国威、内田庆士、松浦章编著：《遐迩贯珍——附解题·索引》，第 34-35 页。
⑨ 《遐迩贯珍》1855 年第五号，沈国威、内田庆士、松浦章编著：《遐迩贯珍——附解题·索引》，第 184-186 页。
⑩ 《西程述概》，《遐迩贯珍》1853 年第二号，载沈国威、内田庆士、松浦章编著：《遐迩贯珍——附解题·索引》，第 12-14 页。
⑪ 《遐迩贯珍小记》，《遐迩贯珍》1854 年第十二号，载沈国威、内田庆士、松浦章编著：《遐迩贯珍——附解题·索引》，第 125 页。

比之于《遐迩贯珍》,《六合丛谈》更像是拆分并按月出版的教材,与现实的流变没有太多瓜葛,倚重的是"学"——有条理有系统的西洋知识①:化学、察地之学、鸟兽草木之学、测天之学,"最深者为微分法,以之推算天文,无不触处洞然矣"。还有电气之学,最后则是重学以及听视诸学,"皆穷极毫芒,精研物理"。② 难怪有论者认为,《六合丛谈》这篇小引本身,就可称为"介绍西方近代科学的重要文献",其"上继明末清初徐光启、利玛窦、汤若望、南怀仁等人的西学东渐,下启清末自强运动中以江南制造局翻译馆和京师同文馆为代表的翻译事业"。③ 同样是从知识的视角,周振鹤先生将传教士的几份刊物做了这样的比较:"《东西洋考每月统记传》在科学方面主要是介绍地理学(包括天文学),但其内容主要是基础知识与各国概况的介绍。在《遐迩贯珍》中,则将地理学分成三个分支,并创造了一些新术语。《六合丛谈》则更进一步,将一整套的自然地理学理论及概念逐期连载,使读者相当完整地理解到当时西方地理学的最新成就。"④若从媒介学角度,或可说《东西洋考》以"展示事实"来展示"远人"面貌;《遐迩贯珍》是让"唐人"视角转向大洋,连向西方,"赖尔作南针";《六合丛谈》则以现代刊物的空间扩张性,截断中国固有的知识系统,平移入新类型的知识。

值得关注的是,《遐迩贯珍》和《六合丛谈》不仅进入了中国的文人圈,而且在其中起着连接和转化的作用。《遐迩贯珍》甫一开张,封面上即注明,"倘有同志惠我佳函,为此编生色者",祈送之指定之处。同时在《序言》中又呼请,"望学问胜我者,无论英汉,但有佳章妙解,邮筒见示"⑤。揆其实际,以"邮筒见示"的稿子似还不少。其英文目录列明,有14篇来自投稿(连载按一篇算),其中出自中国人的有4篇⑥,实际上还要多,如《上海新闻略》(1855年第二号),是一篇论说,来自上海;《戒打白鸽票略说》(1855年第九号),标明是"归善县少爷送来";《圣巴拿寺记》一文注明来自南充刘鸿裁;《水不克火论》(1854年第十二号)为西人所撰,辩难"唐人"的五行之理,编者在该文后还特地做一说明,鼓励更多读者"勿吝笔墨"积极参与。以此见,刊物自称每月印三千本,"在本港、省城、厦门、福州、宁波、上海等处遍售,间或深入内土,官民皆得披览"⑦,未必全是虚言。《六合丛谈》还与墨海书馆相依靠,成为传教士和中国文人的交集之所。据考其时已构成了一个三层的华人关系网络:第一层是直接撰稿人和合作撰

---

① 也正因如此,其在风格上不如《遐迩贯珍》生动,也不像《东西洋考每月统记传》那样庞杂,显得单一甚至呆板。
② 《六合丛谈小引》,《六合丛谈》1857年第一号,载沈国威编著:《六合丛谈·附解题·索引》,第521-522页。
③ 王扬宗:《〈六合丛谈〉所介绍的西方科学知识及其在清末的影响》,载沈国威编著:《六合丛谈·附解题·索引》,第139-157页,引见第139-140、155页。
④ 周振鹤:《〈六合丛谈〉的编纂及其词汇》,载沈国威编著:《六合丛谈·附解题·索引》,第159-178页,引见第162-163页。
⑤ 《序言》,《遐迩贯珍》1853年第一号,载沈国威、内田庆士、松浦章编著:《遐迩贯珍——附解题·索引》,第4-5页。
⑥ 如《瀛海笔记》(1853年第七号)、《琉球杂记述略》(1854年第六号)、《日本日记》(1854年第十一号),以及寄自金山的《砑非立金山地舆志》(1856年第三号)。
⑦ 《论遐迩贯珍表白事款篇》,《遐迩贯珍》1855年第一号,载沈国威、内田庆士、松浦章编著:《遐迩贯珍——附解题·索引》,第141页。

稿者;第二层是墨海书馆所雇翻译西书的士人;第三层则是与《六合丛谈》主要撰稿人(包括华人与洋人)多有往来者。① 此外,刊物上的文章及其西方知识的翻译,大多与中国士人合作,许多新词语的产生,就是中西士人共同参与的成果,而在这其中,中士的作用更甚于西士②,甚至还有四篇中国人署名的文章③(比《遐迩贯珍》多出三篇)。新媒介的制作和西学知识的生产,从西人独占变成中西联手。此种中西融合,在此后的《中国教会新报》中更为显著。其自称所创不过一载,"所收各处诗词问答论章诸信,除上海本处外,已有四十余位。阅其文意,皆才高学广、渊博通彻之辈,敬服敬服"④。据有学者统计,在19世纪六七十年代,聚集在林乐知主持的《中国教会新报》和《上海新报》周围并与之有沟通来往的文人,即有近百人,而且主要是民间草根文人。⑤ 传教士的报刊就是这样一步步走近文人,渗入他们的日常生活,成为与书并重而不可缺少的"知识"媒介。最后,《六合丛谈》还是不同媒介的交汇之所,它将"地志新书""戒烟新书""新出书籍"等,作为正式内容而不是广告信息直接纳入版面。这种做法与之前刊物分期连载书籍的内容,有着完全不同的意义。连载与报道书籍出版,固然都可以扩大书籍的影响,但前者只是一个载体,是书籍的载体;后者则是提供了"通道",借此可从这个点到达另一个点,构成了相互联结的交叠"网络",形成知识生产和接收的多元机制。⑥

让传教士郁闷而又纠结的是,报刊传达新知本为传教,是图"种豆得瓜",结果却适得其反,西学流行了,传教却没有什么进展。这虽然足以证明中国人对"报通今"——西洋报刊的接受和认可,但让慕维廉忍无可忍,"我们不能让杂志的出版证明杂志本身不利于我们所追求的事业的进展"。《六合丛谈》因此戛然而止。⑦ 随着1860年后墨海书馆停止出版科学书籍,书馆也就走到了尽头。墨海书馆的境遇,透露出晚清士人对于"刊"的一种想象和理解,反倒坐实了《六合丛谈》所谓"中国载籍""皆纪陈迹"的认定。由此看,本文开头提及的贾家三子之经历,是个人的命运,也预示"国"的未来。有"籍"而无"刊",就意味着失败,人如此,国亦然。二者如此这般的此消彼长,在"中土"确属"向无所有"。

---

① 周振鹤:《〈六合丛谈〉的编纂及其词汇》,载沈国威编著:《六合丛谈·附解题·索引》,第159-178页,引见第166页。
② 周振鹤:《〈六合丛谈〉的编纂及其词汇》,载沈国威编著:《六合丛谈·附解题·索引》,第167页。
③ 参《解题——作为近代东西(欧、中、日)文化交流史研究史料的〈六合丛谈〉》,载沈国威编著:《六合丛谈·附解题·索引》,第28页。
④ 《请做文论》,《教会新报》卷一,台湾华文书局影印本,第456页。
⑤ 段怀清:《传教士与晚清口岸文人》,广东人民出版社2007年版,第117页。
⑥ 如果把出书和出刊、印刷和编辑出版、西人口译和中士著述统统看成知识生产的一个总体网络,墨海书馆就是结成这个网络的中心节点。以这样的网络思维看待墨海书馆,或许可以引申出新的启示和理解。
⑦ 转引自《解题——作为近代东西(欧、中、日)文化交流史研究史料的〈六合丛谈〉》,载沈国威编著:《六合丛谈·附解题·索引》,第34页。

四、结论

西来的"刊",遭遇中国的"书",虽非刀光剑影,也是近身搏击,难解难分。

书与刊,是两种不同的媒介,代表着两种不同知识和文化。中国现代报刊的"发明",是以中国"书"为一端,西方"刊"为另一端的"互为中介",并在这样的交集点上形成,从而侵入本由中国书籍独占的知识生产领地。传教士或以"书"办刊,或以"刊"办书,或以"刊"代书的独特过程,顺应了中国人根深蒂固的"书"的观念,因而也在心理和认识上,奠定了中国人对新媒介——"刊"的基本理解。这固然使"刊"的出场,少了一些障碍,自也模糊了"书"与"刊"本来应有的界限。

甲午后,"新知"成为中国民间创办报刊的正当理由,张扬的是"设报达聪"之大旗。① 在梁启超开列的"西学书目"中,赫然就有"《中西教会报》《中西闻见录》和《万国公报》"②,刊物进入"书"的系列。后来维新一派所热衷的"时务""知新""国闻""湘学"等报名,显然也都是在"新知"或者学问的范畴内。媒介学角度的"中体西用",实就是承认"书"与"刊"的并存。③ 于是,为"新知"而后起的中国现代报刊,内地里不乏"书"的影子和"书"的精气神。如果美国在大众化报纸期间,形成了"故事型"和"信息型"两种报纸类型,④那么中国现代报刊,自发轫就属于"知识型",其特征是偏"时间",即注重系统性、条理性和教化作用⑤,由此奠定了其发生和演变的历史特殊性。后人习于将办报者与史家相比拟,或许也可以说明这一点。正因此,偏向"空间"——"所载多市井猥屑之事"⑥的新闻纸(如《申报》),就难以进入历史"主流"⑦。

"书博古"与"报通今",既承认了二者同属一体平起平坐,也是对两种媒介的定性,更是对中国知识系统的重新认定。如果说,"刊"打破了书籍所主导的中国单一知识秩序及生产制度,那么,就可能为我们重新理解报刊和中国现代知识成长,乃至中国现代国家的起源⑧提供一个全新的维度。葛兆光先生有一个关于西洋知识和晚清中国思想世界的论述,很精到也很全面,给了我很大的启发。他说,"西洋新知"要真正颠覆中国知识形态并且瓦解中国思想世界,必须在知识阶层世界中确立起三个支点:

---

① 康有为:《上清帝第四书》,中国史学会主编:《戊戌变法》(二),上海人民出版社、上海书店出版社 2000 年版,第 185 页。
② 梁启超:《西学书目表》,中国史学会主编:《戊戌变法》(一),上海人民出版社、上海书店出版社 2000 年版,第 447-461 页。
③ 比如张之洞《劝学篇》中对于报刊地位的认定。
④ M. Schudson, *Discovering the News*, NY: Basic Books, Inc., 1978, pp.88-120.
⑤ "有客观而无主观,不能谓之报。"梁启超在《敬告我同业诸君》中的这个说法很值得我们推敲。
⑥ 张之洞:《劝学篇》,华夏出版社 2002 年版,第 105-106 页。
⑦ 《申报》在现有报刊史教科书中一直不是重点,也多少表明这一点。
⑧ 孔飞力:《中国现代国家的起源》,陈兼、陈之宏译,生活·读书·新知三联书店 2013 年版。

第一是必须接受关于知识的新地图,即世界上有另一种或多种绝不亚于中国文明的文明独立存在;第二是确认这些文明从"体"到"用"有着另一个全然不同于中国知识与思想的体系;第三是可能真的有放之四海而皆准的真理,而这一真理可能不一定在中国。①

如果从这种认识论的知识接受和思想变更基础上,向前一步跨伸到思想知识的生产和传播,或许还可以将"知识的机构环境",作为"知识史一个必要部分"②纳入视野,并由此添加另一个支点,那就是组织和生产这个"新文明"的手段、机制及其方式。知识的扩展不是来自知识,知识不能繁衍自身。真正造就一个知识世界变动的,一定与一种知识生产组织方式而不仅是与阅读相关。"我们组织知识行为的方式,对于我们如何创造新的知识,如何吸取知识成为日常生活的道德和实际的导引,都是一个核心问题。"③

　　现代报刊之前,中国"组织知识行为的方式"主要出自两个系统:国家的和民间的。前者由国家主导,是主流意识形态的基本体现;后者属民间的自发行为,大多是对前者的补充而不是抗衡。传教士报刊的创办,恰是打破了这种一主一从的二元格局,成为第三种知识生产体制,④搅乱了中国的知识秩序,在政治和文化上催发了之后的动荡和变革。钱穆先生曾经说,西洋史和中国史不同,前者是可以分割的,后者则是五千年先后相承不可分割,"西洋历史如一本剧,中国历史像一首诗。……中间并非没有变,但一首诗总是浑涵一气,和戏剧有不同"⑤。中国历史的这种"浑涵一气",是否与秦代的"书同文"而造就单一的书写系统——知识生产制度有关呢?假若"中国是一个文人国家,它的统一是基于文本传统。王朝来来去去,由于汉语典籍,是意义开放的脚本,使之即便在动荡年代也能保持着一个统一的中华文明的梦想"⑥,那么现代报刊的介入,第一次使自秦代以来永固不变的这种知识生产方式,遭受了动摇和断裂,这在中国历史上实属开天辟地。报刊就是这样成为"具有最强大力量的思想观念",成为"人们

---

① 葛兆光:《中国思想史》(第二卷),复旦大学出版社 2000 年版,第 576-577 页。
② G. Lemaine, et al.(eds),"Perspectives on the Emergence of Scientific Disciplines",1976. 转引自彼得·伯克:《知识社会史》(上卷),陈志宏、王琬旎译,浙江大学出版社 2016 年版,第 35 页。
③ I. F. McNeely, L. Wolverton, *Reinventing Knowledge*:*from Alexandria to the Internet*. NY:W.W. North & Company Ltd.,"Introduction",2008,p. xx.
④ 关于这个"第三种知识生产体制"及其特征,还需要进一步研究和把握。它不属于国家,以市场为导向,生产者试图适应读者而不是反之;它是民间的但不是"小农式"的自发行为,而是有专门机构和宗旨,并形成类型化、标准化而非个性化生产;以趋新而不是持久为目标。后来的媒介业、出版业等都属于这一新兴的机制。在一般意义上,它们当然都属于大众媒介文化,但中国这些媒介与西方国家的又有所不同,既不是批判,也不是揭露,同样不是为娱乐,更不是纯粹为牟利,却是要分担书籍的职责——传播和灌输知识。
⑤ 钱穆:《中国历史研究法》,生活·读书·新知三联书店 2001 年版,第 3 页。
⑥ I. F. McNeely, L. Wolverton,*Reinventing Knowledge*:*from Alexandria to the Internet*.p.26.

可以寻求知识的方式的思想观念"①,成为中国现代文化和文明的新"发动机"②。晚清"书"与"刊"给予我们的提示是,一种新的"制度性媒介"③的格局,一定是与媒介制度化的动态过程相互伴随和转化的,从而产生"活生生的力量漩涡","粗暴地磨灭旧的文化形态",④构成思想知识和社会变迁的动力。于是,"书"与"刊"——媒介而不是内容的视角,也就自然成为理解中国"三千年未有之大变局"的一个新视角。库利说得好:"当我们进入现代时代,除非我们理解那种方式,因为正是在这样的方式中传播革命为我们制造了一个新的世界,否则我们将一无所知。"⑤

当然,脱离了鸦片战争、甲午战争这样的背景讨论知识和媒介,有沦为凿空之论的危险。但同样需要警惕另一个倾向——把新知识的传播看成是"战争政治"或政治战争的简单而直接的后果,出现的仿佛是这样一幅图景:基于军事上的失败,中国人就不约而同地抬头看世界,低头觅新知。我认可雷蒙·威廉斯的说法,在政治和经济之外,要为社会加上另一个维度,这就是"传播","社会是传播的一种形式,通过这样的方式,经验得到叙述、分享、修正和保存"⑥。此种三足鼎立的架构,不仅可以化解政治、经济凌驾于传播的固有前提,更重要的是表明,三者之间是互为条件互为构成的。⑦ 有人说,国家社会变化的紧急关头,一定导致知识的重新发明。⑧ 在我看来,反之亦然:知识的发明和重组,必然也会催生国家和社会思想世界的摇晃不安。之后中国无论是温故知新还是推陈出新⑨,实都是这一新的知识生产和传播方式带来的结果,是中国知识阶层在接受"书"与"刊"交替转化基础上,对"旧"与"新"的不断调适。

以这样的视野回望过去,我们也许需要重新理解历史上诸种媒介(水路交通、寺院庙堂、纸笔印刷、官学私学、修书藏书机构等)与知识、思想乃至政治、经济制度变革的纠缠;站立在这样的基点眺望,从"书"与"刊"的碰撞中,我们提早窥测到了当今网络的模糊影子,似乎在遥远过去就感应到现正在发生的新的"媒介制度化"——"新媒介"与

---

① I. F. McNeely, L. Wolverton, *Reinventing Knowledge: from Alexandria to the Internet*, p.xvii.
② "发动机"一说受爱森斯坦的启发,她把印刷机看成欧洲文化变革的动因。参见伊丽莎白·爱森斯坦:《作为变革动因的印刷机》,何道宽译,北京大学出版社 2010 年版。
③ 张灏:《中国近代思想史的转型时代》,《二十一世纪》1999 年 4 月号,总第 52 期,第 29-39 页,具体参第 29-31 页。
④ 《麦克卢汉序言》,载哈罗德·伊尼斯:《帝国与传播》,何道宽译,中国人民大学出版社 2003 年版,第 1 页。
⑤ C. H. Cooley, *Social Organization*, New York: Schocken Books, 1972, p.65.
⑥ Raymond Williams, *Communications*, Chatto & Windus, 1966, p.18.
⑦ 按照迈克尔·曼的意见,社会本就不是一个整体系统,不存在一个单一的社会结构,而是"由多重交叠和交错的社会空间的权力网络构成的",这些网络是互动的但未必是一致的,也不是天生哪一个为主宰。相反,作为"达到人类目标的组织和制度手段",各自具有不同的属性和权力形态。由此,在时空情境变化的驱动下,呈现与之相应属性的权力网络,就有可能被人们选择,成为实现自己目标的手段。参《社会权力的来源》(第一卷),刘北城、李少军译,上海人民出版社 2002 年版,第 1-7 页。
⑧ I. F. McNeely, L. Wolverton, *Reinventing Knowledge: from Alexandria to the Internet*, p.xxi.
⑨ 罗志田:《温故可以知新:清季民初的"历史眼光"》,载罗志田:《裂变中的传承:20 世纪前期的中国文化与学术》,中华书局 2009 年版,第 168-188 页。

传统媒介之间的神经脉动和知识、社会场域的升腾翻滚。

"报纸于今最有功,能教民智渐开通"①,信哉斯言!

---

① 兰陵忧患生:《京华百二竹枝词》,载杨米人等著,路工编选:《清代北京竹枝词(十三种)》,北京古籍出版社1982年版,第125-126页。

《中外新报》中的伦理与科学启蒙

李安定

(西北大学新闻传播学院)

摘要：文章通过梳理应思理时期的传教士期刊《中外新报》的报道，发现新教传教士初期的宗教情怀和道德关怀逐渐降温，取而代之的是国家利益至上的原则，导致不同文化融合的难度增大。另外在传播内容上增幅最大的是科学知识，这种变化主要取决于美国传教士独特的新教气质。科学本来是传播宗教的形式和手段，但是最后这种形式和手段却成为内容。在比较注重效用诉求的中国，科学知识最后成为促发社会变革的新动力，为19世纪后半期中国社会思潮中的"体用"侧重点的变化奠定了基础。

关键词：《中外新报》；文化融合；宗教伦理；新教气质

文化融合在中国有两次大的浪潮，皆由宗教力量的介入产生。第一次是公元前后佛教传入中国，开始与中国文化融合；第二次浪潮则是16世纪左右基督教传入中国。第二次浪潮又分为两个阶段。第一个阶段是明清时期天主教在华活动，代表人物是利玛窦，文化传播路径为自上而下；第二个阶段则从新教传入开始，以新教传教士马礼逊等为代表，文化传播路径是自下而上，主要通过创办报刊，兴办学堂，在民间传播宗教教义，进一步将民主、自由、科学精神等因素植入人心。在第二阶段，期刊传播是文化传播和融合的一个重要环节。

从来华的新教第一个传教士马礼逊创办的《察世俗每月统记传》开始，一直到《东西洋考每月统记传》《特选撮要每月纪传》《遐迩贯珍》《六合丛谈》为止，这些期刊几乎都是由英国的伦敦布道会创办的，故而深受英国自然神学的影响，通过寻找自然和宗教之间的对应关系，强化神学理念。而由美国新教传教士创办的《中外新报》，则与前期伦敦布道会创办的期刊不同，它主要通过自然科学知识介绍，将新教伦理慢慢渗透进社会系统，对中国科学精神的发轫起着重要的作用，在19世纪后半期"体用"的选择中逐渐确立了"西学为用"的地位。

《中外新报》1854年创办于宁波①，停刊于1861年。鸦片战争以后，宁波被定为五口通商口岸之一，传教士和商人纷纷进入宁波，1844年美国长老会在宁波设立了花房圣经书房，为《中外新报》在宁波的设立奠定了基础。创办人前期是玛高温，后期是应思理②，玛高温（MacGowan, Daniel Jerome）是美国浸礼会传教医师。玛高温1843年来华，1851年翻译出版了有关自然科学知识的书籍《博物通书》。1854年玛高温在宁波创办《中外新报》，1858年12月，另一个美国传教士应思理（Inslee Elias）接办了《中外新报》。

由于条件所限，笔者未能找到玛高温时期的《中外新报》，只能从日本国会图书馆所藏应思理时期的《中外新报》来加以研究。在应思理时期的《中外新报》中纯粹的宗教宣传已经变得很弱，宗教的教义教理已经不占主要地位（当然这也与日本刻意去除西方宗教影响有关）。刊登的宗教文章大幅度减少，应思理主持时期的3期《中外新报》共刊登了4篇传教文章，即第2号的《辨教说》，第4号的《劝读耶稣圣经说》，第10号的《劝读耶稣圣经说》和《回心向道说》。三期报刊只有四篇宗教宣传文章，所占篇幅极为有限。考虑到传教士的身份，该刊仍然属于传教士期刊，正如《中外新报》的封面上宣称的："拜真神，尊帝王，畏官长，亲爱兄弟，圣经之要旨也。故是报以此数为宗旨，不敢悖理妄录。"内容减少，只是说明传教策略在发生变化。从内容和表现形式上看，《中外新闻》更接近今天的新闻报刊，除了许多与时事相关的新闻，还出现了暴露社会黑暗面的社会新闻，如《东乡案末》《鄞县公案》等。

就发行量而言，《中外新报》超过了同期的另外两份期刊《遐迩贯珍》和《六合丛谈》，正如玛高温所说："昔香港新报，名《遐迩贯珍》，上海新报，名《六合丛谈》，因买之者少，亏截浩繁，故皆截然中止。惟予所作新报，浙宁人稍有买之，故每月虽有亏截，而巍然独存。"③究其原因，可能因为《遐迩贯珍》与《六合丛谈》上的宗教内容比重较大，而《中外新报》上的宗教性内容较少，动态新闻较多，实用知识较多，这种倾向无形之中迎合了中国人追求"有用"的现世信仰。语言简短，结构整饬，讲求编者和读者的互动，读起来朗朗上口，客观上有利于大多数的读者接受。《中外新报》第1号的内容是：

窃思《中外新报》所以广见闻、寓劝戒，故序事必求实际，持论务期公平。使阅者有以兴起其好善恶之心。然一人之耳目有限，报内如有报道失实者，愿翻阅之诸君子，明以教我。又或里巷中有事欲载报内，可至敝寓，商酌补

---

① 赵晓兰、吴潮：《传教士中文报刊史》，复旦大学出版社2011年版，第118-124页。
② 卓南生：《〈中外新报〉（1854—1861）原件及日本版之考究》，载程曼丽主编：《北大新闻与传播评论（第三辑）》，北京大学出版社2007年版，第261页。
③ 转引自卓南生：《〈中外新报〉（1854—1861）原件及日本版之考究》，载程曼丽主编：《北大新闻与传播评论（第三辑）》，第265页。

入,无非人求多闻,事求实际之意,览者愿之。①

第1号的序言所谈的办刊宗旨已经非常接近新闻性期刊专业目标了,如内容的真实性、客观性以及伦理道德趋向。针对当时有对西洋人造谣贩卖人口的论断,《中外新报》也做了详细的调查,澄清了相关事件:"查此案,本同谣言而起,挫造枯节,喊控到官,即群疑纠集,匪徒拆毁房屋,杀害人命,若非大网恢恢,立即破案,一经匪徒骤发,祸难胜言。"②所以整体来看,从时效性、重要性和贴近性上考虑,《中外新报》更像一个近代意义上的大众化报刊,从其中对事件的报道中能感受到深深的新闻专业主义精神,那就是客观、公正,同时还具有服务性。

一、《中外新报》上的第二次鸦片战争

《中外新报》刊行期间,正值第二次鸦片战争。从马礼逊到裨治文,新教传教士一直对鸦片贸易非常反对,表达了自身的宗教立场。然而到了《中外新报》中,基督教信教士尽管也对鸦片持反对态度,但完全站在利益的角度来考量。《上海》新闻这样报道:"中国钦差桂良等至上海与外国钦差会议,英钦差埃及耳议定鸦片一物各马头公然发售,每箱起税银三,明年将立为定例。"然后适当地加上评论:"吸卖鸦片,中国向有例禁,今则著为定例,与前大相反矣。"③可以看出中国半殖民地化的程度又加深了,而且语气中颇含讥讽。但问题是中国与英国商定以后,按照最惠国待遇,美国也同样享受这种待遇,美国人对此非常不满,这是因为:"因鸦片本出自天竺,天竺为英之属国,英之所以利其土者,以其地可产鸦片,于英大有利耳。若我花旗本不产鸦片,即商人为是业者,亦甚属寥寥。中国禁与不禁,于花旗国无关紧要,何必与我花旗同允是议,以立为定例耶?噫!鸦片本害人之物,中国向有例禁,人尚吸食贩卖。若立为定例,则贩卖者公然无阻。吸食者群相效尤,小则殒身殒命,大则败俗伤风,其流毒伊于胡底耶!"④美国本身没有多少鸦片贸易,所以徒然增加一个贩卖鸦片的待遇无所裨益,反留恶名。故而表面看是反对鸦片,实际上是不想让自己的国家因鸦片问题"背黑锅",所以在鸦片贸易中,传教士已经没有了马礼逊那一代人的宗教情怀和人文关怀,首先顾及的是美国的利益。所以随着军事侵略的深入,传教士原先炽热的宗教情感逐渐降温,国家利益开始凌驾于传播宗教时应有的正直判断力之上。

第二次鸦片战争持续四年之久,可以分成"第一次英法联军之役"和"第二次英法

---

① 《官板中外新报》,咸丰八年(1858)十一月。
② 《官板中外新报》,咸丰九年(1859)八月。
③ 《官板中外新报》,咸丰八年(1858)十一月。
④ 《官板中外新报》,咸丰八年(1858)十一月。

联军之役"。第一次以1858年签订《天津条约》为止,第二次则以1860年签订《北京条约》为止。从《中外新报》上可以看出,战争的触发点与中国传统认知不太相同,比如说"第二次英法联军之役"爆发的缘由,压根就不是传统认知的"亚罗号事件"与"马神父事件",而是修约时是否可让公使带兵进京面圣的问题。咸丰皇帝最害怕的不是赔款或者割地,而是各国公使进京"面圣",因为面圣之时如果不行"三拜九叩"之礼,则毁掉了千年以来的"天下观"中的帝王形象。因此咸丰皇帝甚至恐慌到了通过让鸦片贸易合法化,再多赔几百万两白银的地步来阻止西方人进京面圣,咸丰皇帝实在不能让"万国来朝"的威仪从他手中丧失。迫不得已时咸丰皇帝又设置了许多离奇的规定,如人数不得超过十人、不得坐轿、不得列阵仪仗、换约后立即离京等,这些都遭到英法等国的拒绝。因为在与清政府打交道的过程中,各国实在不能容忍和理解为何中华帝国不能与他们平等相待,而带兵只不过是权力的象征。其实无论是乾隆时期的马戛尔尼,还是道光时期的阿美士德使团,都曾因为礼仪问题与中华帝国产生对峙,新型的国家间的关系正在撞击着古老中国的大门。

除了政治权力之争,西方各国因在贸易层面遇到问题,也迫切需要打开中国的大门。《中外新报》对这一时期的中国经济状况进行了细致刻画,给以后的侵华研究准备了较为丰富的资料。如当时广东城内状况岌岌可危,"两月前,英人据广省者,闻天津变事,恐广人亦乘机而发,故添兵防守。现省城中英人约共有七千名,然广人则毫无举动,安好如初。英自旧岁据守省城后,所有广东船税皆英取之,但船只进口者寡故,所取无几,今虽稍多,然终不如前之繁盛,又省城中贸易,今虽稍加,而较前亦寡"①。在清廷的政策控制之下,英法很难通过贸易实现贸易顺差,只有战争才能让这些资本主义国家攫取更大的利益。

在战争中,《中外新报》从情感上是站在英法联军一面的,当得知英法联军在大沽口失利的消息以后,《中外新报》首先刊登了英法的反应。《欧罗巴》新闻这样描写英法的反应:"英佛二国闻天津变故,则群相惊愕,非有所畏而惊之,乃奇而惊之也。当火船驰报时,佛国先有其耗。速命大员,至英国会议,近闻其议已定,二国各调大兵以与中华从事。十八年前攻击中华海疆,与去岁攻击广东天津,英人好恶尚参其半。今闻负约情由,则群相忿激,无一不乐于攻战。"②消息中提到让英人"好恶参半"的事情即广州居民与英人进行交锋的"反入城斗争"。当然英国决定是否出兵,也经过了激烈的争论,英国议院分成几种不同意见:

近日有耗来自英京伦敦云,两月前英国大宪会议中华之事。或云去岁天津变故,乃我国钦差与提督等办理未善;或云,大清背约,是实非关我国钦差

---

① 《官板中外新报》,咸丰九年(1859)十月。
② 《官板中外新报》,咸丰九年(1859)十一月。

之故；或云，攻击中华宜与佛兰西同事，或云不宜与之同事；或云，与中华决战，必宜攻入北京，方为得要；或云不宜攻入北京，因恐大清国祚，不无有碍；或云，先宜攻击各处炮台，后当夺取南京，居中华心腹，以为久计。又有一种桂格尔人抱煦煦之仁，不忍与中华决战，因此议论纷纭，尚未定夺，予思复，一月后，必有定议，而中华之是否可见。又闻英佛二国，近有不睦之意，因佛国夺取欧罗巴二小地，未曾与英相商，又因佛人欲攻入北京，后夺取中华大半，此二者与英人之意大有不合。①

《中外新报》对英国议会讨论是否与中国决战的记录非常详细，如议会上不同争论方的意见，尤其在英方尚未做出决策之时的意见，在当时有重要的外交价值。但是由于闭关锁国，当时腐败的清朝政府哪里顾得上这些信息呢？这些意见中，清廷最为恐惧的就是"与中华决战，必宜攻入北京，方为得要"，最后也正是这种意见取得上风，接下来就发生了1860年的第二次英法联军之役。

英法联军到了天津港以后，英军战船停在天津港北面，法军战船停在天津港南面，两国商定从北塘上岸。饶有趣味的是，上一次清廷要求联军从北塘登陆，结果英法军队从大沽口上岸，这次却反其道而行之。而大沽口之战胜利以后，主帅僧格林沁则以为敌人不善陆战，放弃了北塘的防务，当然僧格林沁想到敌人也有可能从北塘上岸，袭击大沽口炮台，所以北塘他安放的"守兵"是地雷，"僧格林沁度其仍取道大沽，或径由北塘袭大沽后路，乃以重兵守大沽南岸，而预伏地雷、火炮于北塘两岸以俟。英人惩大沽之创，而窥北塘炮台未设守兵，乘之入口"。俄国人伊格纳季耶夫给英法提供了北塘未设防的情报，"北塘炮台虚无人守，其炮系木为之。英兵与佛兵遂上，北塘居数日。至六月二十七日，意欲向大沽炮台而去"②，所以英法联军从北塘登陆，到了北塘之后，英法联军住了几天，然后找了一些当地人，把所有的地雷都清理干净上路了，最后转攻大沽口炮台。随后清军与英法联军进行了激烈的战斗，但清军五战五败，斗志全无，最后大沽口炮台失守。《中外新报》描写得非常细致，最后加了一段评论："予思前此筑五炮台，约费二年半之功，今为外人所毁。仅费二时半之功，成何其难而败何其易也！"③随后又进行了激烈的战斗。但咸丰皇帝还是害怕战事扩大，要求僧格林沁撤退。1860年8月21日，英法联军占领大沽口炮台。侵略军长驱而入，8月24日占领天津。桂良到天津议和，英法提出换约的要求，清廷拒绝，谈判破裂，英法联军向北京进犯。咸丰帝还是害怕英法联军进京面圣，又派怡亲王载垣和大学士桂良等到通州与英国公使谈判，英国参赞巴夏里坚持要求面圣："巴夏里起曰，今日之约，须面见大皇帝，以昭诚

---

① 《官板中外新报》，咸丰十年(1860)四月。
② 《官板中外新报》，咸丰十年(1860)九月。
③ 《官板中外新报》，咸丰十年(1860)九月。

信。又曰,远方慕义,欲观光上国久矣,请以军容入。王见其语不逊,答以须请旨定夺。久之,巴出,王密会僧格林沁计擒巴夏里,送京师,以法使尚恭顺,仍礼遣之。兵端复作。"①可见,清廷派出这样水准的官员,直接导致之后的"火烧圆明园"事件的发生。正如《中外新报》所说:"将来英佛兵攻入北京可以预料,而北京之毁与不毁则未可定也。"②到了1861年正月,《中外新报》报道了"火烧圆明园"的真相:"去年秋英佛两国攻入天津,至通州后,京城告急。皇上避至热河。圆明园御用宝物尽行抢散,后迫京城,京城大启,遂为英佛兵所据,先是在通州时,有英人树白旗者二三十人,曾为满兵所获,至是生还者,约大半,其余尽归死尸。英人怒焚圆明园,将死尸葬于俄罗斯墓地。葬时,以六马牵一车,一车载一尸,二国兵送葬者数千。"③

就美国而言,因为没有参战,所受到的待遇是不同的。1859年大沽口战役英法军队失利之后,僧格林沁晓谕公使改道,当时英法坚决不从,要求清理航道,美国则答应绕道而行,因为中美之间根本就没有换约的协定,所以美国公使心里有些发怵,结果登陆后,被清廷安排几个乞丐用牛车拉到北京,还是没见着皇帝,最后又被拉回北塘换了约,此事被西方各国视为奇耻大辱。清廷这么做,完全是希望从礼仪上羞辱西方各国,从而在面子上维持天朝大国的迷梦。1861年应思理曾在《中外新报》上说,"予思此事可证,去年花旗官乘牛车入京,殊失体面"④。《中外新报》完全站在侵略者的立场上,甚至连坚持遵循清廷旨意从北塘登陆的美国也遭到了报纸的批评:

可怪者,有花旗人闻知是事,或议英人至天津时,语言未免过激,举动未免太骄傲,以致华人开炮轰击,以挫其锋,试思花旗所以得与华人立约者,赖谁之力欤?倘十八年前英人不与华人攻战,花旗人能晏然以入中华乎?若云英人有过,则花旗人亦不能无过,何则?花旗人乘英之利以为利。譬诸盗人货财,花为窝主,欲罪惟均,尚得自谓无过乎!况在华人之意,皆以一例视之。在上者概而称之曰夷人,在下者概而呼之曰红毛,人为英为花,谁能辨之?故虽近闻花旗钦差已入京都换约,不改和好如初。然英人之事,不日不了,则花旗之约,虽成亦徒成也。又去岁天津立约,有禁用'夷'字,一条彼时华官曾许其议,迫英船退后,所有上谕奏疏,仍叠用之。显见华人早有背约之意,视外国人为无足重轻也。⑤

整段话语颇像夫妇二人吵架,殊为滑稽。可以看出,《中外新报》上的评论,不但

---

① [清]王之春:《清朝柔远记》,中华书局1989年版,第287页。
② 《官板中外新报》,咸丰十年(1860)九月。
③ 《官板中外新报》,咸丰十一年(1861)正月。
④ 《官板中外新报》,咸丰十一年(1861)正月。
⑤ 《官板中外新报》,咸丰九年(1859)八月。

没有新闻要求的客观性,反而直言不讳地批评美国"渔翁得利"的机会主义外交线路,如果不是英国人侵略在前,就不可能有美国的最惠国待遇。作者还用一个非常滑稽的比喻来形容英美之间的关系——就像一个盗窃,另一个窝藏,都难辞其咎。所以,即便美国背着英国自己设立条约,也是徒劳。最后作者又提到中国人是如何违背条约的。原来是《天津条约》禁止使用"夷人"这个字眼,但现实中却比比皆是。到了这个阶段,中国和英国已经兵戎相见,《中外新报》自然也不需要使用遮羞布了。

概览《中外新报》对第二次鸦片战争的报道和评论可知,它的立场是比较鲜明的,那就是站在英法的立场上,而将清政府当作一个不守信用的集体。尽管如此,许多信息仍然是真实的,给以后的研究者提供了别样的视角和资料。帝国主义的入侵尽管给中华民族造成了巨大的灾难,但在客观上激起了中国反侵略者的民族主义浪潮。

二、较为纯粹的自然科学知识的介绍

早期天主教士为了迎合帝王嗜好,主动或被动地认可儒家文化。而19世纪的基督教新教传教士不同,他们大多数对西方文明的优越性和技术解放潜能的特质极端自信,希望通过传教将西方国家在知识、技术和文明上的优越性与基督教联系起来。到了《中外新报》时期,对科学技术的宣传比较纯粹。和之前的宗教性报刊不同,不需要总是把万物之根源归为上帝,而是保持科学技术的服务性和客观性。《中外新报》上地理知识所占比重较大,希望借此打破中国人内心的"天朝大国"的幻觉:

> 地球中大半为水,小半为地。地分四大洲,一曰亚西亚,一曰亚美利加,一曰阿非利加,一曰欧罗巴,又有海中诸岛,岛中亦有无数居民。中国在亚西亚中,英吉利在欧罗巴中,花旗在亚美利加中,中国地不甚大,而人则甚多,约有三万五千万之数,外此不拘何国,统计之,约有六万五千万人。就人类而细分之释教、道教,以及拜偶像者,约有六万万人,回教约有一万二千万人,西教约有一万三千五百万人,洋教约有一万四千万人。①

报道上使用"中国地不甚大,而人则甚多,约有三万五千万之数,外此不拘何国"的评价有其客观性,从国土面积和人口两方面来看,中国在当时的确是个大国,这样的评价有助于打破中国人内心存留的地域上的自信。只有打破自信之后,接受其他信仰才

---

① 《官板中外新报》,咸丰九年(1859)八月。

更为便捷。另外,对地理和其他实用信息的介绍也较为丰富,如《亚美利加》《亚非利加》《金刚石》等文章,而对国内事件的介绍,则多属信息传递层面。

《中外新报》在宗教性内容减少的同时,增加了实用性知识所占比重,文章修辞也比较口语化、通俗化,读起来朗朗上口,非常适合信息的大众传播,如《硝皮说》一文,就对芒硝的制作和使用技巧进行了详细记载:

> 西人之硝皮也,软而韧,水不能入,久而不败。其法将皮肉始行剔尽,或盐以石灰,或浸以石灰水七八日,以脱其毛,复浸以清水,二日后出之,去其垢,于泥土中置一井。方约十丈,深约十丈。四围砌之以板,密而不漏,复以鸡鹅鸭之粪调水,或狗粪亦可,然后十层皮一层粪层层铺于井中,满而方止,久之其皮自软,出而净之,复铺于别井中(井如前法),将栎树皮燥而碎之,每层以栎树皮碎衬于其中,加之以水,使浸入其皮,或先以水栎皮之碎,只以栎皮汁流入井中亦可。然栎皮之性苦,始流入时,其汁不宜过苦,盖皮有毛孔,过苦则毛孔塞,不能透入,故以渐苦方佳。人若欲验栎皮汁透入与否,可先以刀割皮少许,见皮内之色皆红,则知其透入矣。若稍有白色,则知其尚未也,然栎皮浸后,必至九月之久。将皮取出,置于空室中,阴以燥之,勿晒以日,待燥后,将木锤敲之,使之柔而坚,然后染以黑色,擦以油,透其光,此鞋上所用之皮也。若用以为鞋底者,栎皮汁必最以年半出而置于空室中,阴使之燥,不必复加他法即可。应用一法将皮先以大麦酵水浸之,二日后,复以栎皮汁浸之,使汁易入,其法较美,至于染黑之法,不过以煤为之,然皮不一类,或牛或羊或犊。犊与羊之皮可用于鞋上,若鞋底则取乎牛皮,此又不可以不辨。予思华人若能取法,其获利也必厚。现英国中有三大利,一造呢布,二铸铁,三硝皮,盖皮之为用广也。①

《中外新报》对自然科学知识的传播更为纯粹,不再试图将这些知识与宗教文化人为"挂搭"起来,而是倾向于介绍一些与生活息息相关的科技知识,如《造钢法》《造醋法》《造纸法》等文章,都是一些日常生活知识的普及。而不像早期其他宗教期刊那样进行神学知识的启蒙与灌输。尽管西方科技文明和政治文明之间没有明晰的界限,尽管传教士传播的本质还是要对中国的传统文化发起攻击,但客观上《中外新报》依然为中国读者展开了看世界的另外一个视角,对国内外各种内幕消息的持续报道让中国人更好地开眼看世界,从天朝大国的迷梦中清醒过来,对于驱除自身劣根性和最终促进民众素养的提升,有着较大的促进作用。

---

① 《官板中外新报》,咸丰九年(1859)十月。

三、新教气质与科学精神

《中外新报》是由美国传教士创办的,美国清教徒有着独特的精神气质,这种精神气质的社会价值是对科学的赞许。默顿发现改革者们并没有预见到宗教改革的实际后果,初期的科学只是通向宗教目标的手段,但是最后科学成了从潘多拉魔盒中呼唤出来的对象,它呼风唤雨,以至于宗教无法控制。默顿充满激情地说:"它(新教)的苦行禁欲的教规为科学研究建立起一个广阔的基础,使这种研究有了尊严、变得高尚、成为神圣不可侵犯。"①基督教的新教伦理不仅引导人们走上科学活动的轨道,而且为科学成为新动力的源泉奠定了坚实的基础。

在早期的宗教期刊中,自然研究是促使人们崇拜上帝的重要手段,根据默顿的结论,信奉新教的科学家是推动现代科学的主力军。按照加尔文的命定说,与天主教不同,新教中善功是教徒获得救赎的重要标志,而公益服务是对上帝最伟大的服务,这样,原先功利的东西逐渐变为一种能够被信徒普遍接纳的标准,因为"上帝的遴选是靠'善行'来证明的,而善行乃是某种内在皈依状态的外在表现"②。善行就要有所行动,而不是日日在修道院内忏悔,而勤奋工作则能够让自身无暇与那些和肉体相关的罪恶相接触。

那么善功中哪些劳动既有助于社会福祉,同时又为上帝所喜好呢?巴克斯特牧师认为"按可取程度为序的各种职业是,学识型职业、农业、商业和手工业"。③ 而学识型职业最为恰当的工作也就是科学家了,"数学作为'有机知识'的一个组成部分,由于它的用途十分基本和广泛,而占据了突出的位置。物理学一直被理解为从上帝的作品中研究上帝,是清教徒偏好的科学学科。这种选择形象地例示了清教思想的相互关联的侧面:数学代表着理性主义的一面,物理学代表着经验的一面"④。在对科学的研究中更强调这些学科也就自然而然了。物理学一直被认为可以通过对自然界的了解来更好地理解上帝,而掌握更多语言也能够更好地进入其他自然科学学科,所以清教的教育更偏向于自然科学与宗教教义,这也就是为什么在中国新教期刊中有大量的科学知识,在宗教传播旨趣上则无法脱离自然神学。

自然神学研究自然现象的根本目的是赞扬上帝,研究自然可以加深对造物主威力的认识。故而科学家比偶然的观察者更加训练有素。新教以直截了当的方式赞许和认可科学,通过强化对科学的兴趣提高社会对科学探索者的评价。新教赞许科学的另

---

① [美]罗伯特·金·默顿:《十七世纪英格兰的科学、技术与社会》,范岱年等译,商务印书馆2007年版,第118页。
② [美]罗伯特·金·默顿:《十七世纪英格兰的科学、技术与社会》,第97页。
③ [美]罗伯特·金·默顿:《十七世纪英格兰的科学、技术与社会》,第101页。
④ [美]罗伯特·金·默顿:《十七世纪英格兰的科学、技术与社会》,第106页。

一个原因是"功利主义"倾向。科学的应用增强了人类支配自然界的能力,作为重要的技术性工具,科学由宗教赋予的社会价值在增加,这种互惠影响逐渐改变了科学作为宗教婢女的角色,开始与宗教平起平坐了。二者除了关于上帝存在与否这个前提不同之外,思考问题的方式、逻辑推断的理论都有相似之处,"(新教)在信仰上帝以及通过理性和经验检验宗教信仰的事实与自然事实方面,宗教与科学具有逻辑的共性"[①]。虽然《中外新报》中的科学技术从根本上并非为了促进古老中国的转型,而是通过自然科学知识的传播,来让人们感受到造物主的至善至美。但是科学知识的传播的确让中国人感受到造物主主观操作的痕迹,随着对科学研究的深入,既然小到细菌大到宇宙,宏观和微观世界都体现了上帝的理性,那么呈现这种上帝理性的科学不也同样在文化传播中占有一席之地吗?

结　论

文章通过梳理应思理时期的传教士期刊《中外新报》的报道,发现新教传教士初期的宗教情怀和道德关怀逐渐降温,取而代之的是国家利益至上的原则,这种传播范式导致不同文化融合的难度增大。另外,在传播内容上增幅最大的是科学知识,这种变化主要取决于美国传教士独特的新教气质,科学本来是传播宗教的形式和手段,但是最后这种形式和手段却成为内容。在比较注重效用诉求的中国,科学知识最后成为促发社会变革的新动力,为19世纪后半期中国社会思潮中的"体用"侧重点的变化奠定了基础,同时更是宗教文化博弈的产物。《中外新报》之后,中国的宗教性期刊开始向新闻性期刊过渡,社会公共实践的舞台被搭建起来,媒介从此成为在不同力量制约之下追求社会福祉、制造民主和真实的大众媒介,它的运行对于社会运转将会起到重要制约作用。

---

① 马深:《英格兰精神与基督教文化》,知识产权出版社2013年版,第94页。

丛书时代语境下的研究系与共学社[*]

陈 捷

（南京理工大学艺文部）

摘要：研究系梁启超等人欧游回国之后，为了输入西方的学术思想与知识系统，并将新文化运动引向深入发展，创设了共学社作为译介组织机构，与此同时，在梁启超、张元济等人的运作下，处于营业危机、高层斗争漩涡中的商务印书馆积极与研究系共学社和北京大学胡适等人达成共识，通过编译丛书的方式系统、全面地积极引介西方思潮和知识体系，力图纠正"五四"新文化运动初期在报刊时代形成的肤浅、碎屑的译介弊端，最终形成以商务印书馆为中心，以北京大学和研究系为主导，以丛书译介事业为核心的一种崭新的知识生产体系。它在开创新旧知识分子与现代出版业新型合作关系的同时，也将"五四"新文化运动由前期的"报刊时代"推进到了后期的"丛书时代"。而"丛书时代"的到来，则真正标志着现代中国与世界思潮和知识系统接轨了。

关键词：共学社；梁启超；商务印书馆；张元济；胡适

众所周知，"五四"新文化运动开创了一个以白话文为语言特点，以"德、赛"两先生为思想旗帜的所谓报刊时代，而随着五四新文化运动向纵深发展，从报刊时代过渡到丛书时代就成了历史的必然。而在这种转变中，研究系在欧游回国后的梁启超、蒋百里等人带领下创建了共学社并在编译丛书方面做出了重大的贡献。众所周知，研究系是1916年由梁启超、汤化龙领导的，以原进步党人为主改组而形成的政客集团，他们在政治上主张议会政治、政党政治，在具体的政治操作上则与段祺瑞政府合作以加强中央集权，在对抗国民党"暴民政治"的同时引导北洋军阀实力派步入政治正轨。这样依人成事的作风显然无异于与虎谋皮，1918年皖系控制的安福俱乐部控制国会后，研究系在政治上逐渐失势，欧游之前梁启超等人在忏悔从前政治活动的同时，与同人相

---

[*] 本文原载于《江苏社会科学》2020年第2期，有修改。

约在思想文化界尽力。曹聚仁曾在《蒋百里评传》中谈到研究系在梁启超、蒋百里等人欧游归国后的文化作为和规划："百里先生从欧洲考察归来,恰好是五四运动和新文化运动的大时代。……梁启超有感于欧洲的文艺复兴运动,颇想一面整理国学,一面灌输西洋新思想及新学识,融会起来,确定中国的文化路线。他们组织了三个推进新文化的机构:1.读书俱乐部,后来与松坡图书馆合并。2.在北京石达子庙欧美同学会内设立共学社搜集政治、经济、军事、文艺各种文稿,由商务出版丛书。3.由梁启超、蔡元培、汪大燮(外交家)三人共同发起讲学会。每年请一国际学者来华讲学。……而张东荪在上海办《时事新报》,蓝介民在北京办《国民公报》、陈博生主编《北京晨报》都是策动新文化运动的力量。"①曹聚仁的说法显然是从一个旁观者的角度进行的观察,不够全面和深入,但是他对研究系的主观动机、文化布局以及所起到的历史作用显然是印象深刻的。本文就是想围绕时代思想主题转变过程中研究系在共学社的创建和运作过程中的作用和角色来考察当时的文化语境、传播媒介的转变及其背后的历史逻辑。

一、共学社的创办历程及其早期运作

葛兰西曾说:"一种伟大的文化,可以译成其他民族文化的语言。任何其他伟大的文化,都可以译成在历史上发展的和丰富的伟大的民族语言。换句话说,用民族语言可以表现世界文化。"②按照梁启超在《欧游心影录》中的说法,要做东西文化调和的大业必须从研究西方文化入手。在他看来,共学社设立之作用和意义都极为重大,"培养新人才,宣传新文化,开拓新政治,既为吾辈今后所公共祈向,现在即当实行着手,顷同人所立共学社即为此种事业之基础"③。而共学社的主要业务,则是"编译各书"。

共学社的创办,当在 1920 年 3、4 月间,具体日期已不可考。在当年 4 月 17 日蒋百里致梁启超的信中首次谈到了"共学社":"共学社开会情形及议决规约,今已印就,即寄奉一份。吴品今来谈领用书记庶务一人,渠推荐同学一人,已嘱其日内一来,拟即聘定。"④可见在此之前,共学社即已创立。为了解决共学社经费问题,梁启超亲自撰写募捐启事,四处募款:"学社规约稍有修改,请集董事干事再开会一次,决定后印数百张,备向各处募集基金,别拟募捐启一纸,并希提出采用。……募捐启如可用,亦请印一二百张(纸须稍佳),分途往募(印成后请寄数十张来),各人有特别交宜者,除公启外,賸以私函,当更有力,如商务印书馆、南洋烟草、大生纱厂等处,仆当加函。如穆藕

---

① 曹聚仁:《蒋百里评传》,东方出版社 2010 年版,第 25 页。
② [意]安东尼奥·葛兰西:《狱中札记》,人民出版社 1983 年版,第 8 页。
③ 丁文江、赵丰田编:《梁启超年谱长编》,上海人民出版社 1983 年版,第 909 页。
④ 丁文江、赵丰田编:《梁启超年谱长编》,第 905 页。

初、聂云台诸处,请蔡先生或梦麟加函。如福公司请搏沙加函。多为其途,当可有获。"①从中我们发现,共学社创立之时,梁启超就发挥自身影响力将北大蔡元培、蒋梦麟等人都纳入筹款运作的活动中。紧接着在 5 月份,共学社评议会二次开会,确定了评议员六人,相关专门学科审查会等评议制度也在商榷之中②。

共学社的创立与运作又与两个组织机构有关系。其一是上文曹聚仁提到的研究系新创设的读书俱乐部,另一个则是商务印书馆。

梁启超等人最初的打算是要将共学社编译书刊限制在研究系人员内部,所谓"拟集同志数人,译辑新书,铸造全国青年之思想"③。因此,同人的阅读新籍、研究新说、切磋新知对于研究系译辑新书的计划至关重要,一个同人间的读书俱乐部的创设也就显得十分必要了。根据曹聚仁的说法,梁启超等人欧游回国之后创设读书俱乐部并将其与松坡图书馆④合并。张朋园也认为共学社、松坡图书馆和读书俱乐部颇多重合,"共学社以松坡图书馆为活动场所,附有读书俱乐部,该部初与共学社设在石达子庙,后与松坡图书馆合并,由丁文江、梁启勋任干事"⑤。

松坡图书馆在 1916 年底创设之初就提出其目的之一为保存国粹、古籍,第二就是让学子研修欧美最新学术,"苟非有公众所设之馆广收而资给之,则吾国学问破产之日其将不远也。学问破产而国犹能国,未之前闻"⑥。中外学术兼顾、并重的松坡图书馆显然是 1920 年欧游之后梁启超一辈从事编译事业重要的人事机构与学术机构。而松坡图书馆又与松社渊源颇深。创办于 1918 年 1 月的松社按照张君劢的说法即是以"读书、养性、敦品、励行"为宗旨的同人学术社团。无疑,这是研究系挖掘旧有资源、共襄盛举的做法。研究系新创立的读书俱乐部和共学社显然是二位一体的,在研究系的安排中也是同时进行的。在 4 月 17 日蒋百里写给梁启超的信中就提道:"此时共学社

---

① 参见丁文江、赵丰田编:《梁启超年谱长编》,第 905-906 页。除了为共学社募款之外,1920 年 5 月 12 日,梁启超在致梁善济和籍忠寅的信中表示,还要为四项事业筹款,即:1.杂志出版须另筹编辑费;2.添置书籍费;3.补助同人留学费;4.奖励名著特别悬赏费。并且表示:"以上四项最少须筹二万金内外,启超所著《欧游心影录》拟自行出版,将所入拨充此费,或可得数千元,惟不敷仍巨,且非目前所能到手,合拟求同人合襄斯举,仅略陈本末,乞公商力赞。敬上伯强兄、亮侪兄、溯初兄、搏沙兄(现洋三千元)、石青兄、壬三兄(二千乃至三千元)、海门兄、季常兄、志先兄、搆甫兄(姑任一千元)、文蓺兄(姑任一千元)、希陶兄、印昆兄、公权兄。"从中可见研究系从事文化建设资金方面的紧张与艰难。
② 后来共学社并未设立审查会制度,关于原因,1921 年 3 月 29 日张东荪在给徐六几、郭梦良的信中就说:"审查一层本来是一个大问题。共学社因鉴于世界丛书之 Aristocratic(指贵族气的——笔者注),所以不设审查。"参见张东荪:《致徐六几、郭梦良》,《学灯》1921 年 3 月 29 日。共学社不设丛书审查会,而采用专家审查的办法,1920 年 9 月 9 日在《学灯》上张东荪给读者的回信中说,如果稿件不好,宁愿对不起朋友,不愿意对不住文化。
③ 参见丁文江、赵丰田编:《梁启超年谱长编》,第 904 页。
④ 该馆为 1916 年底为纪念蔡松坡而设,梁启超、范源濂等 26 人为发起者,见《创设松坡图书馆缘起》,《晨钟报》1916 年 12 月 21 日。
⑤ 张朋园:《梁启超与民国政治》,吉林出版集团 2007 年版,第 137 页。
⑥ 《创设松坡图书馆缘起》,《晨钟报》1916 年 12 月 21 日。

及图书俱乐部等均陆续进行有眉目也。"①而在4月28日徐振飞(新六)致梁启超的信中也提道"读书俱乐部已推定仲策、在君为干事",可见,作为新诞生的读书俱乐部是与共学社的创立发展同时进行的。但这个读书俱乐部组织比较空洞、松散,此后并没有太大的动作,但它的设立充分体现了梁启超一派在编译工作初期想将此工作限制在研究系人员内部的努力。要知道,从梁启超回国之后,共学社的筹划与进行等事宜,研究系都是秘而不宣,从来没有公之于众。

在4月17日梁启超致张东荪的信中说:"共学社章寄上(请以一份交菊生)。此间社员已有二十人(原单外加入数人),沪上更得几人耶?编译书目已列单,请社员自认。"②他甚至在4月20日写给女儿梁令娴的信中表示:"汝研究欧、美妇人问题,欲译书甚好,可即从事,我当为汝改削出版,顷吾方约一团体,从事斯业也。"③而在5月5日吴品今致梁启超的信中,也言明译书工作主要由共学社社员完成:"所编书籍,自宜以浅近简明为主,其有特别需要之名著,似由评议会决定后,提出交社员译出为佳。"④直到此时,研究系共学社把编译书籍都看作一党一派的自家事业。

但是编译工作千头万绪极其繁重,岂是研究系共学社一己之力所能承担之事。因此在5月12日,梁启超在致梁善济、籍忠寅等党人的信中特别强调了要求募集"奖励名著特别悬赏费",可见此时,共学社编译书刊的计划已经有了向广大知识分子开放的端倪,而在5月15日张东荪致梁启超的信中,更是直接提出:"编书事宜早登报,中华书局所出之《新文化丛书》,颇有好稿,皆登报招徕之功也。"⑤毕竟,社会文化事业,又岂能是一家一派"集同志数人"所能包办的。共学社后来也确实是以开放的姿态来面对知识大众的,1920年6月19日《晨报》刊登出"共学社启事",面向社会知识分子群体征稿:"我们编译书籍,对于文化运动,有两种意味,一种是扩延向普遍的;一种是追求向深刻的;所以编译出版一方面固然是力图文化之普遍,一方面我们不相信自己知识,已经满足,可以卖得出去,不过是想表现我们追求向深刻的一种精神,引起大家兴味,要使文化运动,不像那七八月间的阵头雨,一阵一阵的;是要像那深山大谷里的泉水一般,一滴一滴的,源源不绝,滚滚长流。我们共学社里已经着手或是完成的稿子,似乎不少。但是这一点书,在这项文化运动大帽子底下,真是说不上九牛之一毛;所以我们欢迎大家来帮助我们。所有投稿的条件,大概列在底下:(一)关于科学、历史、哲学等类可以印成单行本的稿子,我们很欢迎;但是具体的说明如法律等类,暂作不要。(二)稿子如果经审查合格,酬金暂定每千字二元至五元。(三)如果来稿不合用,一星

---

① 参见丁文江、赵丰田编:《梁启超年谱长编》,第905页。
② 参见丁文江、赵丰田编:《梁启超年谱长编》,第906页。
③ 参见丁文江、赵丰田编:《梁启超年谱长编》,第906页。
④ 参见丁文江、赵丰田编:《梁启超年谱长编》,第908页。
⑤ 参见丁文江、赵丰田编:《梁启超年谱长编》,第910页。1920年4月1日研究系主办的《解放与改造》第二卷第7号曾刊登《新文化丛书征稿启事》。

期内,我们会将原件挂号寄还。(四)我们盼望投稿家用白话文,或浅显文言,并用新标点。"①从该启事的表述可见,共学社从事译书目的就是要在全社会范围内将新文化运动在普及的同时引向深入,发动学界重建知识生产机制。1920年10月5日共学社发布启事表示:"本社承商务印书馆之托,征集同志编译书籍,屡蒙海内士夫不弃剪陋,赐函询问社章且欲加入为社员,本社无任欢迎,但本社目的全在编译,凡著有稿件经本社审查合格出版者,均得入社。此外别无他项手续。"②不难看出,共学社作为研究系文化事业已经从早期的封闭运作逐步向全社会知识阶层开放。

二、商务印书馆与研究系合作的思想、文化基础

而在经济与具体运作上,研究系充分发挥"老朋友"的作用,密切同商务印书馆的合作,这也是研究系运用社会资源从事新文化运动的具体体现。在1920年1月12日张君劢致黄溯初畅谈归国后种种安排的信中,就谈到回国后为从事文化运动、创办丛书应该自办印刷所一事,特别强调"应作为一种独立商业,不可与政党财政混同,方能持久"③。对研究系来说,与其自办,不如与历史上有渊源且实力强大的商务印书馆合作。

梁启超1920年3月5日欧游回国当天就应邀住在张元济家里,他与"叔通、东荪、溯初屡作深谈",双方当时就谈到了合作事宜。3月7日,张元济设家宴招待梁启超,高凤谦、陈叔通等商务高层作陪,双方商谈颇洽。在商务印书馆高层的文化出版大规划中,北大胡适一派和研究系梁启超一派都是要联络合作的重要力量。在张家宴请后一天,3月8日,张元济与高凤谦商谈筹设"专办新事"的第二编译所一事,"以重薪聘胡适之,请其在京主持。每年约费三万元,试办一年"④。

而在研究系梁启超一方面,张元济在1920年3月13日日记中记载:"任公言,拟集同志编辑新书及中学教科书。约梦旦、叔通细谈,拟拨两万元预垫版税,先行试办一年。胡适之一面,亦如此数。属任公不必约彼。午后四钟任公到总务处。余与梦、叔在会议室晤谈。……任谓,拟成一团体公司(即共学社——笔者注),对彼虽从优,伊可分与同人。其意欲本馆购稿。余言最好仍用版税,彼此利益平均。但无基本金着手不易。本馆试行一年,可垫付版税二万元,请其预为筹划。任问若干字数,梦云请其计划分配。梦又云,将来对伊著作版权似应区别。任云,此可由公司定,伊仍匀配同人。余问是否到津即可商定。任言途中与百里、振飞亦可晤商,即可拟定。将来由伊代订

---

① 《共学社启事》,《晨报》1920年6月19日。
② 《共学社启事》,《晨报》1920年10月5日。
③ 参见丁文江、赵丰田编:《梁启超年谱长编》,第897页。
④ 张人凤、柳和城编著:《张元济年谱长编》(上),上海交通大学出版社2011年版,第580页。

立契约,交稿约在三个月之后。"①从中可以看到双方磋商共学社出版丛书事宜之大貌。对于双方的约定,张元济非常重视,持续跟进。他在4月10日致梁启超的信中说:"前尊意拟集同志数人,译辑新书,铸造全国青年之思想,此实为今日至要之举,敝处拟岁拨两万元先行试办,仰蒙采纳。(高)梦旦又言在津与公晤谈,尊意欲更为久大之计画,属加拨两万元,为两年之布置,鄙意当属可行。"②可见在经济上,梁启超的文化规划等到了张元济、高梦旦等商务高层的大力支持:"此事得公提倡,必有裨益,惟前允将一切计画开示,尚未奉到,想因有扩充办法,故一时未能决定,可否即请将两年之计画预为筹示,以便与同人商定,至为祷盼。"③张元济甚至邀请梁启超参加商务印书馆的股东年会来进一步落实投资之事。在尚未看到梁启超"久大之计画"的情况下,甚至在没有得到股东会认可的前提下,张元济就认定此事"当属可行",这又是什么原因呢?

一方面,固然是因为双方历史上交情之厚、情感之笃。早在《时务报》初创时期,梁启超和张元济就有私谊,戊戌变法后两人作为维新派都受到清廷的迫害,而且作为立宪派都被后来的革命派视作保守势力。在清末立宪运动中,张元济与梁启超基于共同的立宪理念交往较多,而且双方都有"匡时济世"的文化理想与政治抱负,因此,双方在情感上、事业上、思想上都颇为相得。1911年4月5日,张元济表示友人购入《时事报》邀请自己加入,但是"饷械未足,不敢轻易出战",他希望尚在日本的梁启超也能回国加入此事,"旌旆归来,定当虚左以待"。在1911年5月《时事报》改组为《时事新报》之后,张元济嘱咐该报发行处每天都给梁启超寄送报纸,"务祈勿吝教诲"。从梁启超、张元济等人的历史交往来看,他们在人生经历、政治路向、文化理念上多有相似之处,可谓惺惺相惜。因此,商务印书馆与研究系在高层人事交往上不但渊源久长,而且命运相连。而在学术文化上,张元济对梁启超更是极为推崇。1920年3月5日梁启超欧游回国抵达上海的时候,张元济亲赴码头迎接,当时就有人问张元济为何以师叔的辈分去迎接师侄,张元济说:"我为商务印书馆多得几部好文稿,为中国文化多出几部好书,并非以师叔地位去迎任公。"④可见,梁启超在张元济心中文化分量之重!

商务印书馆的政治色彩及其保守倾向让激进的国民党人印象深刻。1920年初孙中山在致党人的信中曾愤恨地说:"我国印刷机关,惟商务印书馆号称宏大,而其在营

---

① 张元济:《张元济全集》(七),商务印书馆2008年版,第194页。
② 参见丁文江、赵丰田编:《梁启超年谱长编》,第904页。
③ 参见丁文江、赵丰田编:《梁启超年谱长编》,第904页。
④ 张人凤、柳和城编著:《张元济年谱长编》(上),第580页。1918年12月底梁启超在上海启程赴欧之前晚,张元济即约梁启超、蒋百里、张君劢、刘崇杰、孟森、张东荪等人在都益处就餐。根据梁启超的说法,"是晚我们和张东荪、黄溯初谈了一个通宵,着实将从前迷梦的政治活动忏悔一番,相约以后决然舍弃,要从思想界尽些微力,这一席话要算我们朋辈中换了一个新生命了"。张元济也很有可能参加了研究系这次通宵之谈。12月28日晨,张元济送梁启超一行赴欧。可见,1920年3月5日张元济迎接梁启超就是要想"收割"梁启超欧游后收获的文化"果实"。

业上有垄断性质,固无论矣,且为保皇党余孽所把持,故其所出一切书籍,均带保皇党气味,而又陈腐不堪读。不特此也,又且压抑新出版物,凡属吾党印刷之件及外界与新思想有关之著作,彼皆拒不代印。即如《孙文学说》一书,曾经其拒绝,不得以自行印刷。当此新文化倡导正盛之时,乃受该书馆所抑阻。"①当然,张元济在日记中并不承认他们是因为党派关系不肯印行《孙文学说》的。张元济曾为出版《孙文学说》事与高梦旦磋商,高以为"恐有不便",所以张元济以为"不如婉却",因此回复孙中山,"政府横暴,言论出版太不自由,敝处难与抗,只可从缓"。② 甚至对于国民党内张元济的旧相识,商务印书馆似乎也并不买账。蔡元培1916年12月中给吴稚晖的信中谈到了自己稿件受到商务、中华两家歧视:"去年三月间,弟及精卫先生寄《农学杂志》稿于亮畴先生③,托其询中华、商务两处,竟被束之高阁。今日始索回原稿,今托袁涤庵兄奉上,请先生先为询诸商务,如不合;请再询中华;如两处皆无着落,则请于北行时携稿见还,弟当寄回法境。"④对比历史上国民党人与研究系人在商务印书馆受到的待遇,我们可以看出一点商务印书馆骨子里受政治基因和文化倾向的影响。

三、商务印书馆所面临的重重压力及其与共学社携手的必然性

必须要指出的是,张元济领导下的商务印书馆积极襄助研究系的文化建设事业,不但与它历来的思想文化倾向相关,而且与它身处新文化运动语境中所面临的严峻营业形势下的文化路向的择取有关,甚至与它内部的高层斗争密切相关。除了国民党人攻击它在新文化运动的大格局下仍旧带着保皇党气味、"陈腐不堪读"之外,新文化运动培养出来的具有新品味、新思想的进步青年们对于商务印书馆的保守作风也是日益不满,以至于商务印书馆的营业额连年下降,面临营业危机。根据《张元济年谱》的记载,到1918年底,商务印书馆的各种杂志销量萎缩严重,1919年清算历年滞销的书籍杂志总额竟超过一百万元。⑤

新文化运动发起之后,以《新青年》《新潮》为代表的进步文化界就对商务印书馆有过不少批评。早在1918年初,胡适在《归国杂感》中就不点名地批判了商务:"总而言之,上海的出版界,——中国的出版界——这七年来简直没有两三部以上可看的书。"⑥1918年9月15日的《新青年》第五卷第三号上就刊登了陈独秀《质问东方杂志记者——东方杂志与复辟问题》一文,对商务印书馆杜亚泉主编的《东方杂志》提出质

---

① 孙中山:《致海外国民党同志函》,《孙中山全集》(五),中华书局1985年版,第210页。
② 参见张树年主编:《张元济年谱》,商务印书馆1991年版,第167页。
③ 即王宠惠,字亮畴。
④ 参见高平叔:《蔡元培年谱长编》(上册),人民教育出版社1998年版,第628页。
⑤ 参见张树年主编:《张元济年谱》,第162、165页。
⑥ 胡适:《归国杂感》,《新青年》第四卷第一号,1918年1月15日。

问;其后,1919年4月1日出版的第一卷第四号《新潮》杂志上刊登了罗家伦的《今日中国之杂志界》,对商务印书馆出版的《教育杂志》《东方杂志》《学生杂志》《妇女杂志》提出严厉的批评。随着新文化运动的全面展开,思想保守的商务印书馆受到更加激烈的批判,被称为五四时期四大副刊之一的《时事新报·学灯》在当时进步青年中影响甚大,编辑宗白华在1919年11月8日的《学灯》上发表了《评上海的两大书局》,毫不留情地点名批评商务印书馆和中华书局,他说:"一个大书局在社会上同别种商店不同。它营业而外还要负点文化责任。……中国现在的大书局正相反。它们不仅丝毫不晓得有文化责任,并且还正是中国文化的障碍。上海两个大书局,如商务印书馆与中华书局就是这样。商务印书馆十余年来不见出几部有价值的书。学理书等到现在还是严复的几本译本。欧洲近代名著中只出了一本《创化论》。还都定价很高,使穷学生无力来买。新学潮的书籍月刊都不看见它代售,——中国古代名著它不出售(我有一次去买《墨子》它都没有),欧洲现代名著原文它都没有。我每每想不出他这书局为什么而开。就是为营业起见也不当如此。'文化责任'四个字更不是它所能梦见的了。中华书局更没有评论的价值,我也不忍说它,因为它的门前已经极冷落了。"①1919年11月13日,少年中国学会会员邰爽秋在《学灯》上发表《评商务书馆的〈袖珍日记〉》批判道:"我以为商务印书馆,急宜觉悟,自己问一问,这十几年来教育上正当的书出了几部?高等学术的书出了几部?损坏青年道德的小说书出了几部?附下比一比,也应该有良心上的责备。我今为商务书馆计,当速速打起精神,来干神圣出版的事业,才可以赎以往之罪,才不是我国教育的罪人。商务书馆是中国顶大的书店。他倘能分些营利的精神,帮一回文化运动的忙,力量一定非常大的。我做这段评论,对于商务书馆有很大的希望咧。"②甚至到了1920年2月14日,仍然有读者在猛烈抨击商务印书馆,侯可九在《我对于商务印书馆的批评》一文中对商务印书馆的守旧作风颇为不满,他说:"……商务书馆处处都是营业性质,专做一个适合国民心理的投机事业。照我们的眼光看起来,他既是个书店,而且是个国内极大的书店,对于中国的文化事业,当然负有极大的责任。应当抱着牺牲的精神,和热烈的情感,去做种种文化革新的事业。但是他编译所里的成绩,是怎样呢?不过几本旧式的科学术,对于文艺小说,像林纾那样古董,竟当他是个台柱,大捧而特捧。……以上的批评,也许有苛刻的地方,但是我自信还算公平,而且我对于他,有无限的希望,因为他在中国的工厂里,在比较上,究竟算是最新式最完善的一个,所以就本着'春秋责备贤者'的意思,来说这一番闲话,盼望他有彻底的觉悟,不断的改良,成功一个最合时势最大最好的大组织。"③来自读者尤其是进步青年的社会舆论批评及其中所包含的殷殷期望对于商务印书馆来说,显然是一种

---

① 宗白华:《评上海的两大书局》,《学灯》1919年11月8日。
② 邰爽秋:《评商务书馆的〈袖珍日记〉》,《学灯》1919年11月13日。
③ 侯可九:《我对于商务书馆的批评》,《学灯》1920年2月14日。

巨大的压力。面对这样的局面,商务印书馆也被迫做出了一些"半革新"式的回应,比如在1919年11月对《小说月报》《妇女杂志》等刊物进行了改革。①

1920年初,商务印书馆内部因趋新与守旧路向之争矛盾重重,教会派与书生派之间的冲突不断,以高凤池(翰卿)和张元济之间的矛盾最为激烈。双方的矛盾终于在1920年3月底爆发了,张元济在人事、经营等方面与高凤池矛盾激化②,张元济甚至在报纸上声明辞职,当时作为双方矛盾调停人的陈叔通回忆说:"……高翰卿来找我了。我便直截了当地对高说:'你是总经理,你可以估量一下,如果能背得下,那就听他(张元济)辞职,商务还搞商务的。'高说:'事务方面还能勉强凑合一下,但社会文化界,我怎么能号召得了?'"③可见,商务还是离不开在文化方面号召力、影响力极大的张元济。关于此次辞职的深层次缘由,张元济在1920年4月26日写给梁启超的信中说:"弟之辞职确有其事。缘与总经理高君翰卿宗旨不合。弟意在进步,而高君则注重保守。即如用人,弟主张求新,而高君则偏于求旧④。隐忍五年,今乃爆发。嗣经董事会出为疏解,高君亦认弟之政策为是,并且辞职,另推鲍君咸昌(现管印刷所,亦创办人之一),李君拔可继任,添招年富力强有新知识相助为理。"张元济隐忍五年之后"爆发"的这个时间节点非常耐人寻味,要知道,1920年3月也就是梁启超欧游回国在张元济家暂住、双方商谈协作之后。此次商务印书馆内部矛盾纷争经由陈叔通调节,结果是1920年4月10日商务印书馆特别董事会议议定,张元济(经理)和高凤池(总经理)同时辞去职务,而商务印书馆增设监事会监事一职,由二人充任。从某种程度上说,张元济在这场商务印书馆内部的新旧之战中获得了胜利,从此,趋新而非守旧,成了商务印书馆追求的文化圭臬,这也是其可以在1920年4月份后全力资助研究系一派文化建设事业的前提。

商务印书馆的帮助对研究系来说是重要的,尤其是在经济上,共学社在此资助下

---

① 茅盾回忆说:"……当年(即1919年——笔者注)十一月初,身兼《小说月报》与《妇女杂志》主编的王莼农突然找我,说是《小说月报》明年起将用三分之一的篇幅提倡新文学,拟名为'小说新潮栏',请我主持这一栏的实际编辑事务。……我同孙毓修、朱元善谈这件事,他们都承认'有过商量',并且暗示:王(莼农)是不得已而为之,半革新的决定来自上面。……《小说月报》的半革新从一九二〇年一月出版那期开始,亦即《小说月报》第十一卷开始。这说明:十年之久的一个顽固派堡垒终于打开缺口而决定了它的最终结局,即第十二卷起的全部革新。"参见茅盾:《革新〈小说月报〉的前后——回忆录[三]》,福建人民出版社1983年版,第438页。
② 矛盾激化的直接原因是张元济主张在南京路购置营业地产,而高凤池坚决不同意。3月26日,商务印书馆召开特别董事会议,决定不购地。此后,张元济坚决辞职。
③ 陈叔通:《回忆商务印书馆》,《中国出版史料》(三),湖北教育出版社2004年版,第74页。
④ 高凤池担任商务印书馆总经理后,张元济与他的矛盾一直存在。1919年,由于高凤池坚持使用旧派人物谢宾来、郑峻卿二人,张元济与他的矛盾就十分突出了。10月8日张元济在写给高凤池的信中直接说:"弟平生宗旨,以喜新厌旧为事,故不欲厕身于政界,与与粹翁相遇,以为得行其志,故甘为公司效劳。弟敢言公司今日所以能有此成绩者,其一部分未始非鄙人喜新厌旧之主义之所致。"见张人凤、柳和城编著:《张元济年谱长编》(上),第562页。到了1920年1月,为聘请胡祖同之事,张元济和高凤池又闹得很僵,1月28日张元济在写给高凤池的信中就指出高凤池在延揽新学人才方面"格外慎重","公之道德超绝侪辈,然他人亦未必尽为不肖。慎愿公勿以不肖之心待人也"。见张人凤、柳和城编著:《张元济年谱长编》(上),第585、576页。

也逐渐成立并开始运作了。就在4月10日张元济确定要继续以监理的身份供职于商务印书馆的当天,张元济给梁启超去信表示为了支持梁启超编译新书的计划,追加拨款两万元以为两年之布置;4月24日,张东荪应梁启超嘱托转交给张元济共学社规则及第一次会议报告;1920年5月12日梁启超在写给梁伯强、籍忠寅的信中就表示,共学社编译新书之事,由于"已与商务印书馆定有契约,经费略敷周转";张元济在1920年6月12日给梁启超的信中说:"共学社契约已定,已拨付五千元,梦旦当有信奉告,甚盼好书来一慰世人渴望新知之愿。"①至此,梁启超研究系一派组建的共学会与商务印书馆就"共学社丛书"一事的合作关系正式达成。后来在中国现代文化史、出版史上赫赫有名的"共学社丛书"于是陆续面世,为新文化运动的深入开展做出了不可磨灭的贡献。

四、新型知识生产体系的建立与丛书时代到来的必然性

对于身处新文化运动中心的北京大学胡适等人来说,五四新文化运动在向纵深发展的过程中亟须转型升级,这也是胡适一直以来所要求的将新文化运动从浅薄的传播事业回归到一种提高的研究功夫中来。与这样一种思想要求相对应,体现在媒介传播中的就是从"杂志时代"转到了"丛书时代"。

我们知道,早期的新文化运动主要是在报纸和杂志上传播的,因此,报刊体囿于篇幅、体例等限制,再加上撰述人自身学养的缺陷以及媒介本身的肤浅、夸大、片面等宣传性、营业性的弊端对学术本体的健康发展构成不小的影响,被拆解后译介过来的所谓"学术"从来都是散乱的、不成系统的。进步知识界也意识到靠报纸、杂志是不能深入研究学术的,要想让新文化运动深入发展就必须拥抱丛书时代。

当时在浙江一师的读者平陵在给研究系张东荪的信中就其翻译《创化论》一事说:"我们中国的学者,对于文化运动,不应当把西洋的文化,零零碎碎的介绍过来;是要如先生这样的毅力,把他一部一部,新上加新的科学书,哲学书,大批大批的翻译过来。那么,新思潮才能真彻底,新文化运动,才算真发达。"②少年中国学会会员邰爽秋在《敬告现在的新文化运动家》一文中更是提出了"少办杂志,多译丛书"的口号,他说:"我觉得现今杂志第一个缺点,就是所介绍的知识,居多是片段的,仿佛是东鳞西爪,竹头木屑,既没有系统,又没有相互的关系;……我觉得杂志的功用,只可以引起知识界饥荒的感觉。真正的饥荒,杂志并不能救济。……文化运动家,在这个时候,应当赶快联络同志,各就本分,分类译书,尽力的介绍有系统的科学,使翻译事业,放大光明于国内,教研究一种学问的人,个个都有高深的参考书,不必处处要看西文书籍,这才能算

---

① 参见丁文江、赵丰田编:《梁启超年谱长编》,第910-911页。
② 徐平陵:《致张东荪》,《学灯》1920年1月14日。

真正的文化运动。若还是去多办杂志,一鳞一爪,介绍片段的知识,我真不赞同。"①读者邵光典在写给张东荪的信中也表示:"自五四以来,新出版物增加,如雪片似的纷飞,这不能不算是一种好现象。但是里边实在有一大缺点,就是:所介绍的知识,多是片段的;东鳞西爪,竹头木屑,既没有统系,又没有相互的关系,这类材料,大半是由西文书中抽译出来,什么前因后果,译者概不负责任。……所以我们欲救其弊,就应当大批的输入西洋文化,介绍有统系的学理大著作——译书,那么,新思潮才能彻底,新文化运动才有基础。"②左舜生也注意到了时代文化风向的转变:"现在的杂志,从读者的购买力和读书时间一点上看,也只有充实内容的必要,没有增加数量的必要,一般人的要求,已经移到丛书一面,从事文化运动的,不能不设法满足社会的要求。"③胡适则针对当时浅薄、幼稚的传媒文化环境,直指这种现象的思想本质就是"普及与提高"的关系:"现在所谓的新文化运动,实在说得痛快一点,就是新名词运动。拿着几个半生不熟的名词,拿着几个半生不熟的名词,什么解放、改造、牺牲、奋斗、自由恋爱、共产主义、无政府主义……你递给我,我递给他,这叫作'普及'!"④这种"互抄运动"在胡适看来是极为有害的,在他的意识中,新文化运动要想深入发展必定要脱离早期的原始阶段,摆脱"学术界大破产的现状",必须转向系统化、结构化、客观化、理性化的丛书时代的学术之途。"我们若想替中国造新文化,非从求高等学问入手不可。……我们若能这样做去,十年二十年以后也许勉强有资格可以当真做一点'文化运动'了。"⑤其实,在编译丛书方面,胡适对高标准的坚持是一以贯之的。早在1918年4月15日《新青年》第四卷第四号中,胡适发表的《建设的文学革命论》最早提出了系统编译西方文学名著丛书的想法,并且在拟定的翻译西洋文学名著的办法中第一条就表示"只译名家著作,不译第二流以下的著作"。胡适说:"我以为国内真懂得西洋文学的学者应该开一会议,公共选定若干种不可不译的第一流文学名著:约数如一百种长篇小说,五百篇短篇小说,三百种戏剧,五十家散文,为第一部'西洋文学丛书',期五年译完,再选第二部。译成之稿,由这几位学者审查,并一一为作长序及著者略传,然后付印;其第二流以下,如哈葛得之流,一概不选。"⑥在胡适看来,编辑、出版学术性丛书毫无疑问就是"提高"的工作,他在回忆自己与商务印书馆合作出版"世界丛书"的缘由时说:"我以为我们现在那里有什么文化?我们北京大学不是人称为新文化运动的中心吗?……我们大学里四百多个教职员、三千来个学生,共同办一个月刊,两年之久,只出了五本!……大学丛书出了两年,到现在也只出了五大本!后来我们想,著书的人没有,勉强找几个翻译

---

① 邵爽秋:《敬告现在的新文化运动家》,《学灯》1920年1月15日。
② 邵光典:《致张东荪信》,《学灯》1920年6月5日。
③ 左舜生:《有力的文化运动》,《时事新报》1920年2月10日。
④ 胡适:《北大开学之演说词》,《晨报》1920年9月23日。
⑤ 胡适:《北大开学之演说词》,《晨报》1920年9月23日。
⑥ 胡适:《建设的文学革命论》,《新青年》第四卷第四号,1918年4月15日。

人,总该还有,所以我们上半年弄了一个世界丛书。"①毫无疑问,只有在从杂志时代转移到丛书时代的思想观念转变、学术认知转变、媒介形态转变的大背景下,我们才可以更好地理解胡适此时提出来的"只有提高才是真正普及"的深刻内涵,并在此基础上理解丛书时代在新文化运动深入发展进程中出现的历史必然性。

而对商务印书馆来说,为了应对新文化运动从"杂志时代"走入"丛书时代"的时代要求,必须与国内新学界保持业务合作关系。要知道,商务印书馆历来就有编译世界学术名著的热情和魄力。1902 年,商务印书馆就曾邀请戢翼翚主持的留日学生团体"出洋学生编辑所"编译"帝国丛书",这也被认为是商务印书馆翻译、印行外国哲学社会科学著作的开端。1902 年重视学术研究的张元济进入商务印书馆担任编译所所长之后,更是积极组织翻译世界学术名著,严复早年的《天演论》《法意》《群己权限论》《社会通诠》《名学浅说》《穆勒名学》等"严译八种"就以"严译名著丛刊"的丛书形式出版。此外,商务印书馆大量印发了林纾翻译的《巴黎茶花女遗事》等小说作品——"林译小说丛书"(100 种)。这些书在当时都产生了很大的社会影响,到 20 年代初期,《名学浅说》已经印行 11 次,《天演论》更是重印多达 20 次!但是到了 20 年代初,经过新文化运动洗礼的读者对这些丛书及其所代表的思想体系、知识系统已经很不满意了,商务印书馆在这个文化扭转、知识更新的时代也急需新的合作者。因此,他们在与研究系共学社携手之前,就已经积极与新文化运动的领袖——北大的胡适取得联系,并围绕编辑"世界丛书"一事保持着密切的合作。

商务印书馆的张元济本身就与北京大学渊源深厚,1898 年京师大学堂首任管学大臣孙家鼐曾请张元济为大学堂总办,"张守章程,孙不然之,怫而去"。1906 年 1 月 10 日,作为戊戌变法后被革职的官员,张元济被清廷重新起用,朝廷令他编纂学校教科书,从此他与文化出版事业联系在一起。而在 1920 年前后,北京大学俨然已是新文化运动中心,张元济又怎能不与北京大学建立联系呢?1919 年 2 月,张元济作为商务印书馆的代表与蔡元培一道,签订了《北京大学月刊》出版合同。同时,张元济有意延揽新式人才,对如日中天的胡适更是青睐有加。1919 年 4 月 8 日,他托伯恒转托陈筱庄邀请胡适为商务印书馆编书,月薪 300 元;5 月,张元济与陪伴杜威赴沪的胡适面谈时希望其搜罗人才为商务服务:"京师为人才渊薮,如有学识优美之士,有余闲从事撰述者,甚望其能投稿或编译。"②11 月 14 日,为吊唁高而谦赴京的张元济在北大又与胡适会面,磋商合作事宜;张元济在 1920 年 1 月 5 日日记中说:"昨与梦(指高梦旦,笔者

---

① 胡适:《北大开学之演说词》,《晨报》1920 年 9 月 23 日。"世界丛书"是商务印书馆和北大合作的图书出版项目,该丛书设立了审查委员会,"现拟编译《世界丛书》,并在北京设立审查委员会,请定北京大学校长蔡孑民及大学教员胡适之、蒋梦麟、陶孟和诸君担任审查之事,业经登报征求译稿"。(参见张人凤、柳和城编著:《张元济年谱长编》(上),第 593 页。)但是效果并不理想,虽然投稿不少,只审定了一本为合格。这可能就是张东荪等人说世界丛书有"贵族气"的原因。

② 张人凤、柳和城编著:《张元济年谱长编》(上),第 542 页。

注)谈,拟仍编小丛书。梦意,每册约三四万字,酬资约二百元。拟先约胡明复一谈。本日余又告梦,字数较多,恐题目有限。余意仍以小种为宜。梦谓小种另是一事。大本者可分哲学、教育科学,选西人名著,仿《文明协会丛书》之例,即托胡适之等人代为主持。余意只以新思潮一类之书选十种八种,至小丛书可仍托胡明复担任试办。"①看来商务印书馆的筹划得到了胡适积极的响应。1920年1月26日,胡适在日记日程表中记载"拟《世界丛书》条例"②;1月27日,记载"高梦旦来谈";1月28日,记载"(梁)伯强、(兰)志先饭";2月2日,记载"请高梦旦谈《世界丛书》事"及"审查吴品今书"。可见此时胡适等人与商务印书馆磋商甚为频繁。此后,商务印书馆进一步拟将北大胡适等人纳入自己的文化事业体制,在1920年3月8日,张元济又在日记中说:"余与梦翁谈,拟设第二编译所,专办新事。以重薪聘胡适之,请其在京主持。每年约费三万元。试办一年。"③1920年3月12日,胡适在日记日程表中记载"出版委员会"一项;3月21日,记载"(高)梦旦谈""(林)宗孟宅饭"和"初见梁任公,谈";3月24日,记载"大陆饭店:高梦旦"一项。显然,高梦旦与北大一派在大陆饭店的会面是有"合作顺利"的象征意义的。3月26日,张元济就收到了高梦旦的信,信中附有《世界丛书》翻译条例。从中不难看出,在梁启超回国前后,围绕着商务印书馆编印丛书事宜,北大胡适与研究系一派往来也颇为频繁,过从甚密,联想到梁启超在为共学社募款一事托蔡元培、蒋梦麟帮忙,北大与研究系此时的联系可谓多层次、立体交叉的。

可以说,商务印书馆、北京大学、研究系三方此时都有强烈的意愿并能够达成共识来携手从事文化建设和学术著作译介工作。而从合作结构上看,以商务印书馆为中心,北京大学、研究系围绕着它以翻译、出版著作为中心一南一北,交叉呼应,形成了一种以知识生产为中心,新旧知识分子与现代出版业之间"三位一体、一体两翼"的组织格局和合作关系,共同推进着新文化运动的深入发展。

五、共学社丛书的辉煌成就及其历史意义

共学社的编译活动无疑是高效的。在1920年6月9日,第一批共学社丛书——"马克思研究丛书"④的出版预告就出现在《晨报》首页上。共学社在运作自己编译的图书时,特别注重将宣传工作与编译工作结合起来,尤其是在编译阶段就在报纸上对编译活动进行广告。比如1920年8月24日,《晨报》头版就刊出共学社两则"特别启事",对易家钺著《西洋氏族制度研究》和耿济之翻译俄国托尔斯泰《艺术论》两书进行

---

① 参见张树年主编:《张元济年谱》,第173页。
② 《世界丛书条例》,《时事新报》1920年3月28日。
③ 张元济:《张元济全集》,第192页。
④ 这一批丛书共包括四名译作者,即渊泉、一湖、西谛和品今。他们都是研究系背景的知识分子。

宣传,特别注明两书"现已付印,不日即可出版",在广告词中对书籍的内容和特色都有所说明,比如对于耿济之翻译的托尔斯泰的《艺术论》,就有如下的广告词:"俄国的艺术是切于人生的,所有艺术家批评家都以'人生的艺术'为他们的立足点,托尔斯泰的艺术论(What is Art?)就是这种思想的结晶。原书价值风行世界,不必多赘。惟耿君从俄文原本直接用白话译出,与英译日译对照,尤觉其浅显流利、雅俗共赏,想读者必以先睹为快也。"① 到了10月13日,《时事新报》更是使用了四分之一的单版来做"共学社出书预告"广告,共分为在印刷中者、柏格森丛书、俄罗斯文学丛书、其他译述和其他编著五部分,共推介新书55本,编译者包括梁启超、刘秉麟、吴统续、易家钺、陈博生、耿济之、张闻天、柯一岑、张东荪、郑振铎、瞿秋白、沈泽民、霍俪白、沈雁冰、周佛海、恽代英、郭开贞(沫若)、舒新城、蒋方震、蓝公武、蒋百里等人,显然这是一个以研究系知识分子或事业相关人员为主体的一支豪华之师,而《时事新报》等报纸的宣传不可谓不得力。

与此同时,对翻译对象的选择、语言和技术上的标准也在逐渐探索与厘清之中。关于收稿的标准,张东荪以共学社发言人的身份宣布:第一,原书必为名著,第二,译笔务求无费解之语。② 更重要的是在翻译技术上的探索。1920年9月4日,张东荪、俞颂华、舒新城三人在《晨报》上发表《致共学社诸君书》,专门谈到了在具体翻译过程中的一些技术性操作问题,他们总共提出了十条意见,比如他们认为在中西文化交流尚属幼稚的阶段,对于人名、地名以及专用名词的翻译不能强行要求统一,允许个人创造译名,但要在译名后标注原文;印刷仍然要采用直行;"的"字的一种副词用法和三种形容词用法;标点符号要向西文学习;不苛求翻译时"字对字"翻译或"短语对短语"翻译,但一定要做到"句对句"翻译;日本翻译西方的某些不通逻辑的译名不可抄用;白话用字要与文言接近;连续的形容词或副词中间要加顿号;每句之后空一格,但每行之后没必要空,"我们又主张不像《新青年》把标点放在字中,要像《解放与改造》放在字旁"。③ 张东荪等人写给同人的讨论共学社丛书翻译操作标准的信体现了他们对文化传播事业和翻译手段的关注,他们对译名、格式的某些翻译标准的意见无疑具有历史的进步性,但是要求白话用字与文言接近等观点又体现了他们在语言上的保守性和复古倾向。总的说来,他们对翻译具体手段问题的提出,有利于在当时人们进一步来关注中西文化交流翻译环节的规范性,在语法、格式、标点等方面的探讨丰富了文化建设的主题内涵,具有积极的历史作用。追根溯源,他们就是想通过共学社的翻译事业来为当时的中西文化交流创设有关翻译的通用标准,用他们自己的话来说,就是对翻译问题经过讨论商议后,"大家方有一个共同的轨道"。

---

① 《共学社特别启事二》,《晨报》1920年8月24日。
② 张东荪:《复直言君信》,《时事新报》1920年9月7日。
③ 张东荪等:《致共学社诸君书》,《晨报》1920年9月4日。

有了市场宣传,又有了翻译的各项标准,从此,共学社丛书就源源不断地出版开来。这套丛书在内容上大致可分为时代、教育、经济、通俗、文学、科学、哲学、哲人传记、史学和俄罗斯文学等十类。仅就目前所知,1920年代该社编译的丛书包括:马克思研究丛书、社会经济丛书、时代丛书、哲学丛书、政治丛书、通俗丛书、历史丛书、文学丛书、教育丛书、科学丛书、罗素丛书、俄罗斯文学丛书和俄国戏曲集等等,共计数百种,可谓洋洋洒洒,蔚为大观。根据《蒋百里先生纪念册》的说法,共学社丛书"为旧中国规模最大者"。毫不夸张地说,共学社及其丛书为五四新文化运动在思想上、学术上的深入发展做出了不可磨灭的贡献,影响了整整一个时代。

当然,我们也必须指出,共学社丛书也只是这个"丛书时代"一个小小的侧影。根据1924年1月商务印书馆《图书汇报总目》①,仅商务印书馆一处,从新文化运动开始,陆续出版了"北京大学丛书"(9种,1918年)、"世界丛书"(23种,1920年)、"共学社丛书"(86种,1921年)、"尚志学会丛书"(18种)、"文学研究会丛书"(42种)等著名丛书,此外发行的丛书还有"教育名著丛书"(37种)、"心理学名著丛书"(1种)、"政治名著丛书"(2种)、"经济名著丛书"(5种)、"文学丛书"(2种)、"国学小丛书"(6种)、"史学丛书"(1种)、"科学丛书"(1种)、"新智识丛书"(30种)、"少年史地丛书"(23种)、"百科小丛书"(60种)、"南京高等师范丛书"(6种)、"武昌高等师范丛书"(3种)、"大同大学丛书"(2种)、"新时代丛书"(8种)、"中华教育改进社丛书"(3种)、"职业教育丛书"(3种)、"职业修养丛刊"(2种)、"经济丛书社丛书"(4种)、"中国科学社丛书"(1种)等等。正是由于在1920年代开启了"丛书"时代的序幕,所以后来才会有著名的"世界文学名著丛书"(1928年)、"汉译世界名著丛书"(1929年)、"大学丛书"(1932年)、"万有文库"(1932年)等多部对时代思潮、学术风气产生重大影响的丛书系列相继问世。可以说,1920年代问世的这批丛书已经与此前屈指可数的"严译名著丛刊""林译小说丛书"完全不同了,它们真正地与世界现代思潮和知识系统接轨了。它们不光在数量上,更是在思想意识、学术观念、文化基因上展现着新生代的澎湃力量,而这也标志着一个崭新的"丛书时代"的到来。

一叶落而知天下秋。进入到现代社会之后,几乎在每一个重大的思想转折时期都会有大量的标志性的丛书问世,就像1980年代以"走向未来"丛书为代表的丛书热一般。从传播媒介来看,知识传播经历了从报纸、杂志到丛书的重心偏移,而其实质则是对知识和思想整体性、系统性的重视和关注,五四新文化运动之初从西方零敲碎打的"拆解"知识译介到国内这样的方式必然对应一个报纸杂志时代,而新文化运动深入发展的现实需要则必然呼唤一个以"组合"知识为特色,强调知识整体性、全面性的"丛书时代"。根据加拿大传播学派奠基人哈罗德·伊尼斯"传播偏向论"的看法,每一种传

---

① 《民国时期出版书目汇编》(一),国家图书馆出版社2010年版,第423-431页。

播媒介在文明中都会产生一种偏向,或有利于时间观念,或有利于空间观念,即根据媒介自身的传播特性,有些媒介更加适合知识在时间上的纵向传播,而不适合知识在空间上的横向传播。① 显然,在报纸杂志时代,传播的偏向更加适合知识在空间上传播,而不是时间上的纵向传播,而这样的特性就对应着新文化运动前期报纸杂志"雪片似飞来"、在全国范围内扩大宣传与影响的传播偏向,是有它一定的历史必然性和正当性的,但报刊上被拆解的知识零零碎碎、不成系统,因此它并不利于知识体系本身的传播,随着文化运动的发展,这样的传播环境只会越来越凸显知识界的匮乏和缺陷,因此,大量丛书的出现就是知识界填补媒介生态缺陷的必然,而系统性的丛书大规模译介毫无疑问更加适合知识在时间上的纵向传播,更加适应现代社会知识流通并进而促进新文明的产生。

当然,1920年代丛书替代报纸、杂志成为知识传播的主导媒介,背后更深层次的因素是五四运动知识分子共同体分化后有关文化领导权的争夺。在商务印书馆主导、研究系共学社和北京大学参与构成的"三位一体、一体两翼"的知识生产体系中,研究系和北京大学作为参与五四新文化运动后期建设最重要的两支力量,梁启超和胡适等人都想要争夺知识生产和传播的领导权力,因此,他们在与商务印书馆的合作中不但互有助力,而且时有竞争。作为五四新文化运动的后来者,梁启超自回国以后一直宣扬中国传统文化的价值,并希冀在融汇中西的基础上造就"世界文化"以救拔"一战"后陷入文明危机的西方文明,这也是共学社译介西书的核心动因,显然,这样的观点与历来坚决维护五四新文化运动正统性的胡适相去甚远,因此,即便双方都赞成整理国故、译介西书,但是双方思想的差异性还是极为显明的。所以,在丛书时代新型知识生产体系构建中,双方争夺文化领导权的隐含因素是我们不能不予以考虑的。

---

① 参见[加]哈罗德·伊尼斯:《传播的偏向》,何道宽译,中国人民大学出版社2003年版,第27页。

晚清书院读报活动与时务新知的传播*

蒋建国

（复旦大学新闻学院）

摘要： 晚清以降，教会书院在引入西学和传播"世界知识"的过程中起着先导作用。传教士将创办书院作为传教事业和传媒资源的重要组成部分，客观上促进了新式报刊在教会书院的组织化传播。维新前后，随着一些地方大员对书院西学教育和报刊阅读的重视，报刊作为思想纸和知识纸的价值被许多书院师生所体认。书院师生的读报活动具有公共与私人阅读相结合的特点，尤其是一些经学大师在书院的读报活动，起到了引领风气和改变知识架构的作用。书院规章对读报与评报的制度性约束，有利于学生了解时政、开阔视野、讲求新学，体现了"士绅社会"向"知识人社会"过渡的客观诉求。报刊、书院与学会的互动，则进一步推动了书院师生从"读书人"向"读报人"的转变。因此，探究晚清书院报刊阅读的发展历程，对于进一步认识新式传媒对书院师生"知识仓库"和"思想世界"的影响有重要价值。

关键词： 晚清书院；报刊阅读；影响

书院是中国古代重要的教育组织，其教学、祭祀、藏书的三大功能早已为学界所熟知。晚清时期，书院逐步成为传播西学的重要基地，有关"西书"在书院的传播，已有较多的探讨。但是，关于新式报刊传媒如何引入书院，并通过官方的制度化推动，引发书院士子的阅读兴趣，从而在一定程度上改变他们的知识结构和观念世界，是一个尚未引起重视的问题。一般而言，书院与儒学有着天然的亲缘关系，尤其是宋代书院与理学实现一体化发展之后，儒家经典教育始终在书院教育中占有绝对统治地位。但在鸦片战争前后，西方传教士在香港、上海、广州等地创办的教会书院，将西学和现代报刊传媒引入书院教育体系，使书院士子在读"经典"的同时，开始阅读现代报刊。报刊作

---

* 本文原载于《学术月刊》2017年第4期，有修改。

为新的知识类型和思想资源,对读者知识仓库的构成逐步产生影响。维新前后,随着时务报刊在书院的广泛传阅,师生的读报活动逐步流行,其作用与影响极为深远。本文拟从晚清书院与报刊传播的角度,探讨书院师生对报刊的阅读与认知,以及报刊作为思想纸、知识纸的价值和作用。

一、传教士与教会书院的报刊传播

在一些早期来华的传教士看来,设书院与办报刊之间存在者互动互进的关系,早期教会书院与报刊传媒一样,也是从中国外围向本土逐步发展起来的。许多传教士将创设书院作为培育传教人才的基本手段,而兴办报刊则是传播宗教的基本工具。从教会书院的功能看,它与中国传统书院有着一定的区别,尤其是其祭祀建筑和祭祀规章普遍缺失。早期传教士一方面以书院为名引入西方教育模式,另一方面希图模仿中国书院重视义理传承和道德教化的传统,将基督教纳入书院教育的范围。但是,其前提是必须承认并接受儒学在教育系统的知识谱系,基督教与儒学作为教会书院的两种知识类型,都应得到高度重视。正如传教士米怜在马六甲筹办英华书院时所倡导的那样:"本书院之设立,以交互教育中西文学及传播基督教理为宗旨。"①

以中文传播基督教是教会书院和宗教报刊共同追求的目标。传教士米怜在《察世俗每月统记传》(以下简称《察世俗》)发行后的第三年,又担任英华书院院长一职,实现兴学与办报的有机统一,也促进了教会书院与宗教报刊的进一步融合。由于英华书院从创设之初,便将招生范围定位于"恒河外方各族","各项课程之设计均本以和平传播基督教及东方一般文化之原则,冀以达致有效影响为目的"。② 这与早期宗教报刊的办刊宗旨是耦合的。尽管我们无法得知马六甲的英华书院具体招收了多少亚洲和中国学生,但建院之初,米怜将自己主编的《察世俗》介绍给英华书院的学生,则是完全有可能的。

1843年,英华书院和附属印刷所从马六甲迁往香港后,其华人学生所占比例大为提高,尤其是广东籍的学生较多。而院长理雅各是著名汉学家,对儒家经典的研究颇为深入。1853年出版的《遐迩贯珍》,就利用英华书院的活版印刷,并在英华书院代理发行。其创刊号声称:"兹将贯珍第一号由本馆着人分派致送,以后每月各号,现拟凡取阅者在港英华书院、广东省金利埠合信医生、上海墨海书馆处,请自到检取,较为简便。"③这说明英华书院与《遐迩贯珍》有着极为密切的关系,且英华书院的华人牧师黄

---

① 《马六甲筹组英华书院计划书》,陈谷嘉、邓洪波主编:《中国书院史资料》(下册),浙江教育出版社1998年版,第2025页。
② 《马六甲筹组英华书院计划书》,陈谷嘉、邓洪波主编:《中国书院史资料》(下册),第2025页。
③ 《遐迩贯珍》第1号,1853年8月1日,沈国威、内田庆市、松浦章编著:《遐迩贯珍——附解题・索引》,上海辞书出版社2005年版,第716页。

胜长期担任该刊助理,尤其是 1855 年后,英华书院院长理雅各担任《遐迩贯珍》主编,英华书院的学生免费阅读该刊的机会更多。《遐迩贯珍》刊登大量介绍西洋文明的文章,也关注时政新闻和地方新闻,为英华书院师生提供了更多的"世界知识",开阔了他们的阅读视野。这是当时内地书院无法获取的媒介资源。

第二次鸦片战争后,上海成为外国传教士的活动中心。随着洋务运动的兴起,传教士与洋务派对于培养西学人才有着一致的意见。1874 年,徐寿在《上李鸿章书》一文中,就对格致书院章程进行了详细规划,他强调:"院中陈列旧译泰西格致书、各种史志、上海制造局新译诸书、各处旧有及续印新报、西国文字、各种格致机器新旧之书、格致机器新报、机器新式图册……以期考古证今,开心益智,广见博闻。"①1875 年,格致书院董事会也制定规条,规定:"院内备有各省现时及续增所刊新闻,并有西人所译西国经史子集各种书卷、经文著作,至中国各种书籍,听凭董事增列入院,又设天球、地球并各项机器奇巧图式,俾众备览。"②在格致书院创办过程中,传教士傅兰雅与华人学者徐寿都非常关注"西学"与"新报"在书院教育中的地位,报刊被视为书院教育体系中的重要知识类型。在傅兰雅看来,报刊应为西方科学知识的汇编。他所创办的《格致汇编》,"其书由格致书院发出","欲将西国格致之学广行于中华。令中土人士不无裨益"。③《格致汇编》设于格致书院之内,体现了傅兰雅所倡导的科学教育理念,因此,该刊虽不是格致书院的院刊,却体现了格致书院的精神,成为书院生徒阅读的重要刊物。而格致书院内的看书处,备有新出版的各种中文报刊,说明生徒能够阅读各种中文报刊,尤其是《申报》《万国公报》等不同类型的报刊,是士子了解时政新闻和学习西方知识的重要资源。这与 1850 年代英华书院的读报环境已有很大不同,其时,上海、香港等地已出版多种中文报刊,格致书院订阅的报刊数量大增,报刊既可提供感知性的新闻知识,又能提供理解性的科学知识。这是当时内地一般书院士子无法获取的媒介环境。由于格致书院士子较早阅读现代报刊,有利于他们培育现代报刊观念和阅读习惯,进而对他们后来的办报活动产生影响。如格致书院的学生叶翰后来担任《蒙学报》总撰述,许克勤担任《蒙学报》撰述,项藻馨曾主编《杭州白话报》,与他们早年在格致书院的"读报历程"有一定关系。

值得注意的是,教会书院为新式报刊的组织化传播提供了较为有利的条件。1875 年,福建厦门的外国传教士与商人在创建博闻书院时,就注重报刊在文化传播中的作用,"购备《万国公报》、中国《京报》、《中西闻见录》、上海《申报》、香港日报及各处新报,

---

① 徐寿:《上李鸿章书》,《申报》1874 年 11 月 11 日,第 1 版。
② 《格致书院第一次记录》,《万国公报》第 357 卷,1875 年 10 月 9 日,《万国公报》第三册,台湾华文书局 1968 年影印本,第 1559 页。
③ 傅兰雅:《发行〈格致汇编〉启示》,《格致汇编》1876 年第 1 卷,第 1 页。

并买译成华文泰西格致各学书籍,存于院内"①,开辟了供社会各界免费阅读的图书室,并对阅读书报做了具体规定:

> 凡厦地仕宦绅商文雅之士,有志欲来本书院观看各书各报者,须向司理书院董事取给执照,方可出入。其余工匠仆役以及粗俗轻浮之人,一概不准入院遭扰。倘敢故违,硬自闯进者,定即送究。
> ……………
> 凡来看书之士,须各安心静坐观阅,不得言语喧哗,以及谈说闲话,倘如不知自爱者,面斥莫怪。
> 本书院内所有各书各报,欲看之人,俱请来院阅看。无论何人,一概不准借出。倘有无耻之辈,私自窃取出门,一经发觉,定照窃律究治。
> 本书院各书各报,各有一定处所安设,凡来看书看报之人,须在原处观看,不可参差翻乱,以及东走西观,漫无定向。如此处安设之书及报,不得携至彼处安放,观毕仍归原处,以免紊乱难查。②

上述条规,具有现代图书室阅读条例的基本内涵。与一般教会书院图书馆仅向内部师生开放不同,博闻书院的图书室面向社会公众,虽然限于"仕宦绅商",却表明当地读书人只要办理借阅手续,便可免费阅读。这在近代报刊阅读史上是一个值得关注的现象。学界在探讨阅书/报社时,往往以维新时期作为研究的起点,而对于教会书院的公共阅读问题则没有引起重视。从时间上看,博闻书院的书报室要比南学会的图书室早二十多年。从功能上看,博闻书院订阅了当时出版的大部分中文报刊和各类新学书籍,成为当地传播西学和新闻的文化中心。从阅读规章看,它努力吸纳知识精英的关注,对阅读流程、秩序、规范进行了规定,使读者进入阅读空间后,感受到现代文明的氛围与公共文化的魅力。因此,博闻书院可以视为现代图书馆的雏形,其基本功能在二十多年后的阅书/报社中大体得到延续。

维新时期,许多传教士对维新派的思想颇为赞同,对维新报刊也持欢迎态度。一些教会书院也纷纷引入维新报刊。如上海著名的圣约翰书院院长卜舫济对《时务报》非常关注,不但自己经常阅读,还规劝该校学生定期传阅。他在写给汪康年的信中,除了对其文章大家赞赏之外,还特地指出:"前月间以贵馆例,每书院得送阅一分,已由敝西席徐、胡两君致函领受。"说明《时务报》的免费赠阅范围包括教会学校,卜舫济还告

---

① 《厦门泰西各国仕商创建博闻书院启事》,陈谷嘉、邓洪波主编:《中国书院史资料》(下册),浙江教育出版社1998年版,第2032页。
② 《厦门泰西各国仕商创建博闻书院启事》,陈谷嘉、邓洪波主编:《中国书院史资料》(下册),第2031页。

知:"惟院中生徒实繁,传观不逮。"所以,他决心"遵贵报全年例购取二分,从兹沾溉士林"。① 从管理体制上看,教会书院与官方并无多少联系,传教士主要以自己筹措的资金办学。但是,由于教会书院招收中国学生,以西式教育为主,传教士对《时务报》学习西学的主张赞赏有加,因此,也鼓励学生阅读该报。这从一个侧面表明了该报对教会书院所产生的影响。

二、地方官绅与书院报刊的制度化阅读

甲午之前,当教会书院热衷于传播西学时,本土书院仍然保持儒学独尊的局面。书院士子以举业为重,虽重视义理与考据,但西学作为另类知识资源却难以进入他们的阅读世界。书院师生的知识仓库中缺乏"西学"的成分。如吴汝纶这样颇通西学的大师掌教书院当属个案,吴汝纶在1888年任保定莲池书院山长之后,仍然坚持阅读"西报",他在日记中对气枪、水雷制造原理的介绍,就源于"阅西报"所获得的知识。并感慨道:"西人精于化学,渐能用之于行军资仗,可谓日新月异矣。"②但是,甲午之前,吴汝纶对书院教学模式并没有进行大的改革,他本人所倡导的西学知识,在教学方面的影响尚不明显。至于那些尚未接触西学的书院山长们,更难以让士子们打开"世界知识"的窗口。

维新时期,在张之洞等洋务派官员的倡导下,"中学为体,西学为用"成为许多书院的教育方针。"西学"作为制度化的课程首先进入洋务派所开办的书院之中。如味经、两湖、经心、尊经等书院的西学课程占有一定比例。与此同时,介绍西学和时政报刊经由地方官员的饬令而进入各级书院,现代报刊通过制度化的通道成为"新学"的象征,从而区别于以儒家经典为代表的"旧学"。1895年,陕西味经书院创设时务斋,将"勤阅报章"视为五大条例之一,指出:"欲知时务,须多阅报章。《京报》《申报》《万国公报》以及新出各报,时务斋均拟购一分,俾诸生分阅。而时务斋须设法购活字铅版及印书器具一架,择各报之有用者,每月排印一册,散给时务斋诸生及会讲各友人各一册,余存刊书处货卖。此项尚无的款,拟先从刊书处垫办。……凡不阅报者,不准入斋会讲。"③1898年,张之洞要求两湖书院生徒分习经学、史学、地舆学、算学四门,经心书院生徒分习外政、天文、格致、制造四门。"两书院分习之大旨,皆以中学为体,西学为用,既免迂陋无用之讥,亦杜离经叛道之弊。"④由于有张之洞的鼎力支持,两湖、经心书院

---

① 《卜舫济函(一)》,《汪康年师友书札》(一),上海古籍出版社1986年版,第4页。
② 吴汝纶:《西学上》。施培毅、徐寿凯校点:《吴汝纶全集》(四),黄山书社2002年版,第515页。
③ 刘光蕡:《示味经创设时务斋章程》,刘光蕡:《烟霞草堂文集》卷八,民国七年(1918)苏州思过斋刻本,第282页。
④ 张之洞:《两湖、经心书院改照学堂办法片》,苑书义等主编:《张之洞全集》第二册,河北人民出版社1998年版,第1299页。

师生阅读报刊也较为容易。谭嗣同在浏阳创办的算学馆也要求学生:"余时温习经、史,阅看外国史事、古今政事、中外交涉、算学、格致诸书及各新闻纸。其有心得及疑义,与夫应抄录以备遗忘者,即随时分类录入杂记。"①新闻纸被视为一种学习门类,与其他学科具有同等的意义。

值得注意的是,维新时期,时务报刊经由各种通道进入书院师生的阅读视野。《时务报》尽管利用汪康年深厚的人脉关系建立了强大的发行网络,但官方对书院阅报的推动却功不可没。如湖广总督张之洞在就曾命令湖北各级地方官府和学校订阅《时务报》,规定:"所有湖北全省文武大小各衙门,文职至各州县各学止,武职至实缺都司止,每衙门俱行按期寄送一本。各局各书院各学堂分别多寡分送,共计二百八十八分。"②浙江巡抚廖寿丰先期"特购时务报全分",发给地方官员披阅,之后,他要求地方官府"按期购阅",并命令地方官为各地书院订购一份,"俾肄业诸生得资探讨。"③湖南巡抚陈宝箴要求"每州府县各先发二分,如有书院较多,不敷分派之处,仍仰该府州县详请补发"④。浙江巡抚廖寿丰的幕僚吴品珩写信给汪康年说:"《时务报》,居停亦极思通行各府州县,以仿鄂省办法,筹费维艰,先购送一季与各府县,令就近各自行继购。"其目的是要求浙江各府县加以购买并赠送书院,他还透露:"札已交刷,共计一百卅四分。上月中旬特札防军局向贵馆购到送院,以备随札发出。"因此,有了巡抚大人的命令,"《时务报》想必畅行,未审按期可销几千本?"⑤其他如两江总督刘坤一、直隶布政使陈启泰、江苏学政龙湛霖、安徽巡抚邓华熙、江西布政使翁曾桂、四川学政吴庆坻、杭州知府林启等地方大员,都曾颁布命令,要求各府州县加以购阅并分送各书院。即便是偏远的贵州,由于贵州学政严修的大力倡导,并亲自修改《通饬各学劝谕诸生购阅时务报札》原稿⑥,从而在制度上保证了《时务报》在书院的订阅。

作为南学会的主要支持者,湖南巡抚陈宝箴首先要求省内士绅阅读时务报刊。《湘学报》甫一创办,他便饬令:"兹《湘学新报》之设,悉本此议,且为湘中承学有得之言,于本省人士,启发尤为亲切。定章每月刊发三册……为此,札仰该县于奉到后,先自捐廉,赴省订购,每次或数十册,或十余册,分交书院肄业各生及城乡向学士子,一体披阅。并劝绅富自行购买分送。俾乡寒峻,皆得通晓当世之务,以为他日建树之资。

---

① 谭嗣同:《兴算学议》,蔡尚思、方行编:《谭嗣同全集》(上),中华书局1981年版,第178页。
② 张之洞:《鄂督张饬行全省官销时务报札》,《时务报》第6册,光绪二十二年(1896)八月二十一日,第9页。
③ 廖寿丰:《浙抚廖分派各府县时务报札》,《时务报》第18册,光绪二十三年(1897)正月二十一日,第11页。
④ 陈宝箴:《湘抚陈购时务报发给全省各书院札》,《时务报》第25册,光绪二十三年(1897)四月初一日,第7页。
⑤ 《吴品珩函(二)》,《汪康年师友书札》(一),上海古籍出版社1986年版,第343页。
⑥ 严修:《蟫香馆使黔日记》(二),沈云龙主编:《近代中国史料丛刊》第二十辑之198册,台湾文海出版社影印本,第722页。严修在丁酉年(1897)八月二十日的日记中记载此事,他的幕僚"澄兄"草拟了这份文件,"李孝廉拟就澄兄商改奏草,复易两纸,因自书之",说明他对《时务报》的发行颇为重视。

所费无多，为益甚大。"①而湖广总督张之洞则要求湖北全省书院生徒阅读《湘学报》，他认为《湘学报》"考核精详，确有实用……有关民生，均为方今切要。学术治术，自宜广为传布。除省城两湖书院发给五本，经心书院发给二本，本部堂衙门暨抚学院、司道、荆州将军衙门各一本。由善后局付给报资。……所属各州县，将以上两报一体购阅，《湘学报》并应发给书院诸生阅看"②。可见，各级书院是时务报刊传播的重要场所，晚清湖南书院较为发达，维新时期对西学教育和时务报刊颇为重视，时务学堂课程西学以"各国文字为主，兼算学、格致、操演、步武、西史、天文、舆地之粗浅者"，要求学生"豫储远大之器，必使兼通中外"。③ 各级书院积极传播新学，参与维新运动。南学会成立后，每次举办演讲，都有大量书院和学堂的学生前来听讲，并积极参与南学会的"问答"，在《湘报》《湘学报》上探讨新学和时政热点，从而使学校、学会、报刊之间在教学、社会实践方面有着紧密的联系。

可见，地方大员对时务报刊进入各级书院发行网络起着关键的作用。尤其是在江浙、两湖督抚的影响下，许多地官员纷纷购阅，对培育时务报刊的书院阅读群体起着极为重要的作用。据统计，在《时务报》刊行的两年里，目前已知有十七处官方出面，以行政命令的方式布置官购该报。④ 对于官方的大力支持，《时务报》不仅没有忌讳，反而利用"告白"多次表达了谢意。如第 17 期的《本馆告白》云：

> 本馆草创半岁，迭承中外大府、各省同志提倡保护，顷助款至一万三千余金，派报至七千余分。非借诸公大力，何以及此。将以明岁力图推广并加整顿，惜才力绵薄，惧弗克任耳，伏望海内君子更有以导之，辱承扶掖，铭感实深，事关公义，未敢言谢。⑤

此前，尽管《申报》已在口岸城市和部分省会城市拥有较多的读者，但是，它很难在县一级发行市场行销。由于有官方的强力推动，《时务报》直接进入各级书院，使偏远地区的学子有机会接触到新式传媒，这在报刊阅读史上是一次重大转折。

从"制度化阅读"的层面上看，当时的各级书院士子是时务报刊的重要读者群体。各种时务报刊对书院和学会亦颇为重视，将之视为开风气的重要目标。如《时务报》承

---

① 陈宝箴：《湖南抚院陈饬各州县订购湘学新报札》，《湘学报》第 5 册，光绪二十三年（1897）五月初一日。[清]江标等编：《湘学报》（第一册），湖南师范大学出版社 2010 年影印本，第 183 页。
② 张之洞：《两湖督院张咨会湘学院通饬湖北各道府州县购阅湘学报公牍》，《湘学报》第 15 册，光绪二十三年（1897）八月十一日。[清]江标等编：《湘学报》（第一册），第 199-200 页。
③ 《湘抚陈招考新设时务学堂学生示》，《时务报》第 43 册，光绪二十三年（1897）十月初一日，第 10 页。
④ 廖梅：《汪康年：从民权论到文化保守主义》，上海古籍出版社 2001 年版，第 67 页。
⑤ 《本馆告白》，《时务报》第 17 册，光绪二十二年（1896）十二月十一日，"本馆告白"，第 2 页。

诸各类书院和学会只要愿意阅读该报,"本馆便可送报一分,以备传观"①。与个人订阅不同,书院订阅《时务报》,目的是让所有学生都有机会读报。一份报纸到达某所书院,就成为公共读物,所有学生都必须按照院方的要求,轮流观阅。河南彰卫怀道道员不但命令"各县购备,发给各书院传观",还具体规定各书院阅读《时务报》的方式,"由斋长向监院具领,分给住院诸生轮看,阅毕,仍由斋长收齐,呈缴监院存储,毋许擦损散失,以备来岁住院士子领阅"。②

地方大员对书院订阅报刊的高度重视,自然会引发各级书院主事者的关注,尤其是在维新思潮较为活跃的两湖、江浙、陕西、江西、四川等地,许多书院纷纷制定报刊阅读的具体规定,督促士子定期读报,学习时政和新学。如浙江求是书院就规定:"学生汉文宜加温习,时务尤当留心,每日晚间及休沐之日,不定功课,应自浏览经史古文,并中外各种报纸,各随性情所近,志趣所向,讲求一切有用之书,将心得之处,撰为日记,至少以一百余字为率……"③

另外,求是书院还制定了"阅报章程",要求"所有旬报,礼拜一归第一号房间阅,礼拜二归第二号,轮至第七号止。下次旬报再由第七号逆数至第一号止"④。湖南的岳麓书院也规定:"购《时务报》六分,每二斋共阅一分,由管书斋长随时派人分送,每斋自第一号起,尽一日之力,或翻阅抄誊,或略观大意,各从其便。次日递交第二号,以次至末,再递交第二斋第一号,复以次阅毕……仍缴归管书斋长收存,备来岁住院士子依次领阅之用。"⑤湖南湘乡县的东山书院,在光绪二十一年(1895)十二月制定的章程就规定:"道莫善于通,学不厌其博。精舍每月筹款购《万国公报》两册,每季购《格致汇编》两册,又各种新闻纸如《申报》《汉报》之类,分给诸生披览,俾通知时务与夷情夷形,自成有用之才。"⑥

可以说,当时各地书院制定的轮流阅读制度,将报刊视为知识读物而具有普及教育的功能,看报是一项学习任务,报刊"为目前不可不看之书"。报刊被视为与书籍有同等意义的知识资源,书院师生通过阅读报刊,可以"开广见闻,启发志意"。⑦ 因此,

---

① 《本馆告白》,《时务报》第17册,光绪二十二年(1896)十二月十一日,"本馆告白",第2页。
② 《河南彰卫怀道岑观察谕河朔书院、致用精舍肄业诸生阅时务报示》,《时务报》第47册,光绪二十三年(1897)十一月十一日,第10页。
③ 《求是书院章程》,《经世报》第1册,1897年8月12日,邓洪波主编:《中国书院学规集成》(第一卷),中西书局2011年版,第317页。
④ 《阅报章程》,《集成报》第九册,1897年7月24日,第10页。后来担任求是书院总理的陆懋勋,在1897年求是书院将开之际,写信给汪康年说:"《时务报》前有凡开学堂处皆送一分不收资之例,今求是书院将开,理应乞送一分。"(《陆懋勋函(十九)》,《汪康年师友书札》(三),上海古籍出版社1987年版,第2153页。)由此可见,求是书院学生是有可能看到《时务报》的。
⑤ 王先谦:《岳麓院长王益梧祭酒购时务报发给诸生公阅手谕》,《时务报》第18册,光绪二十三年(1897)正月二十一日,第11-12页。
⑥ 《湘乡东山精舍章程》(光绪二十一年十二月),舒新城编:《近代中国教育史料》第一册,中华书局1928年版,第19页。
⑦ 王先谦:《岳麓院长王益梧祭酒购时务报发给诸生公阅手谕》,《时务报》第18册,光绪二十三年(1897)正月二十一日,第11页。

有识之士将《时务报》《湘学报》视为必读之"书",区别于当时的商业报纸。如江西义宁的仁义书院,虽然是一所乡人捐资的乡村书院,但对新式报刊的价值却有深刻的认知。主事者认为:"欲知今日中西情事,莫如阅《时务报》,其议论明达,视向来各报不同,各省大吏俱札属员购给各书院士子披阅。《湘学新报》分史学、掌故、舆地、算学、商学、交涉六门,贯穿古今中外,讲求实用,每年末又附各门切要书目提要二页,指示门径,诚最便学者之书。"①这体现了仁义书院对报刊现实价值的高度重视,在改诗赋为策论的科举考试导向下,时务报刊对士子应试有着特别的指导作用。仁义书院的课程改革,体现了时务报刊对书院教学的重要价值。

时务报刊"议论切要,采择谨严",以议论时局,促进维新为目的,这显然有别于一般报纸的新闻报道。开明官员将时务报刊视为考察时务、学习新学、开发民智的"书",一方面要求学子认真精读,体悟其意;另一方面又表明它不属于传统的书,它的内容涉及"一切舟车制造之源流,兵农工商之政要"②,需要结合现实问题进行思考和践履。维新之后,一些地方官员对时务报刊的认知较为深入,他们在督促书院士子学习西学的过程中,特别强调报刊的现实功用。如江西萍乡县令顾家相对鳌洲书院的士子说:

> 今日欲广见闻,非阅报章不可,讵可因噎废食耶。自复用八股后,外间谣传,有不用时务之说,此大谬也。为士者坐而言,为官者起而行,前之议以策论取士,不过欲合坐言起行为一贯耳。今虽复用八股,为士者不谙时务,似可藏拙。然一旦为官,则所行之政,所办之事皆时务也。不考求于平日,而欲应用于临时,不已晚乎!③

这表明,时务报刊不仅是求学者知识仓库的重要养料,也是为官者必备之"书"。因此,书院士子从自己的前程着想,务必要研习时务报刊。显然,在论者看来,时务报刊的价值已超过一般的儒家典籍,成为书院士子应举入仕、研究时政的必修"课程"。

三、书院师生的读报活动与观念渗透

1818 年,马礼逊和米怜创办英华书院时,就"开设一所广阔之中文图书馆、以及一所西欧文库"④。图书馆成为教会书院的重要标志,也是提供公共阅读的重要空间。

---

① 《江西义宁县仁义书院变通冬课诗赋改为策论启》,《知新报》第 48 册,光绪二十四年(1898)三月十一日第 10 页,《知新报》(一),澳门基金会、上海社会科学出版社 1996 年影印本,第 610 页。
② 廖寿丰:《浙抚廖分派各府县时务报札》,《时务报》第 18 册,光绪二十三年(1897)正月二十一日,第 11 页。
③ 《江西萍乡县顾大令家相谕士略说》,《知新报》第 98 号,光绪二十五年(1898)八月一日,第 3 页。《知新报》(二),澳门基金会、上海社会科学出版社 1996 年影印本,第 1420 页。
④ 《马六甲筹组英华书院计划书》,陈谷嘉、邓洪波主编:《中国书院史资料》(下册),第 2025 页。

英华书院的图书馆也必然与早期中文报刊有着天然的联系。卓南生认为,在紧随米怜之后抵达马六甲的传教士当中,有不少即一面主持英华书院,一面出版中文定期刊物。① 如《天下新闻》(*The Universal Gazette*)是英华书院印刷所出版的另一份中文刊物,由英华书院院长吉德(Samuel Kidd,1799—1843)在 1828 年创办并编辑。② 英华书院尤其强调华人学生必须学习英文,这导致英华书院在马六甲办学的 25 年中,不少华人毕业生英语水平达到相当程度,其中在晚清翻译界声名最显者,则非袁德辉莫属。他日后成为林则徐翻译班子的重要成员,在林氏主持的翻译活动中发挥了重要作用。③ 如袁德辉这样的华人学生,除了可以流利地阅读《察世俗》《天下新闻》之类的中文期刊外,还有机会阅读英华书院印刷所出版的《印中搜闻》(*The Indo-Chinese Gleaner*)英文期刊。而理雅各担任院长之后,香港英华书院的图书和出版事业取得了长足的进展,《遐迩贯珍》的编辑、印刷和出版,都离不开英华书院。因此,《察世俗》《遐迩贯珍》等刊物进入英华书院图书馆应该是顺理成章的事情。1875 年 11 月,格致书院教友何玉泉在《万国公报》第 363 卷发表《人生论》一文,宣称"上帝无所不在,我亦当无所不敬"④,这说明《万国公报》已在格致书院传阅,《万国公报》特地加上英华书院教友的称谓,也表明其与该书院之间的关系。尽管我们无法统计有多少英华书院的学生读到中文刊物,但它凭借书院的发展模式,使有幸进入英华书院的学生成为早期报刊的读者。而梁发、黄胜等协助传教士编辑中文刊物的华人,也因为与英华书院的种种联系,成为早期中文刊物的重要传播者。

　　1870 年代之后,上海、厦门、广州等地的教会书院多辟有图书室,注重订阅各类中文报刊。尤其是格致书院的学生以学习西方语言和和讲求格致实学为主,与本土书院的课程有着本质的区别。王韬在 1885 年担任格致书院山长后的数年,"四方俊彦来游来歌",学生"于西学则穷流溯源,由本及末,由粗及精,皆能进探其奥窍"。⑤《格致汇编》所刊登的西学文章,成为格致书院学生的重要知识来源,一些文章还通过二次传播,成为书院课程的重要内容。而博闻、博习、中西等教会书院,在规制上与格致书院有诸多相似之处,这些教会书院广采图书报刊,注重拓广西学知识。而报刊与西学有着相互通融的关系,教会书院的学生阅读报刊的概率要远高于一般的读书人。尽管甲午之前教会书院的数量并不多,但是它与现代传媒的亲缘关系,却有别于本土书院。

　　甲午之前,一些商业报刊也通过各种途径进入书院,尤其是《申报》这样的大报,其发行网络已延伸至四川成都这样的内地城市。从光绪四年(1878)开始,经学家王闿运

---

① 卓南生:《中国近代报刊发展史》,中国社会科学出版社 2002 年版,第 21 页。
② 谭树林:《英华书院之印刷出版与中西文化交流》,《江苏社会科学》2005 年第 1 期。
③ 谭树林:《英华书院与晚清翻译人才之培养——以袁德辉、马儒翰为中心的考察》,《安徽史学》2014 年第 2 期。
④ 《人生论》,《万国公报》第 363 卷,1875 年 11 月 20 日,《万国公报》第三册,台湾华文书局 1968 年影印本,第 1731 页。
⑤ 王韬:《庚寅格致书院课艺序》,《格致书院课艺》庚寅卷上,光绪庚寅年(1890)石印本,第 1 页。

出任成都尊经书院山长长达八年之久,在成都期间,这位习惯于读邸报的湖南学者,开始接触新式传媒。1882 年 11 月 13 日,他在日记中记载:"看《申报》,陈三立、皮六云同中式。"①尽管当时的报纸有其他重要新闻,但他因与陈三立、皮锡瑞(字籙云,六云)有旧,对他俩获中举人有庆贺之意。他在光绪九年(1883)十月六日的日记中记道:"芥帆送《申报》来,乃知孙公符已免官待罪。"②这位湖南著名学者虽远在四川,却通过读报纸获得故旧的消息。这显然是现代传媒所提供的"机缘"。

维新前后,兴办新式教育成为有识之士所关注的重要议题,书院教育改革也被提上议事日程,学校(书院)、学会与报刊成为推动维新运动的三个"面向"。《国闻报》的评论指出:"学堂者,报馆之心腹也;报馆者,学堂之吭咽也。"③报刊对书院教育的作用已被提升到不可或缺的高度。书院士子也感受到报刊与新学之潮的巨大影响。乙未年(1895),在江苏扬州安定书院执教的姚永概,得知他的朋友何仲雨订有《万国公报》,于八月十七日,"借六七月二册来,余亦拟看之",并且认为该报"每年费鹰钱一枚余,而所载甚实,较之申沪新闻各报均详细也"。第二天,他"夕看《公报》"。④ 丙申年(1896)四月二十四日,他"阅《公报》,使人愧愤欲死"⑤。六、七、九月,他又多次阅读《万国公报》⑥。从日记记载看,当年的《万国公报》应为他自己订阅。而他读报时分的所思所言,表明报刊已将他拉入"现实之网"。

值得注意的是,通过维新派官员的制度化推动,时务报刊以合法的途径进入各级书院,并需要按照规程进行日常阅读,这就与维新前少数教会书院的报刊传播有着很大的区别。维新时期,报刊在民间的传布仍然艰难,但通过官方订阅和免费赠送,从通商大邑到偏远乡村,新式报刊在各级书院形成了一个较为完整的发行和传播网络。对于许多书院士子而言,新式报刊成为他们新的接触媒介,改变了他们的阅读习惯,引发了他们的阅读想象,激活了他们的观念世界。现代报刊作为知识纸、思想纸,与传统经典书籍形成明显的差异,其所编织的"意义之网",为书院士子提供了新的文化景观。因此,书院士子的读报活动,可以被视为"过渡社会"中的一种"维新"运动。

维新时期,许多著名学者担任书院教席,他们多为举人、进士出身,蜚声士林,这些学家大家以"尊经崇汉"为宗旨,以考据文词为要务,皓首穷经,专勉实学,在苦读经书的基础上,在书院开展大规模的知识创造活动,编写了大量具有重要影响的学术著作。同时,他们相继接触新学,阅读新式报刊。这在姚锡光、陈庆年等人的阅报经历中可以得到印证。姚、陈两人都为湖广总督张之洞的幕僚,张之洞在湖北创办新式书院,委任

---

① 王闿运:《湘绮楼日记》第 2 卷,光绪八年十月三日。岳麓书社 1997 年版,第 1149 页。
② 王闿运:《湘绮楼日记》第 2 卷,光绪九年十月六日。第 1263 页。
③ 《论学堂与报馆须相辅而行》,《国闻报》,光绪二十四年(1898)十二月二十三日,第 2 页。
④ 姚永概:《慎宜轩日记》上册,沈寂标点,黄山书社 2010 年版,第 626 页。
⑤ 姚永概:《慎宜轩日记》上册,第 649 页。
⑥ 姚永概:《慎宜轩日记》上册,第 655、657、661 页。

姚锡光为武备学堂总稽查，陈庆年为两湖书院讲席，由于两所学堂和书院直接得到张之洞的大力支持，订阅了不少新式报刊，如《申报》《时务报》《农学报》等等，从而使两人均有机会读到新式报刊。姚锡光在光绪二十二年（1896）三月八日至八月八日间，读《申报》三十次，由于白天公务繁忙，他一般是在饭后、晚间、晚刻"阅《申报》"①，但他基本不记录《申报》的具体内容，将读报作为一种"日常的消遣"。而陈庆年对《申报》的引述，往往与百日维新期间的"上谕"结合在一起，如1898年的几次读报记录如下：

> 五月十九日，阅《申报》，本月十二日上谕：生童岁科试，着各省学政即行一并改为策论……朝廷举行经济科分特举、岁举二项。
> 六月初二日，阅《申报》，五月十七日上谕：各省士民，若有新书及以新法制成新器，足资民用者，奖赏给照谁其专利。能独力创建学堂，开辟地利，兴造枪炮各厂，照军功例给予特赏。
> 六月十三日，阅《申报》，前月二十九日上谕：以上海《时务报》改为官办，从御史宋伯鲁之请也。
> 七月初九日，阅《申报》，载孙家鼐奏复筹办大学堂折，共八条。……②

陈庆年自诩为张之洞的弟子，对康梁颇有成见，但他对百日维新期间的一些举措却十分关注，这显然是《申报》的及时报道，使他在两湖书院中能够知晓变法进展。陈庆年还"定《农学报》一年，价洋三元"③。他与两湖书院的同人罗海田对《农学报》内容详加讨论，他引用了罗海田所言："梁卓如以粤人谈粤事，其作《农学报序》，顾谓荒而不治之地，所在皆是，与江南并论。文人之言，其不可信如是。"罗海田认为梁启超是"文人之言"，语多不屑，大约与他们作为张之洞幕僚的身份有关。而他们之间对《农学报》内容的讨论，却在一定层面上表明了该报对他们的深刻影响，罗海田认为《农学报》所翻译的"治莱菔虫法"颇有科学根据，"故欲兴农学，宜博求之老农，不当唯西是求也"④。这两位读者对《农学报》的认知，显然已超越了农学的范围，他们对该报一些文章和作者的讨论则表现出较为浓厚的意识形态色彩。

1897年，著名学者谭献在主持湖北经心书院期间，有机会阅读《时务报》，他在日记中记道：

> 三月十五日，重检《时务报》所载《盛世元音》及重译《富国策》，此皆有实

---

① 王凡、任叔子整理：《姚锡光江鄂日记（外二种）》，中华书局2010年版，第92-160页。
② 陈庆年：《横山乡人日记》，《近代史资料文库》（第一卷），上海书店出版社2009年版，第271-272、275页。
③ 陈庆年：《横山乡人日记》，《近代史资料文库》（第一卷），第241页。
④ 陈庆年：《横山乡人日记》，《近代史资料文库》（第一卷），第244页。

有用者。四月二十八日,阅《时务报》廿七号,有宗室寿富一书,甚沉痛。

六月二十日,阅《时务报》卅二期,麦撰《尊侠论》,闳峻精妙,无瑕不惬。①

谭献在维新时期十分关注报刊新闻,注意参阅《申报》上的相关报道。1897 年 9 月 9 日,他读《申报》得知著名词人叶衍生(字南雪)去世的消息,喟然曰:"此十年来未识面之老友,固逆知彼此暮年,相距若朝露,无相见期也。"②

在 1896 年之后的六年,著名学者缪荃孙主掌南京钟山书院,他不仅是《时务报》的忠实读者,还由于与汪康年私交甚笃,为其在南京代销《时务报》,光绪二十二年(1896)七月五日,在《时务报》发行四天后,缪荃孙便在南京收到第一期的报纸,并代为分销,第二天,"分《时务报》四十分与积余,十分与礼卿,廿分与聚卿,十六分送各典,追回三分,十分与苏盦,自留一分,夔生一分,仲我一分,可园一分,吴彬藩一分"③。七月十四日,接第二起《时务报》,分送徐四十、刘三十分。④ 十一月十六日,他"算《时务报》账",十二月八日,售金翰如《时务报》十四册。十五日,与汪穰卿结账,找十七元四角五分,一年《时务报》报价清缴。⑤ 从这些记录看,缪荃孙为《时务报》的销售劳心费力,颇为尽责。缪荃孙 1897 年的日记中,经常可见收到某期《时务报》,如"《时务报》来"之类的记录,也常常可见"发时务报馆信"的记载。缪荃孙还记载收到和补收到的《时务报》期数,如三月二日,接"《时务报》第廿二期";三月三日,"发时务报馆信";三月廿九日,"接汪穰卿信,寄补报";四月二日,"接《时务报》廿四期"。⑥ 尤其是报馆寄来的收票、会计录,可进一步证明缪荃孙在为该报在南京的发行尽心尽力。

热心于新学的蔡元培虽然在 1892 年考中进士,但在戊戌变法之后,他便远离官场,热衷于创学社、设学堂、办报刊,并不断学习西方科技、文化、法律知识,视野开阔,思想前卫,并敏锐地观察到时代潮流的发展。1898 年后,他在绍兴中西学堂等处任教,平时便阅读《汇报》《昌言报》《万国公报》《中外日报》等报刊,对时局较为关注。唐才常在汉口被捕一事发生时,他在嵊县剡山书院任院长,从借阅的《中外日报》中得到消息,摘录事发情景:"当往拿时,唐谓事既泄漏,有死而已,毋庸捆缚,同汝去耳"⑦,并对唐才常就义深表同情。

---

① 范旭仑、牟晓朋整理:《谭献日记》,中华书局 2013 年版,第 325-327 页。
② 范旭仑、牟晓朋整理:《谭献日记》,第 327 页。叶衍兰为清代词坛"粤东三家"之一,晚年定居广州,主讲于越华书院。一些史料记载他死于 1898 年,但谭献的日记转引《申报》的新闻,应该是可信的,也就是说叶衍兰应于 1897 年去世。
③ 张廷银、朱玉麒主编:《缪荃孙全集·日记》(第一册),凤凰出版社 2014 年版,第 422 页。
④ 张廷银、朱玉麒主编:《缪荃孙全集·日记》(第一册),第 423 页。
⑤ 张廷银、朱玉麒主编:《缪荃孙全集·日记》(第一册),第 441、445-446 页。
⑥ 张廷银、朱玉麒主编:《缪荃孙全集·日记》(第一册),第 457、461 页;又见缪荃孙:《艺风老人日记》(三),北京大学出版社 1987 年影印本,第 937、944 页。
⑦ 王世儒编:《蔡元培日记》(上),北京大学出版社 2010 年版,第 131 页。

长期在南昌经训书院任教的皮锡瑞,甲午之前很少有机会读报,但他在甲午年四、五月间,曾抵达上海游历,并购书购报,并在四月二十七日见"新闻纸"记载"散馆颂年高列,赵止生亦在一等,俞伯钧二等"①。他显然对报纸上有关科名的新闻颇感兴趣。回到南昌后,他在教学之余,对朝鲜战事极为关注,平日与友人"痛言时事",战事的发展也引发了他读报的欲望。七月十二日,他在日记中记载《申报》新闻:"海上战事,陆战多胜,海战互有胜负。"但二十八日他便记载"朝鲜亦不能保",至九月四日,他看到《申报》报道后写道:"平壤失守,李相亦得处分,甚有讥讽之词。"②而在战败议和过程中,皮锡瑞始终关注《申报》的报道,光绪二十一年(1895)二月五日,他读《申报》后记道:"丁汝昌在刘公岛以全军降倭,……张邵两人为乞降使,而十八子(李鸿章)又往乞降。……"③十四日,他读《申报》后极为关注议和进展:"十八子廿八往旅顺,不知廷议若何。"④二十三日,他通过《申报》了解到议和的最新消息:"十八子已回天津,刻日出洋议和。"⑤可以说,甲午战争极大地影响了皮锡瑞的阅读世界,他自此经常阅读《申报》,将对国难的忧愤通过报刊新闻、友人议论与诗词感慨结合起来。甲午期间,他的日记明显异于前几年对"阅课卷""读典籍"的烦琐记载,对国家命运的极度忧虑使他不断通过读报体现一个学者的担当,这种由时局剧变引发的读报活动,使得他的思想发生巨大转变。甲午之后,皮锡瑞对报刊传媒极为关注,除了经常阅读《申报》之外,《时务报》《知新报》《湘报》《中外日报》等报刊常在他的日记中呈现,而他与黄遵宪、梁启超、谭嗣同等维新人士的密切往来,进一步促使他从书斋走向南学会的讲堂,在湖南维新思潮的传播中一度充当着舆论领袖的角色。

1897年11月,皮锡瑞在湖南长沙能看到江西寄来的《知新报》,1898年5月,受到湖南顽固派王先谦等人排挤后,他回到南昌经训书院,又有机会读到《知新报》。8月18日,他在读到该报后记道:"康工部五上书,今所施行者皆在内。"第二天,他又阅《知新报》数册,并指出:"《伪经考》言《尚书》止于二十八篇,与予意略同。"⑥皮锡瑞此时因南学会的讲演而名闻天下,他已是一个典型的维新人士,虽在书院授课,却已通过各种途径阅读时务报刊。

在北方,保定莲池书院山长吴汝纶注重倡导西学和提倡读报,他从1867年开始读报,并长期关注西方报刊新闻,如《德七日报》《彼得堡时报》《太阳报》等等,读报后,他对国际政治、军事、科技等方面的问题都有较多评述。维新时期,他坚持阅读《时务报》《知新报》,1901年,他阅读的报纸主要有《国民报》《胶州报》《苏报》等等,并评论《胶州

---

① 皮锡瑞:《师伏堂日记》(第一册),国家图书馆出版社2009年影印本,第447页。
② 皮锡瑞:《师伏堂日记》(第一册),第487、496、522页。
③ 皮锡瑞:《师伏堂日记》(第二册),国家图书馆出版社2009年影印本,第13页。
④ 皮锡瑞:《师伏堂日记》(第二册),第17页。
⑤ 皮锡瑞:《师伏堂日记》(第二册),第21页。
⑥ 皮锡瑞:《师伏堂日记》(第三册),国家图书馆出版社2009年影印本,第275-276页。

报》"甚可观"①。在当年12月2日,他见到《苏报》对刚去世不久的李鸿章轶事之报道,便特地记载:"公攻常州,尝著半臂驰马巡视营栅,过城外贼垒,谈笑指麾,若无所见。英将戈登骑从,深服公胆略……公亦喜以自负。谤公者多谓公有异志,盖棺论定,可免群疑矣。"②这段话显然是有感而发,由于吴汝纶曾为李鸿章的幕僚,针对李鸿章身后的各种议论,吴汝纶借用《苏报》有关李鸿章的轶事来表达对昔日主人的评价,并于第二天又抄录曾国藩对李鸿章克复常州的评价:"奇功伟烈,不独当世无双,即古人亦罕伦比。"③可见,其对李鸿章的推崇之意,尽在不言中。

所谓上规下随,上述书院山长、师长均为著名学者,学识渊博,声名远播。他们阅读报刊的示范作用,势必影响到学院士子的阅读偏好和价值取向,并通过师承关系形成报刊阅读的传播效应。如在河北故城县信都书院就读的贺葆真,由于其父贺涛系桐城派的重要人物,贺涛系吴汝纶的得意门生,且对新学非常关注,并强调"阅书不及阅报章,以事愈新愈切要也"④。他执掌的新都书院,因而对新式书报有着特别的关注。在1892年,贺涛之子贺葆真除了平时苦读经典之外,还"将上海时报中之京报取出,订为一册,以便浏览"⑤。这里所言的"时报",应包括上海出版的各种报刊,它表明当时信都书院至少订有数种报刊。这在较为偏远的故城县,是较难得的"媒介景观"。由于贺涛强调读报比读书重要,对于信都书院的学生而言,报纸则成为极为重要知识类型,对改变他们的知识仓库起着极为重要的作用。

《时务报》发行后,光绪二十二年(1896)十一月二日,贺葆真在信都书院便读到该报,并特地指出"《时务报》出自上海,十日一册,以七月一日始。吴先生自保定代书院订购一分,先寄来三册",并称赞"此报款式既精,载记尤善"⑥。这位吴先生便是吴汝纶之子吴闿生,系贺葆真的老师。可见,吴闿生在保定的活动和社会圈子,为信都书院的士子提供了与《时务报》"相遇"的机会。而贺涛作为书院主讲,对新式报刊的导向性阅读有直接作用,他本人失明之后,"不阅报章,尤为苦之",贺葆真便为其父读《时务报》,"每日读报数页"⑦。由于教师吴闿生的推荐和代为订阅,信都书院生徒还能在1897年读到《农学报》。如贺葆真就在当年农历八月十五日第一次读到该报,并"摘其十一二耳"。⑧

可见,书院的"风格"影响到师生的阅报风气。维新之后,在改书院为学堂的舆论

---

① 施培毅、徐寿凯校点:《吴汝纶全集》(四),黄山书社2002年标点本,第807页。
② 施培毅、徐寿凯校点:《吴汝纶全集》(四),第808-809页。
③ 施培毅、徐寿凯校点:《吴汝纶全集》(四),第812页。
④ 徐雁平整理:《贺葆真日记》,凤凰出版社2014年标点本,第35页。
⑤ 徐雁平整理:《贺葆真日记》,第7页。
⑥ 徐雁平整理:《贺葆真日记》,第35页。
⑦ 徐雁平整理:《贺葆真日记》,第48页。
⑧ 徐雁平整理:《贺葆真日记》,第39页。

氛围下，许多书院纷纷改革学制和课程内容，加大自然科学的教学内容，对新式报刊的订阅也颇为注重。一些时务报刊如《湘学报》《蜀学报》与书院有着极为密切的关系，学会、书院与报刊之间互动作用较为明显。如蜀学会就附设于尊经书院，山长宋育仁主编《蜀学报》，又任蜀学会会长，鉴于当时"府厅州县分会风气闻见不逮省垣"，他在《蜀学会章程》中指出："入会者以阅报为首务"，"膏奖一项，会友系书院生，由书院给发，非书院生，由报馆给发"。① 这说明不少尊经书院学生是蜀学会的会员，一些学生还兼具《蜀学报》读者和作者的双重身份。

一些书院学生还组织社团，通过集体活动开展公共读报活动。如求是书院的学生在 1900 年组织励志社请由院拨给东斋宿舍卧室一间为书报阅览室，各同学将自阅之书报杂志，如旧的《时务报》等、新的《清议报》（后改为《新民丛报》）等、《译书汇编》及有关传播知识之书籍，置于书架，各同学可于课后来借阅；并定于星期日外，每日夜饭后，自八时至九时止，聚集室内，讨论各自阅读之心得。② 通过捐报、读报、讲报活动，励志社的同学将报刊视为组织活动的重要内容，报刊阅读已然成为一种"集体仪式"，报刊作为知识生产与思想传播的载体，通过学生的集体阅读和公共讨论，成为他们向往变革和进步的精神资源。

余 论

甲午之前，教会书院对新式报刊的传播与阅读起着先导作用。甲午之后，在由"士绅社会"进入"知识人社会"的过渡时期，本土书院师生的知识结构发生了较大的变化，尽管从身份上看，他们仍然属于士绅阶层，并受到封建制度的严格约束，但从媒介环境方面看，他们的知识生产、流通却离不开现代传媒网络。因为现代传媒不仅控制了知识的传播和消费，而且生产与再生产现代社会的公共舆论。③ 其时，旧学虽未解体，但新学已破茧而出。书院士子对社会风向较为敏感，地方大员要求书院订报的饬令，及时地满足了书院士子新的阅读需求。皮锡瑞、缪荃孙、吴汝纶、谭献等经学大师在各地书院传播经典的同时，都对西学和报刊产生了浓厚的阅读兴趣。在他们的知识仓库中，报刊知识的比例在逐步提高，新学的观念也日趋呈现，报刊、社团、书院作为公共传播网络的价值凸显，三者之间互动又促使书院士子不断进行知识转型，将读报活动视为参与"公共领域"的重要方式。岳麓、求是、东山等书院的"阅报章程"表明，当时在学生斋舍推广的"轮流读报"制度，规范了学生读报的程序和进度，极大提高了阅读报纸

---

① 《蜀学会章程》，《蜀学报》第 1 册，光绪二十四年（1898）闰三月十五日，第 3 页。
② 钱均夫：《杭州求是书院〈罪辫文〉案始末记略》，刘萍、李学通主编：《辛亥革命资料选编》（第一卷·上册），社会科学文献出版社 2012 年版，第 394 页。
③ 许纪霖等：《近代中国知识分子的公共交往》，上海人民出版社 2008 年版，第 17 页。

的效率。而学生读报与评报的结合,体现了报纸阅读的深度和广度,学生在宿舍或者教室对报纸内容所进行的讨论,具有"公共领域"的性质。在这个具有相对自由的话语空间,学生之间的交流使他们对新思想的认知得到极大的提高。维新时期,各地书院的一些师生在时务报刊上发表评论,表明他们已经将报纸视为延伸自己思想的载体,读报与投稿的结合,是知识接受与传播的互动,报纸作为"知识纸""思想纸"的作用进一步彰显。书院士子从读"经典"书到读"时务"报的转变过程,表明现代意义上的报刊媒体作为"知识仓库"和"思想世界"的构成要素之一,越发吸引书院师生的目光,"逐渐成为日常读书生活里的必需品"①。

---

① 潘光哲:《晚清士人的西学阅读史》,台湾"中央研究院"近代史研究所2014年版,第20页。

大众传播与清季财经知识形态转型
——以日本税制与清季税制革新为中心

刘增合

(暨南大学文学院历史系)

西学东渐在晚清呈现一个不断强化的趋势,其范围甚广,理财新知当属西学东移的要项,时人热衷于译介西方财政学理,广为流播,并在预备立宪时期开始效仿近代西式财政制度,变革税制,几乎要将财政旧制的基盘从整体上更换。这一现象提示着我们研究近代财政制度变革,不能忽略"西方"的影响。然而,西方理财新知大规模输入中国,并非直线式移植,而是经由东方的日本加以吸纳改造,当这种新知识的优势在日本愈加明显后,国内朝野各方才引介传播,形成一个知识传播的中介转换,这是清季国内引介西方新制新知最显著的特点。尤须追问的是这些西方财政学理,如何被引介到中土?时人对西式财经知识的认知水准如何测度?此类问题既往研究虽有所涉及[①],但随着愈来愈多的新文献不断刊布,倘若调整研究眼光,关于财经知识在清季的传播,尚有剩义可论。

---

① 民国迄今,相关研究宏论迭见,较有代表性的著述如胡钧撰:《中国财政史讲义》,商务印书馆民国九年初版,特别是第 392-394 页;贾士毅:《民国财政史》(上册),商务印书馆 1917 年版,第 25-45 页;刘炳麟:《现代中国财政史》,国立武汉大学民国二十三年铅印本,第 1-2 页;彭雨新:《清末中央与各省财政关系》,《社会科学杂志》1947 年第 7 卷第 1 期;周志初:《晚清财政经济研究》,齐鲁书社 2002 年版;周育民:《晚清财政与社会变迁》,上海人民出版社 2000 年版;魏光奇:《清代后期中央集权财政体制的瓦解》,《近代史研究》1986 年第 1 期等。海外学者也不乏精论,日本学者山本进《清代财政史研究》,汲谷书院 2002 年版;《清代后期四川地方财政的形成》,《史林》1992 年第 75 卷第 6 号;《清代后期湖广的财政改革》,《史林》1994 年第 77 卷第 5 号)、中国台湾学者何汉威("A Final Attempt at Financial Centralisation in the Late Qing Period, 1909-1911", *Paper son Far Eastern History*, 32, 1985)等的这些研究成果多少与本文论旨有关。与本文所论问题较为切近的研究,可参见邹进文:《清末财政思想的近代转型:以预算和财政分权思想为中心》,《中南财经政法大学学报》2005 年第 4 期;邓绍辉:《光宣之际清政府试办全国财政预决算》,《四川师范大学学报》2000 年第 1 期;龚汝富《清末清理财政与财政研究》,《江西师范大学学报》1999 年第 2 期;夏国祥:《清末民初西方财政学在中国的传播》,《江西财经大学学报》2004 年第 6 期;夏国祥:《近代中国税制改革思想研究》,上海财经大学出版社 2006 年版;胡寄窗、谈敏:《中国财政思想史》,中国财政经济出版社 1989 年版;等等。

引　言

　　西方国家理财新制受到朝野追捧,并在庚子前后引发持续不断的引介,其背景与清廷财政困境加剧和日本理财制度的示范效应有密切关系。前者且不具论,后者因日本在东亚崛起,也就具有值得追慕的吸引力。日本之所以很快崛起,得益于对西方政教制度的积极引入和合理效仿,更改理财观念,建立西式财政制度;中国欲仿效西法富强,最便捷的途径,自然是取径东瀛,省时省力且成效自显。张之洞的观点尤具代表性,学习西方"我取径东洋,力省效速","日本诸事虽仿西法,然多有参酌本国情形斟酌改易者,亦有熟察近日利病删减变通者,与中国采用尤为相宜"。① 国内赴日考察官员和留日学生逐渐增多,他们多渠道传回的各种资讯强化了日本作为东亚大国的示范效应,财政改制既然是日本崛起的关键因素,当然值得清廷模仿。随同考察政治大臣载泽周游西方诸国的重要成员杨道霖对效仿日本以推行立宪的前途充满信心:"天佑我清得日本以为师法,十年之后,强且相埒,而富固过之。吾知立宪之效果盖几是而始慊然可意满也。"②

　　检讨当日朝野掌握的预算制度知识,几乎大半来自东瀛。庚子之年,赴日调查财政者无不钦佩该国财政井然有序,认定日本财政制度非常值得中国效仿:"日本自维新以来,岁有预算表,秩然井然,巨细毕具。兹特就明治三十五年预算表译而记之,以为中国之取法,盖亦新政所不可挡也。"③时至1910年,赴日考察财政的林志道仍感慨日本财政制度对中国的示范效应之大:"今之谈士,动色相咨,敝口舌相语,莫不言财用矣,而多举海外诸国以为说,则莫不异日本以偏小之地独能百废俱举,养士数十万,蒙卫数百艘,用兵弥年,飞挽供亿,国不匮病,且抗手欧美诸强国。"在林氏赴日前夕,晚清名士郑孝胥犹谆谆嘱咐他:"政亦多端,惟财用为亟,吾子东行,愿取明治以来之财政,举其嬗革措置之大者,归语国人。"④本年11月,鉴于清理财政局亏空巨大,为了讲求预算平衡,需要了解西方预算改革的直接经验,度支部派遣官员率队直赴日本取经,该部奏称:"臣部业于上年十一月间奏派左丞陈宗妫等驰赴东洋,考察国家税、地方税所以划分之由,一俟考察完竣,即当督饬各员,参酌内地情形,将此项章程会同宪政编查馆及各省督抚遽行厘定。"⑤

---

① 分别参见《广译第五》,《劝学篇》外篇,第 14 页;《遵旨筹议变法今拟采用西法十一条折》,《张文襄公全集》卷 54,台湾文海出版社影印版,第 4、32 页。
② 杨道霖:《日本统计类表要论》,宣统元年三月铅印单行本,《自序》,第 2 页。
③ 《日本明年度支预算表》,《选报》第七期,辛丑十二年初一日。
④ 林志道:《日本财政考略》,宣统二年铅印本,《序言》。
⑤ 《督院张准度支部咨本部具奏陈明办过第三年第二届筹备事宜现在筹备情形一折奉旨缘由分行司局查照文》,《两广官报》(一),第 1-2 期,台湾文海出版社影印版,宣统三年五月。

据此推知,清季新政时期,日本俨然成为国内各类新思想、新制度的资源库,效仿西方国家财经知识自然也较多地取法东瀛。在国内财政旧制之上嫁接新式财经制度的过程中,处处可以体现出"日本标准"的痕迹。日本既然成为国内朝野追慕的对象,那么,关于西方财政知识系统的引介,也就自然以日本为中介,大众传播的资讯内容、译介术语甚至传播主体更多地与日本有着密切的关系。

一、传播形态:由浅及深的三个层面

关于西方财经知识在中国的传播,学人探论较多。一般认为,1900 年之前的传播属于常识介绍阶段,1900 年迄清亡则属于理论译介阶段。[①] 这一判断大致揭示了西方财经知识在晚清流布的概况,但不能绝对化。庚子以前,黄遵宪所撰《日本国志》较为全面地介绍了被日本所仿效的西方预算的基本架构,即很难以所谓的"常识介绍"论定。庚子以后,译介和呼吁财政预算制度的论著陡然增多,也不能全然定位于"理论译介"。检索有关时论和译著,不妨将西方财政学理,特别是预算制度方面,分为一般常识、基本学理和实用操作知识的传播三个较为合适。[②] 当然,三个层面的区分,并不意味着割裂传播引介行为的完整性,事实上,各个层面之间的区分仅具相对意义,而且是一个交互影响的过程。本文为了描述晚清朝野对西式财政制度接引的热切追捧状态,有必要将三个层面的传播样态加以呈现。据本人对晚清数百种财政类文献的爬梳来看,三个层面的传播成果中,较有代表性的文献可从下述分类表格中体现出来。

首先是一般常识性引介。西方财政性知识的引介,主要表现为各类报刊的财政消息报道、社说言论、非专论性译著、各级官员奏章和条陈等。这些大众传播载体对西政、西学的译介,常常是将片断性、一鳞半爪的知识向各类受众介绍,多数受众常常是从这些零碎的不连贯的资讯传播中,获得关于西式理财的非系统性知识。这些关于西方财经知识的片断接受,常常还充斥着隔义附会、随意揣测式的认知方式,以及依靠本

[①] 参见龚汝富《清末清理财政与财政研究》、邹进文《清末财政思想的近代转型:以预算和财政分权思想为中心》、夏国祥《清末民初西方财政学在中国的传播》等文观点。这一观点较为典型的表述为夏国祥在其《近代中国税制改革思想研究》中的一段文字:"我们可以讲清末西方财政思想在中国的传播大致以 1900 年为界,分为前后两个阶段。1900 年以前西方财政思想在中国传播的特征是:处于引进财经常识阶段,尚未深入到理论领域。这一时期,在财政思想领域还存在中国传统财政思想与西方财政思想的斗争,前者还有相当大的势力,虽然它日益削弱。1900 年以后,西方财政思想在中国的传播情况发生了很大的变化。首先,中国传统财政思想日渐被束之高阁,西方财政学说开始独霸中国经济讲坛。其次,在传播的内容上深入到财政学理论(包括税收理论)层面。"参见该书第 5 页。

[②] 这里所说的"一般常识介绍"的含义,指的是对西方预算、税制做笼统而模糊的介绍,可以形象地比喻为"知道一些,但不完整";"基本学理介绍"的含义,指的是对西方预算和税制做系统而完整的介绍,这里的系统和完整仅具有相对意义,非绝对性;"实用操作知识介绍"的含义,指的是为了导入预算制度和落实国地两税划分,而对有关学理进行程序性、操作须知类的有针对性的介绍。做这样的界定,学界尚无先例,笔者是出于分析研究的方便而有意采取这样的划分,若严格推敲,或不尽妥帖。

土经验体会外来学说的认知倾向。在晚清西学东渐的过程中,财经类知识,特别是预算制度知识的著述数量相当庞大,从大的分类上看,下列诸类情况不容忽视。

表 1　关于财政预算制度知识浅层次传播简表

序号	传播载体分类	典型性例证
1	驻外使节的个人文献	《张荫桓日记》有针对美国预算制度的简略介绍。这些介绍有的较为详细,有的则相对简略,有的不乏误解和比附
2	在华外人论著	英国驻华领事哲美森著有《中国度支考》,其中涉及预算制度的片段
3	国内报章对西方国家财政类新闻的报道	《选报》第七期(辛丑十二月初一日)即有《日本明年度支预算表》;《时务报》第一册(光绪二十二年七月初一日)即刊有《俄国理财权术》,介绍俄国实施预算的基本情况。这些大众传播载体的报道数量相当庞大,不一一赘述
4	时人编纂的各类时政丛书	邵友濂等编纂的《洋务经济通考》(上海鸿宝斋光绪戊戌石印本),其中即有专篇介绍日本等国的预算做法
5	国内趋新者的有关时论	郑观应的《度支》(参见杜翰藩:《光绪财政通纂》第49卷),即就西方预算制度进行了简略介绍。又如屈蟠的《屈主政上度支部论整顿财政书》(清末铅印单行本),对西方预算和财政监督等问题进行了介绍。这一大众传播载体类别数量庞大,一般散见于报章、专书和条陈中
6	国人译介的财政类书籍	黄寿衮辑的《富国新典》(清末铅印本),内容涉及日本和俄国预算制度,这一类别的文献相当多
7	地方官员的奏章	蔡乃煌的《策时末议》(光绪戊戌年石印本),简要介绍了西方国家的预算制度问题。这些官员的言论通过专书、报章、丛书等形式,广为传播,影响不小
8	外国学者的研究评论	俄国学者铺加脱的《论中国财政论》(《光绪财政通纂》第52卷),也曾对中国举办预算抱有希冀

其次是学理知识引介。西式财政基本学理的引介形式较为简单,从所接触的数量庞大的晚清财政文献来看,基本学理引介的著述绝对数量不如上述类型,形式上也不出财政专著、译介专著、财政性教科书等数种情况。然而,这些基本学理的引介却呈现出相对系统化、完整性的特征,其中,关于预算制度的介绍更多的是以日本预算制度为蓝本。当然,所谓基本学理的引介,免不了充斥着"食洋不化"、生吞活剥的"硬译化"趋向。以今人眼光看,日式语言风格和术语最能表现晚清西学东渐中的资讯来源,制度与知识或大多诞生于西方诸国,然国内接纳的却是经过日本人吸收、过滤、改造的欧西新制新知。尽管学理性引介的形式较为简单,但下列著述大致反映出这一类型著述的译介水准。

表 2 关于西方财政预算基本学理在华传播简表

序号	大众传播载体	内容简释
1	陈昌绅辑《分类时务通纂》(北京图书馆出版社 2005 年版)	详细介绍了各国财政预算、会计制度等资讯
2	孟昭常《公民必读初编》(光绪丁未八月刻本)	根据日本预算的经验,较为详细地介绍了预算原理等问题
3	阙名《财政学原理》(清末铅印本)	该书据日本学界关于财政学的基本理论进行编纂,内容较为广泛,是学理性较强的译介著作,大体上相当于学堂教科书性质
4	阙名《预算要论》(清末铅印本)	该书对预算原理、预算组织、预算分类、学理预算与应用预算进行了界定,对历史上西方各国预算类别等预算制度知识进行了系统介绍,属于典型的学理性介绍
5	黄遵宪《日本国志》(光绪二十四年浙江书局刻印)	详细介绍日本仿效西方实行预算和决算制度的步骤,以及会计检查院、议会等辅助监督机构的运作情况。这些介绍比较早,影响也较大
6	孙德全《理财考镜》(十卷本,清末铅印本)	与西式预算相关的内容多集中在"赋课考"和"会计考"两卷中,涉及预算经费分类、预算种类、审计制度、预算程序等知识性介绍
7	土井常太郎述,蔡承焕辑译的《江苏法政学堂讲义·财政学》上篇(1905年以后编印)	该书以日本学校财政学课程的教本为依据,主要介绍西方国家的财政学理论,与预算制度关系较大,属于典型的教科书性质
8	由许珏作序的《意大利财政书五种》(驻义使署光绪乙巳年四月校印本)	该书"财政汇"考主要介绍意大利财政部大臣在议会的演说
9	英国怀尔森(A.J.Wilson)著,南洋公学师范院译的《英国财政志》(南洋公学译书院光绪二十九年铅印本)	该书主要介绍英国财政沿革、国家经费支出、议院考核办法等问题
10	小林丑三郎著,罗普翻译的《欧洲财政史》(上海广智书局光绪二十九年前后刻印本)	较多地涉及西欧国家的预算制度知识
11	胡子清辑《法政粹编第十三种·财政学》(东京并木活版所光绪三十一年铅印本)	该书依据日本学者的授课讲义,全面介绍与预算制度相关的财政知识。属于典型的教科书性质
12	吕策辑《财政要论》(清末油印本)	大部分内容为各国预算制度等,以日本为主要背景,是日本财政书籍的翻版
13	陈启修编《财政学总论》(清末铅印本)	系为大学法科二年级学生编纂的财政学教科书,内容相当齐备
14	戴鸿慈、端方合辑《列国政要》,共132卷(商务印书馆光绪三十三年铅印本)	系戴鸿慈、端方等宪政大臣实地考察西方诸国时,将该国财政等制度文献搜集并加以翻译编纂而成,这是国内对西方财政制度最大规模的系统性介绍

最后是应用性知识引介。清廷与各省当局最关注的是西式财政制度具体实施的程序性知识,也就是应用性较强的可供操作的知识介绍。从知识引介的主体看,此类传播者主要是清廷遣派的各类出洋考察官员,其次是留洋海外的学生。基于清季财政改革的迫切需要,这些应用性知识引介,侧重预算制度的行政机构、预算程序、预算部门种类、预算审核和监督以及与该制度直接相关的其他制度建设。从引介知识的来源看,日本预算制度首先被确立为引介的重点,其次是西方诸国。不崇泛论、注重实用是这些引介著述共有的特点,下列数种著述当对清廷中央和各省的预算改制产生明显影响。

表3 关于西式预算制度应用性知识传播简表

序号	著者与文献名称	内容简释
1	阙名《日本岁计预算及执行之顺序》(清末稿本,大致在1909年以后撰就)	介绍日本政府中大藏省的职责范围和地位、预算编制顺序、会计年度、经常预算与临时预算、日本岁入各款目、皇室费在预算中的地位、岁出开支顺序、经费支出的严格要求等。内容比较实用,可操作性特征明显
2	林志道《日本财政考略》(宣统二年铅印本)	该书专门论述日本的预决算制度,尤其对预算程序及日本的地方财政问题论述较详
3	杨道霖《日本统计类表要论》(宣统元年三月活版排印本)	该书卷三为财政类表,收录日本国库现计岁入实数列表、日本皇室各省现计岁出实数列表、日本府县收入实数分区列表、日本市支出实数列表、日本町村收入实数分区列表、日本町村支出实数分区列表、日本历年造发货币分等列表、日本历年货币制造实数列表。这些财政统计方法后来对清廷影响较大
4	姚东木辑《日本会计录》(光绪前期石印本)	此书所汇内容大致为光绪六年至九年间日本的财政状况,成书较早。涉及日本明治十六年预算册内容,并有详细分类。这些分类也具有借鉴意义
5	何煜《日本财务行政述要》(宣统三年铅印本)	本书分为《预算篇》和《租税篇》两部分。预算制度,介绍日本预算制度概貌和流程、主要机关,预算的主要类型、编制方法,预算会计年度的确定、流程顺序,预算之成立等实用性较强的内容
6	钱应清《会计学要论》(浙江官报兼印刷局宣统三年七月铅印本)	在该书例言中,论者主张,"国家清理财政,当以整顿财政机关,划清财政权限为先决问题,故兹编于命令、现金两机关论之綦详,此外之媒介机关足以辅助其所不及者亦论及之,以企会计之完成而图财政之整理",并述及会计监督的宗旨
7	阙名《日本会计检查院情形》(清末稿本)	介绍日本预算制度中的会计检查机构的沿革,并附有会计检查院法条文规定

续表

序号	著者与文献名称	内容简释
8	考察政治大臣咨送《日本宪法说明书提要》(《政治官报》,光绪三十三年九月二十日,第1号)	本文译介日本法学博士穗积八束的《宪法说明书》。大部分内容为德意志、英、法、荷、比诸国情形。该书内容较多,分门别类,包括自治、岁计预算等内容
9	考察政治大臣咨送《日本岁计预算制度考提要》(《政治官报》光绪三十三年九月二十六日,第7号)	该文献主要是介绍日本岁计预算及执行顺序、预算纲要、继续费、预备费、岁出开支顺序、岁入征收顺序、岁入岁出之变通章程、决算顺序、出纳官等实用性知识
10	考察政治大臣咨送《日本丙午预算提要》(《政治官报》(《政治官报》光绪三十三年九月二十八日,第9号)	侧重介绍日本的预算种类,特别是会计、议会与预算之关系、预算通过等程序性问题
11	考察政治大臣咨送《预算》(《日本宪法说明书》)(《政治官报》光绪三十三年十一月二十六日,第66号)	围绕预算制度,专门介绍欧洲国家和日本的预算做法等实用性知识
12	《考察宪政大臣李家驹奏考察立宪官制录缮成书敬陈管见折》(《政治官报》光绪三十四年五月十五日,第602号),《前考察日本宪政大臣李家驹奏考察日本财政编译成书缮册呈览折》(《政治官报》光绪三十四年十二月二十五日,第1167号)	这些考察报告,就预算制度来说,具有相当的针对性,实用性较强

上述三个层面的传播样态,在庚子前后二十余年间交互分布,1906年以后趋于活跃,至1910年达到引介的高潮。这些西方预算知识的传播,开启了国人观察西方的一扇窗口。工业革命以来西欧诸国的财政状态,尤其是预算制度知识,通过"取径东瀛"这一主渠道,源源接引到中土,朝野上下对西人经略财政的手法大多不再陌生。

晚清制度兴替与日本有密切关联,税政制度的因革尤为典型。时人热衷于译介日本税政学理,广为流播,并在预备立宪时期开始效仿近代日式税制,几乎要将中土税政旧制的基盘从整体上更换。这一现象提示着我们研究近代税政制度变革,不能忽略日本的影响。

二、日式税制的受容

日本明治初年的税制情形与中国清代后期非常相似,税捐种类复杂,税率不一。废藩置县之后,明治政府才开始整顿税制,划一征税制度,取消畸重畸轻的地区性小税,引进欧洲税制,改革征收机关,在此基础上,日本新税制逐步形成。① 日本就是在这一时期步入振兴阶段。明治政府这数十年间的理财经验被晚清国内朝野奉若神明,其整顿税制的经验更为各界人士所看重。早在各省清理财政之前,日本税制知识体系已经大量传入国内。② 报章与论和官员奏章中,以日本成功经验作为立论根据的言论比比皆是。清廷预备立宪谕旨颁布后,运用日本整理财政的经验观察分析中国财政出路的讨论更趋热烈。这些讨论意见或刊于报章,或印成专书,或条陈当道,形成立宪热潮中一道显眼的风景。这方面较为重要的例证是 1907 年预备立宪公会出版的《公民必读初编》。

该书在民间颇有影响。日本流行的公民读本是该书立论的主要资源,尽管编者声称,该书在体例、名词方面没有沿袭翻译原书,但审核其内容可以看出,论者几乎全部依照日本宪政的理财经验来分析国内理财事实,在国地财政划分,国家税、地方税厘定,中央政费与地方政费的确定上,论者取舍的依据充分体现出日本标准的深刻影响。关于地方税,该书认为,中国自古以来就有地方税的事实,只是没有这一称谓而已,比如各省的善堂经费即是地方税,"中国各地方皆有善堂,各善堂罗致公款,多至数万金者,亦有少至数千金者。此种公款皆出自民间,则皆地方税也。其所支办之事,皆切于间阎,则皆地方费也。是中国本有地方费与地方税,但不合预算之法耳"。根据日本的租税制度,该书对国内地方财政的岁出岁入以及财源构成做了详细的筹划。③ 本书"例言"声明不将中国事实迁就日本术语,但其对本土款目的解释标准,仍不免以日本租税体系为理想摹本。这种接引外来制度的思路和方式,不但表现在《公民必读初编》之类关于宣传立宪知识的著述中,即令报章时评、官员条陈等文献中,也处处体现出税制知识体系"生吞活剥"式大规模引进的倾向。

笔者检讨主要省份的督抚奏章、清理财政局报告及其编纂的财政说明书等文献后,有两个深刻的印象:一是部分省份在国家税、地方税这一两税划分实践中,尤其在界定税种属性时,基本上依据日本税制改革的经验,奉行"拿来主义"甚至干脆萧规曹随,行文用语处处也体现了食洋不化的"直译"语言,描述语言和分析工具充斥着日式用语的痕迹。二是在两税划分的过程中,对西方税制学理与本土税政现实的矛盾如何

---

① 湛贵成:《幕府末期明治初期日本财政政策研究》,中国社会科学出版社 2005 年版,第 220-226 页。
② 汉译日籍介绍日本租税制度的中文著述中,下列数种反响较大,常为时论征引,如孙德全编纂《理财考镜》(清末刊本),昌言报馆编辑《从政丛书》(其中丛书之三《财政四纲》有多个版本,尤为畅销)(上海会文学社发行),杨道霖《日本统计类表要论》卷三、卷四(宣统元年铅印本)、姚东木《日本会计录》(光绪前期石印本),何煜《日本财务行政述要》(宣统三年铅印本),林志道《日本财政考略》(宣统二年铅印本),友古斋主译述、石冢刚毅原著《财政丛书·地方自治财政论》(商务印书馆光绪二十九年版),吕策《财政要论》(清末油印本),以及寄盦《时务宏括》(研露石屋光绪辛丑石印本),等等。这些著述,大多列有专章,介绍日本的租税制度沿革和体系,颇为时人看重。
③ 孟昭常:《公民必读初编》,第七章"地方财政",第三节(下)"岁入之新法则",预备立宪公会光绪丁未年八月版。

调处,成为各省面临的一个颇为棘手的难题。部分省份不得已只能选择妥协折中的态度。但是,即便是妥协折中,有关机构仍以日本税制作为将来改良的重要依据。"日本标准"的烙印可谓深入骨髓。兹以奉天租税定性和广东对杂捐杂税的定性为例,剖析这类"日本标准"在两税划分实践中如何被移植到本省税制中来,从税制改革的局部侧面,观照新式财政学理在清季运用的限度和格式。

(一) 奉天税政改制案例

奉天省清理财政局在对田赋、正杂各税、正杂各捐、杂收入以及官业收入等财政利弊的分析判断中,大量地使用了日本税制和西方税政制度的规定,并以此对本省的征税旧习加以批评,处处体现出欲以西法替代中规的趋势。该省国地两税涵盖的税目共有 32 种,奉局将其分别安置在国家税、地方税、省税、府厅州县税等"日式税制"的框架内。以下将该省清理财政局对各税目的定性及定性依据简列如下,从表中所示该局对定性标准的把握和使用,可以体会"日式税制"的深刻影响。

表 4 奉天清理财政局关于租税定性简表

税目序号	税目名称	性质界定	奉局税种定性依据
1	田赋	国家税和地方之附加税	日本法制,每地租百元,以八十元为国家税,是曰正税;即以二十元为地方税,是曰附加税。故国家税曰地租,地方税曰地租割。割者即分割国家税之若干为地方税之意也
2	关税	国家税	根据各国通例,关税为国家税
3	盐课	国家税	根据日本法制规定,盐税为国家税
4	矿税	国家税	根据日本法制规定,矿税为国家税
5	契税	国家税	因东西各国均将此视为登录税,国家有公证之责任,故悉划为国家税
6	统捐	国家税和地方税	与各国所谓营业税相似。查各国营业税,概有国家税与地方税之两种性质。奉天统捐税则均从价计算,尚有一定,故划为国家税。而其税则无一定者,虽同就粮货而征收之税捐,亦曰粮捐、货捐,划为地方之杂税
7	牲畜税	国家税和地方税	有一定税则者应划国家税,无一定税则者为地方之牲畜捐
8	酒税	国家税	查日本酒税分两项征收,征之于造酒者曰酒造税,征之于卖酒者曰酒税,二者皆属国家税。奉天酒税悉划为国家税

续表

税目序号	税目名称	性质界定	奉局税种定性依据
9	烟税	国家税	查日本法制,烟草一项以政府专卖之法行之,故无烟税之名而有烟税之实,其收入概属之政府,实有国家税之性质。应悉划为国家税
10	木税	国家税	各国悉以之为国家税,奉天悉将其划为国家税
11	帖税	国家税	皆由政府给予官帖以为经营商业之证凭,实有免许状之性质,查各国之免许税概由国家征收,故属国家税之种类,奉天将其划为国家税
12	兰丝税	国家税	
13	硝磺税	国家税	
14	编审斗称税	国家税	度量衡系由国家掌控,划为国家税
15	枪印税	国家税	
16	渔业税	国家税	
17	中江税	国家税	带有关税性质,划为国家税
18	苇税	国家税和地方税	划为国家税,苇捐则划为地方税
19	剪税	国家税	相当于养蚕者的地赋,应划为国家税
20	车捐	省税	
21	亩捐	地方税	是地方税中最为重要的部分,应划为地方税,但衙门、法庭嗣后不得使用这笔收入
22	船税及船捐	国家税和省税	船税划为国家税,船捐划为地方税之省税
23	人力车捐	地方税之府厅州县税	
24	商捐	地方税之府厅州县税	
25	烧商捐	地方税之府厅州县税	
26	斗用	地方税之府厅州县税	
27	屠宰捐	地方税之府厅州县税	
28	戏捐	地方税之府厅州县税	东西各国多以之为地方税,日本法制曰芝居税,列入地方杂税之中,应划为地方税之府厅州县税
29	乐户捐	地方税之府厅州县税	
30	牌底费、尺费等数种	府厅州县税之附加税	
31	香庄车捐、木柴捐等	府厅州县税之杂税	
32	桥捐、道捐等	府厅州县税之特别税	

注:本表依据奉天省清理财政局编《奉天省划分国家地方两税说明书》(清末铅印本)中的"第八章:国家税与地方税划分之类目"有关说明编制。

从上述表格来看,奉天主要税目的定性,几乎是"一边倒"式地适用日本税制的有关规定。本来,税制改革在近代中国早期本土境内可谓既无成法又无先例,各省也只能竞相效仿西式税制,只不过有的省份模仿的痕迹非常明显,而有的省份则相对笼统,奉天属于财政制度变动中的"弃中趋洋"尤为明显的省份之一。当然,奉省模仿日本税制的实践,也并非全部移植东瀛制度,其间也有兼顾实际需求的情况。"办公经费"与盐税的定性就是两个值得注意的显例。

"办公经费"是奉天省田赋征收过程中,为筹措官厅经费,在正税之外,按照一定比例加征的一种杂费,包括火耗、补平等名目。奉局根据东西各国财政原理,认为官厅财政经费应该由国家税款支出,而本省征收的随粮加征杂费明显属于地方税。这样,税项定性学理与实际情况发生明显矛盾,如何调处?该局只能折中学理与事实,提出自己的意见:"论各级官厅办公用款,均应以国家税支出之;随粮经费有地方税性质,即应划归地方,以清界限。或以为此项经费向供办公用款,不能遽然划归地方,致国家有竭蹶之虞,自可照旧办理,缓俟财政充裕,再议处置也。"①这样折中处理的态度,实际上等于未做根本变革,依然维持旧制办法。

盐税定性也遇到同样的麻烦。奉天盐税经过整顿,收入迅速增加,用于支付多项事业,其中,地方自治经费也需要盐税支持。单纯依据西式税制学理确定其两税属性,显然与实际情况不符,导致地方自治经费难以维持。清理财政局提出的处理办法颇有意味:将学理定性与实际处置两者分开,确保"税种定性"不会耽误"实际使用"。奉局称:"盐务收入自应悉数划为国家税,惟'斗用'向有自治二成经费,遽议裁免,于自治不免侵损,故暂仍其旧,以俟将来自治经费充裕,再将二成划归国家,以期事实学理两不相妨。"②这里的"学理"只适用于税项定性,而对税款实际用途则无法约束。稍后,奉局在一份提案中正式提出:"现奉省各府厅州县,如以车捐、盐厘等之国家税提作地方税,为警学之经费者,其数甚巨。拟查明此种款项数目,一律作为国家补助费,俟地方团体成立,所收地方税发达时,再行提还,以扩充国家事业。"③这一处置办法,表明该局划分税项的态度是既从原理出发确定该税的性质,又准备放弃以新税制规范实际收支办法。在事实与学理的冲突面前,该局踌躇、妥协的心态尤为明显。

当然,在确定税目性质的过程中,清理财政局与奉天咨议局也有相当尖锐的矛盾。车捐与亩捐两项性质的确定尤为冲突之焦点。这种冲突,不在于是否使用日本诸国的划分标准,而在于两者对税款用途的理解存在分歧,税款使用的关键问题是双方对

---

① 奉天清理财政局编订:《奉天财政沿革利弊说明书》卷1《田赋》,第8页,清末铅印本。
② 《奉天省财政沿革利弊说明书》,《盐厘》,第10页。关于"斗用",奉局说明如下:"奉盐向以石计,计石者斗之积。故盐局于征收正课外,附带征收斗用,专以充滩长、斗纪工食;有余,则以之弥补局用……宣统二年,由盐务总局订立章程,统饬每石收斗用二角,以二成提作地方自治经费;其余八成由各局收入正款,按月册报开支各项工食,亦均定有额数。"参见第9页。
③ 《东三省奉天清理财政局关于编定预算之议案》,《盛京时报》1909年12月16日。

"省"与府厅州县关系的认知不同,但依据的学理资源却均系日本税制改良的知识系统。

首先是关于车捐定性。车捐作为奉天财政收入的一个税种,自 1906 年赵尔巽饬令改良征收办法后,收入增长较快,成为新政用款不可或缺的要项。① 奉天咨议局的呈文称:"各属车捐一项系为地方办学而设,纯为地方收入与支出,今日拨归省税,不知根(据)何学理,据何事实而云? 顾无正当理由之揭出也。"② 咨议局的质询中,关键的用词是"地方收入与支出",这里的"地方"一词的含义,按照日本税制中的惯例,仅指府县町村这类地方性行政区划,而不包括所谓的"省",日本税制中的地方税范围即涵盖了府县税、市町村税两种。③ 咨议局议员依据这一"地方"概念批评清理财政局对车捐定性不当,言辞显示出"省"乃非地方性之建制。东三省财政监理官熊希龄洞见问题本原,直接指陈其误会所在:

> 今咨议局因馆章无国税交局议决之条,于是疑"省"为"国",以为凡税一为国有,则人民即不能与闻,不知国税用之于国家行政经费,所以谋一国之发达也。省税与府、州、县税用之于地方行政经费,所以谋一省及各府、州、县之发达也。"地方"二字本包省与府、州、县而言,奈何泥于日本府、州、县之制,而引以为据,致别"省"于地方之外,又别府、厅、州、县于"省"之外也?④

看来,税制变革中对"省"的概念的理解的确是一个关键问题,日本财政学理的引入,导致时人将本省的府厅州县建制与日本的府县町村架构进行似是而非的联系,甚至将两者完全等同的人也不在少数。为澄清官民妄加附会形成税制革新的阻力,奉局对地方税中"地方"与日本税制的"地方"做了对比:

> 查日本税制,从用途分类者一曰国家税,二曰地方税。而地方税之中又分府县税、市町村税。日本地方狭隘,以府县之行政区划直接隶属国家,自不

---

① 中国第一历史档案馆:赵尔巽档案全宗,第 161 号,转见高月:《清末东北新政改革论——以赵尔巽主政东北时期的奉天财政改革为中心》,《中国边疆史地研究》2006 年第 4 期。
② 熊希龄:《东三省监理官上总督书》,《熊希龄先生遗稿》第 5 册,上海书店出版社 1998 年版,第 4202 页。
③ 清理财政局称:"查日本税制,从用途分类者一曰国家税,二曰地方税。而地方税之中又分府县税、市町村税。日本地方狭隘,以府县之行政区划直接隶属国家,自不虞行政之散漫。"参见《奉天省划分国家地方两税说明书》,第四章"地方税",第一节"省税"。
④ 《熊希龄先生遗稿》第 5 册,第 4207-4208 页。熊氏并批评咨议局议员说:"国税与地方税,国家行政与地方行政者,皆今日之新名词也。实则未设咨议局以前,民间只知有官而已,官利其民之愚,则施其一切压制之手段。凡关于财政之出入,民间不得而与闻,虽有欲起而争者,然以其政治上之见识甚浅,不足以指摘其利弊也……故咨议局一闻省税之名,即误以省税为官所有,将不听民间之与闻,遂举其平日之积恨于官者攻之击之,直觉官治无完善之利,民治无丝毫之弊,不知咨议局立于全省舆论代表之地位,无论为官治为自治,均有议决及监察之权,官而违法者可以弹劾,即绅之违法者亦不能置之不论不议也。"参见该书第 4209 页。

虞行政之散漫。我国版图辽阔,府厅州县不能直接隶属国家,其上必有省行政之区划,有省行政之区划必有省行政之机关,省行政之机关可分为:一曰议事机关,即将来之省议会是也;二曰执行机关,即将来之省董事会是也。而现在筹备宪政之时,议事机关则以咨议局代之,执行机关则以自治筹办处代之。要之皆办理地方行政之事,必有所需之经费者也。又中学堂由地方长官办理者,亦系省行政之事,是省之行政有地方官治之行政与地方自治之行政,为极重要之区别,自不可不为省税之筹备。①

清理财政局对"省"地位的界定,基本上理清了由引进日本税政学理所造成的概念混乱,这些对行政分层的误解,在当时较为普遍,以至于在当时国地两税划分的过程中,有的省份专门讨论"省"是否为"地方"的问题②,以纠正"省"与"国家"关系认识的混乱。

其次是对亩捐定性的分歧。亩捐是奉天财政收入的大项,用于警察费、学务费等项支出,据1908年奉天全省册报,该项收入已达363万余元。咨议局议员依据日本警政费由地方与国家支付的规定,反对将亩捐划归省税,而主张列为府厅州县税。东三省财政监理官熊希龄根据西方税政学理和民政部关于自治抽捐的规定,认定亩捐这一税目在征收形式上既不合理,也不合法。按照西方税制学理,其征收方式不妥;若按部订章程,则附加税超过正税的十几倍,显然违背部章规定。③ 但由于奉天警察、学务发展需款甚巨,各属财政极不均衡,熊氏主张将亩捐列为省税,以求全省范围内警政、兴学等新政事业均衡发展。④ 这一主张尽管兼顾到地方新政需求,但却遭到咨议局和翰林院侍讲学士世荣的反对。世荣指责奉省将亩捐、车捐等税项列入所谓的"省税",从几个方面指控该举动不合情理:诸如巧立名目,违背祖制;违反《清理财政章程》有关规定;为不肖官吏舞弊侵渔提供了机会;漠视舆论反对,妨碍州县行政;上侵国家正供,下夺地方杂款,颠倒错乱。总之,奉局对亩捐的定性十分不当。谕旨交度支部查核。⑤ 在度支部介入后,熊希龄的主张事实上没有被度支部全盘接受,该省两税划分说明书

---

① 奉天清理财政局编:《奉天省划分国家地方两税说明书》,第四章"地方税",清末铅印本。
② 广西清理财政局编:《广西财政严格利弊说明书》,第一编"总论",第三章"税项划分之标准与种类",清末铅印本。
③ 奉天清理财政局对此类税捐的定性颇为棘手,该局报告称:"警学亩捐用以保护公安,开通民智,籍补国家财力所不逮,原为有利。惟各属征收之法自为风气,不免畸重畸轻,且不分等则,肥硗一致,又觉稍欠均平,所收款项虽向以州县为监督机关,由民人公举绅董经理,然一切办法诸多不实不尽,此警学亩捐通弊为人所易知者也。最要者,亩捐有附加税性质,按照学理及奏定自治章程,附加税不得过正税十分之一,现收亩捐数目仅超越正税数倍,上之足以侵正税之收入,下之足以重人民之负担,为弊之大无逾于此。"参见奉天清理财政局编:《奉天省财政沿革利弊说明书》,正杂各捐,第4-5页。
④ 《熊希龄先生遗稿》,第5册,第4204-4206页。
⑤ 《世侍讲请撤奉天省税》,《申报》1910年9月22日。联系到晚清言官御史时为各方所利用的事实,世荣此举,似不排除奉天咨议局对其利用、怂恿的可能性。

只好略做妥协,将其笼统地列为"地方税"这一层次,而没有明确规定属于"省税",抑或属于"府厅州县税"。稍后,奉局表示,如按照学理规定,警学亩捐应属于国家税,但奉天情况特殊,面临外交严峻局面,为兼顾地方急需,只得暂时以地方税看待。①

(二)广东杂捐杂税改制之案例

晚清各省对税、租、费、课、赋、捐、杂款、杂收、加价等租税项目的界定一向缺乏清晰度,更缺少统一规范。咸同以后,各省奉行"就地筹款"政策,官府以搜刮为宗旨,大凡田赋、百货、特产、食盐、茶叶等均有各种征税项目,有些税目初期作为权宜之计,事后却收入增长明显,欲罢不能,各省的厘金征税即属此类,还有不少地域性征税项目也由"小税"逐步变成大宗收入,例如四川的津贴、捐输等。② 这些征税项目或称"税",或称"捐",甚或在会计款目上被归入杂收杂款一类,缺少对其性质进行严格界定;税率高低、征税机构各省也有相当差别。户部(度支部)等中央财政部门从未试图规范这些税目,部分省份曾在清理财政期间试图运用西方财政经验,加以明晰化,为划分国地两税寻找依据,但也仅仅是学理层面的讨论,不具有指导性和广泛性。③

正是因为税制纷杂的原因,各省在划分两税的过程中,很难对每一项税目给予清晰严格的性质界定。尤其是在田赋、关税这些大宗税目之外,各省均存在大量的杂税杂捐等杂项收入,如何将其归入国家和地方两税的范围内,确实颇费思量。日本税制的传入,对于如何界定这些税目性质提供了可资运用的资源。撰诸各省财政清理的文献,笔者发现,在运用西式税政学理方面,省与省之间相差太大,有的省份相当认真,不厌其烦地运用外来税政经验,对本省杂税杂捐逐类界定④;有的省份较为笼统,仅仅提出分类的标准,而未能从实际上进行划分;有的省份干脆表示无从划分⑤。从各省对

---

① 《东三省奉天清理财政局关于编定预算之议案》,《盛京时报》1909年12月18日。
② 四川清理财政局编:《四川全省财政说明书》,清末铅印本,第3-6页。
③ 奉天清理财政局报告对此有详细的辨析,参见奉天清理财政局编:《奉天省划分国家地方两税说明书》,第一章"论租税之领域及课税权",第1-2页。
④ 这其中的情况也较为复杂,同样是进行国家税、地方税的划分,此省与彼省采择标准相差较大。例如湖北与浙江,对待杂收入的定性即有天壤之别。鄂省敷衍、附会之处甚多,例如该省将湖南厘局拨解水师经费(协饷性质)、湖南厘局应解拨补鄂省盐厘、常关罚款等均作为国家税性质;而浙江省则相对认真,对于拨补厘金是否为"税"做了深入的探讨,强调其缺少继续性质,因而认定这项收入并非税项,反对将其纳为税目。分别参见湖北清理财政局编订:《湖北财政说明书》,清末铅印本,岁入部,协款,第1页;关税,第17页;浙江清理财政局编订:《浙江财政说明书》,清末铅印本,总序。
⑤ 江北清理财政局编:《江北清理财政局编送江北所辖各库仓说明书》(清末铅印本)。该局鉴于本地区大宗收入主要来源于协饷,似乎与两税划分不相凿枘,于是干脆表示:"江北自收之税项既少,故无纯一地方税可以指为定率者。如厘金二成,近似附捐矣,然并非附加于捐项之外,实划分于正捐之中。商捐、坝工一款近似特捐矣,然储为筑坝济运之用,他项不得挪移,且该坝为河防枢纽,启闭之缓急,属于河务行政之权衡,均非地方税项之性质。其他属于善举之公用、生息各款无非拨自公家,且有行政衙门局所费用在内,……此地方税所以未敢强为分划也。兹将近似地方税而实非之款,于分别性质章内,逐条细列,述明理由,听候核定。"参见该书《凡例》部分。

杂税杂捐的分类界定和改良办法来看,广东省是对外来税制学理运用较为明显的少数省份之一。

粤省杂捐杂税的纷乱丝毫不亚于其他省份。据该省清理财政局统计,省内田赋、盐课、关税等大宗税项之外,尚有正杂各税、正杂各捐、杂收入等会计税目,在纳入统计的十大类税目中,这些杂捐杂税的税目数量达538项,占税目总量810项的66%以上。从内外销款的角度看,这些杂捐杂税丝毫未报部的税目竟然达到328项,占此类款目总量的60%以上。① 对这类零碎烦琐的税目进行性质界定,进而提出改良意见,是该省清理财政局倍感棘手的问题。揆诸有关文献,可以发现,粤省充分运用了东西各国的理财经验和税制学理,试图规范本省杂捐杂税的征税秩序。

总体上看,粤省对此类款目的态度是反对重复加捐加税,主张以附加税的形式整合原来"叠床架屋"的混乱局面。这一主张实际上是借鉴了日本于1874年以后数年间对旧有税实施改革的经验。② 清理财政局将本省的杂税杂捐与日本的税制改革做了对比,发现借鉴日本附加税形式可以解决这一难题,该局报告称:粤省"零星各捐毫末已甚,所收有限,徒伤政体。又每有一捐之中,多立名目。果为地方需要,不如加捐以一名目,尤为简便,不宜于一捐之中,另生枝节,转有叠床架屋之病。考之日本税制,国家税已经征收者,如地方税亦征及此款,即附加于国家税中而并收之。此法至为简便可行。盖多一名目,即官吏多一侵渔;多一枝节,即民间多一剥削。无补公家,重伤之气,所当整顿划一者也"③。就对杂税杂捐的认识和改良方向看,粤省清理财政局以西方和日本税制学理为借镜,充分显示出新税制移植过程中对外来制度的模仿倾向。

兹将粤省对房捐(含房铺警费)、酒瓶牌费、缉捕经费、妓捐、渡饷船捐、戏捐、绅商各捐以及东洋马车捐等8项杂捐的利弊认识和税目定性作为分析个案,重点展示税制学理的具体来源;粤局所加的"按语"是体会时人对外来税制运用的关键文献④,为防止转述其意造成的信息流失和误解误读,特以原文照录方式,不厌其烦,加以呈现。揣摩这些"按语",既可发现其掌握外来税制知识的程度,又可深入体会该省税政改革过程中,本土旧制与外来学理的结合方式。

---

① 广东清理财政局编:《广东财政说明书》卷1,全省入款总表,第8-39页,清末铅印本。杂捐杂税的情况据该书所列项目测算。
② 1874年12月,日本大藏省提出税制改革方案,主要内容包括:(1)封建时代的杂税全部废除,需要继续征收者重新向全国公布,只能在特定地区征收者仅限于在该府县征收;(2)废除榨油税;(3)废除国役金;(4)新设烟草税;(5)改革酒类税,废除酱油税、浊酒税等;(6)废除仆婢税、骑马税等。见大内兵卫、土屋乔雄:《松方伯财政论集》,《明治前期财政经济史料集成》第1卷,改造社1931年版,第361-363页;小林丑三郎、北崎进:《明治大政财政史》第5卷,严松堂1927年版,第51-53页;等等。此转见湛贵成:《幕府末期明治初期日本财政政策研究》,第220-226页。
③ 《广东财政说明书》卷7,岁入门,第7类,正杂各捐,第1页。
④ 《广东财政说明书》卷7,岁入门,第7类,正杂各捐,第3-37页。

表 5　广东清理财政局关于杂捐杂税定性简表

序号	杂捐名称	属性界定	税制学理依据	粤局按语说明
1	房捐（含房铺警费）	国家税、地方税	日本、普鲁士、奥地利、法属巴爱伦、德意志之瓦登堡等国的税制规则	按:房捐性质,即各国之家屋税,可属之国家税,亦可属之地方税。普国曾于西历一千八百九十三年间,将家屋税自国家税中移入地方税,即其先例也。我国房捐宜以解缴藩库者为国家税,以各州县所收留作地方公用者为地方税。又查各国家屋税之法,各有不同。奥国则用赁贷价格法,普国则用等级法,法巴爱伦则用方码法,德意志之瓦登堡则用买卖价格法,法国则用门窗法。虽不同,亦各视其国情而定。至于警费,则纯为地方税之性质。但同一住屋铺户,既收房捐又抽警费,同一赋税物件而有两项税目,似近于重复。就财政学理上言之,国家赋税物件,当避重复之征。然此项警费既为地方税,证之日本税则,亦有地方税附加于国家税而征收之者,惟所加之额,不得逾于国家税。有此限制,故虽附加征收,而民间不以为苦,且地方税亦以附加于国家税并收,最为便利,不必另立机关,手续既归简易,经费亦可节省。此制法国最为盛行,即日本之家屋税,亦为府县之收入
2	酒瓶牌费	地方税	日本酒类征税办法和税则	原以此项税品本有转嫁之性质,虽赋课于酿造者,然可将所纳之税加于酒价之内,移其负担,使沽酒者代其完纳,亦间接税之一种也
3	缉捕经费	非税项性质	依据财政学理和各国成例	要之国家经费无论如何支绌,此等收入,在财政学理上谓为恶税,实亘古所未有,亦环球之所无,乃粤省之特别秕政也
4	妓捐	地方税	日本税则	考之日本税则,艺妓之税属于地方税之杂种税项内,即所谓妓捐也。又娼妓贷坐敷之赋金,亦属于地方税之内,即有似于花楼捐款也。凡酒馆饮食之税皆为地方之税,亦即酒楼捐之类也
5	轮拖渡饷捐	国家税	各国船舶税则、日本登录税则	近今各国船舶均有国籍,易于稽查;即日本之登录税项内,亦有船舶之税。其税法,凡新造船只,或变更船体积量,增减间数,定泊场所,罔不有税。其匿税者,照税额,课以五倍之罚,其所税之船,不论大小,惟对于仓库船、耕作船、救灾船、桥梁船诸种,则在免税之列。其有以免税船而为有税之营业时,亦科以相当之罚金。则此项渡饷船捐之收入,亦税则上所应有者也
6	戏捐	地方税	外国关于戏曲认识、日本戏曲税则规定	查优孟之辈并非实业,专恃音技之长以为衣食之资,能分社会之利而不能为社会生利……则戏捐一项实为间接之税,虽多取之而不为虐也。但戏曲感人,捷于影响,故外国谓戏曲为下等社会之学校,视之颇为郑重,非如我国视同贱役,不与齐民齿,以致戏曲无改良之望,社会无进化之期,亦由提倡之无人耳。……考之日本税则,地方税之杂种税内关于戏技之税,凡三种,曰戏院,曰演剧,曰俳优,俱课以相当之地方税
7	各属绅商各捐	地方税	日本税则	多为学堂、巡警、习艺所并勇粮之用。此项捐款单纯为地方税之性质,以资措办地方行政最为适宜。考之日本税则,载有明治十五年十二月间,内务、大藏两省省令云:以地方税施行之事业,对于寄付之金谷物件,直编入地方税内,可照寄付者所指定之途以为之用,则此项捐款,所当从捐款者之意见,不能任意指拨也,明矣
8	东洋马车捐	地方税	日本税则、租税原则	考之日本税则,惟关于耕作之用车,许其免税,其余马车、人力车、荷积车、牛车等项,无不有税。其不报明于区户长者,科以五倍罚金。以上各车如有修缮改造,无不科以相当之税。惟对于官用马车及皇族所有之马车,地方税不得及之。是此项车捐应为地方之税,与租税之原则亦甚适合也

上述八项杂捐,虽然表面上被视为杂碎烦琐,但财政意义非同一般。从清理财政局对其性质的界定来看,依据虽然主要看重外国税制规定和财政学理,但考虑到粤省地方新政需款巨大的事实,在确定国地两税时,不能不考虑地方需求。基于这种考虑,该局对整个"正杂各捐"58 个税目进行定性时,划入国家税的仅有 10 项;其余税目,有 40 项归入地方税,8 项归入"非税项性质"。若从总体上看,在全省 810 个税目中,"国家税"名目有 269 项,"地方税"有 61 项,"非税项性质"的有 49 项,未标明税项性质的高达 431 项。① 这一情况至少说明两点:其一,地方利益仍是省当局在划分国地两税时不得不重视的问题,否则,各省拥护中央划分两税的举动便失去现实意义。其二,未标明税项性质的税目如此之多,表面上看,是该省财政款目实在庞杂,难以依据财政学理或西式税制知识进行鉴别,失去"先进理论"的导向,因而较难措手;深入一步看,也不能排除借此保留本地利益的诡秘意向。

研究西方财经知识在华传播,特别是日本税制与清季国税政转型的关系,梳理制度嫁接过程中的复杂脉络,为学界检讨制度与知识体系在清季数年间的传播变动机制,尤其对我们检视中土税政旧制与新制、传统理财观念与西方财税知识体系两个端点之间,通过大众传播方式缩短其距离,把握各省接纳西政、吸收新学的运作规律,提供了一个深度观测的平台,近代中国知识与制度体系转型的样态、水准自然可以从这一侧面得到相当呈现。

---

① 《广东财政说明书》卷 1,全省入款总表,第 8-39 页。

海东之国与未见之书：
试论抄本《论语征》及其相关问题*

曹南屏

(复旦大学中外现代化进程研究中心)

摘要：本文以普林斯顿大学图书馆所藏的抄本《论语征》为基础，对《论语征》一书的传入及传抄进行考证，并对此抄本中的序跋做了分析，并结合其他传入清代中国的日本书籍，进一步探讨此抄本所反映的乾嘉以降的士林风尚，以及中日之间的书籍交流与知识交流。乾嘉以降从日本输入书籍的管道一直没有断绝，故日本存有中国未见之书已在晚清中国读书人中广为流传，这也能在一定程度上解释，为何晚清时期大批中国学人赴日以后马上就开展了十分活跃的访书、刊书活动。

关键词：《论语征》；物茂卿(荻生徂徕)；书籍交流；儒学；东亚

一、抄本《论语征》的情况

笔者在普林斯顿大学葛思德东方图书馆(the Gest Collection)获睹日本人物茂卿(即荻生徂徕，1666—1728)所撰《论语征》的一种抄本，展阅之下，觉得其所反映的信息颇有价值，故将此书来龙去脉加以考证，并结合《论语征》其书以及其他日本人所撰经学研究著作，对其在清代中国的传抄、阅读及影响略做探讨。

葛思德东方图书馆所藏此抄本，1函2册，书函包装以及每册书的封皮都呈和刻本的样貌。书前收有3篇序文，按照顺序，撰者分别自署为"海南张岳峙亭""山阴何士祁""洪洞王鹤年"，除张岳序文题作《论语征跋》之外，其他两篇序文并无标题。由于这几篇序文的篇幅皆不长，故本文俱附全文。张岳所撰的《论语征跋》大略交代了此书最初的流传情况，其文如下：

---

* 本文原载于《史林》2017年第6期，有修改。

乾隆三十九年，诏开《四库全书》馆。天下藏书家俱踊跃进献，且有海外诸国书。日本国物茂卿所著有《七经孟子考文》与《论语征》二书。是时《四库》所收，仅得《考文》一书，《论语征》无有也。后阮芸台先生巡抚两浙，问及此书，间有知其书名者，于是芸台乃请商至日本长崎岛见圣庙，先生盖孔子庙中之教官也。教官曰："我庙中无有，岛中又少读书人，我当详请将军。然诸先生须馈礼。因此书板已损，我国亦贵重也。"乃具绸绵、苎布等馈将军。将军启国王，送出三部。商人归，以一部送芸台先生，一部送李虚翁先生，一部存于万氏。余亟万氏借观，知茂卿探汉唐注疏及各家之说。朱注间有存者，有驳者。所附己见，以圣人之言谓大半皆引古书，殊为臆说。然以海外殊俗之人，而博览群书，持论恣肆，不可谓非儒家者流也。余钞日本著书目有数十种，所见书不及十之一，其中如林罗山、山井鼎、天瀑山人、河世宁诸人，颇有可观，苟非圣朝渐被之讫于四海，而能若是乎？《七经孟子考文》，武林有覆刻板，此《论语征》，人所罕见者，因述其由来如此。

海南张岳峙亭氏跋于当湖十杉亭寓居①

第二篇序文为何士祁所撰，全文如下：

茂卿名观，康熙时为日本国东都讲官，其所著《七经孟子考文补遗》，颇见精核。此书与朱注间有异同，支离肤浅处诚不能免，然其援证古训，辨论典博有断，非浅学所能及者，欧阳文忠《日本刀歌》曰："徐福行时书未焚，遗书百篇今尚存。"知茂卿所云唐以前王、段、吉备所赍古博士之书，诚非妄语。而国家同文之化，被于中外者，于此益可见矣。书估索值甚昂，力不能致，因属友人分手影写，而以原本归之。时道光已[己]丑（1829）正月春雪初霁，余寒逼人，呵冻漫志。

山阴何士祁

第三篇序言全文如下：

向余需次武林，闻万氏家藏日本国《论语征》一书，亟往索观，为其主人携出，未得获览，心甚悒悒。后余承乏金沙，至道光甲午（1834）春，与同城山阴何竹芗司马谈及是书，知其获有弄本，遂携归，与友人黄月查、祝云装分手影写之。余阅是书，以茂卿生居海外，乃能博览群书，采摭汉唐注疏，参以己意，

---

① 张岳：《论语征跋》，《论语征》，抄本，无页码，美国普林斯顿大学葛思德东方图书馆藏。以下所举何士祁、王鹤年、许杰等人的序文，若无特别说明，所据都是此抄本，皆无页码，不再赘述。

诠解虽未能无疵,而考证之功有足多者。至驳斥宋儒集说,广引六经字义以成其说,亦训诂家流耳。聊志数语,以附于后。

洪洞王鹤年

在王鹤年的序文之后,便是《论语征》一书的正文,以白纸抄就,无格。巧合的是,这份抄本内所含的一封信函极有可能就是主持抄录此抄本的人所写,后世书贾依然将其一并装订在书内,附于书末。信函的原件位于此抄本第2册最末处,写于一张红色信笺之上。信是一位名叫许杰的人所写:

> 月前奉到兰言,如亲芝范。展诵之下,备悉一是。敬维子棠仁兄大人,丰祺云集,泰祉骈臻,为颂为慰。弟家居如恒,乏善可述。前阁下托抄日本物茂卿先生所著《论语征》,现已着人抄就,所有工钱、纸张等费,弟已开销,兹将书交与令亲万积翁,求其遇便转寄,希查收。弟自入冬以来,多不精神,汤药不离,刻下延医调治,虽较前渐愈,尚未复元。缘至好注念,并以奉闻,肃此特布。恭请文安。诸希垂照。百益。

愚弟许杰顿首

可知,此抄本是一位名叫"子棠"的人托许杰代为抄录。可以想见,这位子棠一定听说许杰手中存有此书,或有渠道接触到此书,亟觅一观,于是写信要求其代为抄录,以让自己能够获得此书的一个副本。

据何士祁、王鹤年的序文亦可知其对于抄录此书甚为郑重其事,故都是找几位友人一起"影写",尽可能地保留此书的原貌。而葛思德东方图书馆所藏抄本并非影写,仅仅是抄录内容而已,而外观却制成和刻本的模样,则是为了突出此书来自日本的特征,为售卖此书寻找一个奇货可居的"亮点"。该书的正文第一页有印章一枚,文曰:"潜江甘鹏云药樵收藏书籍章",可见此书是从甘鹏云处购入。葛思德东方图书馆于1920年代末在中国购买了大量的书籍,这批中文旧籍的一个重要来源便是甘鹏云。甘鹏云(1862—1941),字药樵,清末癸卯科(1903)进士,湖北省潜江县人,是中国近现代著名的藏书家。如今已经无法确知将此抄本《论语征》包装成和刻本的人究竟是谁。按照常理推测,书末信函的作者许杰帮友人抄讫此书之后,肯定不会将书装订成和刻本,故应当是这位托许杰抄书的"子棠"或其后人将书籍变卖以后,书贾为了卖个好价钱,而将此书以和刻本加以包装。此书归于民国初年寓居北京的甘鹏云后,于1920年代末经其手售卖于美国人义理寿上校(Commander Irvin Van Gillis, 1875—1948),最终入藏美国普林斯顿大学葛思德东方图书馆。① 甘氏在清末民初以藏书闻名于世,只是其藏书的下落知者颇少,故本文在此略做交代,补上一段书林掌故与一部分书藏之下落。

二、《论语征》的传入与传抄

据周子美所编《嘉业堂钞校本目录》,可知南浔嘉业堂亦藏有一份《论语征》的抄本,为"皮纸钞宽政四年(1792)刊本",共 4 册。② 这个抄本的书首亦有张岳所撰的序文,故张岳这篇序文另见于缪荃孙等人所编撰的《嘉业堂藏书志》。撰写《论语征》这一条目的人是缪荃孙,他将张岳此序照录在书内,某些字句与葛思德东方图书馆所藏抄本略异,且缺少"不可谓非儒家者流也"一句之后的内容。在该书条目之下,缪氏亦注明为"传钞本",并在张岳序言之后注曰"钞书尚精"。③

嘉业堂的藏书在抗战期间开始逐渐散出,所藏的《论语征》4 册抄本,现藏于中国国家图书馆。抄本为 1 函 4 册,包装精美,誊写清晰,字体端正,封面为皮纸,内以蓝格白纸抄就,这与周子美所编《嘉业堂钞校本目录》及复旦大学图书馆所藏《嘉业堂藏书楼钞本书目》所谓"皮纸钞宽政四年刊本""皮纸蓝丝钞宽政四年刊本 四册"一致。现在已经无法确知此书为嘉业堂所抄,抑或他人所抄,后为嘉业堂所收藏。在这个抄本内,张岳的跋文也是附于书首,跋文亦缮写于专供抄录此书的蓝格白纸上,笔迹与《论语征》的正文明显不同。此抄本的每一页纸张俱印有蓝色鱼尾及蓝色版心,单鱼尾之下有"论语征"字样,以及黑色的页码,可见抄书者在抄写时极为郑重其事,特地先期印就了抄书用的纸张,专供抄书之用。嘉业堂抄本前张岳所作《论语征跋》,内容与葛思德东方图书馆所藏抄本有多处不同,本文亦附全文如下:

---

① 普林斯顿大学葛思德东方图书馆的善本书藏(1795 年之前的书籍)及与该馆之建立相关的历史档案文献,如今俱藏于普林斯顿大学图书馆系统内的 Mudd Library 之中,见普林斯顿大学 Mudd Library 所藏档案之 Box 248。据该馆所藏的档案文献,甘鹏云将藏书售予义理寿上校的时间为 1928 年 12 月至 1929 年 4 月,分两批售书、取书,共计售书 700 余种,现均藏于普林斯顿大学图书馆。关于义理寿与普林斯顿大学葛思德东方图书馆藏书之间的联系,参见 Martin J. Heijdra, "The East Asian Library and the Gest Collection at Princeton University," in Peter X. Zhou (eds.), *Collecting Asia*:*East Asian Libraries in North America*,1868-2008,Ann Arbor:Association for Asian Studies,2010,pp.120-134.
② 周子美编:《嘉业堂钞校本目录》,华东师范大学出版社 1986 年版,第 10 页。另据复旦大学图书馆所藏民国年间抄本《嘉业堂藏书楼钞本书目》卷 1《经部》,则有"皮纸蓝丝钞宽政四年刊本 四册"字样(第 4 页)。复旦大学图书馆亦藏有民国年间抄本《嘉业堂藏书楼书目》,其中录有《论语征》十卷,注明为"东瀛刊本十册",则可见嘉业堂亦藏有日本宽政四年的原刊本,见复旦大学图书馆藏《嘉业堂藏书楼书目》卷 1《经部·四书类》,第 3 页。
③ 缪荃孙等撰:《嘉业堂藏书志》,吴格整理点校,复旦大学出版社 1997 年版,第 164-165 页。按:此条目下,点校者句读略有小误,此处句读为笔者所加。

乾隆三十九年，诏开《四库全书》馆。天下藏书家俱踊跃进献，且有海外诸国书。日本国物茂卿所著有《七经孟子考文》与《论语征》二书，是时《四库》所收，仅得《考文》一书，《论语征》无有也。后阮芸台先生巡抚两浙，问及此书，间有知其书名者，于是芸台具馔，请商于日本者购之，诸商至日本长崎岛见圣庙，先生盖孔子庙中之教官也。教官曰："我庙中无有，岛中又少读书人，我当详请将军，然诸先生必须馈礼，因此书板已损，我国亦贵重也。"乃具绸绵、苎布等，约值白金百两，馈将军。将军启国王，送出三部。商人归，以一部送芸台先生，一部送李煦斋先生，一部存于万氏。余亟至万氏借观，知茂卿采汉唐注疏及各家之说，朱注间有存者，有驳者，所附己见，以圣人言谓大半皆引古言，殊为臆说。然以海外殊俗之人，而博览群书，持论恣肆，不可谓非儒家者流也。余钞日本著书目有数十种，所见书不及十之一，其中如林罗山、山井鼎、天瀑山人、河世宁诸人，颇有可观，苟非圣朝渐被之，讫于四海，而能若是乎？《七经考文》武林有覆刻，此《论语征》人所罕见者，因述其由来如此。

海南张岳峙亭氏跋[①]

该抄本张岳跋文的文末作"海南张岳峙亭氏跋"，而葛思德东方图书馆所藏抄本，其文末则作"海南张岳峙亭氏跋于当湖十杉亭寓居"。该跋文的内容与缪荃孙抄录在《嘉业堂藏书志》中的跋文几乎完全一样，可见缪荃孙所看到的嘉业堂藏抄本就是现藏于国家图书馆的这个本子，而该书所收的张岳跋文与葛思德东方图书馆所藏抄本明显有异，故极有可能这两种抄本所依据的"祖本"并不一致。对照这两种抄本，通过张岳及王鹤年所撰的序文可知，其所见《论语征》的出处，都是"武林万氏"，即《论语征》不同抄本所依据的"祖本"都来源于杭州的"万氏"。

在一部稀见之书的书首题以跋文，照常理推断，这位张岳可能是当时声名颇著的文士。然而事实上对他我们几乎一无所知。据张岳自署，其寓居为"当湖十杉亭"，则至少可知他曾寓居嘉兴府平湖县，但是在嘉兴、平湖一带的地方史志中，张岳其人也不见著录。十杉亭是平湖当地可以一览东湖胜景的一处名胜地。据光绪十二年（1886）修《平湖县志》载，十杉亭是平湖望族陆氏的一处别业，后归张汉年，乾隆乙丑年（1745）归于张逢年，且十杉亭在修纂此地方志时已经废弃。张氏亦为明清时代平湖之望族，如张逢年在获得十杉亭别业时便官拜知府，故十杉亭又称"张园"。在张氏经手营造之后，十杉亭一度是清代平湖一带文人名士流连徜徉的雅致场所。[②] 按照这个信息，能在平湖张氏的这处"别业""寓居"，则张岳很有可能是平湖张氏之族人。另据乾隆五十九年（1794）所刊的《浙江当湖张氏家乘》，张逢年、张汉年都属于当湖南支之下的蒹葭

---

① 以上俱见中国国家图书馆所藏抄本《论语征》。
② 光绪《平湖县志》，光绪十二年（1886）刻本，卷2，第46页。

围支。其中,这一支张氏的第二十世有三子,分别为长生、长明、治洪。张逢年、张汉年这一辈都属于第二十世的第二代,只是分属不同的支脉。张逢年的号为"怡亭",张汉年的字为"苍亭",与其同辈的张培源的字则为"江亭"。① 在当湖张氏的这一代人中间,字或号里带"亭"字的较多。联系到张岳署其名为"张岳峙亭",故甚至有可能与张逢年、张汉年属于同一辈人。另外,据此抄本可以得知,第二篇序文的作者何士祁抄录该书时在1829年,则张岳撰写序文的年份应早于这个年份。因而,张岳的活动年代可大体确定。之所以署"海南张岳",乃是由于张氏所追认的祖先张九皋(张九龄之弟)在唐代曾任岭南节度使,有标明其宗族源流的意思。

3篇序言的3位作者中,何士祁的资料相对多一些。在1879年刊行的《川沙厅志》中有何士祁的小传,这是目前所见最完整的何氏传记。《松江府续志》亦有何氏小传,但其内容基本不出《川沙厅志》所载。据这两篇何氏的小传,何士祁是浙江山阴(今浙江绍兴)人,字仲京,号竹芗,道光二年(1822)进士,此后一直在江苏一带为官。在考中进士的第二年(1823),何士祁就任江苏松江府娄县知县。② 此后又历任苏州府昭文县知县、吴江县知县及元和县知县。③ 道光十二年(1832),何士祁由元和县令擢升江苏松江府川沙厅抚民同知,道光十四年(1834)依例至北京入觐,道光十五年(1835)复任川沙抚民同知。他在任上主持修过《川沙抚民厅志》,这是川沙地区第一部地方志,于道光十七年(1837)刊刻问世。④ 何士祁在川沙一带为官多年,后来以丁忧故离职返乡,又于道光二十九年(1849)再任川沙厅抚民同知,因政声颇佳,不久后便升任松江知府,咸丰(1850—1861)初年在任。⑤ 何士祁亦颇热衷于藏书,其书斋名为"震无咎斋",浙江现代著名藏书家冯贞群(1886—1962)藏有闽刻九行本《尚书注疏》,其首册的册首有"山阴何士祁震无咎斋藏"的朱文长印。⑥ 何士祁与桐城派的后起之秀梅曾亮(1786—1856)似有颇深的交谊,梅曾亮的《柏枧山房诗文集》中有赠予何士祁的两首诗,其中一首《赠何竹芗》中说何士祁"有书八万卷",可见其藏书颇富。⑦《墨林今话》也说何士祁工于书法和绘画,并且提到其"藏书之富,甲于江浙"。以江浙一带藏书家辈出的情形而言,此说当然过于夸张,但是也印证了何士祁在自己的交友圈中以藏书宏富而闻名。⑧ 此外,在当时号称一时之名士的刘佳(1784—1845)亦有《为何竹芗士祁司马题村居读书图》一诗题赠,诗中有"异书海外从人购,丛稿闺中倩妇删"这样的句子,可见何士祁在读书人交游圈中颇以购自"海外"的"异书"相标榜,以为其名士的身份增光添

---

① 《浙江当湖张氏家乘》,乾隆五十九年(1794)刻本,卷3,第5-7页。
② 光绪《松江府续志》卷21《名宦传》,光绪十年(1884)刻本,第9页。
③ 同治《苏州府志》卷56《职官五》,光绪八年(1882)刻本,第10、24、27页。
④ 何士祁:《川沙抚民厅志序》,见道光《川沙抚民厅志》,道光十七年(1837)刻本,第1页。
⑤ 光绪《川沙厅志》卷8《何士祁传》,光绪五年(1879)刻本,第6页。
⑥ 冯贞群:《伏跗室群书题记(续)》,《图书季刊》1940年第2卷第4期。
⑦ 梅曾亮:《柏枧山房诗文集》,上海古籍出版社2005年版,第530页。
⑧ 蒋宝龄:《墨林今话》卷17,同治十一年(1872)映雪草庐刻本,第3页。

彩,而《论语征》显然可以归入这一类书。①

1832年之后,何士祁赴川沙任职,将自己的抄本《论语征》携至川沙,并在川沙结识了第三篇序文的作者王鹤年。王鹤年是山西洪洞人,监生,长期担任下层官员。②据《川沙抚民厅志》及《川沙厅志》,其官职为"两浙松江下砂二三场大使",道光六年(1826)赴任,道光八年(1828)曾短暂离任,同年又调回,此次任期颇长,至道光十六年(1836)离任,一年后,再度回任,最终于道光二十一年(1841)离任。这便是王鹤年序文中自言"承乏金沙"一说的缘由所在。下沙二三场为上海地区的盐场之一,王鹤年是当时主管盐场的官员,其官署便在川沙城内。其序言中说"同城山阴何竹芗司马",则可见其抄写此书时,便是在川沙任职之时,即序中所言"道光甲午(1834)春"。

此抄本书首的这3篇序文虽然篇幅都有限,但还是反映了不少信息。以第一篇张岳的序文而论,其内容并不见于其他记载。首先,作者提到了阮元与《论语征》一书的关系,言及是阮元(1764—1849)在浙江巡抚任上(1799—1809)过问此事,且通过赴长崎的中国商人将《论语征》一书携回杭州。一共携回3部,一部给了阮元,一部送给了李煦斋,另外一部存在杭州万氏家中。后来,万氏所藏的《论语征》成了张岳、何士祁、王鹤年、许杰("子棠"托其代抄)等不同抄本的源头。李煦斋当为嘉定人李赓芸(字生甫,号许斋,1753—1817)。③ 李赓芸是钱大昕的弟子,乾隆五十五年(1790)进士,在至福建为官之前,一直在浙江为官,与阮元关系颇为密切,阮元曾向清廷表奏其为"浙中第一良吏"(《清史稿·李赓芸传》)。将一部来自海外的"异书"送给当时浙江官场上以雅好学问知名的两位大吏,很可以理解,那么,为何商人将此书携回国内后,要将三部罕见的异国书籍中的一部给杭州万氏呢?杭州万氏是谁?

细加考察发现,当时在士林具有一定的名望而又与"书业"结缘的"杭州万氏",应是万斯大(1633—1683)的后裔。虽然其后人还是经常标明自己甬东或鄞县的身份,事实上,这一支万氏从万斯大这一辈开始就已经寓居杭州了。据万斯大的儿子万经(字授一,号九沙,1659—1741)所撰《小跛翁纪年》记载,万斯大考虑到"三世先墓在杭",故令万经"定居为守墓计",于是万经迁居杭州守墓,故万经自言"迁杭又自经始"。④ 据《浙江宁波濠梁万氏宗谱》,则可知万斯大因为守墓而迁居杭州,族谱尊其为万氏在杭州的始迁祖。万斯大生前在杭州仁和县居住,并在杭州去世,故乾隆《杭州府志》将其

---

① 李伯荣:《魏源师友记》,岳麓书社1983年版,第126页。
② 民国《洪洞县志》卷13《人物志下》,民国六年(1917)铅印本,第53页。据民国《洪洞县志》所载,王鹤年后又曾任浙江象山县知县。
③ 古人在叙及他人名号时,以同音字替代的现象屡见不鲜,此处盖以"煦斋"代替"许斋"。与李赓芸同时代的王楚堂(1770—1839)曾明确以"李煦斋"称呼他,见王楚堂:《云翁自定义年谱》,清光绪刻本,《北京图书馆藏珍本年谱丛刊》,北京图书馆出版社1999年版,第131册,第602页。
④ 《浙江宁波濠梁万氏宗谱》内集卷9《世传八》,乾隆三十七年(1772)刻本,第5页。

传记收录于《寓贤传》。① 其后,其独子万经及其后嗣都定居在杭州。② 这一支万氏便由鄞县万氏分出为杭州万氏。万经有二子分别名为万承天、万承式,曾与万斯选的儿子万言(1637—1705)一起担任万斯大所著《经学五书》的校刻工作,名字俱见于《经学五书》某几卷的卷末。至少万斯大这一支万氏此后便一直定居在杭州,这一点没有疑问。而且,杭州万氏的确曾以刊刻海内孤本的经史论著而知名一时。其中,一位名叫万福的人似乎一直对刊刻书籍很热心。如乾隆二十三年(1758),卢见曾(1690—1768)曾给重刊的万斯大的《经学五书》作序,序文提到请他作序的人就是万福。再如,全祖望的《经史问答》的原刻本即出于其家。据辛德勇研究,刊刻此书的主事之人名万福(万三福),刊刻时间为乾隆乙酉年(1765),此即万氏初刻本《经史问答》。③ 此外,同样刊于1765年的辨志堂本万斯同《庙制图考》,亦是万福主持其事。④

卢见曾在其为《经学五书》所撰的序文中提到,请他作序的人是万福,而万福称万斯大为"大父"。⑤ 大父即祖父,可见万福是万斯大的孙子。进一步考之,则可知万福就是万斯大之子万经的第三子。自乾隆二十四年(1759)开始,万福曾经主持重刊万斯大的《万充宗先生经学五书》,并在乾隆己卯年(1759)至乾隆辛巳年(1761)之间先后刊竣,其中《学礼质疑》《礼记偶笺》这2种刊于1759年,《仪礼商》《周官辨非》《学春秋随笔》这3种刊于1761年。⑥ 其后,他又找到万斯同的《庙制图考》一书,将其于1765年刊布,在其为《庙制图考》所作的序文中,万福称万斯同为"先叔祖季野先生"。⑦ 据其重刊的《万充宗先生经学五书》,在卷末"子经孙承天、承式校刻"字样后另加"孙福重校刻",其与承天、承式同为万斯大之孙殆无疑问。其实,与甬东万氏堪称"同里"的著名藏书家冯贞群先生早已简略指出,"万近蓬福"是万经的第三子,诸生,受业于杭世骏门下,工诗。⑧ 故可知万经至少有三子,长子为万承天,次子为万承式,三子即万福。《浙江宁波濠梁万氏宗谱》更加直观地证实了万福的身份,这部宗谱明确记载了万经的三位子嗣,分别为长子万承天、次子万承式与三子万福。⑨ 据《浙江宁波濠梁万氏宗谱》,万经有几个儿子早夭,最后长成的只有三子,分别为万承天、万承式和万福。其中,万福原名承烈,并非万经的嫡妻钱氏所生,而是其妾刘氏所生,故也解释了为何其用以行

---

① 乾隆《杭州府志》卷150《人物十二·寓贤》,乾隆四十九年(1784)刻本,第31页。
② 《浙江宁波濠梁万氏宗谱》内集卷1,第25页。
③ 参见辛德勇:《全祖望〈经史问答〉万氏刻本缀语——兼谈上海古籍出版社本〈全祖望集汇校集注〉》,《读书与藏书之间》,中华书局2005年版,第104-108页。
④ 参见万斯同:《庙制图考》,乾隆三十年(1765)刻本,上海图书馆藏。该书目录之后有万福所撰的识语。
⑤ 卢见曾:《重刻经学五书序》,见万斯大:《万充宗先生经学五书》,乾隆二十四年(1759)至二十六年(1761)刻本,上海图书馆藏,第1页。
⑥ 见上海图书馆所藏乾隆本《万充宗先生经学五书》。
⑦ 见万福所撰乾隆三十年版万斯同《庙制图考》目录之后的识语,第4页。
⑧ 冯贞群:《伏跗室藏书题记选辑》,"鲒埼亭集"条,骆兆平辑,《文献》1988年第2期。
⑨ 《浙江宁波濠梁万氏宗谱》内集卷1《世系图》,第11页。

世的大名与两位兄长不同,而径称万福。① 刘氏是万经在 54 岁时纳的姜,万福为万经 71 岁时所生,出生于雍正七年(1729),所以,其年龄与前两位兄长差距颇大。②

万福颇为热心于刊刻祖辈及同里人士的著作,并且热衷于书籍收藏。如万斯大的《万充宗先生经学五书》、万斯同的《庙制图考》、全祖望的《经史问答》等等,杭州府仁和县的吴山道士施远恩在乾隆丁亥年(1767)羽化,据《杭州府志》所载,其《环山房诗钞》在其身后由其"邑人万福"刊布。③ 蒋光煦(1813—1860)的《东湖丛记》记载,蒋氏曾收得《樊谢山房诗集》一部,是来自万福的藏本。此藏本上有杭州篆刻名家丁敬(1695—1765)亲笔所提的诗句若干首,题诗的时间为 1765 年,则从中亦可窥见,当时还十分年轻的万福可能热衷于藏书且与当时名士交游颇多。④ 余姚史梦蛟购买万氏的全祖望《经史问答》一书板片,并于 1804 年将其重新梓行,则可见万斯大的后人在当时依然与"书业"有往来。⑤ 而本文所探讨的这个《论语征》抄本,恰恰又提供了关于这一支杭州万氏的新的信息。

按照日本学者藤塚邻(1879—1948)的研究,《论语征》一书传至中国,事在日本文化六年(1809),他所依据的资料是日本方面对长崎输出的出版物的记录。⑥ 藤塚邻的考订应当可信,但他对此书传入中国以后的去向不得而知,只是考订有一些研究经学的清代学者对《论语征》一书有所征引,以证明此书传入中国后对中国国内的经学研究产生了影响。在书籍传入和接受的过程上,藤塚邻的描述存在缺环,而这个抄本《论语征》正好可以补全此书传入中国后所经历的故事。事实上,研究中日书籍交流史的主要困难之一便是复原书籍传入和接受的过程。由于当时的日本具有比中国翔实得多的书籍进出口记录,许多书籍从中国传入日本或者从日本传入中国的最早时间都能清楚地加以稽考,但是,往往无法了解它们传入之后的情况,尤其是日本书籍传入中国后的下落很难考知。如《七经孟子考文补遗》,日本方面的记录显示,此书最早于 1731 年便传入中国,而中文史料中所见最早收藏此书的人极有可能是杭州飞鸿堂的汪启淑(1728—1799),时间已经到了约 1761 年,中间这 30 年左右的缺环内发生了什么,我们至今无法确知。⑦

---

① 《浙江宁波濠梁万氏宗谱》内集卷 9,第 26 页。
② 《浙江宁波濠梁万氏宗谱》内集卷 9,第 12 页。
③ 乾隆《杭州府志》卷 108《人物十三·仙释三》,第 14 页。
④ 蒋光煦:《丁隐君佚诗》,见蒋光煦:《东湖丛记》,《续修四库全书》,上海古籍出版社 1996 年版,第 1162 册,第 747 页。
⑤ 辛德勇:《全祖望〈经史问答〉万氏刻本缀语——兼谈上海古籍出版社本〈全祖望集汇校集注〉》,《读书与藏书之间》,第 106 页。
⑥ 藤塚邻:《论语总说》,弘文堂 1949 年版,第 294-297 页。另可参见松浦章:《清代帆船带回的日本书籍——安徽鲍氏〈知不足斋丛书〉所收的日本刻书,复旦大学历史地理研究中心编:《跨越空间的文化——16—19 世纪中西文化的相遇与调适》,东方出版中心 2010 年版,第 395 页。
⑦ 狩野直喜:《山井鼎と七經孟子考文補遺》,羽田亨编:《内藤博士还历祝贺支那学论丛》,弘文堂 1926 年版,第 14-15、17-18 页。

乾隆庚申年(1740),万家遭遇火灾,许多书籍被焚毁,其中包括由万经主持刊行的《经学五书》。因而,万经及其后人此后一直谋求重刊这些长辈所撰的著作,也因此,万福才会在乾隆二十四年之后再度刊行《经学五书》。至嘉庆初年,《万充宗先生经学五书》曾经再版,这一版的书前有阮元所撰的序,写序的时间为嘉庆元年(1796)。此时,阮元尚在浙江学政任上(1795—1798)。事实上,此序文为焦循代作,故收于焦循的《雕菰集》内。①

　　行文至此,已经大概可以贯穿起上文所铺展开的线索,即《论语征》一书的持有者"武林万氏"即万斯大、万经的后人,且很有可能与万福或其后人有关。根据张岳所写的序言,则在阮元任浙江巡抚之时,即1799年以后,杭州万氏依然与"书业"关系颇为紧密,以至于商人从长崎携回三部《论语征》后,还将一部存于万氏家中。然而,就目前的资料可以推测,阮元派商人至日本获取《论语征》一书有可能是子虚乌有的事情,后来阮元亦获得一部《论语征》也可能出自杜撰。因为按照张岳序文中所见的阮元对于日本经学著作的重视程度,即便他对《论语征》一书的内容评价不高,也不至于只字不提。事实上,在阮元所有传世的文字中,《论语征》一书完全不见踪影,其唯一一次提到物茂卿就是在为自己主持刊刻的《七经孟子考文并补遗》一书所写的序中,因为该书原本的序文为物茂卿所写。

　　杭州万氏家中的确存有《论语征》一书,这一点毫无疑问,但当时是不是有另外两个本子,这一点则颇有疑问。这么一个"赴日取宝"的故事,其目的可能在于抬高此书的声价,是万氏的一个"营销策略"。并且,即便阮元处和李赓芸处存有两部《论语征》确有其事,而其各自遭逢的政治风波与厄运,也极有可能使得这一事实湮没不彰。阮元于1799年开始"巡抚两浙",1809年便因科场案牵连而去职回京,这正是藤塚邻所考订的《论语征》一书传入中国的年份。李赓芸则于1815年升任福建布政使,却于两年后因涉某案自尽。所以,如此一来,杭州万氏的《论语征》就变得尤为奇货可居。

三、抄本《论语征》所见清代士林风尚与中日书籍、知识之交流

　　普林斯顿大学葛思德东方图书馆所藏《论语征》抄本,其珍贵之处在于书首几篇序言的撰者都不是清代的知名学者,他们在学术史上几乎完全不见踪影,甚至后世的历史记录中也很难找到其痕迹。但是,他们也加入了当时中国学者和藏书家所热衷的学术趣味之中,将日本传来的儒学著作视若珍宝地加以传抄,并且觉得奇货可居。荻生徂徕是日本江户儒学最为著名的代表人物之一。② 然而,他们对于日本的知识掌握十分有限,故其行文中有显而易见的谬误,如将《七经孟子考文补遗》的作者之一物观(荻

---

① 焦循:《代阮侍郎撰万氏经学五书序》,《雕菰集》,中华书局1985年版,第239-240页。
② 参见小岛毅:《朱子学と阳明学》,筑摩书房2013年版,第74-78页。

生北溪,1673—1754)与《论语征》的作者物茂卿(荻生徂徕,荻生北溪之兄)混为一谈。从几篇序文有限的文字中,亦可窥知当时的书贾也将此书居为奇货,索价甚昂,故无力购书而又亟欲保有此书的何士祁、王鹤年等只能让多位友人一起"影写",尽可能保持日本刊本的样貌,抄写完毕后将原书归还给书贾。

  长久以来,由于材料所限,对于清代思想学术史的研究不得不局限于上层读书人或学问大家,这些人物要么官运亨通,因而得以收购、遍阅难得一见的种种书籍;要么以学问深湛闻名一时,因而也自有人襄助其购书、读书之业。从以上几篇序文的有限内容里,亦可略窥清代中下层读书人获知书籍信息的渠道。张岳的序文中言"余钞日本著书目有数十种,所见书不及十之一",即便如此,他还是对来自日本的书目及书籍充满兴趣、孜孜以求。张岳提到的日本学者有林罗山、山井鼎、天瀑山人、河世宁等人,外加《论语征》的作者物茂卿。其所列举的日本学者,各因其编著的书籍流入中国而被中国读书人所知,如林述斋(即天瀑山人,1768—1841)所辑的《佚存丛书》(部分书籍被鲍廷博收入《知不足斋丛书》)、山井鼎的《七经孟子考文补遗》(由物观补遗)、河世宁的《全唐诗逸》(被鲍廷博收入《知不足斋丛书》)。① 有意思的是,尽管张岳同时知道物茂卿和山井鼎的名号,但是他却把由山井鼎撰、物观补遗的《七经孟子考文补遗》列在物茂卿的名下。

  清代一个普通的读书人如何获知《论语征》的作者的情况呢?何士祁的序文中言"茂卿名观,康熙时为日本国东都讲官,其所著《七经孟子考文补遗》,颇见精核",这一评断无疑部分来自《四库全书总目提要》。《四库全书总目提要》的"《七经孟子考文补遗》"一条提要言:"原本题西条掌书记山井鼎撰,东都讲官物观校勘。详其序文,盖鼎先为《考文》,而观补其遗也。二人皆不知何许人。验其版式纸色,盖日本国所刊。"其既说明山井鼎作了《七经孟子考文》,也说到物观作了《补遗》,故何士祁认为物茂卿名为物观。此外,《四库全书总目提要》的"《古文孝经孔氏传》一卷附宋本《古文孝经》一卷"也提供了相似的信息。在清中期《四库全书》编纂工程结束之后,《四库全书总目提要》以及诸种《四库简明目录》迅速成为许多书商收书时的重要参考,以至于"业书者家置一编,以为蓝本",同时也成为许多读书人购藏书籍时的重要参考。② 《四库全书总目提要》在"《七经孟子考文补遗》"条目下还征引了北宋欧阳修的《日本刀歌》一诗,何士祁的序文亦引此诗,殆非巧合。《四库全书总目提要》关于物观的信息来源无疑是《七经孟子考文补遗》一书,然而《四库全书总目提要》并未提到为该书写序的物茂卿。

  张岳、何士祁何以会将物茂卿和物观混为一谈?在当时,获知物茂卿相关信息的

---

① 参见谢孝苹:《日本佚存汉籍述略》,《东方研究论文集》,北京大学出版社 1990 年版,第 36—38 页;松浦章:《清代帆船带回的日本书籍——安徽鲍氏〈知不足斋丛书〉所收的日本刻本》,复旦大学历史地理研究中心编《跨越空间的文化——16—19 世纪中西文化的相遇与调适》,第 394—410 页。
② 《扫叶山房书籍发兑·序》,上海扫叶山房光绪八年(1882)石印本,第 1 页。

另一个可能渠道,是阮元主持刊刻的《七经孟子考文补遗》。此书虽被抄录进《四库全书》,但是一般的读书人终究无缘获睹,而阮元在得到日本原刊本之后,于嘉庆二年(1797)将此书以小板在中国重刊,大大促进了其在中国的流通,使此书成为从日本传入的诸种经学研究书籍中影响最大的一部,此后大量的经学研究著作纷纷征引此书。阮元所刊的《七经孟子考文补遗》一书,除了在书首增加一篇由阮元所撰的序文之外,基本维持日本原刊本的样貌,故物观、物茂卿所撰序文也能够被广大中国读书人所读到。但很明显,张、何二人对《七经孟子考文补遗》未曾寓目,因为只要略为看过其书,在看到物观、物茂卿分别撰写的序文之后,断然不会误认为他们是同一人。有意思的是,何士祁序文中"知茂卿所云唐以前王、段、吉备所赍古博士之书,诚非妄语"一句,完全来自阮元的《刻七经孟子考文并补遗序》,该文既见于阮元主持刊刻的《七经孟子考文补遗》,也见于阮元的文集,可见何士祁还是读过一代名士阮元的序文,却并没有看过《七经孟子考文补遗》一书。① 对于一部在当时经学研究中被广泛阅读、征引的"名著"虽"心向往之",但却终未能"致",也体现了这两位序文撰者并未厕身于当时经学研究的主流"圈子"之中。

以生前名望及存世之著述而言,这些抄书的读书人对于经学研究似并无多大的造诣。但是,为何他们如此热衷于抄录此书呢?在考虑乾嘉以后学风影响下的读书风气之外,必须对当时读书人藏书之风予以考虑。相比那些经学造诣精深、专著宏富的大家硕儒,乾嘉学术风尚对清代普通的中下层读书人而言,还在于对鉴藏书籍风气的影响。访书、借书、抄书、藏书构成了清代中后期读书人日常生活的重要一环,在经济状况允许的情况下,搜罗难得一见的书籍已经成为"艺林"的风尚。清代中期以后,"读未见书"成为许多学人热衷之事,许多饱学之士都"喜读未见书",尤以热衷于书籍收藏的藏家为甚。其中著名的一例是名重一时的藏家黄丕烈(1763—1825),其书斋便名为"读未见书斋",松江人韩应陛(?—1860)亦以其名其藏书之所。当时学问研究的风尚和读书、藏书的趣味分为两途显而易见,乾嘉学术的余绪的确会导致搜访宋元旧刊乃至更早的刊本的趋向,但是"读未见书"的读书、鉴藏趣味却并不一定是要"有资考证"不可。对于在此《论语征》抄本上题写序跋的几位读书人而言,可能塑造一种"异书海外从人购,丛稿闺中倩妇删"的名士风度更为重要。从这个角度,便能理解为何何士祁、王鹤年这样一些读书人对抄录《论语征》一书如此热衷。

葛思德东方图书馆所藏《论语征》的这份抄本承载的信息量虽然有限,但为了解清代中国与日本之间的书籍交流和知识交流提供了一个小小的窗口,也为了解清代读书人阅读、传抄、收藏书籍的种种环节提供了颇为生动的资料。

清代中期以后,有多部日本人的经学著作从日本传入中国,并对中国人的学术研

---

① 阮元:《刻七经孟子考文并补遗序》,《揅经室集》,中华书局 1993 年版,第 43 页。原文为"物茂卿序所称唐以前王、段、吉备诸氏所赍来古博士之书,诚非妄语"。

究产生了不小的影响。其中最为重要的论著有山井鼎撰、荻生北溪补遗的《七经孟子考文补遗》、太宰春台(太宰纯,1680—1747)校刊的《古文孝经孔氏传》、根本逊志(1699—1764)校刻的南朝梁皇侃《论语义疏》以及冈田挺之(1737—1799)补辑的《孝经郑注》。① 其中,《七经孟子考文补遗》《古文孝经孔氏传》《论语义疏》都被抄录于《四库全书》之中。

对于清代中日书籍交流史的研究,目前已经积累了较为丰富的学术成果,基本厘清了这个问题的一些关键环节,如书籍交流的通路、在其中扮演关键角色的人物等。其中,日本学者大庭修(1927—2002)作出了开拓性的贡献。日本书籍流入清代中国的关键,在于众多研究者已经指出的宁波—长崎贸易路线(Ningbo—Nagasaki Trade)。② 从日本带回《古文孝经孔氏传》《论语义疏》以及《七经孟子考文补遗》的商人是往返于宁波、长崎之间的浙江商人汪鹏。据阮元所辑《两浙輶轩录》(刊于 1801 年)所载,汪鹏字翼苍,号竹里山人,是钱塘人,其所带回的多部日本书籍,都对当时的"艺林"产生了很大的影响:

> 翁留心经籍,尝购得孔安国《孝经传》、皇侃《论语义疏》、山井鼎《七经孟子考文》,先后上之四库馆,钞入全书。而孔传、皇疏刻入鲍氏《知不足斋丛书》,《考文》则阁学阮公刻以流布。盖翁之为功于艺林者钜矣。③

在从日本流入中国的多部日本人所撰的经学研究著作中,影响最大,被最为广泛地加以阅读、征引的,无疑是《七经孟子考文补遗》。嘉庆二年,阮元主持将此书刊行,由于阮元既是名重士林的通儒硕彦,又是积极赞助学问研究的封疆大吏,无疑大大增加了此书的口碑,使其得以迅速地在清代读书人群体中传播开来。阮元自己曾为此书写有一篇序文,大体交代了此书的来龙去脉:

> 《四库全书》新收日本人山井鼎所撰《七经孟子考文》并物观《补遗》共二百卷,元在京师仅见写本,及奉使浙江,见扬州江氏随月读书楼所藏,乃日本元板落纸印本,携至杭州,校阅群经,颇多同异。

---

① 参见 Laura E. Hess, *The Reimportation from Japan to China of the Kong Commentary to the Classic of Filial Piety*, Dissertation, University of Washington, 1994.
② Benjamin A. Elman, "One Classic and Two Classical Traditions: the Recovery and Transmission of a Lost Edition of the *Analects*", *Monumenta Nipponica*, Vol. 64, No. 1(Spring 2009), pp.57-59.
③ 《两浙輶轩录》卷 34,光绪十六年(1890)浙江书局重刻本,第 13 页。松浦章亦曾简要考订过汪鹏的字、号、籍贯等,所据资料与笔者所引略有不同,笔者以为《两浙輶轩录》更为可靠,参见松浦章:《江戶時代唐船による日中文化交流》,京都思文閣 2007 年版,第 203-209 页。

阮元首先认为唐代存世的石经，如《开成石经》，有助于校订经籍之文，然而山井鼎的著作所引的古本、足利本等版本，"竟为唐以前别行之本"。[①] 唐代存世不多的石经文字，以及陆德明的《经典释文》、孔颖达的《五经正义》等，由于其有功于校订、复原典籍文本，一向为乾嘉学者所宝贵，而突然出现于中国的《七经孟子考文并补遗》一书，由于征引了大量存于日本的古本、足利本等更显古旧的儒家典籍文字，其价值显而易见，所以阮元才对其书十分重视且力主将此书加以刊行。

此后，阮元还曾编有《浙士解经录》一书，以收录浙江学子探讨经学问题的文章。其中有一题为"《礼记》经文多误字、脱字，可以唐石经、山井鼎诸书正之否？"此处所指山井鼎的著作，即《七经孟子考文》。一份被选录于此书的"标准答卷"来自钱塘人吴克勤。吴克勤在文中论证，唐代石经与一些典籍的"今本"存在异文，典籍内的篇章前后顺序也稍有不同，而由于唐代石经更加接近经典文本生成的年代，故"其用以校正经文之伪者，颇赖于是"。而提到山井鼎的《七经孟子考文》一书时，其论证如下：

> 山井鼎者，日本西条掌书记也。撰《七经孟子考文》，据古本、足利本、宋板、嘉靖、崇正（案：即崇祯）诸本，以为正误、考异、补阙之例，东都讲官物观，又据诸本以为补遗，极有功于经学之书也。[②]

由于山井鼎所著的《七经孟子考文》征引了大量存于日本的古代经籍版本，故吴克勤肯定了山井鼎对于"正误、考异、补阙"等工作的作用，将其认定为一部"极有功于经学之书"。从阮元选取吴克勤此文作为范文加以收录这一点来看，其态度亦昭然可见。试将吴克勤此文与阮元为《七经孟子考文并补遗》一书所写的序相对照，可见吴克勤的观点与阮元几乎没有区别，只是对阮元观点的附和与阐发而已。

《论语征》一书由谁带回无可稽考，只能知道此书也是由浙江商人携归。此外，葛思德东方图书馆所藏的抄本《论语征》还或多或少展现出当时的中国读书人对日本学问、知识水平的一般印象。

对于清代中日学术思想的相互交流与影响，以往的学者对于伊藤仁斋（1627—1705）、荻生徂徕等日本古学派的大师对中国清代学术的影响也曾加以探究，但是始终很难澄清影响的存在与否及其限度。[③] 藤塚邻曾经指出《论语征》传入中国以后，对中国的经学研究产生了很大的影响，如吴英、翁广平、狄子奇、刘宝楠、刘恭冕、戴望、俞

---

① 阮元：《刻七经孟子考文并补遗序》，第43页。
② 阮元辑：《浙士解经录》，清嘉庆再到亭刻本，《四库未收书辑刊》第3辑第10册，北京出版社2000年版，卷2，第7页。
③ 余英时：《戴东原与伊藤仁斋》，《论戴震与章学诚：清代中期学术思想史研究》，生活·读书·新知三联书店2000年版，第220-233页。

樾、李慈铭等多位学者都在其著作或其他文字中征引或提及《论语征》一书。① 的确可以说《论语征》影响了中国读书人的经学研究,但是其实际影响并不大。如刘宝楠的《论语正义》,仅有两处征引此书,且都没有作为重要的证据。② 与《七经孟子考文补遗》一书所受士林的关注相比,《论语征》显得有些默默无闻。

通过本文主要关注的《论语征》一书,可以窥见,对于日本的"儒学",清代学者更加看重"儒书"("佚书""未见之书")对中国经典文本的考订作用,而对其思想、识见层面的价值并没有足够重视。相比于保存有"唐以前别行之本"的经典原文而对经学研究大有"正误、考异、补阙"等功用的《七经孟子考文》一书,《论语征》在文献校勘上能起到的作用十分有限,而更多体现着物茂卿的识见,但是当时的清代学人对日本人儒学学问上的识见并不怎么赞赏。因而阮元会说在《七经孟子考文》一书中,"山井鼎等惟能详纪同异,未敢决择是非,皆为才力所限",但是,却赞赏其"积勤三年"的勤勉。③ 俞樾也说物茂卿的《论语征》断言上《论》成于琴张、下《论》成于原思(即原宪),因而《论语》中唯独对这两个人称名,这样的判断"近于臆说"。④ 从狩野直喜的研究也可以看到,尽管《七经孟子考文补遗》在清代士林中引起震动,让一些士人精英纷纷据以参校经书,但是,像卢文弨这样的大学者亦表示"其议论亦有可采,然犹憾其于古本、宋本之伪脱者,不能尽加别择",因而才发愤"为之删订",其对山井鼎的评价也无非只是"海外小邦,犹有能读书者"。⑤ 如若推而广之,观察一些普通读书人对日本"儒学"所具有的心态,也与这些大儒类似。如此抄本中张岳的序文便说"所附己见,以圣人之言谓大半皆引古书,殊为臆说"。另外,何士祁的序文中说"此书与朱注间有异同,支离肤浅处诚不能免",并且他认为此书所体现的,是"国家同文之化,被于中外者"。王鹤年所撰序文也说"以茂卿生居海外,乃能博览群书,采撷汉唐注疏,参以己意,诠解虽未能无疵,而考证之功有足多者"。这些序文的作者们对本国学问有着充分的自信,日本人研究《论语》及其他中国经典文本的活动,在他们看来更多的是一种"向化"的举动,是一种天朝大国的文化声威远播东邻小国的体现。

此外,此抄本中所含的序文也表明,在 1870 年代中国向日本派驻使臣之前,通过当时的书籍收藏、销售的网络,中国许多普通读书人早已知道日本人对中国儒家经典的研究。在驻日使臣令后世之人瞩目的访书、刊刻活动开始之前,日本藏有中国"未见之书"的消息已广为中国读书人所知。

日本存有中国已经亡佚的书籍这一点散见于历代的文献,但是,在清代以前,几乎

---

① 藤塚鄰:《论语总说》,第 291-361 页。
② 刘宝楠:《论语正义》上册,中华书局 1990 年版,第 276、342-343 页。
③ 阮元:《刻七经孟子考文并补遗序》,第 45 页。
④ 俞樾:《春在堂随笔》,辽宁教育出版社 2001 年版,第 4 页。
⑤ 狩野直喜:《山井鼎と七經孟子考文補遺》,羽田亨编《内藤博士还历祝贺支那学论丛》,第 21-22 页。

看不到真正探寻这类佚书的渴望,因为清代乾嘉以降极为兴盛的经学研究才能真正凸显出日本所存的"未见之书"的价值。在这样的背景下,清代的中国读书人回顾和重温一些前代的文献,以此解释并佐证日本藏有中华之旧籍这一问题由来已久。其中最为著名的"话头"之一便是北宋欧阳修的《日本刀歌》一诗,如上文所引何士祁的序文。因为早在北宋年间,欧阳修便曾言及"徐福行时书未焚,逸书百篇今尚存。令严不许传中国,举世无人识古文"①,已隐隐约约了解到这个"传闻其国居大岛"的东方邻国存有中国未见的书籍。由于地理上十分邻近,并且历史上也一直往来不断,中、日、韩三国之间的书籍交流长期存在,中国许多书籍借由"持渡书"而大量流入日本早已为学界注意,从日本、朝鲜回传中国书籍在清代也偶有发生,清代中国与日本、朝鲜之间存在着以书籍为基础的知识交流。②

早在清初,王士禛(1634—1711)的《古夫于亭杂录》曾道及"日本国重儒书,十三经而下无所不有",只是听信口传耳剽之言,认为独无《孟子》一书。③ 清代中期以后,不少学者已习闻日本存有"中华之旧籍"的事实,读书人群体也对这一中日书籍交流有着自己的观察与体认。鸦片战争以前,龚自珍(1792—1841)即对日本流入之书有较为细致的了解,在其所撰《与番舶求日本佚书书》一函内,曾罗列从日本回流入中国的数种书籍:"昔在乾隆之年,皇侃《论语义疏》至,迤者,《佚存丛书》至,所著《七经孟子考文》亦至。"所以,龚氏给日本至中国贸易的商船的主人写信,"愿求先儒诂经之遗文,及文章家汉魏间作者"。④ 正因为此前存在书籍交流,在晚清中国的读书人群体中,日本存有中国"旧书"日渐成为一种众所周知的信息。至1878年,晚清重臣李鸿章在为竹添进一郎的《栈云峡雨日记》写序之时,由于该书作者为日本人,故李鸿章在序中也道及自己对日本存有中国旧籍一事的听闻:"余又闻海东旧国,其俗近古,其传有先秦以来未见之书。"⑤李鸿章文中所指,自然是一些中国已经佚失的儒家典籍。同样是1878年,当沪滨名士卫铸生赴日之时,他的一班友朋在《申报》上登载了多篇唱和的诗作为他送行。其中一首诗写道:"祖龙一炬焚不到,应有中原未见书。"⑥几个月以后,他身

---

① 如《四库全书总目提要》便曾数次引用欧阳修此诗。另一首有名的诗歌是元代杨维桢(1296—1370)的《送僧归日本》,内有"我欲东夷访文献,归来中土校全经"句。
② 关于中日两国的书籍交流,可参见大庭修:《江户时代における唐船持渡书の研究》,关西大学东西学术研究所1967年版;松浦章:《江户时代唐船による日中文化交流》。关于汉籍在日本的流布情况,可参见严绍璗:《汉籍在日本的流布研究》,江苏古籍出版社1992年版。另可参见冯佐哲:《略述清代中日文献典籍交流》,《清史论丛》1993年版,第218-230页;周振鹤:《持渡书在中日书籍史上的意义——以〈戌番外船持渡书大意说〉为说》,《复旦学报》(社会科学版)2007年第3期;胡孝德:《清代中日书籍贸易研究》,《中国经济史研究》2007年第1期。
③ 王士禛:《古夫于亭杂录》,中华书局1988年版,第72页。
④ 龚自珍:《与番舶求日本佚书书》,《龚自珍全集》,上海古籍出版社1999年版,第330-331页。此书中该文句读存在错误,引文中的句读为笔者所改。
⑤ 李鸿章:《栈云峡雨日记叙》,竹添进一郎:《栈云峡雨日记》,东京奎文堂明治十二年(1879)刻本,第6页。
⑥ 蔡锡龄:《送卫铸生游日本》,《申报》1878年12月6日,第3版。

在上海的另一位朋友同样在《申报》上登载诗作以表感怀之情,言及"中原简籍祖龙余,海国还多古本储。他日蛉洲理归榜,要君载来未焚书"①。1882 年,有人在《申报》上写诗送别一位赴日的读书人,还是殷切地嘱咐他要"能交北海知名士,要访东瀛未见书"。② 日本这个"海东之国"存有中国"未见之书"的消息早已成了晚清中国读书人中间广为流传的事情。

小 结

关于《论语征》一书,还有一则故事可以补上。同治五年(1866),俞樾的好友戴望(字子高,1837—1873)曾在杭州的书肆购得一部日本学者物茂卿所撰的《论语征》十卷。③ 戴望曾将此书借给俞樾,据俞樾的描述,此书"每卷首末两叶版心,皆有'滕元启谨书'五字",则此书应为和刻本。可惜的是,戴望此书购自哪位书商,没有留下任何记载。不过,此书得自杭州,与上文所叙此书流传到中国的情形高度一致,可见到了 1866 年,此书的和刻本之一还在杭州售卖。

本文所讨论的这个抄本《论语征》中的序文表明,在 1870 年代中国向日本派驻使臣并开展广泛的访书、刊刻活动之前,日本藏有中国"未见之书"的消息早已广为中国读书人所知。在《论语征》一书传入及被传抄、流传的 19 世纪上半叶,清代的许多读书人还在发扬着乾嘉汉学的传统,对于更早的典籍版本孜孜以求,用以辅助经学的研究。并且,乾嘉汉学既影响了学术研究的风气,也影响到了鉴藏书籍的风气。因此,日本传入的儒学书籍变得奇货可居,引得许多读书人趋之若鹜。

1877 年,清廷向日本派出何如璋及其副使张斯桂,从此,中国开始通过正式的外交渠道向日本派驻使臣。派驻日本的使臣及随员之后在日本访书、刊书的热忱很高,由此大大加强了中日之间的书籍交流,尤其是导致大批已经在中国佚失的旧籍回流中国,如黎庶昌的《古逸丛书》、傅云龙的《籑喜庐丛书》、杨守敬的《日本访书志》等都是十分著名的例子。本文所涉及的这些对于日本书籍的寻访与传抄活动发生在 1877 年之前,日本学者关于中国经学研究的著作,通过有限的管道流入中国,中国的书贾对此居为奇货、坐地起价,作为消费者的中国读书人对此亦竞相传抄,既使得日本人的著作声名日隆、愈可宝贵,也有助于日本存有中国"未见之书"的消息得到更为广泛的传布。这为 1870 年代后期之后中国学人的赴日访书活动提供了一个坚实的知识基础,也能从一定程度上解释为何他们赴日以后,马上就开展了十分活跃的访书、刊书活动。如果将视野放至 19 世纪下半叶乃至 19 世纪末,晚清时期赴日的广大中国学人首先属意

---

① 陈鸿诰:《寄怀铸生日本四绝》,《申报》1879 年 2 月 10 日,第 4 版。
② 徐邦:《送蒲卓英茂才之日本兼怀陈曼寿明经》,《申报》1882 年 5 月 22 日,第 3 版。
③ 俞樾:《春在堂随笔》,第 4 页。

与搜访的,还是那些旨在辅助经学研究的宋元旧刊乃至唐代写本,这一点《古逸丛书》以及《籑喜庐丛书》都表现得十分明显。

对于日本藏有"儒书"这一点,确已广为清代中国的读书人所知,但是对于日本的"儒学",清代的中国读书人群体依然处在雾里看花的状态中。除了有限的几个日本学者的名字及传入中国的书目、书籍,清代的中国读书人大多还不知道物茂卿就是荻生徂徕、物观就是荻生北溪,换句话说,晚清以前中国的读书人对于日本的儒学,所在意的知识内容,仅仅在于其对于乾嘉以来经学研究的"正误、考异、补阙"等文献学意义上的"补充"作用,而并非其经学见解的高明与否。至于了解其学术源流及传承脉络,则既没有多少兴趣,也没有足够的信息来源渠道。甚至想当然地认为物茂卿名观,茂卿是他的字或号,这是典型的以己度人的猜测。要到1870年代末之后,通过大批中国学人在日本实地探访和了解,中国的部分读书人才较为清楚地了解到日本的儒学传统,不过,到那个时候,在东亚世界面对西方世界时,儒学在中、日两国都不可避免地逐渐走向了边缘。

话语流变与知识生成

从"大书院"到"大学":
近代中国对 university 的翻译*

范广欣

(南开大学哲学学院)

摘要:近代以来 university 的主要汉译及其升降起伏具有丰富的历史和文化意涵,揭示了中国人认识西方大学、探索大学理念的不同心态和视角。从 1866 到 1895 年是无可争议的"大书院时代",尽管多种翻译并存乃至竞争,"大书院"却处于一种绝对的优势地位。从 1895 到 1911 年,"大学堂"逐渐取代"大书院"成为官方认可的翻译。直到民国以后"大学"作为 university 的标准翻译才最后确立。甲午战前中国人对西方和日本多种大学模式均有观察和体验,他们往往重视书院与英美大学的比较,甚至认为英美大学与当时的书院相比更好地体现了书院的理想,这是他们多用"大书院"翻译 university 的理由。甲午战败之后,日本模式取得了独尊的地位。但是,最后确定的标准翻译"大学",虽然直接来源是日本,却在本土文化中具有丰富的含义,在全盘西化、日化的时代,承载着民族的教育理想。

关键词:书院;太学;大学;学院;大学理念

自 1895 年开始中国最早的一批公立大学逐渐创办,这些公立大学的创办标志着中国大学理念已经初步走向成熟。① 本文期望梳理汉文文献对 university 或 college 等相关词汇的翻译过程,尤其注重中国最早的大学创办前后的变化,发掘不同汉译及其兴衰替代的历史和文化含义,以探索中国大学理念的萌芽和演变。

关于中国大学创立以前汉文文献对 university 等西式高等学府的翻译,在本文之

---

* 本文原载于《江海学刊》2019 年第 7 期,有修改。
① 详细讨论见范广欣:《从郑观应到盛宣怀:转型时期中国大学理念走向成熟》,收入王汎森主编:《中国近代思想史的转型时代》,台湾联经出版社 2007 年版,第 105-136 页。

前尚无专门研究。从少数学者的相关叙述可以发现,当时曾经出现过各式各样的翻译,西方传教士在翻译的过程中发挥了重要的作用,不过,甲午战争以后,日本对 university 或 college 等相关词汇的汉译迅速在中国流传,并取得支配地位。①本文的特色在于梳理从明末清初耶稣会开始介绍西方的 university 到民国初年"大学"成为固定翻译的全过程,揭示主要汉译及其更替的文化意涵,指出不同汉译揭示了中国人认识西方大学、探索大学理念的不同心态和视角。从方法上说,观点的推进主要得益于对传教士、出洋中国人乃至国内官员士大夫、洋务知识分子涉及西方以及日本教育制度的基本文献的整体把握和具体解读。此外也运用中国近现代思想史全文检索数据库(1830—1930)作为补充资料,并对不同翻译在不同时期的升降替代做了统计。② 具体而言,本文最重要的发现是从 1866 年到 1895 年是中国大学理念史上无可争议的"大书院时代",这一时期尽管多种翻译并存乃至竞争,"大书院"却处于一种绝对的优势地位,人们往往是从书院的理想出发观察西方和日本的 university 或其他高等院校。甲午战争失败和北洋大学堂建立是"大书院"这个翻译由盛而衰的转折点。但是,实际上其优势地位直到 1898 年京师大学堂建立、官方政策以学堂全面取代书院才受到真正的挑战。

一、最早的翻译

西方的 university 在中国最早的翻译就目前所见,应该是出自明清之际传教士艾儒略(J. Aleni,1582—1649)的地理学著作《职方外纪》,这是汉文文献中第一次出现对欧洲小学、中学、大学三级学校制度的介绍,而且用的就是我们今天习惯的称呼。③ 后来南怀仁(Ferdinand Verbiest,1623—1688)的《坤舆图说》也有大致相同的介绍。④《职方外纪》里提到欧洲的各 university 还普遍使用"共学"的说法,也用过"公学"指欧洲现存最古老的意大利博乐业(Bologna)大学。⑤ 这两个称呼后来并没有

---

① 张雁介绍西方大学概况在晚清的传播时,曾提及传教士对 university 的多个翻译,包括"太学院""太学""大学院""大书院""大学"及"大学校"等,见张雁:《西方大学理念在近代中国的传入与影响》,浙江大学出版社 2009 年版,第 44-49、55-56 页。肖朗也在文中提及西方传教士在翻译方面发生的作用,见肖朗:《〈文学兴国策〉与近代中、日、美文化交流》,《浙江大学学报》(人文社会科学版)2002 年第 32 卷第 1 期,第 18 页。吕长顺则介绍了日式翻译在甲午战后被中国人套用的过程,见吕长顺:《晚清中国人日本考察记集成·教育考察记(上)》,杭州大学出版社 1999 年版,解题部,第 1-16 页。
② 该数据库可于香港中文大学图书馆内使用,它收录了 300 多份与思想史有关的历史文献,共逾亿字。文献依内容分作六大类,分别为近代期刊、晚清民初士大夫著述、晚清档案数据、清季经世文编、晚清来华外人中文著译、西学教科书。
③ 艾儒略:《职方外纪》卷二,湖南人民出版社 1981 年版,第 3 页。
④ 南怀仁:《坤舆图说》卷下,《四库全书》第 594 册,上海古籍出版社 1992 年版,第 753 页。
⑤ 艾儒略:《职方外纪》卷二,第 10-11、14-17、22 页。

广泛流传。①《职方外纪》中也提到"书院",不过看来并不是指教学场所,而是指图书馆。②

尽管明清之际耶稣会传教士已经用"大学"翻译 university,我认为今天将 university 普遍翻译成大学,是借用明治维新以来日本的作法,而不是受到明清之际传教士文献的直接影响。因为从《四库全书》编纂以来,中国读书人便对这些文献中所介绍的世界地理特别是欧洲的文明,持相当怀疑的态度,雍正以后传教士在中国的活动更受到官方的限制,所以这些文献在中国相当长时间内并没有产生应有的影响。不过,当晚清读书人越来越有兴趣了解西方的时候,这些收入《四库全书》的文献很可能被重新发现,作为一部分读书人睁眼看世界的知识准备。

二、大书院时代

(一)"大书院"的由来

晚清传教士再次进入中国时,跟先辈不一样,他们把西方的学校,甚至他们自己在中国办的西式学校都称为书院,因为他们了解到书院是当时中国最普遍的中高等教育的学校形式,他们希望这么做可以促进中西文化的沟通。③ 顺理成章,university 或提供高等教育的 college 也就获得大书院的称呼,原意即规模较大、级别较高的书院。

一般认为,书院兴起于唐代,逐渐发展出一系列私人办学的特点,比如自由创办、师生互择、自由讲学,取代官学系统成为中国传统教育的主流,南宋以来更与理学结合起来,不仅强调自主研修学问、奖掖后学,还变成读书人试图转移人心风俗、改造社会与政治的基地。明朝后期围绕东林书院更形成了士大夫抗议运动的中心。书院的理想发展到顶峰,也因此遭到专制皇权的一再打压。清中叶以后,书院接受了官学化的

---

① 中国近代先后创办"南洋公学"(1896)和"中国公学"(1906),都是包含不同性质学校(包括大学、中学、师范等)的综合体,都对中国高等教育的起步作了贡献,但是没有证据说明其命名与《职方外纪》有直接联系。南洋公学的命名,直接的来源是传教士花之安的《德国学校论略》,后郑观应所著《学校》篇辗转影响到南洋公学的创办者盛宣怀。这里公学指的不是大学或高等院校,而是"官督民办,经费半由国帑半由民捐"的学校。可参见范广欣:《从郑观应到盛宣怀:转型时期中国大学理念走向成熟》。
② 艾儒略:《职方外纪》卷二,第 4 页。
③ 见邓洪波:《教会书院在中西文化交流中的功效》,载陈谷嘉、邓洪波主编:《中国书院史资料》(下),浙江教育出版社 1995 年版,第 2117 页。另见邓洪波:《教会书院及其文化功效》,《贵州教育学院学报》(社会科学版)1993 年第 3 期,第 17—20 页。香港划归英人统治以后,新式学校尽管英文称为 college,遵循中国人的习惯汉文却仍然称为书院。这是今天在香港还能发现不少中学,尤其是老牌的中学仍然叫书院的原因,比如英华书院(Ying Wa College)、皇仁书院(Queen's College)、英皇书院(King's College)、华仁书院(Wah Yan College)等,其中既有教会学校也有殖民当局办的官校。其中,最早的英华书院 1818 年由传教士建于马六甲,1843 年即鸦片战争以后不久迁到香港。1949 年以后,一些提供高等教育的学校,在获得香港政府认可之前也称为书院,包括 1963 年前的新亚书院、1972 年前的浸会书院和 2004 年前的珠海书院等。

改造而再度兴盛,其代价是受到政府的严格控制,失去了许多传统的自由,与科举考试的关系变得紧密,乃至和官学一样成为科举附庸,书院的理想和书院的现实形成了巨大的差距。不过,许多著名的书院仍保留一定的自主性,仍为传统学术的中心,有志之士创建或领导的书院为学风向纯学问或经世致用再次扭转做了积极的努力。总而言之,书院的理想直到晚清仍然为士大夫所珍视。①

从1866年到1895年,无论是中国派到海外的官员和其他出洋人士的游记日记,还是在华传教士的介绍文字,乃至国内掌权者给朝廷的奏折,均普遍以书院称呼西方学校,而采用大书院作为 university 或提供高等教育的 college 的通用译法。② 这段时期可以称为中国大学理念史上的"大书院时代"。其特点是:出洋的中国人观察西方大学,多以中西文明交流为基本出发点,他们对包括书院在内的中国文明的基本信心尚未动摇,所以一般都比较重视传统书院与西方式大学的比较,希望能够取长补短,丰富和发展中国固有的书院制度而不是对其进行全盘否定。随着时间流逝,中国有识之士的态度也发生变化,大概可分为三个阶段。起初人们多强调西方大学与传统书院的共通之处,肯定在遥远的欧美也存在发达而完善的学校制度,可以与中国媲美。逐渐地,西方大学独特的优点越来越得到肯定,相比之下,现实中书院的许多缺点越来越暴露出来,但是这一点并不意味着传统书院的理想被放弃,有些人宣称西方的大学比当时中国的书院更符合传统书院的理想。最后,越来越多人得出结论,传统书院的理想不能涵盖西方大学的所有优点,如果两者不可得兼,为了国家的生存必须引进西方的学校制度,书院的理想便不得不放弃,这样"大书院时代"也就终结了。1895年盛宣怀创办了天津北洋西学学堂,很快就改称北洋大学堂,更重要的是1898年京师大学堂创立,不仅以"大学堂"作为 university 的官式翻译,而且朝廷要求在全国范围内以学堂取代书院,这样"大学堂"便取代"大书院"成为 university 最常见的汉译。

中国外交官和洋务知识分子使用大书院这个名词翻译 university,我认为是受到徐继畬(1795—1873)《瀛环志略》的影响,因为徐继畬曾经任职总理衙门,他的《瀛环志略》是外交官必备的参考书,包括各种出使日记在内的大量资料可以证明这一点。徐继畬在介绍欧美各国的时候,多次用大书院指代当地的著名高等学府。③ 徐氏在福建当官时与美国传教士雅裨理(David Abeel,1804—1846)过从甚密,一般认为《瀛环志

---

① 关于书院的传统理想和清朝中叶以后的官学化及其反动,可参考刘少雪:《书院改制与中国高等教育近代化》,上海交通大学出版社2004年版,第1、5、8—9、15—23页。
② 使用"大书院"称呼西方 university 或其他高等院校的知名官员和洋务知识分子包括徐继畬、斌椿、志刚、郭嵩焘、王韬、刘锡鸿、李圭、祁兆熙、郑观应等,知名传教士包括艾约瑟、丁韪良、李提摩太、林乐知等,下文再做详细讨论。1868—1884年在《教会新报》上发表的文章普遍使用"大书院"称呼西方高等院校。国内掌权者使用这一称呼的,可见曾国藩、李鸿章:《奏选派幼童赴美肄业办理章程折》,李鸿章:《奏请增留学经费折》,分别见高时良编:《中国近代教育史资料汇编:洋务运动时期教育》,上海教育出版社1992年版,第868、875—876页。
③ 徐继畬:《瀛寰志略》,上海书店出版社2001年版,第143、153、207、233、278—280、282页。

略》得以成书,不少资料来源于他。关于 university 的知识和大书院的译法,多半也是从传教士来,但是我们目前并没有证据。在中国近现代思想史全文检索数据库(1830—1930)中,最早出现的用"大书院"翻译西方高等学府的例子就来自 1843 年版的《瀛环志略》。事实上,"大书院"当时在汉文里已经形成一个专有名词,而不仅仅是"大"和"书院"的随机组合。经过明清之际的萧条,雍正以后清朝政府重新对书院采取了扶持的态度,特别是有计划地在各省主要城市建立官办书院,成为"国子监"以下各省的最高学府,俗称省会大书院或大书院,著名的有长沙岳麓书院、保定莲池书院和江宁钟山书院等。① 因此,把西方的 university 或者提供高等教育的 college 统称为大书院,在华夏中心观念较强的时代,其实是承认它们相当于中国各省的最高学府,是对这些学校也能提供高水准教育的肯定。

(二)中国人的其他译法:"大学院"和"太学"

可是在大书院时代对 university 或提供高等教育的 college 也存在其他译法。比如张德彝(1847—1918)的有关出使笔记用的就是"大学院"译法。② 张氏是同文馆的毕业生,懂英文,从 1866 年起先后担任斌椿、志刚、郭嵩焘、曾纪泽等人的出使随员,最后更获委派为驻外公使。他的译法并非来源于徐继畬的中文著作,或者出于同文馆的师训,或者是他本人从英文直接翻译。我们可以看出这个名词与"大书院"结构基本相同,用它来称呼西方的高等学校,很可能也是从"书院"或"大书院"演变过来。

值得注意的是,我们今天采用的标准翻译"大学"两个字已经包含在"大学院"这个名词里,"大学院"可以理解为提供"大学"教育的场所。这说明中国人虽然一开始不是用"大学"称呼西方的高等学校,但是最后采用它还是有一定基础的,因为在我国经典的传统里一直用"大学"(与"小学"相对)来描述高级教育。1876 年代表中国海关到美国参加博览会的李圭(1842—1903),在其日记中虽然沿用"大书院"称呼英美的高等学校,却同时指出这些学校提供的教育相当于中国传统所说的"大学"阶段,学生要经过"小学"阶段,考试成绩优异才能升学。③

首任驻英法公使郭嵩焘(1818—1891)除了用"大书院"称呼牛津、剑桥等校,很可能受到张德彝的影响,也用"学院"来称呼牛津、剑桥的成员(后来"学院"成为 college 的标准翻译之一,一直沿用至今),用"大学院"称呼他在苏格兰见到的 university。他还用过"大学馆"和"上学馆"的称呼("学馆"是当时对教育场所的统称之一,早期学

---

① 邓洪波:《中国书院史》,东方出版中心 2004 年版,第 436-437、571、586 页。
② 见张德彝:《航海述奇》,湖南人民出版社 1981 年版,第 523、526 页;张德彝:《欧美环游记》,湖南人民出版社 1981 年版,第 721 页;张德彝:《随使英俄记》,岳麓书社 1986 年版,第 324、445、605-606 页。
③ 李圭:《环游地球新录》,岳麓书社 1985 年版,第 291-292 页。

习西方语言及技术的机构曾经用过这一名称,比如"同文馆""广方言馆"),但是比较少见,其他人也不用。① 他参观牛津时更指出,相比之下,在英国牛津、剑桥是"大学",而其他一般学校是"小学",强调牛剑在英国教育中的特殊地位。其副使刘锡鸿,虽然对新鲜事物的态度比较保守,与郭氏诸多意见不合,在日记中也承认牛津、剑桥是"大学之处"。②

有趣的是,郭氏在瑞士参观时甚至第一次用"大学"来称呼当地的 university。③ 曾国藩的门人之一黎庶昌(1837—1897)曾担任驻法公使的随员,也用过"大学"一词,但是所指不详。④ 一直到 19 世纪末,外出使节或其他读书人很少用"大学"来称呼他们在欧美看到的 university。⑤

必须再三强调,从李圭到郭嵩焘、刘锡鸿等人用"大学"这个称呼都是与"小学"相对的,代表教育的两个不同阶段,他们都没有大、中、小学三级制的概念。根据儒家的传统观念,教育包括"小学"和"大学"两个阶段,前者是普及教育,后者是精英教育,虽然这个分类并不一定与特定学校制度或教育场所相联系。理学认为"大学"阶段的目标在于修身、齐家、治国、平天下,对此儒家经典《大学》有详细的阐述;"小学"阶段则强调学习、洒扫、应对等基本礼仪,也包括识字和基本道德教育。⑥ 清朝汉学把"小学"理解为文字训诂等考据学的基本功,认为只有掌握这些基本功,才能探讨经典中的精深学问。虽然对"小学"的理解有差异,不过无论理学还是汉学都承认"大学"代表学习的高级阶段,而且必须以"小学"为根基,两者之间并不存在"中学"这样一个中间阶段。

另外,除了"大书院",王韬(1828—1897)和刘锡鸿都曾经把 university 称为"太学"。办洋务出身的驻德公使李凤苞(1834—1887)更是基本上使用"太学"来称呼 university。"太学"是中国传统的最高国立教育机构,也是全国最高教育行政管理机构,不同的时代名称有差别,清朝称"国子监",一直存在到 1905 年,才被京师大学堂

---

① 郭嵩焘用"大书院"称呼英格兰的牛津、剑桥和伯明翰大学,见《伦敦与巴黎日记》,岳麓书社 1984 年版,第 142、235、370、376、386、426、441、484、517、619、781、805 页;用"大学院"称呼苏格兰的阿伯丁大学、圣安德鲁斯大学和格拉斯哥大学,见《伦敦与巴黎日记》,第 762、769 页;用"大学馆"称呼法国的里昂大学,见《伦敦与巴黎日记》,第 633 页。
② 刘锡鸿:《英轺私记》,岳麓书社 1986 年版,第 207 页。
③ 郭嵩焘:《伦敦与巴黎日记》,第 891 页。
④ 黎庶昌:《西洋杂志》,岳麓书社 1986 年版,第 444 页。
⑤ 在钟叔河《走向世界丛书》第一辑所有文献中,最早系统用"大学"称呼西方 university 的为梁启超 1899 年所作《新大陆游记及其他》。梁氏这么做,应该是由于他阅读了黄遵宪、傅云龙等人关于日本东京大学的记录:日本人在明治之初就以"大学"翻译 university,并命名他们自己创办的新式高等学校。
⑥ 朱熹《大学章句序》有一段文字充分体现了理学对"大学"和"小学"的理解:"人生八岁,则自王公以下,至于庶人之子弟,皆入小学,而教之以洒扫、应对、进退之节,礼乐、射御、书数之文;及其十有五年,则自天子之元子、众子,以至公、卿、大夫、元士之适子,与凡民之俊秀,皆入大学,而教之以穷理、正心、修己、治人之道。"(朱熹:《四书集注》,中华书局 1983 年版,第 1 页。)

最后取代。① 太学的基本特点是官僚化、等级化,教学的目的不在于学术创新,而在于巩固正统,培养官员。而书院虽然在清朝后期日益官学化,省会大书院财政上更依赖地方政府,但是毕竟仍然保留了许多私人办学的特点,比如密切的师生关系、宽松自由的学术环境、在科举应试之外兼容多样化的学术兴趣(包括理学、考据学和经世之学)等等。② 把 university 称为"太学",其实含义与"大书院"相当不同。

王韬是否有意识地选择"太学"作为 university 的另一汉译呢?让我们一起来梳理他使用这一称呼的不同情况。王韬应理雅各(James Legge,1815—1897)之邀访问牛津的时候曾经写诗留念:"尝观典籍于太学,品瑰奇于名院。"我们可以理解为这是一种文学修辞,而不一定反映了他理性的认识,因为在王韬留下的文字中,一般把西式学校称为"书院",而把高等学校称为"大书院",如英国的牛津、剑桥和法国的索邦(Sorbonne)。但是,我们发现王韬记载他在牛津用中文发表演讲时提道:"尔众子弟读书国塾,肄业成均。"③"国塾"很明显指的是国立学校,"成均"源于《周礼》"掌成均之法典,以治建国之学政",习惯上作为"太学"和"国子监"的代称,朝鲜王朝的最高学府便称为"成钧馆"(Songyun'guan)。所以,他用"太学"来称呼牛津并非一时偶然。他敏感地发现到两者的共同点:第一,都是大规模提供高级教育的学校;第二,与政府的关系非常密切,学生毕业要进入仕途,为国家服务。根据他的记载,牛津许多毕业生都由国家铨选为官员,学习东方语言文字的则被派遣到印度和中国担任翻译人员。④

李凤苞仍然以"书院"作为学校的统称⑤,但是当他介绍柏林大学的时候,却称其为"太学"⑥,尽管有证据表明他也以《瀛环志略》为基本指南,与其他外交官没什么不同⑦。我们觉得他采用这个翻译有三种可能:其一,因为柏林大学是建在德国首都的国立大学,德国一向比较强调大学与国家力量的互相支持,因此符合中国人对"太学"地位和作用的理解。其二,可能是受日本人的影响,李凤苞曾经记载与日本人笔谈,有日本人在德国取得博士学位,指出英国只有牛津是"太学",但是只收英国国教徒,后来才添设伦敦太学(London University),兼收其他宗教的学生,所以作为日本人在德

---

① 1898 年京师大学堂建立以后成为最高的国立新式学校,并统管全国新式学校,与国子监并存,后者仍然是旧学的最高学府,并统管全国旧式学校。1905 年清朝政府才废除国子监,而由京师大学堂统管全国教育行政事务。
② 省会大书院的官学化,主要体现在官府对书院山长和主讲教师聘任权的控制,以及对经济和田产的控制,其他方面仍保留各自的传统。参见金敏、周祖文:《儒家大学堂》,浙江大学出版社 2005 年版,第 150-152 页。
③ 王韬:《漫游随录》,岳麓书社 1985 年版,第 97 页。
④ 王韬:《漫游随录》,第 97 页。
⑤ 李凤苞:《使德日记》,湖南人民出版社 1981 年版,第 32-33 页。
⑥ 李凤苞:《使德日记》,第 31-32 页。
⑦ 李凤苞:《使德日记》,第 37 页。

国拿博士学位比英国容易。① 很可能"太学"这个说法是反映了日本人对 university 的理解,下文再仔细讨论。其三,李凤苞是洋务知识分子出身,与科学家徐寿(1818—1884)过从甚密,参与了傅兰雅(John Fryer,1839—1928)兴办格知书院的工作,而下文将会指出太学/太学院之类的翻译正反映了一部分传教士的偏好。

1895 年以后中国人曾经采用大学堂作为 university 的正式译名,在 1895 年之前,虽然"大学堂"这个词已经出现,但是用来指涉 university 的并不多见。祁兆熙(?—1891)曾奉清政府之命送幼童赴美国留学,他在《游美洲日记》中提到"大学堂""小学堂""总学堂",但是前二者中"大""小"是描述学校的规模,而非教育的等级,后者是指公立学校,他在同一段文字中还是用"大书院"称呼分专业教学的高等学府。② 黎庶昌在《西洋杂志》中介绍法国和西班牙的高等教育,则用"总官学堂"翻译法国拿破仑以来形成的 imperial university(Université de France),实际上这套中央集权的高等教育管理体制中并没有综合大学的位置,他也用"学堂"翻译西班牙的高等专业学校,如农务学堂。③ 目前所见,只有郑观应在 1884 年写作的《考试》一文(收入《盛世危言》)兼用"大书院"和"大学堂"称呼外国的高等学府。④

事实上,当时中国国内也是用"学堂"来称呼同治中兴以后新办的教授西方语言和技术的专业学校。1895 年以前在出洋中国人的记录中,"学堂"作为学校的统称开始出现,并且逐渐变得普遍。⑤ 但是,"学堂"尚未取代"书院"的地位。一般还是用"书院"翻译综合多科学校,而用"学堂"翻译专业学校。从自强运动到戊戌维新,中国国内书院与学堂并存,书院作为包括理学、考据学、经世学和科举应试之学在内的士大夫之学的场所占据主流地位,学堂作为培养与西学有关的洋务专门人才的场所,则是日益壮大的支流。书院在国内的优势地位决定了将"书院"和"大书院"作为西方学校汉译名的优势地位。

尽管有一些变数,但是总而言之,到欧美国家去的中国人一般都用"书院"来统称西方的学校,而用"大书院"指代高等院校,对应的英文包括 university、college 以及 institute。到日本去的人,因为日本多用汉字,不需要翻译,全都采用日本的用法,即"大学校"或"大学",而不用"大书院",他们观察的主要对象是东京大学或后来的东京帝国大学。然而,甲午战争以前日本对中国的影响非常有限,驻日外交官的记录,

---

① 李凤苞:《使德日记》,第 58 页。
② 祁兆熙:《游美洲日记》,岳麓书社 1985 年版,第 228 页。
③ 黎庶昌:《西洋杂志》,岳麓书社 1986 年版,第 444、463 页。李凤苞也以"学堂"称呼德国的专门学校,比如军官武备学堂。见《使德日记》,第 37 页。
④ 郑观应:《考试上》,收入璩鑫圭、童富勇编:《中国近代教育史资料汇编:教育思想》,上海教育出版社 1997 年版,第 75-77 页。笔者运用中国近现代思想史全文检索数据库(1830—1930)进行搜索,发现所录 1895 年前的文献中可以确认用"大学堂"翻译高等学府的只有"水师大学堂",不是我们今天所说的综合大学(university),而是高等的专业学校。
⑤ 见刘锡鸿:《英轺私记》,第 207 页;薛福成:《出使英法义比四国日记》,岳麓书社 1985 年版,第 124、291、343 页。

比如黄遵宪(1848—1905)的《日本杂事诗》和《日本书记》,都是在甲午战争以后才受到人们重视,所以"大学"以及"大学校"直到1895年以后才在中国国内流行起来,并旋即压倒长期使用的"大书院"和官方比较倾向的"大学堂",称为日常语言中最常见的译名。

(三)传教士的其他译法:"太学院""太学"和"普书院"

在华传教士除了采用"大书院"以外,还曾经用过"太学院"和"太学"的说法。1873年花之安(Ernst Faber,1839—1899)的《德国学校论略》(又称《西国学校》)出版,介绍德国发达而全面的学校制度,对郑观应(1842—1922)、梁启超(1873—1929)等人的教育改革思想影响甚巨。看来花之安是以"书院"为基础,发明了一系列学校的名称,比如"郡学院""实学院""武学院""仕学院"等,他把 university 翻成"太学院",跟张德彝用的"大学院"非常接近,像是"太学"跟"书院"结合到一起的产物。①1883年丁韪良(W. A. P. Martin,1827—1916)考察西方和日本教育的报告由总理衙门出版,命名为《西学考略》,提到 university,同时使用"大书院"和"太学"的称呼。从中国传统习惯来看,"太学"全国只能有一所,而西方国家往往有多所 university,所以并不很妥当。他想强调的也是国家与大学的互相依靠:国家支持高等教育,大学为国家服务。②"太学院"或"太学"作为 university 汉译的兴起,很可能是反映了受德国和日本大学模式的影响。一部分传教士认为,普法战争以后统一的德国和明治维新以后国力上升的日本,是说服中国官员和朝廷采用西式学校制度以挽救衰亡的最佳范例。

1889年李提摩太(Timothy Richard,1845—1919)在《万国公报》上发表讨论西方和日本新学的文章,并于1892年以单行本出版,这就是著名的《七国新学备要》,在这些介绍文字中他用"大书院"和"普书院"称呼西方的高等学校。③ 据我考察,"大书院"是指 college,而"普书院"是指 university,也许是强调综合大学对不同专业的兼容并包。"普书院"从"大书院"里面分化出来,并不难理解,差不多就是在这段时间,伴随着美国高等教育的发展,先前的许多 college 逐渐升格为 university。他的用法能够代表当时的潮流,许多在《万国公报》上发表的文章都是这么用的。甚至到1896年"大书院"时代由盛转衰以后,还有传教士继续使用"大书院"和"普书院"来称呼西方的高等学校,林乐知(Young J. Allen,1836—1907)找人翻译的《文学兴国策》就是这么做的。④

---

① 花之安:《德国学校论略》,收入《西政丛书》卷五,质学会1897年版。
② 见丁韪良:《西学考略》,收入《续修四库全书》,上海古籍出版社1995年版。
③ 李提摩太:《新学序》,《万国公报》光绪十五年二月(1889年3月)。
④ 林乐知等译,森有礼编:《文学兴国策》,上海书店出版社2002年版。

三、"大书院时代"的结束

(一)"大学堂"取代"大书院"

"大书院时代"的衰落现在看来非常突然,几乎全无征兆。1895年天津北洋西学学堂建立,又称为天津大学堂,第二年便正式改名为北洋大学堂。大书院时代为中国大学理念的起源做了准备,但是中国的第一所大学,却以"大学堂"命名①,其中的原委目前尚不清楚,但是意义非常明显:"学堂"长期以来只是教授西方语言和技术的专门学校,只作为"书院"的补充,在甲午战争惨败的刺激下,却突然取代了"书院"的地位,成为中国权力和知识精英的新宠。战事平息以后,人们迅速得出结论:自强运动以来形成的以书院为主、学堂为辅的教育格局须为失败负责。书院的存废立刻成为问题,激进的意见要求改以中学为主的书院为以西学为主的学堂,温和的意见要求书院的课程做出重大改革,越来越多地兼容西学,其实是以学堂为标准改造书院。从另一个角度说,书院和学堂的升降,也反映了中学和西学、传统士绅和新学知识分子之间地位的转换。到1898年康有为(1858—1927)上书光绪皇帝,建议改全国书院为学堂,迅即获得首肯。② 戊戌政变以后虽然有短期的反复,但是改书院为学堂还是变成了清朝的国策。"书院"的命运已经注定了,何况"大书院"呢?③

当中国人已经在"书院"和"学堂"之间做了选择后,在华传教士便很快顺应形势做出改变。《万国公报》是传教士鼓吹教育改革的重要基地,所刊登文章大多是关于"对整个教育系统进行全面改革的宏观决策"。④ 梳理有关文献,我发现,19世纪80年

---

① 1886年天津海关道周馥和天津海关税务司打算创建博文书院讲授西学,校舍建成以后周氏离任,因此并未开学。盛宣怀继任天津海关道,于1895年倡议利用博文书院校址改办天津中西学堂,分为头等、二等各一所,他还特别指出其中头等学堂即"外国所谓大学堂"。也就是说,早于1895年,盛宣怀就得出结论,新式高等学府应该以"学堂"而非"书院"命名。详见《盛宣怀禀直督王文韶》,收入夏东元编著:《盛宣怀年谱长编》(上册),上海交通大学出版社2004年版,第490—492页。头等学堂和二等学堂的章程是盛宣怀和传教士丁家立商量议定的,但是二人相交时间不长,丁家立时任中西书院院长,也看不出他有以"学堂"代替"书院"的意向,笔者认为盛宣怀的选择很可能是受了郑观应的影响。关于郑观应对盛宣怀兴办大学堂思路的影响,可参见范广欣:《从郑观应到盛宣怀:转型时期中国大学理念走向成熟》。

② 见康有为:《请饬各省改书院淫祠为学堂折》《上谕:书院改学校》《上谕:各省设学堂》,收入汤志钧、陈祖恩编:《中国近代教育史资料汇编·戊戌时期教育》,上海教育出版社1993年版,第52—56页。

③ 书院改制的具体实施过程,见刘少雪:《书院改制与中国高等教育近代化》,第83—107页。其中,晚清"新政"时期改省会大书院为大学堂,最耐人寻味。称呼西方university为"大书院"原意是借助人们对省城大书院的敬重,肯定university能够提供和大书院同等高水平的教育。到"新政"时期,省城大书院却要按照university的模式改造为"大学堂",否则便不能继续存在。这表明,传统教育和新式教育在中国精英心中的地位完全发生了逆转。清政府相关政策见《光绪二十七年八月初二日谕令各省、府、直隶州及各州、县分别将书院改设大、中、小学堂》,璩鑫圭、唐良炎编:《中国近代教育史资料汇编·学制演变》,上海教育出版社1991年版,第5—6页。

④ 刘少雪:《书院改制与中国高等教育近代化》,第48页。

代以来传教士在《万国公报》上曾用不同的译法称呼 university,包括"总学""普书院""大书院",但是到 1896－1897 年李佳白(Gibert Reid,1857－1927)便建议中国朝廷建立"大学堂"或"总学堂",而不再提"大书院"或"普书院"了。其中"大学堂"是 university 的通称,尤其指今天所谓的综合大学,而"总学堂"则是特指设立于首都的最高学府,还有现代化的太学的意思。① 李佳白还明确指出他的建议是响应光绪皇帝设立新式"学堂"的上谕,并且受到盛宣怀兴办北洋"大学堂"的鼓舞。②

"大学堂"取代"大书院"带来的最重要的新意是,大、中、小三级学校制度在中国人心中的地位终于得到确立。前面提到,耶稣会时代三级学校制度已经被介绍给中国人,长期以来却并未深入人心。一个标志是,在"大书院"时代,目前所见,只有各种关于"大书院"的介绍,却不存在"中书院"和"小书院"的说法,因此也不会强调"大书院""中书院""小书院"的联系与区别。"大书院"这个说法本身来自省会大书院,后者与一般书院相比资源更多、名声更好,教学内容却并不一定有本质的差别。但是,当"大学堂"成为 university 的标准汉译时,"中学堂"和"小学堂"就几乎同时出现了,三者分别对应的就是我们今天熟悉的大学、中学和小学。③

(二)"大学校"和"大学"取代"大学堂"

然而,几乎在"大学堂"(在官方文献中)代替"大书院"的同时,便开始了从日本引进的"大学校"和"大学"取代"大学堂"的过程。康有为与梁启超流亡到海外的笔记提到 university 的时候,都称"大学";连清朝派出去考察立宪的载泽和戴鸿慈(1853－1910)都是"大学堂"与"大学"乃至"大学校"并用。④ 盛宣怀 1895 年、1898年先后宣称以"大学堂"的标准创办北洋中西学堂,仿照法国"国政学堂"(今译巴黎政治学院)创办"南洋公学",在 1902 年的两封奏折中却把 university 称为"大学校"。⑤

这里用中国近现代思想史全文检索数据库(1830－1930)做一个简单统计,考察在

---

① 参见狄考文:《振兴学校论》、林乐知:《〈文学兴国策〉序》、李提摩太:《〈新学〉序》、李佳白:《创设学校议》、李佳白:《拟请京师创设总学堂议》,收入李天纲点校:《万国公报文选》,中西书局 2012 年版,第 219、328、462、516、530-532 页。
② 见李佳白:《拟请京师创设总学堂议》,《万国公报文选》,第 530 页。
③ "大学堂""中学堂""小学堂"同时出现的情况,见前引康有为:《请饬各省改书院淫祠为学堂折》《上谕:各省改学堂》;张之洞《劝学篇》之外篇《设学第三》《学制第四》,收入陈学恂主编:《中国近代教育文选》,人民教育出版社 1983 年版,第 245、249-250 页。
④ 康有为:《欧洲十一国游记》,岳麓书社 1985 年版,第 154-183 页;梁启超:《新大陆游记及其它》,岳麓书社 1985 年版,第 470、472、523-524、562、565 页;戴鸿慈:《出使九国日记》,湖南人民出版社 1982 年版,第 340、364、368、372、375、394、403-404 页;载泽:《考察政治日记》,岳麓书社 1986 年版,第 593、623、626、653-654、659、661 页。
⑤ 分别见盛宣怀:《拟设天津中西学堂章程禀(1895)》《筹集商捐南洋公学情形折(1898)》《奏陈南洋公学翻辑诸书纲要折(1902)》《奏陈南洋公学历年办理情形折(1902)》,收入璩鑫圭、童富勇编:《中国近代教育史资料汇编:教育思想》,第 119、122、125、129 页。

1895 年以后的数年间各种 university 汉译的升降起伏。需要指出的是，用"大学"作为关键词搜索数据库，可以发现大量不属于用"大学"翻译 university 的例子，比如"大学士""大学堂""大学院""大学馆"等包含"大学"两字的复合词，以及儒家经典《大学》《大学衍义》《大学衍义补》等，在统计时均已删去。具体统计结果可参见文后附表。一个有意思的发现是，"大学校"的使用率并不高，不仅远远比不上"大书院""大学堂"和"大学"，甚至与"太学"比也有若干距离。其中原因，下文会做一些解释。

我们暂时先把注意力放在"大学堂"和"大学"何时在实际运用中取代"大书院"的优势地位。1895 年前后，各种对西方 university 的介绍开始纷纷涌现，所以几个主要汉译的使用频率都增加了。到 1896 年"大书院"仍然占据压倒性的第一位，在数据库中累计出现 163 次，随后是"太学"累计 76 次，"大学"累计 64 次，"大学堂"只有 18 次。到 1897 年，"大书院"增加到 197 次，"大学"上升到第二位，累计 120 次，"太学"89 次，"大学堂"61 次。"大学"超过"太学"，不能不说是甲午战争后果的体现，向战胜者学习，学习他们的教育制度，也学习他们对西方词汇的翻译，逐渐成为风气。不过，至此"大书院"对"大学堂"仍处于绝对优势。到 1898 年光绪皇帝接受康有为改书院为学堂的建议，双方终于接近："大书院"累计 246 次，而"大学堂"则猛增到累计 200 次（"大学"累计 183 次，降为第三位）。到 1902 年，"大书院"累计 336 次，"大学堂"累计 332 次，"大学"则以 331 次紧随其后，呈现三足鼎立之势。直到 1903 年，随着庚子新政书院改学堂运动的展开，"大学堂"才在累计总数上首次超过"大书院"，前者 419 次，后者 356 次，不过，"大学"的升幅更大，以累计 461 次占据榜首。很明显，"大学堂"的突然崛起得益于官方政策的倾斜，而"大学"的持续上升则源于整个社会普遍存在的对日本高等教育模式的认可。

到民国初期，政府正式规定所有"学堂"改称"学校"，"大学堂"便短暂地改为"大学校"，再改为"大学"。[①] 比如，北洋大学堂就是在 1912 年 1 月改名为北洋大学校，1913 年再改成国立北洋大学；1912 年 5 月京师大学堂改名为北京大学校，后来又正名为北京大学。以下分别考察"大学"及"大学校"的由来。

"大学"在中国传统文献里，有三层含义：首先，是指周朝的天子之学，后来发展为太学或国子监等，是设立在首都的最高学府，具有很强的儒家官学性质。其次，是指四书之一的《大学》。第三，是由《大学》所揭橥的君子之学，也就是我们前面提到的与"小学"相对的学问和教育的高级阶段。

一般高等教育史的著作认为日本把 university 翻译成"大学"是直接从中国古籍中"大学"的第一层含义即太学而来。我查了一些资料，似乎不是这样，直接来源应该

[①] 临时政府早在 1912 年 1 月颁布的《普通教育暂行办法》第一条中就指出"从前各项学堂均改称为学校"。见《教育部：电各省颁发普通教育暂行办法（1912 年 1 月 19 日）》，璩鑫圭、唐良炎编：《中国近代教育史资料汇编：学制演变》，第 596 页。

是日本中古时期相当于中国太学的大学寮,略称为大学,另外大学寮别曹中的劝学院也俗称大学,所以日人用大学译 university 有自身的传统,中国人把它拿过来却不知道。① 从语言的发展看,对最高学府的称呼既然从大学发展为太学,没有特别理由似乎也不会再变回去。其实,德川幕府任命的总管学术的官职名为"大学头"。头即长官的意思。这个职务一直由林氏一族世袭。明治前后日本有昌平校,这是东京大学的前身,负责的也是大学头。"大学"一词自然被用来指称最高一级的学府。而"大学"与 university 联系起来是源自明治十九年(1886)的帝国大学令。

至于"大学校"的来源有不同的看法,沈国威先生指出,东京大学发展史上曾经有"大学南校""大学东校"的说法,从这些名称中可以知道,这里的"大学"还是"太学"的意思,"大学南校"即最高学府的南校,校仅指场所。"大学校"也就是大学的校,后来成为专有名词,在明治十九年以后有些单位也没有改正。现在日本有国防大学校、航海大学校等。他认为"大学堂"也是从"大学的堂"演变而来。依据这个说法,"大学校"和"大学堂"指的都是提供"大学"(最高水平)教育的场所,所以都是从"大学"发展出来的词汇。这个说法是有道理的。

我再提供另一个思路:"学堂"古文里就有连用,前文指出,到 1860 年代以后逐渐专指教授西方语言文字和科学技术的专门学校,所以在"大学堂"(以及"总学堂")之前"学堂"已经固定化,"大学堂"看来除了大学的堂,还可以理解为大的或高级的学堂。至于"大学校",我查了东京大学的历史,在大学校这个说法产生之前,昌平所已经改成昌平学校,还有开成学校、医学校等,似乎学校也已经固定为 school 的意思。学校这个词源自经典中的痒序学校,学校是两个同义词的连用,用来作为 school,尤其是官学的泛称由来已久,但是在中文中很少指具体某一间 school 的名称,令人怀疑是在日文中首先有这个用法。所以我揣测,虽然并不如"大学堂"肯定,"大学校"也可以理解为大的学校、高级的学校,而不一定是大学的校。所谓大的学校也许是指原来三间学校,即昌平学校、开成学校和医学校合并为一家,因此便"大"(不仅是空间大,而且更高级,更综合)了起来,也许是强调这一学校享有超出其余的特殊地位。因此,在日文中"大学校"和"大学"可能来源不同。但是,不得不承认,至少在中文的语境中"大学堂"乃至"大学校"的确令人联想到实行"大学"教育的场所,而与前述"大学"的三重含义联系起来,从这个思路出发,"大学"作为对这一场所的更简便的称呼最终取代"大学堂"和"大学校"并不难于理解。

无论如何,以"大学"或者"大学校"来翻译 university 都是日本传统或者近代日本学校沿革的产物。如果说"大学堂"取代"大书院"意味着自强运动以来兴办新式学校的传统从支流上升为主流,书院的理想遭到抛弃,那么"大学"或者"大学校"取

---

① 日本大辞典刊行会:《日本国语大辞典》,(东京)小学馆 1973—1976 年版,第 519-520 页。

代"大学堂"便意味着中国人对自己理想和经验的进一步否定。这样,不仅在大书院的框架下中国人对西方以及日本多种大学模式的观察和思考被隐没,从自强运动到晚清新政中国人仿造西方或日本创办新式教育的努力也遭到唾弃。当然,这两个术语毕竟不是一回事,"大学校"对中国人来讲完全是陌生的,因此很快便不再使用。而"大学"则因为能使人联想到太学(日本人用"大学"来翻译 university 的时候,的确有很强的"太学"意识,后来所谓"帝国大学"则更像是"太学"一词的现代化)和高深学术、高层次教育而受到欢迎,成为 university 的标准译法。接受了这个翻译,便意味着中国人理解、观察、移植西方 university 的最主要的本土资源发生了转移,即从书院转为太学,从私学转为官学。

　　转移的一个标志是整个"大书院时代"被忘却了。到目前为止,似乎没有任何一种中国高等教育史或大学史的著作注意到中国人曾经普遍使用"大书院"作为 university 等西方高等学府的译名,曾经以书院为参照观察西方的高等教育,并借助西方的经验重新反思书院的理想。在追溯中国大学的起源时,比较实际的会认为其起源于 1862 年创办的同文馆,比较怀旧的则一直上溯到周代以来的太学、国子监等。个别名校的自我定位也是如此,北京大学以太学传统的继承者自居,这是北大招生广告上一度自称"上承太学正统,下立新学祖庭"的深层次原因。南京大学和东南大学的前身中央大学也认为自己继承了明朝的太学。唯一的例外也许是湖南大学,在主要大学中只有这一所将自己的起源与书院联系在一起。①

　　总体而言,尽管书院曾经长期作为中国人观察西方大学的参照物,在近代学制确立的时候,书院所代表的人文精神和私人讲学传统却是作为对立面存在而不被看作需要继承和吸收的资源。从物质基础乃至精神渊源上,近代中国大学制度与太学的关系可能都比书院更深。无论北京大学、中央大学、还是湖南大学,都是国立大学,靠国家支持,由国家统一管理。私立大学(教会大学除外)在近代中国的发展举步维艰,个别教育家和实业家所能动员的力量,再也不能与国家竞争,这是私立大学中比较有名的南开大学和复旦大学后来都改为国立的内在原因。

　　另一方面,当 university 和"大学"建立起固定联系的时候,除了太学,中国人往往还会想到四书之一的《大学》,并且选取这部宋明理学经典的词句描绘他们对高等学府的认识:不少大学的校训都是从中得到灵感,比如香港大学的"明德格物"和香港中文大学崇基学院的"止于至善"。这样,传统的教育理想至少在现代大学里面还能够保留一点痕迹。

---

① 湖南大学今天以拥有岳麓书院的原址而自豪,但是 1903 年以后岳麓书院已经改制为湖南高等学堂,后者逐步发展为一所以工科为主的院校,所以公允地说,湖南大学不是书院的延续,而是清末以来利用书院原有的物质资源改建学堂的产物。书院所代表的延续千年的人文传统在中国新式大学创办的过程中实际上被中断了。

结　论

近代对 university/college 的翻译，大概可以分为三个阶段。

第一个阶段，大致上从晚清传教士再次进入中国到 1895 年，"大书院"在各方面均占据主导地位，这个翻译将西式高等学府和中国书院自唐宋以来千年的传统联系起来，在这个阶段，我称为"大书院"时代，中国人基本上是从本国的学校制度，尤其是书院的现实和理想来观察西方的大学，虽然注意取长补短，却没有完全失去自信心。

第二个阶段，从 1895 年到 1911 年，"大学堂"逐渐取代了"大书院"成为官方认可的标准翻译。1895 年以后，甲午战争惨败动摇了中国精英对书院教育的信心，"大书院"这个译法因而越来越受到挑战。有力竞争者是"太学"和"大学堂"。"太学"有比"大书院"更久远的渊源，作为翻译强调的是国家与高等教育的互相依靠。"大学堂"则是有意继承自强/洋务运动以来，中国官方培养西学专门人才的新传统。"大学堂"的取胜，不仅是由于"太学"这个翻译的内在缺陷（太学是首都的最高学府，而一个国家中 university 往往不止一所，也不一定位于首都），更重要的是学堂在人们的心目中与西学、新学联系在一起，而太学则不可避免地与传统相联。"大学堂"这个翻译与自强运动相联，代表了王朝自我更新、与时俱进的期许。然而，在"大学堂"在体制中取代"大书院"的同时，从日本而来的"大学"和"大学校"也开始了在民间取代"大学堂"的过程。

民国以后是第三个阶段，"大学"被迅速确定为 university 的标准翻译。1912 年 1 月，临时政府教育部迫不及待地改"学堂"为"学校"，因此"大学堂"便一度改为"大学校"。但是，原定的《大学校令》却在 1912 年 9 月正式颁布之前改为《大学令》，主要学校的名称也从"大学校"改为"大学"。[①] 不接受"大学堂"这个称呼，反映了革命者要否定晚清王朝改革（从自强运动到新政）的合法性，在他们看来，学堂教授的西学只是皮毛，而不是真学问，学堂宣称要保留的中学是要维护旧王朝而与共和制度格格不入。用"大学校"替代"大学堂"则表现了主事者对日本模式的推崇。不过，用"大学"替代"大学校"，我觉得倒是反映了不同的思路："大学校"完全是日本历史文化的产物，在中国缺少根基，"大学"却可与本国悠久的经典传统联系起来。一个外来的观念如果要在本国的土壤里生根，似乎都要在传统文化中找到对应物。

近代以来中国人对西方和日本多种大学模式均有观察和体验，而注意力主要是放在英美模式上，他们往往重视书院与英美大学的比较，有些人甚至认为英美大学与当时的书院相比更好地体现了书院的教育理想。甲午战败之后，日本模式却取得了独尊的地位。本土的理想和本土的经验，包括对日本以外的模式的观察，包括自强运动以

[①] "我一"所作《临时教育会议日记》提到民国元年八月初八审查通过大学令时指出："原案称'大学校令'，审查报告删去'校'字。"见璩鑫圭、唐良炎编：《中国近代教育史资料汇编：学制演变》，第 650 页。

来创办新式学堂的努力,先后被否定。中国历史进入了一个激进的自我否定的时代,原本多种的可能、多样的选择,变得趋于单一。但是,最后确定的标准翻译"大学",虽然直接来源是日本,却在本土文化中具有丰富的含义,在全盘西化、日化的时代,承载着民族的教育理想。

附表 1896—1903年主要university汉译在中国近现代思想史全文检索数据库中的累计出现次数

年份	大书院	大学	太学	大学堂	大学校
1896	163	64	76	18	15
1897	197	120	89	61	22
1898	246	183	119	200	34
1899	276	215	121	224	37
1900	279	219	122	231	38
1901	315	264	148	256	49
1902	336	331	162	332	66
1903	356	461	177	419	108

现代中国"劳动"观念的形成[*]
——以 1890—1924 年为中心

刘宪阁

(郑州大学新闻与传播学院)

  席勒的《回归劳动》提醒我们,原来还可以从这样的角度来理解和研读传播理论史。[①] 实际上,近年有关中国新闻理论和思想史的研写中,偶尔也浮现相关讨论。比如刘海龙就特别注意"劳动"在中共新闻理论中的角色。[②] 而陆定一之所以在《我们对于新闻学的基本观点》中断然否认新闻记者工作的劳动属性,反对与工人、农民相提并论,正是因为这一度曾是共识。其典型者如抗战期间由张季鸾执笔的《中国新闻学会宣言》,明确提出"本会同人以文字劳动为职业"。换言之,新闻记者所从事的也是一种劳动。但总体来看,关于"劳动"与现代中国新闻观念的关系,还有可以深入探讨的余地。为此,对劳动观念进行梳理就显得有其必要。实际上,不少论著都记载了五四运动前后的"劳工神圣"思潮,还有论者注意到和"科学""现代性"等一样,"劳动"也是塑造 20 世纪中国历史的一个关键词[③]。但严格而言,目前对现代中国劳动观念之形成与发展,除了笼统的文献引证和史料描述,尚少深入开掘[④]。这样一个看似论述较多、实则有待深入的课题,就为进一步的讨论留下了可能空间。当然,欲对此问题有比较清晰、透彻的了解与认识,还需要多方面的努力,比如理论的积累(相关的西方社科政治理论的探讨,以及中国传统思想资源的整理)和史实的梳理等。本文将以习见史料为基础,从传统遗产、近代准备、现代转型等方面,考察"劳动"这个看似熟悉、实则陌生,看似简单、实则复杂,且曾在现代中国革命与政治中扮演过重要角色,却为人们所习焉不察以至忽略的关键词,在 20 世纪初究竟是如何出现、形成和发展的,并兼及在此过程中,它又以怎样的方式影响、制约了后来的社会历史发展道路,希望能借此增进

---

[*] 本文原载于《现代传播》(中国传播大学学报)2017 年第 3 期,有修改。
[①] [美]席勒著,冯建三、罗世宏译:《传播理论史:回归劳动》,北京大学出版社 2012 年版。
[②] 参见刘海龙:《中国共产党新闻理论的起源:重读陆定一的〈我们对于新闻学的基本观点〉》,收在耿化敏编:《青年党史学者论坛》第二辑,社会科学文献出版社 2015 年版,第 140-143 页。
[③] 韩毓海主编:《20 世纪的中国学术与社会·文学卷》,山东人民出版社 2001 年版,序言。
[④] 从事文学史研究的蔡翔之系列研究,倒是涉及对"劳动"的理论分析和畅快批评。

对劳动的理解和认识,进而为讨论其与现代中国新闻理论的关系提供基础。

一、中国传统的"劳动"遗产

不少经济思想史研究者倾向于认为,在中国古代传统中存在着一些可以与现代西方某些比较理想的价值观念相互衔接,甚至与之类似的思想因子,乃至智识资源。[①] 尤其马克思主义政治经济学的一些观念,几乎无不可以在古代中国的思想世界找到相应表达。一个较典型的例子,就是劳动价值论;相应的,则是对可谓"剥削"理论雏形的不劳而获现象的强烈义愤乃至勇敢反抗。此点可见诸具有政治教育功能的各科教材。比如有名的《硕鼠》段落,以及人们耳熟能详的小学语文课本中"十指不沾泥,鳞鳞居大厦""遍身罗绮者,不是养蚕人"等。

这些比附未必精当,甚至不免牵强,但确实从一个侧面揭示了现代中国历史发展的真实道路,即传统与现代之间的复杂关系(特别是其连续性面向)。这不仅是当今史家后见之明的观察,也是时人的真切感受、愿望与共识[②]。明乎此,也有助于我们理解,为什么那个年代的国人会那么热衷于形形色色的社会主义,特别是以劳动价值论为基础的马克思主义——这实在是因为中西之间在某些方面的确存在着高度的相关性乃至亲和性[③]。

但这绝不意味着简单类比。以"劳动"观念为例,即便在西方(包括马克思那里)也是非常复杂的,不但经历过漫长的演进历程,且与政治、道德、人性等呈现出千丝万缕的关系[④]。在中国又何尝不然?也正因此,注定了现代中国"劳动"观念的形成绝不会是一个波澜不惊的顺利过程。

一个耐人寻味的现象就是,虽然现代中国的"劳动"也经历过从卑贱到崇高、从苦痛到欢愉的转变,且其光荣形象、高尚意义与神圣使命在各种字典辞书、日常宣传和社会教育中不断得到强化,并进而与财富创造、德行修养、智识训练,以及人民、国族、革命、进步、历史等一系列充满"现代"色彩的思想观念构成一个相对完整,既迥异于传统,但又与之藕断丝连的知识类型或话语体系,从而无可置疑地曾经、正在并将继续在

---

① 汉语学术界其他思想史领域比如研究政治思想史的许多同行,也抱有类似的想法。
② 罗志田:《裂变中的传承:20世纪前期的中国文化与学术》,中华书局2003年版,序言,第25页。
③ 早期共产党人有关革命道路特别是敌友之分的探索,是从以前乃至当时中国所缺乏但却很容易理解的劳动/不劳动、被压迫/压迫、被剥削/剥削之分开始的。参见杨奎松:《马克思主义中国化的历史进程》,河南人民出版社1994年版,第21页。
④ See Hannah Arendt, *The Human Condition*, Chicago: University of Chicago Press, 1998(1958); Margaret Canovan, Hannah Arendt, *A Reinterpretation of Her Political Thought*, Cambridge: Cambridge University Press, 1994, esp.Chapter 3 and 4.

中国社会政治生活中扮演令人瞩目的重要角色①。但同样真实的是,在人们的日常生活和惯常理解中,"劳动"并不具有通常宣教和想象中的那种崇高地位;至于其活动主体"劳动者"或"劳动人民",也并未在政治世界中充分发挥理论预期中的作用。

其中原因很复杂,但至少提醒我们,应重视审视和全面解析现代中国的"劳动"观念,特别是传统中的某些"劳动"遗产;只不过,这种传统或许并不像一些论者所归纳的那么简单②。

(一)释"劳"

众所周知,古汉语中即存在由"劳"与"动"组合而成的"劳动"词组,但该组合却不具有现代人所理解的那种含义③。那么,所谓"劳动"观念的传统资源又表现在哪呢?

不少论者正确地注意到"劳"字在生产意义方面的传统。但笔者以为,"劳"的遗产应该是多方面的。就其与日常生活中人们对"劳动"观念的理解而言,至少还有这样两点值得注意。

"劳",目前尚未见甲骨文字形,但从其金文和小篆字形看,不是"象两手持衣(可兜沙以灭火)向火之形,而会救火事极繁剧之意",就是指"如火光烛屋时,人咸尽力所及以扑灭灌救",表"勤苦任事不已之意"。④ "繁剧""勤苦",形象地透露了人们对这种活动的认识和理解。有学者曾将"勤、劳、辛、苦、劬"列为一组程度不同、意义相近的相关词,即较好地揭示了"劳"的勤苦之意。⑤

但"劳"不只是苦痛,还有其他意义。在古代,"王功曰勋,国功曰功,民功曰庸,事功曰劳,治功曰力,战功曰多"⑥。就此而言,"劳"与功、勋、绩等是近义词。但与分别需要"赏给"和"赐予"的"功""勋"等贵族专用词不同,"劳"虽也是一种功,但多用于非贵族的民众阶层,且是一种安慰奖、鼓励奖,因做各种事情,积年累月,辛辛苦苦,虽无大功,也有成绩,这种积劳之功,称为"劳",也即人们常说的"没有功劳,还有苦劳"⑦。尽管还有些勉强,不那么令人满意,但这种安慰和鼓励已足以为提升和神化"劳",特别是"劳动"观念的现代转变,开启一道不大不小的缝隙。

---

① 刘宪阁:《现代中国的"劳动"话语:一个尝试(1900—1924)》,中国人民大学国际关系学院政治学系 2003 年度硕士学位论文。
② 这种传统不仅包括孙中山及其以前的中国传统,部分还来自 1949 年(甚至更早些如 1919 年)后被逐步建构和塑造起来的"共产主义新传统"(Communist Neo-traditionalism,借用 Walder 的说法)。不赘。
③ 参见高名凯、刘正埮:《现代汉语外来词研究》,文字改革出版社 1958 年版;刘正埮:《汉语外来词词典》,上海辞书出版社 1984 年版;实藤惠秀著,谭汝谦、林启彦译:《中国人留学日本史》,生活·读书·新知三联书店 1983 年版;马西尼著,黄河清译:《现代汉语词汇的形成十九世纪汉语外来词研究》,汉语大词典出版社 1997 年版。
④ 《增订版正中形音义综合大字典》,台湾正中书局 1984 年版,第 160 页。
⑤ 王凤阳:《古辞辨》,吉林文史出版社 1993 年版,第 865 页。
⑥ 《周礼·夏官·司马》。
⑦ 王凤阳:《古辞辨》,第 421 页。

民国代清,有人在编《中华大字典》时,就明确体现了"劳"字的这两个基本义项:苦痛与功劳[①]。再后来,经过无政府主义、马克思主义等新思潮的宣传洗礼,特别是新民主主义革命的运动实践,"劳动"的苦痛(以及由此派生的卑贱)意义逐渐被转化乃至忽略掉了。人们注意的,只是其中的"功劳"意,特别是在生产财富、培育德性、熔铸智慧、创造历史等方面之伟大、光荣、神圣等积极面向。

但不论传统的中国资源,还是晚近的西方经验,都使当时有关"劳动"的认识、理解和宣传无意之中透露出某种精英主义倾向,乃至历史目的论色彩,故虽诚意可嘉,但效果却难免大打折扣,甚至脱不了传统的"苦劳"或安慰奖的意味。而普通劳动者,以及由此出身的若干政治领导人,也难以完全摆脱有关劳动的苦痛、卑贱等群体历史记忆。这样,20世纪中国社会政治中的不少现象也就不难在此找到部分解释。

(二)劳心劳力的政治设计

熟悉中西思想史的人都知道,在古人(包括一些现代人)看来,参与者的德性(包括智识)之于保证良好的社会政治秩序,简直是不言而喻的。相应的,一些活动因对德性修养、智识发展的破坏性影响,而遭人非议。由此不但引申出一套有关个体从事的活动与其善恶、智愚、贵贱、贫富等关系的人群分类观念,还产生了以之为基础的相应政治设计方案。

一些中外思想家不约而同地发现,个体的德性、智识等似乎无不可以归结为其所从事的社会活动的性质:从事一些痛苦、卑贱、为人看不起的行业的人,如优伶、工匠等五行八作,一般较穷,且比较愚蠢,道德水平也不高;而那些从事较高尚职业的人,似乎刚好相反,较富裕,较聪明,也较高尚。[②] 这种现象,在西方曾被笼罩在灵与肉、神圣与世俗的阴影下,而在中国则长期被归结为"劳心劳力"关系,即孟子所谓"或劳心,或劳力;劳心者治人,劳力者治于人。治于人者食人,治人者食于人,天下之通义也"[③]。

但在古人的智识背景与思考方式下,一些基于特定时期和地域的现象以及相应的认识与观察,很容易被当成"天不变,道亦不变"的信条,忽略其背后的复杂社会历史发展过程。同样,孟子的观点也难免这种命运。他的有关从事不同种类活动的人们以劳心、劳力区分为依据参与社会管理的资格,或与政治秩序建构之间关系的设想,后来变成了重脑力轻体力的经典证据,并影响了人们对所从事职业及其活动性质的判断与选择。

结果,政治性管理活动终因某些人基于特殊社会历史背景而获得的道德、智识,乃

---

① 欧阳溥存编:《中华大字典》,中华书局1915年版,1958年新缩本,子集,第142页。
② 参见梁其姿:《"贫穷"与"穷人"观念在中国俗世社会中的历史演变》,收入黄应贵编:《人观、意义与社会》,台湾"中央研究院"民族学研究所1993年版,第162-169页。
③ 《孟子·滕文公上》。

至财产等优越性而逐步成为他们的特权;而其他芸芸众生,则因所从事活动败德丧智①的性质而被认为缺乏古典政治所必需的参与资格,最终沦为被管理阶层。贱视商人、鄙视军人、轻视俳优(画匠、讼师)等现象,甚至传统的义利、理欲、道器之辩,几乎无不可以放在这种视角下加以考察和解释。②更重要的是,正是这样一些传统因素,特别是以有关某些行业活动对人们德性、智识发展的影响的认识为基础的社会人群分类标准与等级关系,构成了后来国人"劳动"观念转变的潜在知识背景。

二、转变前的准备:1890 年代

"劳动"的苦痛意义,以及由此引发的相关从业者的卑贱属性,不仅是传统中国的惯常理解,也是 1900 年以来许多人对"劳动"活动的最初认定。尽管如此,"劳动"向神圣、光荣的转变与过渡,可能早在此前很久就已开始了。③

但就现代"劳动"观念的形成而言,其准备主要应是 1800 年代以来的事,特别是 19 世纪中叶以后,一次次"大变局"的出现,引发一些关心国事、寻求富强者的思考。④ 在此过程中,急需对那些可以救时济世、带来富强的群体及其与国家政治的关系有一个新的评价。这当然是一种"现代"现象。而军人、律师、商人、实业家等社会群体,也正是作为一种事关富强的"现代"职业,逐步在新型国家政治体系中获得新的身份命名与价值认同。

不过,这些人似乎仍然是"精英"阶层,而没有涉及那些可以直接生产和创造财富的大量普通劳动者。历史不会让我们失望。在 20 世纪中国革命、政治与国家建构的历史与逻辑中,一个新的分类范畴"劳动人民"应运而生。他们凭其创造财富的生产潜能,以及被重新发现的德性与智识之可塑性与优越性,而翻身得解放,并获得政治参与的正当性甚至特权资格。

就此而言,和西方的历程类似,现代中国的"劳动"观念,以及与之相关的生产性国

---

① 子贡与汉阴丈人的对话,大概是中国古人这种担心的一个典型表达,参见《庄子·天地篇》。
② 笔者猜测,在法家传统影响下,汉以后贱商的理由被大大地简化了,仅注意其危害国家税基与政治稳定的一面,而忽视了以往那种对个人德性发展的关注。See Wolfram Eberhard, *Social Mobility in Traditional China*, Leiden: EJ Brill, 1962, pp.8-9.
③ 参见余英时:《中国近世宗教伦理与商人精神》,安徽教育出版社 2001 年版;余英时:《士与中国文化》,上海人民出版社 2003 年版。
④ 就"劳动"的近代转型而言,"动"的观念也与之密切相关。同样值得注意的,还有韦伯式新教伦理对部分国人(特别是一些商业界人士以及纺织业等新型职业群体)的影响。非常感谢史翰波博士(Dr. Brett Sheehan)提醒笔者这一点,并参见其提交"中国与世界的互动:国际化、内化与外化"学术研讨会(2004 年 6 月 18—20 日,北京大学)的论文:"God, Businessand Social Habit"。

民,即所谓"劳动人民"的诞生,是与"生产"观念的出现和发展分不开的①。而这,就不能不提到陈炽。

(一)陈炽的生产观

按经济思想史家胡寄窗的看法,正是在陈炽这儿,近代中国才第一次出现了具有现代意味的"生产"观念。②不过,陈炽并未直接使用这一概念③,而是采用了更具中国特色的表达,即"生财":"生财之道,则必地上本无是物,人间本无是财,而今忽有之。"④胡寄窗认为,这即是说,"真正的财富的生产,必须是一种创造"。而这和前人谈论财富问题时的思路显然不同。他们往往重谈《大学》"生之者众,食之者寡"的老调,且多从"治财"即财政再分配角度着眼,而很少论及生产本身。用陈炽的话来说,即所谓:"三代后之言财用者,皆移之尔,或夺之尔,未有能生之者。移之者何?除中饱是也;夺之者何?加赋税是也。"⑤当然,陈炽这种重视"生财"和"生之者"的观念还是"极简单"的,但"在以往确实极为罕见",当时更"很少有"。

陈炽主张:"地力之肥瘠,树获之多寡,统视人工之勤惰以为差。"⑥这就比李悝的"尽地力"说更进一步,以至于经济学者唐庆增后来以为,这实际上是一种"劳工学说"(指劳动价值说)⑦。唐氏论点"显然是不正确的,因为劳动者创造财富与劳动创造价值是两个内容极不相同的概念"。尽管如此,陈炽这种重视人工或劳动力对于财富生产之意义的思想,仍然预示了"劳动"观念的转变,后来中国也确实出现了由"劳动神圣"向"劳工(劳动者)神圣"的过渡乃至混淆。

陈炽"为以往卑视'工'的传统思想翻案"的论证思路,也颇有特点。与时人"多以西方诸国之重视工业为例"不同,他通过列举儒家经典来证明"圣人"一向重视工业,即所谓:"圣贤之言,谆谆以百工与士大夫相提并论。"⑧之所以如此,是因为"学者进德修

---

① 西语 labor 不仅有物质生产(即劳动)之意,还可以指人口生产。所以,Arendt 敏锐地将马克思主义归结为三句话,而第一句就是:labor,而非 God,创造人。有趣的是,汉语中作为"劳动"近义词之一的"生产",其本意也是生孩子。关于生产观念与现代经济学,特别是马克思主义政治经济学的诞生之关系,参厦门大学经济研究所编:《王亚南经济思想史论文集》,上海人民出版社 1981 年版,第 102-112 页;Jean Baudrillard, *The Mirror of Production*, translated withintrod by Mark Poster, St. Louis: Telos Press, 1975.
② 胡寄窗:《中国近代经济思想史大纲》,中国社会科学出版社 1984 年版,第 165-170 页。本节讨论中未注明出处者,均引自该书。
③ 汉语中较早直接使用具有现代意义的"生产"概念的,可能是梁启超。他在写于 1899 年的《论中国人种之将来》一文中,即注意到:随着欧洲人文明程度的增进,"分利之人(即执高等事业者)愈多,而生产之人(即任劳力者)愈少"。这一术语的最终确定,据李博(Wolfgang Lippert)考察,大约在 1906—1907 年,参李博著,赵倩等译:《汉语中的马克思主义术语的起源与作用》,中国社会科学出版社 2003 年版,第 182 页。
④ 《续富国策》,自序。
⑤ 《续富国策》,自序。
⑥ 《庸书内篇·卷上·农政》。
⑦ 《陈炽的劳工学说》,《经济学季刊》第一卷。
⑧ 转引自胡寄窗:《中国近代经济思想史大纲》,第 168 页。

业之心,与工师制器尚象之义,功分体用,义判精粗,本末稍殊,源流则一",即"皆治国平天下之实功"。因而,"劝百工则财用足"①。如果"百工"的活动和读书人一样,也是"进德修业",且有可足财用之"实功",这就为后来提升普通劳动者的地位提供了可能——尽管他眼里的"百工"未必即等同于后来的劳动者或工人。

陈炽的这些想法,尤其是生产观念,在当时确实呈现出某种历史转折性的意味。但也显然不完全来自传统,部分"可能系得之于李提摩太的生利分利之说"。但他对"生利分利"问题并未深入展开,这个任务主要是由梁启超完成的。从后来的历史发展来看,正是这种观念,特别是由此派生的(生产性)劳动与(非生产性)剥削等范畴,引发、推动并塑造了20世纪中国大规模的社会政治革命。现在,就让我们转向梁启超,特别是他的《新民说》。

(二)"生利分利"与梁启超的新民

提及梁启超和《新民说》,人们多关注有关"新民"的德、智、力取向,而不太注意其经济方面或生产属性。② 其实,不论就现代"民(众)"形象的转变,还是"劳动"观念的诞生而言,该文都是一个不容忽视的重要过渡文本。《新民说》虽写于1902年,但其中的一些思想可能在19世纪末就已形成了,第十四节"论生利分利"即是如此。早在1896年的《变法通义》一文中,梁启超即借用李提摩太《富国策》的观点,以女学为例初步论及该问题。流亡日本后,他又根据《大学》"生之者""食之者"的传统经验,借鉴严译《原富》等有关论述,进一步详细讨论了新型国家中所谓"生利分利"问题。

梁启超注意到,生利有直接、间接之别;并初步探讨了可以"生利"的两种"力",即体力和心力,而后者又可细分为智力和德力。③ 通过分析六种"生利事业",即发现及发明、先占、用于生货之劳力、用于熟货之劳力、用于交通之劳力和用于保助之劳力,梁启超为工农、商人、官员等群体在新型国家中找到了适当位置。

但社会上总有一些"分利者",这又可分为两大类,即"不劳力而分利者"和"劳力而仍分利者"。前者包括乞丐、强盗、僧道、纨绔子弟、废疾等十三类。值得注意的是,如果说其中几类人在"文明国"尚可属于"劳力而分利之一类",在中国则不然。如"实兼浪子、盗骗、乞丐三者之长而有之"的"中国之兵勇",即是十足的"不劳力而分利者"。"中国官吏之一大半"也是如此。至于"土豪乡绅",虽然"大率皆纨绔子弟、读书人、官

---

① 《续富国策》,卷3,《工书·劝工强国说》。
② 就笔者所见,仅有少数文献触及《新民说》中的生利分利问题;至于从新民角度加以注意和解释的,就更少了。而在共产党人李大钊等强调生产性的劳工国民以前,孙中山等革命派人士也从"生利分利"角度分析过人民与国家的关系问题。此外,《新民说》中与"劳动"相关、同样值得注意的另一个观点是,"权利"一节提出了洛克式的(财产)权利和勤劳(或者劳动)的关系,参见《饮冰室合集》第6册,《专集》4,中华书局1998年版,第32页。
③ 参见《饮冰室合集》第6册,《专集》4,中华书局1998年版,第83页。以下引文未注明出处者,均见该书第80-96页。

吏及缘附于官者之四类人所变相",但也有"不属于此四类人,而不得不谓之土豪乡绅者"。而此等"孽种","实分利中之最强有力者"。

"劳力而仍分利者"则包括七大类。其中,商业和农工业中有分利者,看来没有什么问题。而奴婢和优妓虽是"分利"者,但"罪不在本人,而在迫之之人"。最可恶的,是"一小半"本应保育生产的中国官吏,他们"实分利之罪魁,而他种之分利者大率由彼辈而生"。而最有趣的,莫过于梁氏对自己身为一分子的读书人的看法。他发现,"西国之读书人","分利者虽或十之一二,其生利者犹十之七八",即便如此,尚遭物议。而中国"读书界",就更等而下之了:不但"无所谓卒业不卒业",即令卒业,也"不知其所学作何用也?"结果,"潦倒者"的命运不必说,即便"腾达者",也不过是"夸耀妻妾,武断乡曲,以为维桑与梓之蠹"。这样的人,"谓其导民以知识耶?吾见读书人多而国日愚也。谓其诲民以道德耶?吾见读书人多而俗日偷也"。

梁启超慨叹,读书人"四体不勤,五谷不分,偷懦惮事,无廉耻而嗜饮食",不徒"消耗后进之脑力,腐败国民之道德",且"坐蚀一国之母财",为国中"分利之尤者也","害已重矣"。他甚至直斥:"读书人实一种寄生虫也!在民为蠹,在国为虱也。"

除了一般的理论分析,梁启超还对当时的社会人口总体,特别是汉、满、苗等五大族群的"生利分利"状况做了初步考察。他悲哀地发现:"大抵分利之人,多出于上等社会、中等社会,而下等社会之人殆稀。"

梁启超相信,现代国家"最要之者,不可不求一国中生利人多,分利人少"。因而,他的"新民"计划是:"先求我躬勿为分利者;复阐明学理,广劝国人使皆耻为分利者;复讲求政策,务安插前此之分利者,使有自新之道,以变为生利者。"但在强大而沉重的历史惯性下,"变为生利者"的"自新之道"并不像他设想的那么容易实现;多年以后的"敬业与乐业"①主张,同样也难以切实贯彻。

尽管在准确理解和传播现代西方经济学方面可能有所偏差,但梁启超无疑比较准确地预见了未来的历史趋向:既然"下等社会"属于"生利之人",这就为其最终实现向社会上层流动,以至于政治升华提供了可能;而那些不思进取、不肯改悔的"分利"者的命运,于此也已隐然可见。

三、下等社会、劳心劳力与脑力体力:现代"劳动"观念的成长

尽管有着传统的资源、"前近代"的准备,"劳动"观念的成长仍然充满了曲折。其中,既不乏词义本身的变化(动词、名词,表人、表物),也包括传统因素的韧性抗拒,且与现代科学等宏大论述缠绵不已。

---

① 参见《饮冰室合集》第 5 册,《文集》39,中华书局 1998 年版,第 25-29 页。这是梁启超 1922 年 8 月 24 日在上海中华职业学校的演讲。

(一)"劳动"与"下等社会"

"劳动",现在一般理解为某种生产性的活动,但起初不然,而是指涉一群人,特别是某些充满苦痛与卑贱意味的社会活动的从业者,甚至专指近代工业社会兴起以来的职业群体,即工人、无产阶级或"第四等级"。但后来,不论作为一种活动还是一种人群,"劳动"都被泛化了。于是,就出现了体力劳动和脑力劳动,以及工人、农民、知识分子、劳动者等的划分乃至混一。

尽管如此,最初的"劳动"还较单纯,即指一类人。就笔者所见,较早出现该词的《译书汇编》即是如此。1900年2月,该刊编译了日人有贺长雄的《近世政治史》一文。其中,在介绍德国"劳动社会党"时,即以译注形式指出:"劳动,下等社会之谓也。"①梁启超后来在《新民说》中也指出:"工群问题",即"日本谓之劳动问题,或社会问题"②。这两个例子表明,"劳动"曾是某一类人(工人、"工群")的代称,而且这个群体还自成一个"社会",特别是"下等社会"。为什么会这样?

原来,西洋所谓社会往往"有破坏的行为",而且那些"从事于此主义之人,多以暴汉为之"。何况"社会之中,尚有暗黑界存焉"?因此,俄国"虚无党以此语提倡于劳动社会,遂为保守家富豪贵族官吏等所不悦"。而日本的"研究社会学者,为日尚浅,其观念不甚发达,且翻译家取其字面新奇,故常用之"。结果,由于"翻译西文而不得适当",不但"社会"与"平民"同义,且"种种下流之事业,亦冠以社会二字"③。

但"劳动"之所以成为"社会"问题,不仅是"翻译家"的责任,也有其他一些实际的原因。作为"贫民阶级",这些人"蟠屈于社会之根底",被视为"政治上为最可忧之民族",也是"最难征服之一大坚军",因而,"字以贫穷之文字,不过表明为有形的生存之最下阶级"④。由此推测,"劳动"群体之所以为人看不起,还是因为没知识,少道德,躬操贱业,这才构成一个特殊的、为上流所不齿的"下等社会"。

随着作为一种生产活动的"劳动"由卑贱、苦痛而转为神圣、快乐,其主体或承担者,也即后来所谓"劳动人民",遂因此而逐渐获得新的身份地位,并在道德、智性等方面呈现出相当的可塑性,乃至优越性。不过,由神圣的"劳动"活动向神圣的"劳工(劳动者、劳动人民)"的转变殊非易事。1920年,《共产党》杂志在译介"俄国劳动革命"时,还无意中指出:"原来俄国的劳动阶级,便是中国人所谓'下等社会'!"⑤当然,这是一个加了引号的"下等社会",但其中透露出来的时人对"劳动"等于"下等社会"印象之

---

① 有贺长雄:《近世政治史》,《译书汇编》第1期,1900年2月6日。
② 夏晓虹编:《梁启超文选》上册,中国广播电视出版社1992年版,第125页。
③ 岛田三郎著,作新社译:《社会主义概评》,1903年10月10日。
④ 佚名著,黄尊三译:《救济制度纲要》,文益印刷局1920年版。
⑤ 《俄国劳动革命史略》,《共产党》第2号,1920年12月7日。

深刻,可见一斑。

"劳动"表示一类人,直到1920年代还存在。陈独秀有篇文章,题目就是《告劳动》。共产党人办的宣传刊物,有的就叫《劳动音》《劳动周刊》。至于指导工人运动的机关,就叫"中国劳动组合书记部"。此外,当时一些社会政治团体,包括国共两党在内,其组织机构、活动纲领以及各项决议,也经常将"劳动运动(部)"与"农民运动(部)""青年运动(部)""妇女运动(部)"等对举。这些无不暗示出人们对"劳动"作为一类人代称的共识。

(二)"劳心劳力":传统的韧性

中西交流之初,并未出现"劳动"的提法,人们当时用传统的"劳心劳力"来与英文的"labor""work"等对应①。即便"劳动"由日本"出口转内销",引入汉语语境后,很多词典也并未立即收入它,而是沿用"劳心劳力"的解释②。同时,传教士们,包括一些中国人,在其译述中似乎也偏爱他们更熟悉的"劳心劳力"修辞。

如果说最初是因没有"劳动"这个现代观念而仍然沿用传统的分类与表达的话,那么,在引入以后相当长一段时间内,仍然沿用"劳心劳力"的修辞,就很耐人寻味了。而且,这些人几乎涵盖了各种政治倾向:既不乏通常所谓的资产阶级革命派,也包括改良派;既有无政府主义者,也有一些激进的马克思主义者。

梁启超早年偶尔也使用过"劳动"一词(如前),但更多时候,他倾向于使用"劳力"。不过,其具体所指似乎并不完全一致。在他笔下,社会主义思潮"专以劳力为百物价值之源泉",按其当时所接受的古典政治经济学知识背景来看,这个"劳力"即指劳动(labor);而国际工人协会更被称为"万国劳力党同盟",这个"劳力"却是指工人(worker)③。

孙中山也很典型。时至1912年,他的表述中仍很少出现"劳动"字样,几乎完全是"劳心劳力"那套修辞:"人工一分,即劳心力",社会则"以其劳心劳力,按社会经济分配之原理,予以相当之报酬","劳动报酬之多寡,应视其劳心劳力之多寡"。并且他认为,工人们"劳心劳力数十年","有功社会",国家自然应考虑其养老问题。④

一些无政府主义者受传统的影响似乎更大。师复即指出,贫者虽"终日劳苦",但

---

① Robert Morrison, *Dictionary of the Chinese Language*, Macao: Printed at the Honorable East India Company's Press,1815-1823;*An English and Chinese dictionary*,By the Rev. W. Lobscheid,Tokyo:Fujimoto,1884.
② 参见《华英音韵字典集成》,商务印书馆1902年版;威廉士(Williams,S.W.)编译,华北公理会委办重订:《汉英韵府》,Shanghai:American Mission Press,1909。
③ 梁启超:《中国之社会主义》,《新民丛报》第46—48号合订本,1904年2月14日。
④ 孙中山:《社会主义之派别及批评》,《民立报》1912年10月30日。据推测,孙中山用"人工"代替"劳动"可能是有意识的,因为"人工"可以包括劳心者在内,参见胡寄窗:《中国近代经济思想史大纲》,第338页。

"凡劳力之结果,皆为富者所掠夺"①。还有人主张,"凡不能劳力者,则执均产之意以律之"②。这个"劳力",实即"劳动"之意。

一些宣传俄国革命与共产主义的文字,也沿用了劳力劳心的提法。如高一涵即这样介绍马克思的有关观点:"一切价值由于劳力而生。"③还有译述指出:人类之初"劳心劳力的分工很野酷",但革命之后,"劳心劳力的分工就消灭了"④。这个"劳力",也是"劳动"之意。

毫不奇怪,由于主要是随着社会主义思潮的传播并作为其中一个关键词而被引介到中国的,"劳动"为受马克思主义影响的激进人士和共产党人所偏爱(1919年以后尤然)。但在相当长一段时期内,仍有不少人沿用传统的"劳心劳力"观念,或常与"工作""生产"等混用,而未形成明确区分,更谈不上建立起现代"劳动"观念。甚至在今天,每当提起劳动分类时,我们可能仍会情不自禁地想起"劳心劳力"这种潜藏在人们内心深处的"集体无无意识",这不仅表明传统的"劳动"观念及其知识系统仍然在顽强地发挥着作用,也预示了现代"劳动"观念与传统之纠葛及其确立之困难。

(三)脑力体力:科学的胜利

尽管"劳心劳力"等传统仍潜移默化地影响着人们,但随着各种新思潮的传播,这一分类模式正在逐渐淡出,并形成若干新观点,从而加速了现代"劳动"观念的诞生。其中,一个重要的甚至关键的标志,就是有关劳动分类的新描述,即后来逐步定型并为我们现在所熟悉的"脑力劳动"与"体力劳动"。

相对于此前的"心""力"传统对立,现在更加强调"脑""体"的科学分野。从此,"心"就无可避免地没落了。"唯心"让位于"唯物"。而在基于实力主义的现代国际关系格局下,"物"即"力",且抽象的"国(家之)力"被转化为具体的"人(群之)力"。表面看来,"力"的形式仍然保留着,但其内涵已变了,已不仅是传统那种狭隘的筋肉之"力"、体力之"力",而是兼具精神因素且与之糅合的新型之力,也即"脑力体力"之力。这不仅意味着具有科学意义的"脑"地位的上升,也暗示了现代性意识形态与科学话语的胜利。很明显,有关"劳动"分类的潜在知识基础已经改变了,即由传统的不那么"科学"的"心力"之分,转变为现代的看起来比较科学的"脑体"之分。

虽然"劳心劳力"在过去都是"劳",但从有关文献来看,人们最初似乎觉得只有"劳力"那部分才是"劳动"。自从朱执信等人讨论过资本家的劳心劳力活动⑤后,情况慢

---

① 师复:《无政府浅说》,原载《晦鸣录》第1期,1913年8月20,见高军等编:《无政府主义在中国》,湖南人民出版社1984年版,第245页。
② 《俄国虚无党三杰传》,《大陆》第1卷7号,1903年6月5日。
③ 高一涵:《欧洲政治思想小史》,中华书局1920年版。
④ 励冰:《共产党宣言的后序》,《先驱》第3期,1922年2月15日。
⑤ 朱执信:《德意志社会革命家小传》,《民报》第2号,1905年11月26日。

慢开始有所改变。尤其是1910年代中期以后,智力型活动逐渐摆脱了以往的"劳心劳力"模式,而开始呈现出某种现代特性。如《劳动》的编者,即自认其编撰活动为"劳动"①。有人介绍马克思生平时,谓其"费时劳力","一日竟有劳动十八时间者"②,且终"因过度劳动,削弱其躯体"而不幸早逝③。戴季陶则"希望我们同行的精神劳动者,分一些工夫,切实的研究"劳动问题。④ 当时"劳工神圣"等口号,也表明已把知识性活动纳入"劳动"中来。⑤

同时,有关新型脑体分工的论述也开始出现,如:"一切之科学、工艺、学识、新发明、脑力、体力,皆互相关涉",且每一发明、进步,"皆本于今昔一切之脑力体力而成"。⑥ 还有人主张:"靠'脑力的劳动'生活的人,应该大家觉悟到我们的地位和永久的利害,是与'体力的劳动者'一样的。我们自身应该从精神上打破'知识阶级'四个字的牢狱,图'脑力劳动者'与'体力劳动者'的一致团结,并且一致努力,对于'体力劳动者'知识上看法做工夫,然后社会的改造方才有多少的希望。"⑦

当然,这种脑体论述也不是一下子就建立起来的,而是在与手脑分立,以及精神劳动(脑髓劳动)、肉体劳动(身体劳动)等提法的相互冲突激荡中逐步明确的。如有人在译介《哥达纲领批判》时,把共产主义描绘成"精神劳动与体力劳动无对抗之时"⑧。英国劳动党的有关政纲,也被译成:"盖从来所谓劳动者,有直接属于职工组合之肉体劳动者之意味,改善案中则撤废其限制,不必仅为肉体劳动者,即脑髓劳动者亦加入之。"⑨还有译述写道:"凡以富之生产为目的而努力者,不问属于精神的或属于肉体的","皆可视为劳动者而尊敬之"。⑩

四、迈向历史:现代"劳动"观念的诞生

考察作为一种积极性生产活动的现代"劳动"观念的诞生,当然并不限于以上那些途径。至少还可以从如下几方面展开:首先,是"劳动"的泛化;其次,是与"工作"区分的逐步明晰;最后,但并非最不重要的,是日益义务化、快乐化,特别是神圣化。

---

① 吴稚晖:《劳动者言》,《劳动》第1卷第1号,1918年3月20日。
② 源泉:《近世社会主义鼻祖马克思之奋斗生涯》,《晨报》副刊,1919年4月1日—4日。
③ 筑山醉翁:《西洋之社会运动者——马克思》,《晨报》1919年8月21日—23日。
④ 戴季陶:《国际劳动同盟组织》,《星期评论》第12号,1919年8月24日。
⑤ 参见蔡元培:《劳工神圣!》,《新青年》第5卷第5号,1918年11月15日等。
⑥ 真译:《克若泡特金学说》,《新世纪》12、15、16、17号,1907年9月7日—10月20日。
⑦ 先进:《最近上海的罢工风潮》,《星期评论》第21号,1919年10月。
⑧ 室付高信著,陈嘉异译:《李宁之乌托邦》,《东方杂志》第17卷第23号,1920年12月10日。
⑨ 张梓生译:《英国劳动党首领韩徒生评传》,《东方杂志》第16卷第10号,1919年10月。
⑩ 森原吉著,微译:《现代奴隶解放论》,《时事新报》副刊,1919年12月10日—12日。

(一)劳动:一元还是多样

"劳动"曾长期特指现代产业工人的生产活动,但后来逐渐趋向多样化,不但包括了农民和其他一些社会行业的生产活动,甚至一向高傲的"劳心"活动也被"劳动化"了。尽管如此,1919年后,"劳动"似乎又趋于单一化,即专指工农的体力劳动了。

由于最初是作为描述现代西方工业社会的一个概念而被引介到汉语中的,所以毫不奇怪,"劳动"一度专指工资劳动者或无产阶级及其活动。如国际工人协会以及各国的工人阶级政党,在相当长一段时期内即被译作"(万国或某国)劳动党";十月革命后的苏俄政府则是"劳农专政",实即工农专政。

但这个概念具体运用到中国却还有些障碍。因为当时中国的社会经济状况并未分化到西方那种程度,不但没有多少典型的现代产业工人,反倒多的是勤苦劳作的广大农民。① 传统的"劳力"概念似乎并不存在工农区分问题,并因此而为许多人所乐意使用。但由于这一术语的歧义性(劳动,还是劳动力)②,必须寻找新的替代表达。现在看来,当时至少曾从两方面进行过尝试:一是重新命名以便包括农民,再就是扩大"劳动"的含义。

关于前者,朱执信很典型。在1906年与梁启超等就中国的发展道路论战时,他再度搬出了马克思。但在译介 proletariat 时,他既未如一年前那样毫不犹豫地使用"劳动者"③,也未借助于当时习用的日语译词"平民",在他看来,这是与"政府"而非"豪右"相对的概念,而且可以包括 buergertum,即市民阶层。相反,一个地道的汉语词"细民"被选中了。因为"细民者,古意率指力役自养之人,故取以为译也"。如此,同样"力役自养"的农民群体就被包括到 proletariat 中,且纳入革命进程中。④ 刘师培著名的《悲佃篇》,实际上也是基于资本主义社会中产业工人的悲惨命运,从无政府主义理论角度来解释中国农民问题。他以及后来《天义报》上经常使用的"劳民"概念,虽曾专指农民,但也逐渐包括了现代工人。

至于扩大"劳动"含义的,比如李大钊,他较早使用这个概念,可能始于1913年译自日文的《托尔斯泰主义之纲领》。该文指出:劳动是"最大最初之善","无劳动,则无人生",因此,"劳动为人生之最大义务"。⑤ 但究竟什么是劳动呢?译文认为:"劳动云者,生产人生必须之衣食住之'四体之勤'之谓也。"这明显地反映了托尔斯泰的"泛劳

---

① 也正因此,梁启超后来反对中国存在严格意义上的"劳动(者)阶级"或"无产阶级"(至多只能是无业阶级),更反对以此为基础进行共产主义革命,参见:《复张东荪书论社会主义运动》,《改造》第6号,1921年2月15日。
② 参见李博:《汉语中的马克思主义术语的起源与作用》,第194-195页。
③ 朱执信:《德意志社会革命家小传》。
④ 朱执信:《论社会革命当与政治革命并行》,《民报》第5号,1906年6月。
⑤ 原载于《言治》月刊第1年第1期,1913年4月1日,收入《《李大钊文集》续集》,人民出版社1989年版,第77-79页。

动主义"倾向。因而,这个包罗万象的"劳动",自然包括了农民的活动。循此思路,李大钊后来深情写道:"人生求乐的方法,最好莫过于尊重劳动。一切乐境,都可由劳动得来;一切苦境,都可由劳动解脱。"既然"晓得劳动的人实在不知道苦是什么东西",那么,"免苦的好法子,就是劳动。这叫'尊劳主义'"。① 同时,"我们中国是农国,大多数的劳工阶级就是那些农民"②。因而,现代青年运动的方向,自然也包括了劳动的农民。

这套策略后来也为许多共产党人所采用。1921 年,名为《劳动者》的刊物,即把"耕田的朋友"视为"劳动者"来进行动员。③ 出于同样的理由,《共产党月刊》也向和工人一样做工的"中国的农民"发出号召。④

如前所述,曾有人把一些知识型、管理型活动纳入"劳动"范畴。如在孙中山看来,"人民平等",其活动"虽有劳心劳力之不同,然其为劳动则同"。就此而言,"官吏与工人,不过以分业之关系,各执一业,并无尊卑贵贱之差"⑤。师复也认为:"凡人类正当生活所应有之事业,皆为劳动。"而工场的各种管理者、组织者"即为某种工作之劳动者,而非首领非职业",他们的活动也可被"视为劳动之一种,而无管理他人之权"。⑥

尽管"脑力"活动也被"劳动"化了,但这种呼声中已经包含且预示了后来追求"平等"的激进倾向。毫不奇怪,在 1919 年后"劳工神圣、劳动神圣"的宏大浪潮,特别是读书人的真诚反思中,"脑力劳动"很快就被湮没了。于是,"劳工""劳动"被狭隘化了,仅特指工农的体力劳动。

(二)劳动与工作的分化

如果说"劳动"一元与多样还是种类方面的改变,那么,与工作日益明晰的分化,则从另一个层面反映了其现代转型。

尽管有时可与"劳动"相混淆甚或等同,但现代的"工作"较传统意义上的更为复杂,并逐步获得独立身份。一般而言,"劳动"是一种相对低层次的、充满苦痛和卑贱意味的活动形式;工作则不然,具有某种级别相对较高的现代性意味。比如日常生活中我们更喜欢称一些具有宏大意义的工程、项目、建设等为工作,甚或革命工作;而对其他一些具体的事务性活动,如农业生产和服务性行业,却很少给予这种期许。再如,大学毕业生们宁愿说自己找"工作",而不说找劳动。这表明,工作在潜意识中代表着一种更高层次的活动形式,甚或具有现代性、职业化的意味。当然,还有中国特色的官文

---

① 李大钊:《现代青年活动的方向》,《晨报》1919 年 3 月 15 日。
② 李大钊:《青年与农村》,《晨报》1919 年 2 月 20 日。
③ 笃:《和耕田朋友的谈话》,《劳动者》第 6 号,1920 年 12 月 5 日。
④ 《告中国的农民》,《共产党月刊》第 3 号,1921 年 4 月 7 日。
⑤ 孙中山:《社会主义之派别及批评》。
⑥ 师复:《无政府共产党之目的与手段》,《民声》第 19 号,1914 年 7 月 18 日,转引自高军等编:《无政府主义在中国》,第 273-274 页。

化在里面。因为似乎只有干部的活动(以及某些"劳心""治人"的脑力活动)才叫工作,哪个普通老百姓说自己干的活叫工作(工人老大哥似乎是个例外)?类似的,笔者推测,"上班""打工"也暗含了某种话语霸权。只不过前者可能借用了传统的官僚上朝觐见的譬喻,而后者则可能借用了工作的现代含义(当然,一定程度上或许还沿袭了传统的长工、短工、雇工等因素)。工作和工程相关(不论中文古意,还是西文理解),不但反映了其规划性特点,还揭示了与过程、创造、历史等观念的关系,代表了某种比"劳动"更多的现代性与优越性。① 这在革命期间领导阶层有关自身活动的表述(工作或革命工作),以及新中国成立后有关农工、知识分子群体先进人物的不同命名(劳动模范、先进工作者)中都不同程度得到体现。当然,在具体革命实践中,"劳动"似乎更有权威,且是社会政治动员的有力角色。因而,二者的实际关系远比上文的概括更为错综复杂。

文献表明,在"劳动"出现前,人们曾以"工""佣工""工作"等一系列词来译述某些生产性活动②。就此而言,初具现代意义的"工作"一词在汉语语境中的出现,远比"劳动"为早。这部分是由当时的历史情境决定的。因为国人最初是通过以英语为代表的西欧语言(还包括法语、德语等)来了解现代西方的发展状况的,只是甲午战后日语才异军突起、后来居上。正因语源不一,"工作"可以看作主要是由欧洲语言(英文、法文等)与中国传统相结合的翻译结果,而"劳动"则是1895年以后向日本学习的产物。

20世纪初无政府主义的传播情况证实了这一点,以《天义报》为代表的那些译自日文的作品倾向于使用"劳动";而后来在法国出版的无政府主义刊物《新世纪》,则偏爱使用"工作"。同样,那些受日本影响的知识分子似乎多用"劳动"或与之相近的"劳力"等提法,而受英法影响较多的知识分子则倾向于使用"工作"一词,尽管偶尔也使用"劳动"概念③。

但译自日文的作品也不是没有"工作"的译法。如早期译述即把马克思描述成"百工领袖"④,至于杂用"劳动"和"工作"更不鲜见。可能由于个别成员曾在日本待过⑤,或在国内阅读过日译作品,《新世纪》后来也出现二者杂用的现象。1910年代以后,国人对二者的用法更加混淆。无政府主义者师复等人即认为,人有"天赋工作之良能",不应存"视工作为贱役之理"。⑥ 近些年得到较多关注的杜亚泉也主张,破除享乐(享

---

① 恩格斯曾在为《资本论》所做的一个注释中,指出英语在揭示劳动(labour)与工作(work)区别方面的优点,参见《马克思恩格斯选集》第23卷,第60页,注【16】。关于劳动与工作的区别及其在历史与政治方面的意义,参见 Hannah Arendt, *The Human Condition*。套用 Arendt 的思路,1958年的大跃进大约可以看作生物性的劳动与规划性的工作相互混淆的产物。
② 目前尚不清楚其西语语源究竟是 work、labor 抑或其他。
③ 这种源自英法的工作观与通过日本引进的(源自俄国,或许还包括德国的)劳动观的差异对现代中国的影响(如国共两党的政治理念,以及后来大陆与台湾的社会发展道路),颇耐人寻味。
④ 《大同学》,《万国公报》第121卷,1899年2月。
⑤ 如张继西行,参见王汎森:《中国近代思想与学术的系谱》,河北教育出版社2001年版,第197-219页。
⑥ 师复:《无政府浅说》,原载于《晦鸣录》第1期,1913年8月20日,参见高军等编:《无政府主义在中国》。

福)主义人生观,不避困苦,如此"则吾中国人可得多数生活之人,活动其心力体力,以从事于正当之工作。国家振作富强之道,即基于是矣"①。这里的"工作",其实就可以换成"劳动"。

1919年后,虽然"劳动神圣"甚嚣尘上,但在涉及未来理想社会时,不少人几乎不约而同地选择了"工作"。如高一涵和张闻天在评论苏俄与共产主义社会时,即注意到:"人人都以工作作为人类当尽的义务",或"一切人民有担负同样工作的义务"。②来华的罗素的有关演讲则被这样译介:"人人都必须工作。"③有的译述还从更高层次上提出了"工作哲学"④。

当然,"劳动"与"工作"的最初区分还只是朦胧的、不明确的,二者界限的最终建立是后来,特别是1919年以后的事。尽管有关这种转变的具体情况目前还不很清楚,但以下几件事或许不无象征意义。如曾经风行一时的"勤工俭学"或者"工读"运动,就采用了颇具现代意味的"工",而非那个总让人想起传统的"劳心劳力"的"劳"。同样耐人寻味的还有:1919年初,王光祈发表了《工作与人生》一文⑤;年底,毛泽东发表了《学生之工作》一文⑥;几年后,陆续开始出现"革命的工作""革命工作"之类的提法⑦。

(三)劳动:义务还是快乐

"劳动"是充满苦痛甚至卑贱的,但在现代中国革命与政治的叙事传统中,却变成了一件快乐、光荣而神圣的事。这种转变是如何实现的?除了强制劳动或义务劳动外,还可以从两方面加以树立,即分别与苦痛相对应的快乐劳动观,以及与卑贱相对应的神圣劳动观。

对劳动的悲苦性质,时人大体并无异议。这种情形,除了"劳动"这个词本身所具有的贬义色彩或"语言暴力"外,还包括社会制度等具体原因。不少译述指出,现代机械工业则"夺去了劳动者的劳动的愉快",使他们"除了痛苦以外,什么都没有了"。⑧ 而在帝国主义国际体系下,殖民地、半殖民地的"中国的工人比外国的工人还要苦"。⑨

同时,富者"终身不自操作而安享其富,且自视尊重如神,而使贫者出力勤劳,一如

---

① 杜亚泉:《破除享福之目的》,《东方杂志》第11卷第5号,1914年5月。
② 高一涵:《欧洲政治思想小史》;张闻天:《社会问题》,原载于《南京学生联合会日刊》第52号,1919年8月21日,转引自《五四运动前马克思主义在中国的介绍与传播》,湖南人民出版社1986年版,第357页。
③ 罗素:《布尔扎维克与世界政治》,《民国日报》1920年11月3日。
④ 米田庄太郎著,罗重民译:《战后之新社会与新文明》,《新中国》第1卷第5号,1919年9月15日。
⑤ 《新青年》第6卷第4号,1919年4月15日。
⑥ 原载于《湖南教育月刊》第1卷第2号,1919年12月1日,后收入《毛泽东早期文稿》,湖南出版社1990年版。
⑦ 参见《第一次报告——(长沙)星社成立启事》,《学汇》第368期,1923年12月20日。
⑧ 生田长江等著,周佛海译:《社会问题概观》,中华书局1920年版。
⑨ 汉俊:《为什么要印这个报?》,《劳动界》第1册,1920年8月15日。

牲畜"①。而那些"居两者(按:指资本家、劳动者)之间"的"中流阶级",也"唯恐陷于贫民之阶级,从事手足之劳动"。② 这从另一个侧面揭示了人们对"劳动"的认识:充满苦痛与卑贱意味,没人愿意干。

但现代社会与国家总离不开经济发展与物质财富的生产。那么,怎样才能改变人们对劳动的忧虑与恐惧?尽管缺乏西方那种韦伯注意到的基于劳动救赎的宗教许诺或洛克式的对基于劳动的财产权的保证,中国当时的有关译述和论著仍然尝试从义务论、快乐论等角度对劳动进行鼓励。

关于劳动义务论,试以"五四"期间风行一时的新村主义为例:"人的生活是怎样的呢?是说个人先尽了人生必要的劳动的义务,再将其余的时间做个人自己的事。""这新社会中的第一重要的人生义务,便是劳动。"③当时翻译的《共产党宣言》也主张:"个人对于劳动有平等的义务。"④而社会主义苏俄的宪法也"公布义务劳动制(谓尊奉不劳动者不宜食之原则)"⑤这类论述,不一而足。

但"义务论"毕竟还是外在约束,带有某种强制色彩。如何才能达到内在自觉呢?这就不能不提及"快乐的劳动"。当时不少译述都指出,理想社会中,"劳动之苦恼,将变而为游艺之幸福"⑥。人们将从事"极有趣极快乐的劳动"⑦,且"必把劳动看作最有兴味的事体,人人高兴劳动,人人愿意劳动"⑧。到那时,劳动不但"没有苦痛",还将是"最大的快乐"。⑨

(四)迈向历史:劳动神圣论

尽管劳动义务论、快乐论的作用不容忽视,但现代劳动观的建立殊非易事,还有相当一部分是借助于劳动天职化和神圣化实现的,并由此逐步迈入历史。

几乎就在韦伯注意到路德等人新教伦理中的劳动天职论与资本主义精神关联的同时,东方中国的一些译述和论著就相继注意到:"无论从事如何种类之职业,皆有劳动者之天职。"⑩"劳动为人生之天职。"⑪

---

① 析津:《回头看纪略》,《万国公报》第35-39号,1891年12月—1892年4月。
② 微译:《社会改造及其运动之潮流》,《晨报》1919年4月27日—5月1日。
③ 周作人:《日本的新村》,《新青年》第6卷第3号,1919年3月15日。
④ 陈望道译:《共产党宣言》,1920年9月;转引自《社会主义思想在中国的传播》资料选辑第一辑(上),中共中央党校科研办公室1985年版,第286页。
⑤ 邵振青:《俄国新政府之过去现在将来》,《东方杂志》第17卷第10号,1920年5月25日。
⑥ 师复:《无政府浅说》,《晦鸣录》第1期,1913年8月20日;转引自高军等编:《无政府主义在中国》,第246页。
⑦ 筑山醉翁:《社会主义简明史》,《解放与改造》第2卷1号,1920年1月1日。
⑧ 高一涵:《欧洲政治思想小史》。
⑨ 小泉信三著,质存译:《两种的乌托邦》,《民国日报》1919年10月2—4日。
⑩ 福井准造著,赵必振译:《近世社会主义》,广智书局1903年版。
⑪ 师复:《无政府共产党之目的与手段》,《民声》第19号,1914年7月18日;转引自高军等编:《无政府主义在中国》,第275页。

不过,这种主张较分散,也较简单。而劳动神圣论则相对较为复杂,几乎伴随着中国人熟悉社会主义(包括马克思主义)的整个历程,且后来呈现出较为集中的趋势。

据笔者所见,早在1903年就出现两篇提及劳动神圣论的文献,分别是"大我"的《新社会之理论》①和中国达识译社译的《社会主义神髓》②。前者指出,新社会的原理之一即为"悟人类神圣之劳动",后者也认为,理想社会中,"其谁有闻'劳动神圣'之语,而不决然跃起者乎?"

如果说此时的"劳动"还比较确定,那么,此后神圣的"劳动"则不然,不是指生产活动本身,就是指其活动承担者。大体而言,神圣论由赞美劳动活动逐渐转向美化活动主体。1910年代的有关译述体现了这一点。

民国初年,《中国社会党公告》提出:"劳动者,神圣也。农工各业,生命攸关,虽世不能无间接生利之人,而人必勉为直接生利之事。"③师复也认为,正像欧美之资本家"掠夺劳动家神圣之劳力所获得之结果"一样,"用仆役及乘车轿者亦掠夺他人神圣之劳力所获得之结果"。尽管农工医术教育之类"在今日不正当之社会中,其地位容或有所不齐",但"以吾人社会主义之眼光观之,则皆为最高尚神圣之职业",因为他们均为"社会生活不可一日缺者"。而"商贾、官吏、军人、律师、警察、娼妓、强盗等,或非生活所必需,或为社会之大害,皆不得为正当之职业"。他更反对婢妾奴仆车轿夫等"丧失人格""牺牲神圣之劳力"的不合理社会现象。④ 这体现出作为生产活动的"劳动"及其相关职业之神圣,但也透露了向劳动者神圣论转移的迹象。

不过,"劳动神圣论"最初还仅限于无政府主义者们的个别宣传,而没有广泛的社会影响。但经过多年的宣传积累,尤其是"十月革命"与"一战"的刺激,蔡元培等人将之整合成一个简洁的口号:"劳工神圣!"从此以后,"劳工神圣!劳工神圣!与劳工为伍!与劳工为伍!这种声浪,在杂志界和报章上,也闹的够高了;一般讲新文化的青年,都免不掉要讲几声"⑤,并最终于1920年代在一些激进主义者,特别是共产党人的宣传中,走向高潮,乃至步入实践。

李大钊即注意到:应运而生的"'劳工神圣'的新伦理",是"新经济组织上必然发生的构造"。因而,中国的劳动运动,不仅是反抗"阶级压迫的现象","也是打破孔子阶级主义的运动",特别是反对"孔门贱视劳工的心理"的运动。⑥ 他还反驳了"劳工既然是神圣,资本也是神圣的"的观点,指出:"不错,可以这样说。但是要晓得,资本是劳动的

---

① 大我:《新社会之理论》,《浙江潮》第8期,1903年10月。
② 幸德秋水著,中国达识译社译:《社会主义神髓》,浙江潮编辑所1903年版。
③ 参见高军等编:《无政府主义在中国》,第256页。
④ 高军等编:《无政府主义在中国》,第226-228页。
⑤ 义璋:《讨论怎样过我们暑假的生活》,《觉悟》(民国日报副刊)1920年6月17日。
⑥ 李大钊:《由经济上解释中国近代思想变动的原因》,《每周评论》第35号,1919年8月17日。

结果,资本神圣是因劳动神圣而来。所以这神圣应该属于劳动者,而不应该属于资本家。"① 他宣称:"凡是劳作的人,都是神圣的,都比你们这些吃人血不做人事的绅士、贤人、政客们强的多。"②

同样值得注意的,还有李达。他在《劳工神圣颂》中指出:"现在是劳工神圣的时代了","是崇拜生产者的时候了"。因而,"礼拜一切东西之先,不可不礼拜劳动者"。先"神"化劳动者:"他是普照世界的神","与神灵一样的热心","一样的宽容";再"圣"化劳动者:"他是圣人","是割股饲狮的圣人",是"沉默的至圣"。他宣称:在这个"生产和整理的时代"里,"资本家是劳动者的寄生虫","资本家的头,资本家的命,资本家的妆奁,资本家的恋爱,都是住在穷屋子里的那些卑贱的劳动者生产出来的",因而,"劳动者对于那个头,那条命,那种妆奁,那样恋爱,都可以主张所有权的"。③ 这就为共产主义革命论证了合法性。

1922年,胡南湖的《劳动者当权》一文,则从历史的视角为"劳动"赋予了新的意义。他兴奋地写道:"现在所高唱的劳动问题,就是想把沉沦在资本主义下极凄惨极痛苦的劳动者救起,把他破裂的衣服、漆黑的头巾、粪丑的脚巾等,一齐解去。""在社会主义时代,全注重劳动,凡此前资本家束缚劳动者的锁链,到了这时一齐都解去了。"所谓"劳工神圣""不劳动者不得食"等种种有生气的名词,"都是表示这时代尊重劳动者的徽号;并且对于他的精神,更觉得表现非常的光亮"。

为什么要"劳动者当权"? 因为他们是"劳动"者:"凡从前视劳动为劣等的堕落的活动,现在都视为神圣的无上的活动了。从前视资本比劳动魔力大的观念,现在都翻转过来,视劳动比资本高出万倍的观念了。"而这,又不过是因为"社会上一切生产物,都要靠着劳动去制造"。"劳动原是创造一切文明的工具,换句话说,古来一切文明的历史,都是劳动者的历史"。

为了证明劳动对于文明创造、人类生存与历史发展的意义,他引用了马克思的话:"劳动那个东西,不管他在社会上的形态怎样,总是人类生存必要的条件。并且人类有永久的自然的服从这劳动的必要。若是没有这个劳动,那末,人类和自然之间便不能交换何等物质上的东西,而人类也不能得有何等的生活。"更重要的,是下面这句:"自然是创造生产物,劳动是变化生产物,这两种都能供给人类的需要。因此伯齐氏说劳动是他的父亲,地球是他的母亲。"④

"劳动……创造……文明","文明的历史……是劳动者的历史"。"劳动"的神圣和"劳动者"的神圣在此浑然一体。从此,中国历史将揭开新的一页。

---

① 李大钊讲,黄绍谷记:《马克思的经济学说》,《晨报》1922年2月21日—22日。
② 李大钊:《低级劳动者》,《新生活》第22期,1920年1月18日。
③ 李达:《劳工神圣颂》,《新青年》第8卷第4号,1920年12月。
④ 胡南湖:《劳动者当权》,《今日》第1卷2号,1922年3月15日。

五、未尽的话题

近年亦陆续有不少论著关注律师、医生、会计师及新闻记者等新兴职业群体与现代中国民主政治及社会发展等之关系。典型者如徐晓群的尝试①，而且总体而言，学界对律师群体的兴起之研讨相对比较热闹。但这些讨论多侧重于从职业社会学等角度，而从如何看待其所从事职业或行当的"劳动"视角切入的尚不多见。反映在中国新闻传播史研究领域也是如此。一些研究者注意到了职业角度，或者亦探讨劳动过程等相关话题。② 但对"劳动"这一活动的基本性质，特别是新闻从业者对这种活动属性的认定，及其与社会责任、民主政治等之关联，似尚有可以进一步讨论的空间。拙稿因当年兴趣所在和搜集史料关系，对新闻人如何看待劳动与智识、德性、民主乃至历史等关联，着墨尚少；今后当留意这方面资料的搜集、整理与分析，并尝试从"劳动"视角切入，来研判和理解现当代中国的新闻人、新闻理论以及新闻事业。

---

① Xiaoqu XU, *Chinese Professionals and the Rebublican State: the Rise Professional Association*, Cambridge University Press, 2001.
② 王维佳：《作为劳动的传播：中国新闻记者劳动状况研究》，中国传媒大学出版社 2011 年版。

"文以载政":清末民初的"新名词"论述*

张仲民

(复旦大学历史系)

摘要:辛丑以后,中国的留外学生日多,翻译、出版事业大盛,遂导致来自其中的新名词成为一种舍旧谋新的表征,逐渐流行开来,对青年读者产生的影响尤大,时人秉持"文以载政"的立场对此进行了大量讨论和反思。虽然有一些人为新名词进行辩护,捍卫其出现及存在的合理性,但更多的人则是持批评态度,视其为"护过饰非"的工具,被时人滥用后造成很大危害,然而这些批评并未有效遏制新名词的日益流行,乃至由此造成的"为鬼为祟"后果。

关键词:新名词;"文以载政";"为鬼为祟"

一、"文以载政"

1909年9月8日的天津《大公报》,刊出一则有关时人抵制日货事件的报道:

> 日前驻京某国公使往谒那相国,因北京某某两报对于该国货品倡言抵制,业已登载数次,请由民政部预行严禁,以笃邦交等情。闻那相国对以此次风潮亦我国人民自由之行动,官场无法干预,未识某公使如何答复。①

该报道旋即被上海《神州日报》以《那相维持言论自由》为标题进行了转载。② 十天后,《神州日报》又报道了天津某校学生公开发送抵制日货传单,结果被地方官缉拿

---

* 本文原载于《学术月刊》2018年第2期,有修改。
① 《外人干涉内地报馆》,《大公报》1909年9月8日,第2版。
② 《那相维持言论自由》,《神州日报》1909年9月14日,第2版。

押送给新任直隶总督端方裁决。端方表示学生热心国事,应不予追究,送回学校监督管束即可。第二天在召见提学使及各学堂总办、监督时,端方又表示:"货品买卖,固属个人自由,官府未便干预,但聚会联络,终非学生所当为,各官回堂,明白晓谕,勿酿事端。"①

由这两个简单报道,我们可以看出清末高官那桐与端方对于言论自由的相对正面看法,以及他们并不讳言支持"自由"的做法。有趣的是,早在1902年,时任湖北巡抚端方却曾向湖北士子出示了"简明章程七条",批评新名词的流行及时人的滥用情况。② 稍后端方复留下笑柄:"若端方批某生课卷,谓其文有思想而乏组织,惜用新名词太多,人传为笑。"③可以说,当年主动示禁新名词的满洲新贵端方已经无法避免使用如"思想""组织"等"新名词",遑论立宪后逐渐成长为朝中"立宪党之首领"的直隶总督④,形势逼人,这其实是庚子、辛丑以来清季社会"世变"与"文变"之亟的具体而微的表现。

辛丑以后,清廷推行新政,朝野上下竞相趋新,翻译事业大盛,援引新名词成为时尚。上至清廷的上谕、官方的文牍、官员的章奏条陈,下到考生的试卷,报刊上的商业广告与社团启事,坊间出版的各类教科书、唱歌集、新的戏曲小说等各种文类之中,均散布着各式各样的新名词。

面对此种情形,当时一些清廷大员如张百熙、荣庆、张之洞等人忧心忡忡,秉持"文以载道"立场的他们认为,"今日时势更兼有文以载政之用,故外国论治、论学,率以言语文字所行之远近,验权力教化所及之广狭"。鉴于"近日少年习气,每喜于文字间袭用外国名词谚语,如团体、国魂、膨胀、舞台、代表等字",又喜"剽窃西学",撷拾"外国一二字样、一二名词"而有"犯上作乱""摇惑人心"之举,三人担心"中国之学术风教,亦将随之俱亡",遂在其所起草的纲领性文件《学务纲要》中明确宣示反对新名词对中国"文体"的"阑入","戒袭用外国无谓名词,以存国文,端士风",但其反对依据依然是在其看来更为外来"正宗"的西化与日化的思想资源,依然需要借此对新名词和新学进行正本清源的工作:

> 近来少年躁妄之徒,凡有妄谈"民权""自由"种种悖谬者,皆由并不知西学、西政为何事,亦并未多见西书。耳食臆揣,腾为谬说。其病由不讲西国科学而好谈西国政治法律起,盖科学皆有实艺,政法易涉空谈,崇实戒虚,最为

---

① 《端督之丰采可畏爱》,《神州日报》1909年9月24日,第2版。
② 《书鄂闻文告后》,《申报》1902年9月7日,未标注版面。
③ 柴萼:《新名词》,收入《梵天庐丛录》,山西古籍出版社、山西教育出版社1999年版,第1033页。
④ 《端督落职后之外论》,《神州日报》1909年11月28日,第1版。

防患正俗要领。日本教育名家,持论亦是如此。①

与之形成悖论的是,这个反对新名词的文件亦不得不援引新名词和外来的新思想资源,其他清廷官员依旧在包括章奏的各种文类中大量使用新名词装饰门面,甚至连充满本土文化优越感坚持"新名词不可用"的清廷大员张之洞亦无法避开这个困扰②。像张之洞在"自撰"的《学堂歌》(1904)中也主动使用了诸如"中国、德育、体育、卫生、公德、赤道、中央、五大洲、地球、文明、黄种、科学、变迁、思想、国文、权利、自由、民权、革命、遗产"等大量新名词,尽管他在使用其中某些词时不乏批评谴责之意。③

到1907年时,曾有御史鉴于"阅各省督抚章奏中多用新名词",同朝廷尊孔及以经史为学堂必修科目宗旨相背离,遂上折请求禁止官员在奏章中使用新名词,但清廷高官不但无人理会,且还讥笑之:"疏入,政府诸公均非笑之。"④包天笑对此也发表评论挖苦道:

> 张南皮昔日禁人用新名词,而今日章奏中盛用新名词,遂为某御史所参。谓嗣后应不准用新名词,以重国粹。虽然"新名词"新名词也,"国粹"亦新名词也。我知他日必又有一御史以参御史之用新名词矣。⑤

可以说,新名词在清末的大量出现及流行的前提预设即积贫积弱的中国不如欧美、日本,本土文化不如外来资源、中国必须取法列强这样的认知,如时人的自嘲:"中国积弱至此,安有学?即有学,安敢与外人较优劣?"⑥"文以载政",那些被译介进来象征"文明""先进"的新名词自然非常具有吸引力,让很多人包括如那桐、端方那样的有势力和有地位者,都望风而拜,将之作为趋新的符号与自我标榜的旗帜。过犹不及,新名词的普遍流行也引起许多人的担忧,他们从不同角度开始分析批评新名词的泛滥情形及迷恋新名词导致的危害。

---

① 张百熙、荣庆、张之洞:《学务纲要(光绪二十九年十一月)》,载舒新城编:《中国近代教育史资料》上册,人民教育出版社1980年版,第205-208页。引文标点有更动。需要提醒的是,该文件虽然由张百熙、荣庆、张之洞及其谋士共同起草制定,但其内容显然必须经过三人首肯才能上报与公开发表。在此意义上,此文件应该是三人相互妥协的产物当无疑问,并不一定完全体现坚决反对新名词的张之洞之立场。
② 参看胡思敬:《国闻备乘》,上海书店出版社1997年版,第84-85页;瞿兑之:《杶庐所闻录·故都闻见录》,山西古籍出版社1996年版,第27-28页。
③ 转见王扬宗编校:《近代科学在中国的传播》下册,山东教育出版社2009年版,第608-614页。
④ 参看《请禁章奏用新名词》,《广益丛报》第5年第3期,光绪三十三年三月初十日,"纪闻",第1页。
⑤ 笑:《新名词》,《时报》1907年3月5日,第3版。
⑥ 胡思敬:《国闻备乘》,上海书店出版社1997年版,第43页。

二、新名词之批评

今日我们最容易看到的批评新名词的声音来自时论,当时诸多报刊对此纷纷发表意见,批评这些主要来自日文的新名词。① 像上海《申报》即曾多次刊发评论对新名词流行表达反对意见,但其前后表达反对的依据却不太相同。在 1905 年前反对新名词的论述中,时尚守旧的《申报》因为惧怕隐藏在新名词背后的革命诉求而反对新名词。如其在 1902 年发表的一篇"社说"批评"今日应试之士","平日束书不观,迨届场期,则广搜坊肆怀挟之书,满纸陈言,令人可厌;号为知新者,则又矜奇吊诡,刺取《新民丛报》及近人所译和文诸书中各字面,诩诩自得,号为新奇"。此种做法"嚣张谬戾,不特有乖于学术,抑且有害于人心"。该文进而开始替时任湖北巡抚端方所出"示预"中的"简明章程七条"背书,希望士子引以为戒:"近日文体多歧,如改良、基础、目的、问题、二十世纪、四万万人之类,不可枚举,徒令阅者生厌……若夫革命、流血等说,则词涉悖乱……"警告士子不要用"改良、基础、目的、问题、二十世纪、四万万人等语",否则不但贻笑大方,还自毁前程。② 两年多以后,《申报》继续直斥留日学生无知无学,以致被"革命"等富有激进色彩的新名词诱惑,盲从于外来的新思潮,而忘却其本:

> 及在彼中留学一二年,乞假归国,则革命流血之毒已深入于心,平权自由之言竟妄腾诸口,薄父母为顽固,视朝廷若仇雠……日惟以排满灭清诸谬说,公然宣布于大庭广众之中。及考其所学何如,则华文固一无所知,即年来所习之和文,亦只以国脑、国粹、起点、内容、个人、广告、视线、社会、影响、单简、进步、国民、目的、脑筋、学界、商界、舞台、惨剧诸词头填砌满纸,不伦不类,似通非通,叩以彼中之经史百家、兵刑礼乐、天文舆地、化电声光,下逮商贾农桑、百工杂技,不特专门学问无一擅长,即所谓普通者,亦大半茫然不知,瞠目无能对答。③

然而当 1905 年初《申报》立场逐渐趋新后④,它对于新名词的批评不再聚焦于蕴

---

① 关于清末时人及部分时论对新名词的态度,可参看罗志田:《抵制东瀛文体:清季围绕语言文字的思想论争》,《历史研究》2001 年第 6 期,第 57-74 页;黄克武:《新名词之战:清末严复译语与和制汉语的竞赛》,《中央研究院近代史研究所集刊》2008 年第 62 期,第 1-42 页;沈国威:《近代中日词汇交流研究:汉字新词的创制、容受与共享》,中华书局 2010 年版,第 285-320 页。其他相关研究还有实藤惠秀、王汎森、桑兵、潘光哲、黄兴涛、陈力卫、孙江、章清等诸多学者和师长的研究,不再一一列举其具体成果。
② 《书鄂闻文告后》,《申报》1902 年 9 月 7 日,未标注版面。
③ 《说学》,《申报》1904 年 11 月 29 日,未标注版面。
④ 关于 1905 年初前后《申报》持论立场的转变情况,可参看徐载平、徐瑞芳:《清末四十年申报史料》,新华出版社 1988 年版,第 97-105 页。

藏在其背后的政治危险,而是批评盲从新名词带来的恶果,"实为误国之历阶"。① 在其他评论中,《申报》还呼吁禁止官员在奏章中援引新名词。② 由前引《广益丛报》上《请禁章奏用新名词》的材料可知,《申报》上的这种呼吁大概很难得到朝野的有效响应。

与转变立场后的《申报》相似,北方趋新的《大公报》也刊载过多篇评论对此现象进行谴责,其中一篇曰:

> 吾尝见我中国今日有一种自诩文明者,不过多读几卷新译书籍,熟记许多日本名词,遂乃目空一切、下笔千言,袭西人之旧理论,作一己之新思想,以狡诈为知识之极点,以疏狂为行止之当然,以新学为口头禅,以大言为欺人术,自高其格曰吾文明也。③

清末报刊舆论总体上趋新甚至激进,但它们针对新名词的批评却如此之多、之激烈,或表明清末新名词的泛滥已经让趋新者对其造成的影响与可能导致的危害忧心忡忡,遂不得不表达严厉谴责乃至危言耸听之意,希图借此提醒人们对于新名词的攀附崇拜可能带来的后果。

这种立场除了公开见于时论,一些时人在私下场合与个人著述或奏折中也纷纷表达过类似的担忧和批评。像趋向守旧的政府官员于式枚也注意到立宪呼吁流行之后,受到舆论裹挟,滥用新名词之流弊愈发明显:"横议者自谓'国民',聚众者辄云'团体'。数年之中,内治、外交、用人、行政皆有干预之想,动以立宪为词,纷驰电函,历抵枢部……"④ 此类批判性表达,除了发言者展现自身的政治或文化立场之外,或亦显示了部分时人对于新名词作为一种强势文化资源出现的警惕与反思。

此外值得特别注意的是,时人所著诸多像小说这样的大众文如《文明小史》《官场现形记》《负曝闲谈》《轰天雷》《女界现形记》《新党现形记》《最新女界鬼蜮记》《官场维新记》《新水浒》《新茶花》《冷眼观》等,对趋新世风、新名词及其使用者也有很多的挖苦讽刺。

可以看出,较早时除了《申报》基于政治理由反对新名词之外,大家均不反对学习

---

① 汉:《论新名词输入与民德堕落之关系》,《申报》1906 年 12 月 13 日,第 2 版。该文又先后被《东方杂志》与《北洋官报》转载,被后来的研究者认为是刘师培任《申报》主笔时所作,载万仕国辑:《刘申叔遗书补遗》上册,广陵书社 2008 年版,第 457-458 页。
② 《奏请章奏禁用新名词》,《申报》1907 年 3 月 2 日,第 4 版。
③ 《国民文明野蛮之界说》,《大公报》1903 年 3 月 1 日,第 2 版。
④ 《出使德国考察宪政大臣于式枚奏立宪不可躐进不必预定年限折(光绪三十三年十月二十四日)》,收入故宫博物院明清档案部编:《清末筹备立宪档案史料》上册,中华书局 1979 年版,第 306 页。

西学,只是更多论述仍聚焦于时人将新名词作为"营私文奸之具"①,盲目趋新和乱用、误用新名词,乃至其中出现的荒唐状况与由此导致的弊端,这不但无益于中国的"进步",还造成道德人心的滑坡,"或利未睹而害已生"②,同时也会给维新事业增添阻力。如《申报》上一则社论的提醒:

> 今且不必为用新名词者责,而以一言为用新名词者劝。要知新法新政,在乎吾人之身体力行,见诸措施,征诸事业。徒借一纸空言,以为中国维新之一助,其收效已属有限。乃犹不自检束,无论著书立说,皆以是新名词为口头禅,为当世攻击新学者授以口实,其无裨于时局固可,惜其以文字贾祸,尤可危也。③

此时正热衷于宣传"物质救国"、一意保皇的康有为也直斥新名词导致风气大坏,让人不学无术:

> 而后生新学,稍拾一二自由立宪之名、权利竞争之说,与及日本重复粗恶名词,若世纪、手段、崇拜、目的等字,轻绝道德而日尚狂嚣,叩以军国民实用之学则无有,欲以御强敌乎,则空疏无用如旧,而风俗先大坏矣!④

康有为认为辛丑以后的革命思潮也系新名词所导致:"自由、革命之潮,弥漫卷拍,几及于负床之孙、三尺之童,以为口头禅矣。"⑤

民国肇建后,不甘于沉默的林纾从捍卫桐城文章的角度亦就新名词对中国文章造成的冲击进行了批评,尽管他承认自己无法从学理上清楚阐述"古文"即桐城文体的学术价值——"不能道其所以然",但林纾认为"自有其不宜废者",他还批评民初知识界的盲目趋新风尚可能会导致国未亡而文字先亡的局面:"民国新立,士皆剽窃新学,行文亦泽之以新名词。夫学不新而唯词之新,匪特不得新,且举其故者而尽亡之,吾甚虞古系之绝也。"⑥

---

① 《论今日新党之利用新名词》,《警钟日报》1904年10月15日,第1版。
② 《论中国新事业之所以无效》,《时报》1906年5月5日,第1版。
③ 《论近日学者喜用新名词之谬》,《申报》1903年9月9日,第3版。
④ 康有为:《物质救国论》,姜义华、张荣华编:《康有为全集》第8卷,中国人民大学出版社2007年版,第82页。
⑤ 康有为:《物质救国论·序》,姜义华、张荣华编:《康有为全集》第8卷,第63页。有关康有为对新名词的态度及其在此问题上对梁启超的规诫,可参看黄兴涛:《新名词的政治文化史——康有为与日本新名词关系之研究》,载黄兴涛主编:《新史学》第3卷《文化史研究的再出发》,中华书局2009年版,第100-132页。
⑥ 林纾:《论古文之不宜废》,《大公报》1917年2月1日,第1张;《民国日报》1917年2月8日原文转载。胡适读了《民国日报》转载的该文后,将之全文收录于日记,参见胡适:《胡适留学日记》上册,安徽教育出版社2006年版,第342-344页。

除了上述批评和反思之外,民国初年一些人也从总结清亡原因角度对新名词、新学、趋新风气进行了回顾与检讨。如忠清的湖南文人苏舆目睹辛亥之变后曾写作《辛亥溅泪集》解释清亡之前因后果,认为康梁及满洲亲贵、袁世凯等皆为亡清的始作俑者,尤其是亲贵们迷惑于新名词("四译新词")之表象,重名轻实,盲目趋新逢迎,结果导致清朝灭亡。苏舆最后还揭出终极原因所在——"今日朝廷之亡,新名词亡之也",语极沉痛。①

这时一心想推翻民国恢复清朝统治的蒙古族人升允在讨伐民国及袁世凯、孙文的檄文中,矛头则更具体地针对光绪以来流行的新学说、新名词,批评其为惑人的"邪说",让"无知恶少年喜为平权自由之说","甘心从无父无君之教",结果导致清室灭亡,"大经大法荡然无存,纲纪于是坏,民生于是困矣",华夏沦"为无父无君之国",面临列强瓜分惨祸。②

而目睹清末民初新名词乱象的小文人彭文祖则直接将有清一代灭亡之肇因归于甲午战后兴起的新名词风气:"殊不知新名词之为鬼为祟,害国殃民以启亡国亡种之兆,至于不可纪极也。"③

类似的针对新名词的指责在当时颇不乏见,均可展示当时大量涌现出的新名词对于时人产生的冲击效果及造成的社会影响之一斑。虽然不断出现这些反对言论,但新名词的流行势头并未稍减,反倒愈加风行,甚至进一步渗透到清末民初几乎所有的知识生产与文化活动中,大大改变了汉语的结构及表达习惯,影响至今。

三、捍卫新名词

相反相成,清末以来也一直有学者为新名词进行辩护,他们接纳所谓日本或欧美经验,赞成引入和使用外来的新名词,并间或批评汉语之繁杂难学。像清末引介西学和新学的先驱梁启超从进化论出发,认为文字与民族文明高下程度相关:"文字为发明道器第一要件,其繁简难易,常与民族文明程度之高下为此例差",而文字由低阶的衍形向高阶的衍声进化,经过千百年的发展,与其本来面目必然大相径庭,在这样的情况下,言文是否一致其实反映了一个国家的文明程度高下之分,"故衍声之国,言文常可以相合;衍形之国,言文必日以相离"。梁启超又进一步从社会层面分析新名词出现之正当性与言文一致之重要性:

---

① 苏舆:《辛亥溅泪集卷二》,载胡如虹编:《苏舆集》,湖南人民出版社2008年版,第229页。
② 《升允反抗民国之檄文》,《大公报》1913年7月6日,第2版;该檄文又载于劳祖德整理:《郑孝胥日记》第3册,中华书局1993年版,第1468-1470页。
③ 彭文祖:《盲人瞎马之新名词》,(东京)秀光舍,第4-5页。

> 社会之变迁日繁,其新现象、新名词必日出,或从积累而得,或从交换而来……言文合,则言增而文与之俱增,一新名物、新意境出,而即有一新文字以应之,新新相引,而日进焉。言文分,则言日增而文不增,或受其新者而不能解,或解矣而不能达。

可以看出,梁启超这里其实是在批评汉语太过繁难落后,不如日语和西方语言那样简单易学,以至于中国人学习起来非常吃力,收效也不大,即便有成,"而犹于当世应用之新事物、新学理多所隔阂",梁启超认为这才是导致中国民众"性灵之浚发所以不锐"、新思想所以传播"独迟"的造因。[①] 有此认知,无怪乎梁启超身体力行,成为当时新名词的最大生产者[②],大量从日文中引入日本名词入汉语,形成所谓"新民体",对当时及后来的青年读者均影响甚大[③]。

《浙江潮》上也发表有评论认为新名词的日多是因为翻译事业大兴的缘故,有其出现的必然性,但因其新,许多读者对其含义不太了然,自然会出现一些滥用情况:

> 自东方译事兴,而新名词出现于学界者日益多。好学之士初读新书,必有半日不得其解者。而译书、著书之人,习之既熟,脱口而出,必强之以另易名词,无论其不便也,亦势有所不能。然则举其非吾之所习者,而一一解之,斯诚今日吾辈之义务,无可容辞者矣。抑尤有进者,名词之解释,不明其害之流入社会者,影响甚大,权利无定解,则必有以权力、权势谓当崇拜者矣。自由无定解,则必有以杀人淫酒为不当受人约束者矣。失之毫厘,谬以千里。其为害之大,又何可言也。[④]

为避免新名词被滥用导致危害,作者这里发愿为读者解释一些关键的新名词,以尽其义务。可以看出,作者这里对新名词持赞赏态度,并愿意付出努力去推广新名词的真义,以防招致误解。

来华传教士林乐知则参考"西国""日本"的造字经验认为,如"不阻塞中国之进步",使得中国"人心"得到"释放",新名词引入中国为不可避免之事:

> 中国今日译书之中,苦名词之枯窘而借日本所已译者用之,正如英文借

---

① 中国之新民:《新民说·论进步》,《新民丛报》第 10 号,光绪二十八年五月十五日(1902 年 6 月 20 日),第 4-5 页。
② 后来据研究者统计,仅经过梁启超使用后而在国内开始流行的源自日本的新名词,就有 140 余个。参看李运博:《中日近代词汇的交流——梁启超的作用与影响》,南开大学出版社 2006 年版,第 239-248 页。
③ 有关梁启超造成的广泛影响,可参见张仲民:《"亡国之媒":梁启超与清末民初的阅读文化》,《南京政治学院学报》2017 年 3 月号,第 97-108 页。
④ 酞癸:《新名词释义》,《浙江潮》第 2 期,光绪二十九年二月二十日,第 181 页。

德文、法文之比例,且日本之文原祖中国,其译书则先于中国,彼等已几费酌度而后定此新名词,劳逸之分,亦已悬殊,何乐而不为乎?①

王国维也与前引林乐知等的见解相仿,他认为中国学术"欲进步",就不得不创造"新名词"(即其所谓新学语、新言语),在此情况下,他认为新名词的出现是新思想输入导致的必然结果,"新思想之输入,即新言语输入之意味也",所以日本所造西式汉文才能在中国流行,但是"滥用之"或"唾弃之"均非妥善态度,"日人之译语"虽未必"皆精确",然其"精密"之处却为中国人提出的类似新语所不逮,"处今日而讲学,已有不能不增新语之势,而人既造之,我沿用之,其势无便于此者矣"。王国维这里还进一步分析新名词受到贬斥的部分原因在于,"译者能力之不完全是也",这不应该成为拒绝来自日本的新名词的借口。②

高凤谦(梦旦)所见略同,也认为当下出现的新名词之来源主要是翻译,其中沿袭日文俗语而"扞格不通者,诚不可胜数",但又不能摒弃不用,原因在于"世界之变迁益甚,则事物之孳乳益多,此不可逃之定例也。其后起之事物,既为古之所无,势不能无以名之;此正新名词之所由起,固不必来自外国而始得谓之新也,"部分人之所以反感新名词,乃是因为"谓其来自外国也",但高氏认为这不能成为贬斥、拒绝新名词的借口,因为之前中国已经从对外国文献的翻译中吸收了大量新名词,"何文人皆习见而不之怪乎?"高凤谦又继续质疑,在当前"世界交通,文明互换"的时代,对于外来之新事物已经不再拒绝,"而独计较于区区之名词,无奈失本末轻重之分乎?"高凤谦进一步为新名词辩护道:

> 今者译本之流行,报章之传布,上至于奏定之章程,钦颁之谕旨,所用新名词既数见不鲜,又乌得从而禁之?平心言之,新名词之不可通者,勿用可也。既已习用,必从而禁之不可也。治古学者不用新名词可也,必以责通常之人不可也。且谋教育之普及,不能不设学堂,设学堂不能不教科学,教科学不能不用新名词。③

因之,如前引《时报》上包天笑的观点,高凤谦认为,即便对于保存国粹者而言,亦无法回避新名词,因为"国粹"这一表达本身即新名词,况"新名词亦新名词",即便去批评新名词亦不得不用新名词。于此,可以看出高氏本人对于新名词的大力支持态度,

---

① 林乐知、范祎:《新名词之辨惑》,《万国公报》第 184 册,甲辰四月,第 24-25 页。
② 王国维:《论新学语之输入》,谢维扬等编:《王国维全集》第 1 卷,浙江教育出版社、广东教育出版社 2010 年版,第 126-130 页。
③ 高凤谦:《论保存国粹》,《教育杂志》第 1 年第 7 期,宣统元年六月,第 79 页。

并身体力行地在该辩护文中大量使用新名词以昭法式。

类似林乐知、王国维、高梦旦等的看法，《大公报》上也有时论同样认为目下新名词被大肆滥用，但这并非新名词本身之错，乃"解释新名词者之自误"，系其故意歪曲利用新名词为护身符所致，人们不必为此因噎废食，就此排斥新名词。① 而《大公报》上发表的另外一篇《论文字与科学之关系》的时论则从文字进化的角度论证引入新名词的合法性。该文认为中国文字自诞生以后，愈变愈复杂，"孳乳寖多，虽意义闳括，而文字之繁难日剧"，从而成为"吾国民开明之阻力"，由此，遂有"热心之士"倡导"官话字母"，试图改革汉字，降低学习难度。不仅如此，"虽然我国之文字信繁富"，但若"用之于今日之科学"，导致的问题就很多，远不如泰西文字简洁明了，简单易记，"使学者一见了如，不惟得其形式，且可会其精神"，"此泰西之科学"之所以发达的原因所在。接下来，该时论又批评中国文字相比泰西文字，"其冗杂繁难，固不待言，复经词章家补苴掇拾，语多涵浑，遂至重迭沓冗，义欠分晓"，这对于翻译和研究泰西新学非常不利，而新名词的出现就成为必然，因其有助于弥补这一弊端："然今日之学界，讲求一切科学，能读蟹行之书者，仍居少数，势不得不导源译本，即读译本，势不得不沿用新名词。此一定之理，而不可丝毫易者。"该文这里又使用新名词质疑"某省大吏"（暗指张之洞——引者注）禁止新名词的做法乃刻舟求剑，于史无据，且与"考求科学"宗旨违背：

> 乃近闻某省大吏所主持之学堂，屏弃一切，自命保全国粹，饬考求科学禁用新演之名词，及凡特别坚硊之新字。呜呼！其醉心祖国，爱护先型，自是热度膨胀，而独于科学则不能无方枘圆凿之苦焉……②

由以上诸例可知，尽管同样承认新名词存在容易被人误用、滥用，乃至由此造成唯新是从、中国文章受到污染等问题，但捍卫新名词的人均认为援引新名词入中文和向西方及日本学习乃大势所趋，是中国自身文化传统得以维系与更新的必然之举，也是融入欧美日所主导的世界秩序的表现。如1908年底清廷出使德国考察宪政大臣于式枚所揭示的现象：

> 告以尧舜禹汤文武周公之道，汉唐宋明贤君哲相之治，则皆以为不足法，或竟不知有其人。近日南中刊布立宪颂词，至有四千年史扫空之语，惟告以英、德、法、美之制度，拿破仑、华盛顿所创造，卢梭、边沁、孟德斯鸠之论说，而

---

① 丁宝钧：《评社会流行之新名词》，《大公报》1910年2月28日，第1版。此文被改为《论社会流行之新名词》，为上海《舆论时事报》全文转载，见《舆论时事报》1910年3月25日，第1版。另，本处引文依据为《舆论时事报》。

② 《论文字与科学之关系》，《大公报》1906年5月11日，第1版。

日本之所模仿,伊藤、青木诸人访求而后得者也,则心悦诚服,以为当行。①

于式枚这里敏锐察觉出光绪以来的舍旧谋新趋势之强烈,他希望清廷在立宪问题上循序渐进,力挽狂澜,以"广兴教育为急",不为"群言淆乱",不要急于推广那些称颂西方的政治性新名词。

但接纳新名词就必然意味着对其体现出的"文明"价值观与生产体制(或即所谓文化帝国主义)的认可和追随,人在国外的康有为就观察道:"而今学者,乃以欧美一日之富强而尽媚之,以为无一不超出吾国者;见吾国一日之弱,遂以为绝无足取焉。"②这样的取径最后势必滑向一种自我东方主义化(self-orientalization)的尴尬认同③,不甘自居于"野蛮"的他者地位,又以不被欧美人、日本人视为文明而感屈辱,造成许多自我困扰与认同危机。

四、新名词之运用

简言之,不管是反对还是赞成新名词的,他们其实均相信"文以载政",意识到新名词及其所代表的新学对于近代中国之重要。正是考虑到晚清以来引入的新名词影响之大,近来不少学者从西学东渐、关键词、概念史、观念史、学科史、学术史、语言学和思想史等角度开始对之进行深入讨论。④

盘点既有的研究成果,因研究者关怀所在,他们侧重于从思想史、学科史和概念史的取径入手,比较关注核心的政治概念、词汇或学科术语以及精英思想的系谱,比较强调"新名词"的现代性色彩及其带给中国的正面价值,尤其是对所谓近代化(现代化)的促进,而对于不那么具有政治性或学术意义但同样很关键的某些概念或符号相对不够关注,对于不那么精英的社会阶层乃至普通大众的阅读实践与有关的受众接受情况的讨论也不太充分,同样对于"新名词"带来的负面效应也不太注意。

在材料的使用上,很多研究者在使用材料上比较单一且带有精英取向,重视精英类、政治类或思想性强的杂志或某些特殊的精英文本,对通俗性的文学性材料乃至各种各样的商业报刊资料、日记资料等利用有限,甚或对资料自身的形成过程及其局限

---

① 《出使德国考察宪政大臣于式枚奏立宪不可躁进不必预定年限折(光绪三十三年十月二十四日)》,收入故宫博物院明清档案部编:《清末筹备立宪档案史料》上册,第 306 页。原文标点有更改。
② 康有为:《英国监布烈住大学华文总教习斋路士会见记》,姜义华、张荣华编:《康有为全集》第 8 卷,第 31 页。
③ 有关讨论可参见 Arif Dirlik, "Chinese history and the question of Orientalism", *History and Theory*, Vol. 35, No. 4(December 1996), pp. 96-118;杨瑞松:《病夫、黄祸与睡狮:"西方"视野的中国形象与近代中国国族论述想像》,台湾政治大学出版社 2010 年版。
④ 有关部分研究情况,可参见陈建守:《思想的载体:近代中国词汇/概念史的研究回顾与展望》,《日本中国史学》2016 年 10 月号,第 75-90 页。

性也全无警惕与批判意识。

在方法论层面,很多研究成果太过重视新派的标榜而忽略其实践以及旧派的相关反应,又缺乏传播学的视野,对语言背后的社会因素、物质因素不够关注,容易忽略近现代语言环流及翻译过程中的不平等权力关系与利益追逐,导致其研究中的近代化关怀、自我东方主义色彩浓厚,等于是文化帝国主义的历史注脚;还有个别学者过于依赖"数据库"和相信"大数据",忽略对材料本身的解构与辨析,以及对受众心态暨各种各样反应情况的分析,亦缺乏对新名词作为一种外来文化霸权机制本身的揭示和反思。

在以金观涛、刘青峰教授等为代表的量化研究者中,这些问题体现得尤为明显,而且其研究中的后设色彩、启蒙情结、精英主义和因果论取径均比较显著。①

于近代中国出现的那些新知识、新名词,虽然它们大多发轫于精英阶层,但莫不是通过各种媒介、经由各种场域传播到一般民众那里才发挥作用,进而产生效果。与之形成悖论的是,与时人更为关注新名词的接受层面相比,如今的很多研究者却更为关注新名词的内涵及其诞生史,忽略对其接受层面情况的考察。这恰同当时的批评相背反:"学者不明其界说,仅据其名词之外延,不复查其名词之内容,由是为恶为非者均恃新名词为护身之具,用以护过饰非,而民德之坏,遂有不可胜穷者矣!"②包天笑在目睹新名词衍生出的弊端后也有类似所见:

> 往者张南皮辄戒人勿用新名词。窃尝诟其不通。今乃至新名词者大足为无耻者所利用。其"运动"两字之为口头禅者不必言矣,即如贿赂亦可称之为运动费也,"欺骗"则称之为外交手段也,"贪黩"则称之为经济主义也。凡此种种,不胜枚举,是亦近日一种新变相也。③

众所周知,公开的言论表达并不一定都能发挥效力或产生作用,其落实到具体的实践层面究竟如何,仍是有待大力拓展的问题。如果忽略举足轻重的接受层面,只关注精英的公开表达而忽略其表演和"故意为之"的色彩,只重视其政治性论述而忽略在日常生活中的实践状况,只重视出现频次而忽略受众的接受情况,那么我们的研究看似"科学""真实",其实仍是只重视文本表象与精英外在言论的传统思想史研究的变体,并不能得其门而入。毕竟,言论或文本在传播与旅行过程中肯定会发生诸多变异,给予的东西与接收到的东西并不一致,公开的表达和私领域的实践之间存在明显的落差,这种情况在清末民初的中国普遍存在。

就清末民初人对新思潮、新学说的接受情况来说,一知半解者、望文生义者也许更

---

① 金观涛、刘青峰:《观念史研究》,法律出版社 2010 年版。
② 汉:《论新名词输入与民德堕落之关系》,《申报》1906 年 12 月 13 日,第 2 版。
③ 笑:《新名词》,《时报》1909 年 2 月 28 日,第 4 版。

多，新名词之于这些人不过是一种趋新偏好的认同和表达，往往反映了其在日常生活中的食洋不化与逢迎风气，如接下来这个故事所显示的：

> 宾宴茶楼有某京货铺，系天津郑紫宸之业也。其子名万元者，年前游学东洋，致函于其父称紫宸同胞赐览云云，郑见此信勃然大怒。其子日昨来京，郑训子曰：汝游学东洋，何以来信称我同胞。其子答曰：当今维新时代，上自君王，下至庶民，皆在四万万同胞之内，老父非中国之民乎？郑一时无言以答之。知之者相传为笑柄。①

小说《文明小史》也叙说了一则相仿的故事。苏州趋新的塾师姚文通带儿子及三个学生到上海观摩，当留在客栈中的其子不辞而别出去玩乐归来后，焦急的姚文通训斥了儿子，然而其子却不买账，同样用新名词反驳：

> 我的脚长在我的身上，我要到那里去，就得到那里去。天地生人，既然生了两只脚给我，原是叫我自由的。各人有各人的权限，他的压力虽大，怎么能够压得住我呢？②

可见，对于当时很多趋新者来言，他们更多是受到世风的影响盲目趋新罢了。

故此，近代以来也颇有人批评一些中国人的趋新、爱谈新名词只是表面现象，其实是赶时髦，假维新，舍本逐末。如《大公报》上的一篇评论所言：

> 今日新机既辟，新学大兴，号称维新者，触处皆是，人才蔚起，中国之兴，其庶几乎？及一遍察其为人，觉有大不足恃者。盖维新党中其真心爱国、热心救国者，固不少，而其间以冒托维新之名、毫无国家思想者，尤占多数，平居雄谈博辩，满口新名词，陈义极高，目空一切，或指摘某之行事，或谤毁某之为人，问其所以自见者何在？则空言以外，无作为焉。我国家又何贵有此维新党也？③

即便对于那些以救世之"志士"自命的趋新者，其也仅是见诸空言，一旦见诸实践，则大相径庭：

---

① 《新名词之笑话》，《广益丛报》第7年第5期，宣统元年闰二月初十日，"纪闻"，第4页。
② 李伯元：《文明小史》，上海古籍出版社1982年版，第111页。
③ 《论中国新党空言多、实行少》，《大公报》1904年5月12日，第1版。

> 今之志士,大都剿袭民权、自由一二新名词,于是睥睨一世,傲慢群伦,以花天酒地为运动之机关,以奸贪狠戾为经济之手段,日言爱群,拔一毛利同群未见其肯为也,日言爱国,得数金而卖国,未见其不肯为也。而且互相骂詈、互相倾陷,胸愤戾而口叫嚣,性凶残而手毒辣,安见其能爱群也。①

此类名实乖违、言行脱离的案例在当时颇不乏见。

由上述案例我们亦可推知,当时很多的普通趋新者其实并无坚定的立场,多为追随风气,或仅是浑水摸鱼,博取趋新名声和谋取私人利益罢了,"用之者未必真知其详",往往"不过采取虚声",导致"猎泰西之皮毛"的人滥竽充数,结果"偾事更多"。②

在下者的趋新情况如此,在上者的情况更是让人不满。激进的《民呼日报》曾直斥清廷所实施的包括立宪在内的诸举措为"牢笼之政策"和"欺骗之伎俩",其数量之多"不胜枚举":

> 质而言之,要不外阳托立宪之名,以阴施压制之实耳。外虽假政治上、物质上之伪文明,而内实陷生民于苦海。然则今日之当国事者,岂非社会上万恶之根源乎?③

以今日之见看来,清廷当时各种举措未能落实,多系无奈或力有不及,但其进退无据、举措失当的表现却让很多"误会欧美之文明"的趋新精英感到悲愤和绝望,"迷信其伪以为真"。像《大公报》即曾发表白话评论,面对清廷上下"假维新"的现实痛心疾首地说"中国不亡是无天理":

> 我们十数年来,所期的那舍妄来真、寻源讨本、循序渐进的进步,不过是人民嘴上多了几句新名词,社会表面改了几样浮皮毛,添了些个习气,弄得不中不西、不新不旧,在那国利民福上,不但没见有什么益处,而且更加上种种的苦累,危亡之祸,近在眼前,困苦的情形,一天比一天的加紧……④

进言之,时人对新名词的接受普遍还存在各取所需、饥不择食、耳食肤受的情况;即或是同一名词或术语,对于不同人其解读不一样,对于不同人在不同时期的阐释也

---

① 《今世之人材果足今世之用乎(续)》,《大公报》1904年7月26日,第1版。
② 《御史徐定超奏更定官制办法十条折(光绪三十二年九月十四日)》,收入故宫博物院明清档案部编:《清末筹备立宪档案史料》上册,第167页。
③ 《论趋时派之新迷信》,《民呼日报》1909年6月17日,第1版。
④ 《白话》,《大公报》1909年11月7日,第2版。

不一样。① 以下聊举数例，以便读者窥豹一斑。

如时人对自由的理解，很多人的理解都系望文生义，与政治思想上所谓的天赋人权、政治自由相距甚远。曾有清末时论指出这种情况："今之所谓自由，则肆无忌惮，乃古人所谓放纵也。"② 像上海即有趋新人士假借"自由"之名行淫乱之实，全然不顾法律礼俗的约束：

> 新党萃居于上海，乃假开通女子之名以兴女学，然新党者以"自由"二字为护符者也。上海者，又中国法律礼俗所不加之地也，由是新党之好淫者，必借婚姻自由为名而纵其淫欲，女子稍受教育者，亦揭"自由"二字以为标，视旁淫诸事不复引为可耻，由是无娼妓之名，而有娼妓之实。③

上述叙述也正像辛亥年上海《时报》发表的讽刺文《新名词别解十二则》所批评的情况，"自由"含义被时人曲解利用："自由者，逍遥自在，如妻妾虽有外交，而主人不得过问，臣下贪财卖国，而朝廷不能禁制，皆享自由之权利也。"④ 而陈焕章在民国初年居然借助"信教自由"这个新名词呼吁定孔教为国教。⑤

关于"革命"名词的使用情况也同样存在多种差异的表达。如曾有上海文人写作《勾栏革命书》，呼吁妓院改善环境及待客之道，不要任意歧视、敲诈客人，此即其所谓革命之义。⑥ 而刘鹗在《老残游记》里说："其已得举人、进士、翰林、部曹等官的呢，就谈朝廷革命；其读书不成，无着子弟，就学两句爱皮西提或阿衣乌爱窝，便谈家庭革命。一谈了革命，就可以不受天理国法人情的拘束，岂不大痛快呢？"⑦ 这里的革命则是任意妄为的意思。讽刺小说《冷眼观》则挖苦"革命党"为"特别的新名词""二命党"，原因在于真真假假的革命党流品混杂，为鸡鸣狗盗之辈会集的乌合之众，系很多人借"革命"招摇撞骗、唯利是图、见风使舵的组合：

> 原来他们党中的人物，却是各界都有，只要扫帚戴个帽子，皆可以兼收并

---

① 王汎森教授用"复合性思维"概括此种情况。参见王汎森：《晚清以来的"复合性思维"》，载方维规编：《思想与方法：近代中国的文化政治与知识建构》，北京大学出版社2015年版，第46-51页。
② 汉：《论新名词输入与民德堕落之关系》，《申报》1906年12月13日，第2版。
③ 志达：《男盗女娼之上海》，《天义》第5卷，1907年8月，第33-34页。此文也可能出自刘师培之手，参见万仕国辑：《刘申叔遗书补遗》，广陵书社2008年版，第1651-1652页。
④ 寿侠：《新名词别解十二则》，《时报》1911年4月30日，附刊《滑稽时报》。
⑤ 陈焕章：《明定原有之国教为国教，并不碍于信教自由之新名词》，《宗圣汇志》第1卷第4号，1913年8月，第7-22页。
⑥ 藜床卧读生：《绘图上海杂记》卷九，文宝书局1905年版，第13-14页。据郭长海教授考证，此"吴县藜床卧读生"当为管斯骏。参见郭长海：《蠹勺居士和藜床卧读生》，载吴晓峰主编：《中国近代文学史证：郭长海学术文集》上册，吉林人民出版社2005年版，第300-303页。
⑦ 刘鹗：《老残游记》，人民文学出版社1982年版，第117页。

蓄,拉了来做同胞看待。诸如当扒手的,怕还算是他们内中实业界上的大好老呢!非我说句刻薄话,古语族大还难遮丑,莫说是聚多数乌合之众,我恐怕里头连忘八兔子都敢是有的呢!难怪一旦小人得志,只要被他骗着个磕头虫儿的官儿,就包管立地改变方针,将从前打算革政府命的一番本领,就反过脸来,去革同党的命。从前要想流满洲人血的各种手段,就掉转头来去流部民的血。无一事不是譬如昨宵死、今朝活,实行反对宗旨。因此东洋人就赠他们一个二命党的徽号,这句话真是讽刺得有趣呢!①

而前引《时报》那则新名词别解文则挖苦了当时部分人所理解的革命,最后实质是革自己之命:"命即性命之谓,今日后生小子,猖狂无忌,一触法纲,立陷大辟,是与性命为仇,而竭力以革之也。"②前引这些关于"革命"含义的种种表达,在陈建华等人的相关研究中并没有得到体现。③

又如"共和"一词,中国古语中虽有该词,但其含意与清末民初时人所接受的"共和"之意全然不同,时人却不管不顾,从自己爱好出发以今义比附古义,援中入西。如清末汪康年在笔记中即讽刺"共和"不过是专制之遮羞布:

甲乙数人共谈政体,甲曰:"政体究以何者为善?"乙曰:"莫如共和立宪。"丙曰:"然!然!我国周厉王时已尝行之矣。"乙曰:"厉王时虽有共和之名,然其治绩如何,今不可知矣。"丙曰:"我尚记有一弭谤之事,以卫巫一言而雷厉风发,令行禁止,使道路以目,可见当时政府虚心采纳,尊重民权。即此一事,已足令人敬服其宪政进行之速。"甲、乙大笑曰:"子真糊涂!此事实专制之虐政,而子敬服之,异哉!"丙曰:"二君误矣。天下岂有真是非?但使强权在手,令出而人不敢不遵,虽行专制之实,谁敢谓其专制哉……"④

将共和与专制联系起来,刘师培从无政府主义角度也如此阐释:"何谓'共和'?共和政体者,专制政体之变相也。""是则共和、专制,其名虽异,而人民受害则同。"⑤

类似汪康年将"共和"同周厉王联系起来的认识与解读,一心复辟清朝而又守旧的满洲亲贵升允有同样看法,他直斥袁世凯"假共和之名以盗天下,号称民国,其意盖托

---

① 八宝王郎:《冷眼观》,载章培恒、王继权等编:《中国近代小说大系·新党升官发财记·后官场现形记·冷眼观》,百花洲文艺出版社、江西人民出版社1991年版,第410页。
② 《新名词别解十二则》,《时报》1911年4月30日,附刊《滑稽时报》。
③ 陈建华:《"革命"的现代性:中国革命话语考论》,上海古籍出版社2000年版。
④ 汪康年:《汪穰卿笔记》,上海书店出版社1997年版,第156-157页。
⑤ 刘师培:《共和之病》,原载《衡报》第1号(1908年4月28日),转见万仕国辑:《刘申叔遗书补遗》下册,广陵书社2008年版,第1030页。

古昔周厉王之时与美洲华盛顿之世也"。在升允看来,真正的"共和"要采用其古义——"因国中无君而调护之之谓,非有君而攘夺之之谓也"。升允还认为像"共和"之类新名词迷惑了太多人,凡是使用这类新名词的人,"皆借以为笼络挟制之术也"①。

回顾了上述知识精英关于"共和"的表达,我们再简单看个徐珂《清稗类钞》中的记载,也可管窥清末民初部分普通青年学子对"共和"名词的认识与观感。当时受到新思潮影响的年轻人争趋"摧专制而建共和",但他们对"共和"何谓其实多不了解,其中就有"年少佻达之黄立夫者",将"共和"理解为"共和实行,吾辈可为共同和奸(刑律有强奸、和奸之别)之行动矣!"②这样望文生义式的对新名词的认识在当时年轻学生中普遍存在,他们喜欢谈论新名词,"以自表其富于新学",若询问其"共和""自由"这类新名词的真意,则"瞠然不能对",或者会认为"窃人之物、损人之书即为共和","他的即是我的",抑或"辍业罢课、口角纷争即为自由"。③

前引这些资料显示出的读者对新名词的使用、误用与滥用情况告诉我们,不管是趋新者,或是守旧之人,或是骑墙派,均在使用新名词为自己背书。④ 这些不同的人对自由、革命、共和等新名词形形色色的阅读、想象、理解和使用方式及其背后的利益诉求,乃至最后导致的多种多样的效果,或许才应是我们研究近代中国的概念史、知识史、阅读史时需要着力关注与揭示的。⑤ 但可惜的是,很多精英取向的研究者都视之为不登大雅之堂或不够重要而弃之不顾。因之,关注近代中国新名词、新知识、新概念的生产机制、符号意义和修辞策略,以及其在不同时期、不同具体语境里被不同人士的阅读、想象与使用乃至滥用的情况,乃至揭示隐藏在其背后的物质利益、个人动机,乃至由此折射出来的权力关系,或比仅仅讨论新名词出现的频次和时间、有多少"实"的含义与精英如何表达、言论如何独特更为重要,更有意义,因其直接关涉其究竟如何再生产、如何转化为日常生活中的经验、如何发挥作用,以及造成何种社会结果的现实塑造问题。

五、结语

由上述讨论可知,本土的思想资源既然不足以应对"世变之亟"——所谓执"旧法"

---

① 《升允反抗民国之伪檄二道》,《大公报》1913 年 7 月 14 日;该檄文又见劳祖德整理:《郑孝胥日记》第 3 册,第 1470-1472 页。
② 徐珂:《清稗类钞》第 4 册,"共和",中华书局 1986 年版,第 1755-1756 页。
③ 醒吾等:《童子随笔》,《童子声》第 3 期,1914 年 2 月 16 日,第 52 页。
④ 《论今日新党之利用新名词》,《警钟日报》1904 年 10 月 15 日,第 1 版;《论今日旧党之利用新名词》,《警钟日报》1904 年 10 月 17 日,第 1 版。
⑤ 王汎森教授曾提出要在中国近代思想史研究中重视"思想的社会功能""思想的形形色色的使用"情况,并注意去厘清"思想与自我利益(self interest)之间的关系"。参见王汎森:《中国近代思想文化史研究的若干思考》,《新史学》第 14 卷第 4 期,2003 年 12 月,第 180-181 页。

无法"治近世",时人不得不寻求他山之石以作为鉴戒和奥援,他们或标新立异、借酒浇愁,或为功利而趋新,或为时髦而趋新,或为"文明"追求和强国想象而趋新。"文以载政",因文见政,有此形势,遂不断地有更新的"新名词"出来,更新的"学"出来。可以说,新名词在清末民初社会的流行和被滥用情况正体现出外来新学的咄咄逼人,以及当时中国"舍旧谋新"崇拜的强势和虚妄。只是原体制内在的"旧"与"恶"也随着"新""俱分进化","为鬼为祟",影响深远。

不过,假若我们乐观地看,或确如清末讽刺小说《官场维新记》之作者所言的那样"辩证":"一二假维新提倡于前,必有千百真维新踵起于后",现在真维新的人多了,"然而推原其本,还是全仗一班假维新的人导其先路,所以才有真维新的步其后尘"。① 由此,我们对近代以降中国人对"文明"与"强国强种"的想象和追求,以及要与"世界""接轨"乃至号称要驾乎其上的表达与实践,或亦可作如是观!

最后有必要提醒的是,新名词流行程度虽高,当时仍有不少较为守旧与身处闭塞地区的士子对此不太了然。如据一个书商所言,他在 1906 年冬天去杭州卖书发现参加浙江优贡考的一些士子,甚至"如支那、社会、张博望、心算学普通名词,犹有不能解者"。② 另据《大公报》报道,桂林广西法政学堂的 106 名学生中绝大多数(十分之九)都不读新书新报,"故于新名词不能谙悉"③。

只是其上这些不太理解新名词的案例,并不能视作新名词的失败。行胜于言,即便是一直反对日译新名词的严复,老年时愈趋"保守",也不得不劝在唐山路矿学校读书的儿子严璿要适应学校教授国文的风气:"勉强从俗,播弄些新名词之类,依教员所言,缴卷塞责。"④ 到了 1920 年代初,新名词之优势已不待言,有时人曾无奈感慨:"大势所趋,不可挽救,学者非用新词,几不能开口动笔。不待妄人主张白话,而中国语文已大变矣。"⑤

---

① 佚名:《官场维新记》,古典文学出版社 1957 年版,第 110 页。
② 四明语生稿:《杭州卖书记》,《时报》1907 年 3 月 6 日,第 5 版。
③ 《广西法政学堂琐志》,《大公报》1908 年 10 月 23 日,第 2 版。
④ 严复:《与四子严璿(1918 年 11 月 8 日)》,载王栻主编:《严复集》第 3 册,中华书局 1986 年版,第 809 页。
⑤ 柴萼:《新名词》,收入《梵天庐丛录》,第 1033 页。

"渔权即海权":民初报刊的海权观*

赵建国　夏　天

(暨南大学新闻与传播学院)

摘要:"渔权即海权"不仅是民初渔业发展的指导思想,也是海权观的重要内涵。各类报刊在海洋事件报道及相关讨论中,不断延伸渔权,提炼出相对独特的海权思想:海盗损害海洋经济权益,越境侵渔有损海洋主权,渔业借款则是出卖海权。在建构海权观念的媒介实践中,报刊充分展示出作为思想工具和动力的社会角色,推动了近代知识与制度转型。

关键词:民初报刊;渔权;海权;知识转型

清末以降,中国领海不断遭遇列强滋扰侵渔。主张"实业救国"的张謇,高度重视渔业,提出"渔权即海权",强调"渔业盛,则渔界益明,渔民附,则海权亦固证之"。[①] 受此影响,民国初期的各类报刊在海洋报道中,结合中国实际,高度重视渔权与海权的关系,借此扩充海权内涵,初步确立相对独特的海权观,并致力于传播这一新型思想。遗憾的是,这一现象未能引起学界关注,既有研究侧重从经济史、法学和国际关系等方面讨论渔权与海权,忽略了报刊对渔权、海权观念的传播。[②] 鉴于此,本文拟以《申报》

---

*　本文原载于《新闻春秋》2019 年第 6 期,有修改。
① 　宁波、韩兴勇:《张謇"渔权即海权"渔业思想的探索与实践》,《浙江海洋学院学报》(人文科学版)2013 年第 4 期,第 44-48 页。
② 　从经济和主权两方面来理解"渔权"的著作主要有:民国时期李士豪、屈若搴所著《中国渔业史》(商务印书馆 1998 年版)、侯厚培、吴觉农所著《日本帝国主义对华经济侵略》(黎明书局 1931 年版);从法律和国际关系史角度对"渔权"进行历史阐释的研究成果主要是:陈治世著、丘宏达主编《现代国际法》(台湾三民书局 1973 年版),刘彦所著《中国近代外交史·欧战期间中日交涉史》(湖南教育出版社 2010 年版)。除此之外,具体涉及渔民群体的研究有:王建友所著《"三渔"问题与渔民市民化研究》(武汉大学出版社 2014 年版),刘莉《渔权与海权——海南岛沿海渔民的历史考察与现实意义》(《中山大学学报》(社会科学版)2014 年第 3 期),黄硕琳《渔权即是海权》(《中国法学》2012 年第 6 期)。民国时期外人对华的侵渔事件是争取渔、海权的典型事例,其中较具针对性的研究成果有:刘利民《论民国时期日本对华侵渔活动及其特点与影响》[《吉首大学学报》(社会科学版)2006 年第 2 期]、《日本越界侵渔与民国北京政府的应对(1924—1927)》《抗日战争研究》2013 年第 3 期)、谢小琴《民国早期日本对中国沿海侵渔及其影响——以 1924 年日船越界捕鱼案为中心》《黑龙江史志》2010 年第 15 期)。

《大公报》《益世报》等代表性报刊为中心,探讨民初中国报界对海权观念的认知和建构,继而分析报刊与近代知识制度转型的内在关联。

一、"振兴渔业,保全海权"

"一国海权发达与否,以渔业的盛衰为转移"。① 由于民初渔业发展存在海盗多如鲫、渔业公司参差不齐、渔税混乱、渔业技术落后等诸多窒碍,报刊多以渔业事件为契机,讨论海权与海洋动态,并以渔民生计和实业经济为由,敦促渔政管理,踊跃建言献策。

(一)平定海盗

据检索初步统计,《申报》仅在1912年有关海盗的事件报道就有60余次,小篇幅盗窃事件见于"琐闻""本埠新闻""电文"等栏目,大篇幅通讯报道刊于"要闻"栏目。兹选编《申报》的典型报道,制成简表,列示如下:

表1 1912年《申报》海盗事件典型报道简表

见报时间	篇目	事件内容	态度及倾向
1月6日	《松江新纪事》(第12版)	金山、奉贤、南汇沿海海盗洗劫该处驻防水军枪械,松军政府拟调派军队前往剿匪	"海盗猖獗""肆无忌惮""竟将枪械劫掠殆罄"
3月24日	《派轮剿办海盗》(第7版"本埠新闻")	沪军都督批准上海各商会呈请海军部选派浅水兵轮剿办海盗	海盗影响海上交通和商业发展
3月28日	《通济巡缉海州洋面》(第6版"要闻")	蒋都督电陈海军部派通济练船由烟台开往海州一带巡游剿匪	海盗出没致使来往商船裹足不前,妨害治安,关系极重
4月15日	《防御海盗》(第7版"琐闻城内")	沪军都督批准福昌等商号呈请江苏都督迅速核查海州境内湖河口地方	海盗为患妨害交通和商业,查办海盗能保护商旅,维持治安
4月17日	《浙洋海盗之披猖》(第6版"要闻")	定海渔户戴抱来禀报县知事,二月初五夜七点乌沙门停泊的渔船被劫,六名渔民被掳走,盗贼头目王云龙宣布须备足洋元二千六百金赎回人质。禀请水师王统领派船追捕营救	"有水师之责者"应当力图整顿以弭盗患

---

① 《渔业及于国家经济之影响》,《申报》1920年9月29日,第16版。

续表

见报时间	篇目	事件内容	态度及倾向
8月21日	"香港电"(第2版"特约路透电")	一伙海盗手持枪械驾驶利泰小火轮驶至香港外海哑铃岛登岸袭击警察署,造成一人死亡,抢走洋元千元及来复枪和刺刀后行驶至澳门金克岛弃船登岸逃逸	持续关注,后续4日连续报道:8月22日"译电"、8月23日"特约路透电"、8月28日"专电"、9月6日"特约路透电"
9月15日 9月19日	"广州电"(第2版"特约路透电")	粤兵前往澳门、香港附近岛屿剿捕海盗	外兵虽可以巡缉周围海域,但不得踏入中国土地,为避免引起政治问题所捕海盗也须交送广东当道审讯定罪
11月22日	《海军处慎重江防》(第7版"本埠新闻")	驻沪海军司令特派鱼雷艇及炮舰赴长江下游口岸防护,并调炮舰前往南洋各岛游弋	海盗横行之际,亟应调派兵舰驻防外洋及长江口岸

由报道可知,海盗遍及我国南北领海,案件多发于江浙海面。在一定程度上,相关报道为内陆读者呈现了海盗和海洋的真实面貌:海盗通常以近海小岛屿为据点,犯案之后便乘船出海,居无定所,其踪迹难寻,剿除的难度极大;盗贼不仅在海上作案,且时常上岸洗劫江河沿岸,携枪支刀具到停泊的船中施行抢劫。① 随着盗情愈演愈烈,《申报》主张尽快严治海上盗贼,不仅明确指出海盗猖獗严重影响江河海洋的商业贸易和航运交通,并刊载案情报道,呼吁整顿盗患,且刊载商会呈文,集中表达民间实力团体的诉求。例如,上海众商广记和永记等呈请沪军都督和海军部,选派浅水兵轮剿办海盗,以保航道安全。② 接到相关信息后,沪军都督以"海盗为患,既妨行旅,又害商业"为由,咨请江苏都督迅速核办,保护商旅,维持治安。③ 同时,海军舰队派遣海筹巡洋舰和建安炮舰,自浦江往北至烟台海面,认真巡缉。④

报纸的相关报道加快了有关海洋的信息流通,使读者群体认识到海盗所犯下的恶劣罪行,深刻体会到海洋的重要意义,继而推动政府采取巡缉海盗、治理海洋安全的行动。不久,松江水师就缉获大帮海盗,"获解大帮盗匪十八名,到郡立即送往军政府"。⑤ 这表明,媒介为读者延伸了感受现实的感官,读者通过报刊这一中介直接或间

---

① 《浙洋海盗之披猖》,《申报》1912年4月17日,第6版。
② 《派轮剿办海盗》,《申报》1912年3月24日,第7版。
③ 《防御海盗》,《申报》1912年4月15日,第7版。
④ 《海筹建安巡缉北》,《申报》1912年4月28日,第7版。
⑤ 《松江水师缉获大帮海盗》,《申报》1912年4月29日,第6版;《松江水师获盗余闻》,《申报》1912年4月30日,第6版。

接地参与了远距离的现实,这一切都有赖于报纸在一定地域内的公共性。①

由于沿海各省所辖的海域界限不明确,海防空白赋予了海盗生存空间。据媒体揭载,1912 年 7 月,福州、两浙、静安船帮的金永财、金泰利、金顺祥三艘商船在经过温台洋面时先后被劫,八人被掳走,损失船货二十余万。类似的海上盗案闽浙粤洋面频发,闽商损失惨重,但案发地处于闽浙洋面交界,浙江水师态度消极。于是,两省商民及商船公会等纷纷电告福建都督,斥责浙江水师,"奈浙洋水师王燮阳防务废弛、悍置不理,前后数十电,亦无只字答复"。② 福建都督愤然决议,派闽省南琛、保民等兵舰到浙江海面,代为剿匪。报纸的公共性使政府的政务"后台"前移至大众可视的"舞台",无论是借助媒体表演政绩的政府官员,还是被揭秘的政务细节。在与政治的协商中推动海洋治理的进程,报刊逐渐形成自身对海权的理解。

此外,报纸通过陈商情、诉民苦,迫使农商部请调水师、海军剿匪,又进一步监督地方渔政。《申报》留意到由海盗引起的地方盐价上涨,山东登郡一带因盐贩海上运输受阻,各地盐价涨了三至八倍不等,"该处食盐之贵,实为向来所未有"。③ 对不同角度的海洋事件关联报道,多层面凸显出海上安全对陆地社会运转的特殊意义,引起民众对海权的关注和反思,以及对政府渔业管理的监督。比如,浙江海渔团局自知本省水师防务废弛,自发禀请设立巡船,要求准许渔商随行携带枪炮。前清温州船商联合筹议设立海防局,由官府监督,派官员收取商民自筹的经费,海运商贸一直有巡船护送。遗憾的是,民初海防局名存实亡,虽然官府一直收缴所谓"保护费",但经费大部分被用作海防局日常开支,导致海上防务废弛,商民却未收保护之效。温州商民为防止类似经费挪用的现象再次发生,不再允许官厅改办水巡警察,而是由商人自行筹集所有收支,主持所有海防事务。对此,《申报》明确指出我国商民受制于海上,导致渔业、航运业以及商业接连遭受损失,与农商部、水师、海防局等"有责者"不重视海权和不作为有很大关系。"前民政司诸君欲将此项经费改办水巡警察,各商以为此举更非所宜,虚糜款项,无益于事"。④《申报》不仅刊登此项筹议,并向官府请愿"今共相时代,想各长官必能俯顺舆情也"。⑤ 此事表明,近代报刊发展令政务走向公开,舆情成为政策制定的重要考量。

值得注意的是,《申报》从海盗对领海的侵害,联想到陆上侵略者对领土的侵扰,指明海盗与陆贼都损害国家主权,北部"马贼"猖獗导致外蒙古主权丧失,"海盗将复断送

---

① 转引自黄旦:《报纸革命:1903 年的〈苏报〉——媒介化政治的视角》,黄旦主编:《范式的变更:新报刊史书写》,上海交通大学出版社 2018 年版,第 102 页。
② 《闽兵舰代剿浙匪》,《申报》1912 年 8 月 1 日,第 6 版。
③ 《山东》,《申报》1912 年 9 月 19 日,第 6 版。
④ 《温人会议商办海防之详情》,《申报》1912 年 9 月 20 日,第 6 版。
⑤ 《温人会议商办海防之详情》,《申报》1912 年 9 月 20 日,第 6 版。

我尽净之海权"。① 通过类比"陆权"与"海权",《申报》对海权观有了更直观的认知,海域内的安定有赖于海军力量,"兵力之所及,即为权力之所及"。② 报界强调海军对维持渔业和海权具有重要意义,希望海军能保护领海内的渔民和商船。

(二) 整顿渔税

渔税混乱且繁重是阻碍渔业发展的原因之一。民初渔业团体众多,小到地方渔民、鱼贩团体,大到商会、渔业公司,渔税在收缴过程中被层层克扣,极大地损害了底层渔民的生产积极性。报刊查得相关民情后,吁请政府彻查渔税,拟定渔业法,整顿名义上集资发展渔业,实际剥削渔户以敛财的渔业公司。"查民国四年海关贸易册,水产物由外洋输入每岁不下银二千万两,其中失败原因虽非一端,而以外复加杂捐,致使渔户不能聊生。"③

在报纸的倡导下,渔税问题引起各界重视和思考。1912年4月,直隶劝业道官吏王景福就渔业公司收缴渔税问题,向《大公报》投稿,仔细阐述意见:"各国整顿渔业用款收入,而外犹赖国库补助,今日所设渔业公司半属收税性质,实与振兴渔业之原理不合,拟剔除积弊,竭力扩充所有一切收入之款,尽为保护、提倡、扩充等项之用,一切旧弊悉行革除。"④渔民团体实业公会则积极回应王景福,指出问题症结在于:"旧日设立渔业为提倡实业,是正当理由,自归官办,上下隔阂,诸多掣肘,人所共见,前读劝业道宪意见书,有鉴于此,拟以鱼税振兴渔业,谓建设实业,始能富强,此为至要之理,足见王君志存国体之注意。"⑤商民张世箴借助报刊,质疑渔业官督商办的合理性,"与其徒饱奸民之私,何若化私为公,提作正税,改归国有",认为与其将税权下放给商民中饱私囊,不如由官府规范渔税的缴纳。⑥ 对此,《大公报》倡议说,"渔业公司现虽改易名称,其实征收加重,宜实行干涉,必使税章简单,税额轻减"。⑦ 随后,参议院宣布把"订定渔业法案"列入议事日程。⑧ 农林部则设渔务司,掌渔业监督、奖励及渔业工会等关于渔业的一切事项。

结合农商部咨查各省区鱼捐鱼税及盐税的情况,报刊断言,渔税制度不一致,会阻碍地区间的经济贸易,而且过重的渔税会抬高本国水产价格,致使出口衰减,"渔业日

---

① 冷:《海权》,《申报》1914年5月7日,第2版。
② 冷:《海权》,《申报》1914年5月7日,第2版。
③ 冷:《海权》,《申报》1914年5月7日,第2版。
④ 《署直隶劝业道王景福宣布意见书(续)》,《大公报》1912年4月19日,第5版。
⑤ 《渔民实业团体公会说略上》,《大公报》1912年5月29日,第9版。
⑥ 《商民张世箴禀请本办天津县鱼税文并批》,《大公报》1912年11月1日,第9版。
⑦ 《本埠·建议十条》,《大公报》1912年5月20日,第3版。
⑧ 《大总统总理出席参议院之预备》,《大公报》1912年4月29日,第2版。

衰，渔民日蹙不第"[①]，"正税以外附加杂捐，致使渔户不能聊生"。[②] 杂捐源于各省渔区的某些团体，它们或假公私名义从中节节抽收，或号称渔业公司专收苛税，或强制利用鱼盐剥削渔民。在新闻界披露之后，农商部令各省省长立刻查明各地渔税事情并上报，以便尽快设法整顿渔税，维持渔业。两个月后，调查委员会周云清、刘起凤返京，报告长江上下游一带渔税征收情形与整顿渔税办法。[③] 经财政部核准，将在直隶第四区组建渔税总局。[④]

《申报》认为渔税之于海权的重要性体现在渔业，"渔业之能否发达，与海权大有关系。今政府绝不注意于海权，而惟垂涎于渔税"。若渔民为逃税而"挂洋旗"，其后果必定是"税未增而国权之无形丧失"。[⑤] 呼吁整顿渔税的同时，《申报》主张由政府出台政策，引导扶持商民发展渔业。1913年底，该报全文刊发张謇的实业政见宣言书，认为国家"当致力于奖励"，因为民族企业所需资金多，且人才难得，国家若不扶持，则难以为继，航海远洋渔业企业更是如此，"故各国皆有奖励、补助之法，盖诱掖之，使之发展，即所以为国家扩生计、增国力者也"。[⑥] 由于意识到开拓远洋渔业的必要性，但远洋航行所需的人力和财力非民间小团体所能企及，于是《申报》进一步提议由国家设立沿海渔业试验场，"中国沿海六、七省所有渔业公司寥若晨星，即有数个小公司为人民所创办，而资本缺乏无由扩张，不足以收天然之利，应由国家设立一规模宏大之试验场，以资提倡而兴"。[⑦]《大公报》从另一角度，阐述了国家支持的重要性。该报《调查浙洋渔业之情形》一文，详细罗列了浙江洋面水产、渔户及渔具的数量，指出"水产物之总额竟达630万元之多"，其中鱼类收益约占总额一半，"渔户共24921户，渔船大小共有35580艘，渔具约计58000副"。这些数据足以说明，浙江省发展远洋航海捕鱼，获利长远，而国家扶持尤其重要，"近更发出远洋渔业，以开利源"，一定程度弥补了民族企业"先天不足"的缺陷。[⑧]

报界吁请多少影响到政府决策。1915年6月，农商部渔牧司司长陶昌善致函上海总商会，劝导沿海各商号、渔业公司，扩展在公海的渔业，共同防御海界，因为"渔轮捕鱼利尤稳固，且与海权有密切关系"。而且，他还希望江浙渔业公司、浙海渔业公司等地方实业公司，配合农商部共同设立渔轮公司，由此"海权可以巩固，鱼利不致放弃，渔业前途实利赖焉"。[⑨]

[①]《农部咨查鱼盐税捐》，《申报》1917年2月26日，第6版。
[②]《农部咨查鱼盐税捐》，《申报》1917年2月26日，第6版。
[③]《调查渔税委员将返京》，《民国日报》1917年4月2日，第11版。
[④]《渔税局组织事务所》，《益世报》1917年4月4日，第6版。
[⑤]《渔税》，《申报》1921年7月27日，第20版。
[⑥]《张总长又有实业政见发见（续三十）》，《申报》1913年12月2日，第6版。
[⑦]《张总长条陈实业》，《申报》1915年1月15日，第6版。
[⑧]《浙江调查浙洋渔业之情形》，《大公报》1915年9月4日，第5版。
[⑨]《渔轮捕鱼之利益》，《申报》1915年6月13日，第10版。

(三)重视渔业技术

外人屡次侵渔和海盗窃船事件,使《大公报》和《申报》等报刊开始反思,应该开始重视渔业调查和学术研究,"使成有系统之记述,以备世之熟心渔业者或采刍荛于万一也"①。普及渔业的重要性和知识,对渔业发展大有裨益,《大公报》就曾九期连载《中国渔业史考略》,介绍鱼类、渔时、捕鱼及药用水产等知识。

民国时期是我国传统渔业转型走向现代化的重要时期,渔业科学试验是现代渔业的开路先锋。②报刊时常发布渔业学校和技术传习所的招生广告,一则增加收入;二则倡导渔业科学实验,以提高渔业技术。1918 年,我国首家专门向渔民传授新技术的职业教育学校——定海渔业技术传习所成立,由技士李士襄受国民政府农商部委派,在舟山群岛创办。③ 3月,《申报》刊载了农商部关于定海渔业技术传习所传习规程和招生详情。④ 该所主要招生对象为渔户子弟,采用理论知识传习与实地试验相结合的方式,且不收取学费,尽可能为渔户节省生计费用,鼓励入学。但实际上,渔户子弟大多文化水平低下,学员不识字,技士传习只能口授,严重影响传授效率,而且渔户们散居于各处沿海渔村,进城修习有诸多不便,导致传习所的报名情况不甚理想。⑤

报界清晰意识到,传习所不受欢迎的根本原因是人们囿于旧习,渔民对设立传习所的目的以及学习的效果抱有怀疑,政府无法强制其入学,因此传习所的首要任务是树立公信力,让渔民切实看到改良渔具带来的利益。对此,报刊时常刊载这类信息,《申报》报道说李士襄改变方针,派渔船一艘,雇用七八个渔伙出海,利用所学的捕鱼之法和改良的渔具进行实地捕鱼。⑥ 该报非常希望渔民眼见为实,从而进入传习所学习。⑦ 因技术人员和资金缺乏,定海渔业技术传习所于 1926 年前后被迫停办,该所对全国渔业技术发展的影响虽不见得显著,但对促进舟山海洋渔业的努力是有意义的。1919 年 6 月,上海怡泰机器厂耗资 8000 两为定海渔业传习所建造了一艘长 64 英尺、主机功率 40 马力的木质机动渔轮一艘,次年抵达定海,定名"表海"号⑧,以供每逢鱼汛赴渔场传习培训之用,这显然有助于学员更好地实践操作海洋捕鱼。传习所停办后,该轮仍用作巡洋护渔轮。定海渔业传习受到舆论界的持续关注,表明了报刊对渔业技术的重视,认为提高渔业技术能切实维护渔权及海权。

---

① 《中国渔业史考略(续)》,《大公报》1916 年 9 月 17 日,第 10 版。
② 丛子明、李挺主编:《中国渔业史》,中国科学技术出版社 1993 年版,第 88 页。
③ 浙江省舟山市政协文史和学习委员会编:《舟山渔业史话(舟山文史资料第十辑)》,中国文史出版社 2007 年版,第 686 页。
④ 《宁波渔业传习所开办之余览》,《申报》1918 年 4 月 26 日,第 7 版。
⑤ 《定海渔业传习所近况》,《申报》1918 年 3 月 6 日,第 7 版。
⑥ 《宁波渔业传习所变通办法》,《申报》1918 年 4 月 27 日,第 7 版。
⑦ 浙江省舟山市政协文史和学习委员会编:《舟山渔业史话(舟山文史资料第十辑)》,第 687 页。
⑧ 定海县志编纂委员会编:《定海县志》,浙江人民出版社 1994 年版,第 211 页。

相反,技术落后必然有损。《大公报》明确指出,山东省从渔业公司设立以后才逐渐开始渔业调查,据调查发现约有 18300 户渔民因船具狭小而不能深入远洋航行,导致"大利反为外人坐收"。① 与之对应的是,"日本改良渔制,用电气捕鱼能收引鱼类于千里以外,日本轮船游弋海面,电镜夜间烛远,鱼类逐渐东徙,故舟山各岛近年鱼类顿减"②。因为渔业技术落后造成巨大损失,各类报刊纷纷主张尽快购得捕鱼电器等先进捕鱼器具,挽回渔业利权以维护海权,"再不谋自卫之方,讲捕捞之法,则海上之藩篱尽破产之,奇祸不远矣"③。

报刊的报道和号召,逐渐激起民间对渔业的研究热情。比如,吴淞江苏省立水产学校的王棠向《申报》投稿,表达对渔业改良的意见。他通过考察世界各国的渔业,发现渔业之所以能从江河延伸至近海和远洋,甚至能影响国家财政与海权,"尽无一不受科学改良之赐"。因此,他提出"整顿(渔业)必先自改良渔具始",并得到报刊认可,后逐渐成为社会共识。④ 同时,渔业团体在各地相继成立,更好地弥补了渔民散居的缺陷,集思广益,提升和普及技术,发展渔业,从而维护海权。1919 年 1 月,福建渔团联合会正式成立⑤,李培之督军和农商部调查员林元良当选为副会长。该联合会旨在搭建渔业同人交换智识,共谋利益,以挽救本省生产和国家利权为目的。林元良为发展本省渔业制定了四步发展规划:第一,设立渔业技术传习所;第二,创办渔业日报,进行渔民统计,选派学生出洋留学;第三,开设渔业银行;第四,筹备渔产陈列所,改用新法捕鱼等。⑥ 1920 年 4 月,王开疆联络许文俊、王㽦等人组织中国渔业公会,以"促进渔业社会之发展,保护渔业社会之安全"和"保障海权,增加生产"为宗旨⑦,先从江浙两省入手调查滨海渔区。王开疆认识到,保障海权必先保证渔业生产,他在致浙江实业厅和教育厅函中有言"渔航之凋敝,骇外力之侵逼国计民生"⑧,希望两厅协同公会在沿海各产鱼区筹办渔业公会以巩固海权,共谋发展渔航业。

报刊收集并刊载社会各界人士对渔业发展的建议,既可借此教育大众,也能贯通上下意见,使得官商政民之间就渔业发展问题充分交流。渔业因为受制于官商两方力量,形成了官督商办或官商合办的发展模式,符合"尚在幼稚时代"的民初民族资本主义形态⑨,同时对官商双方提出更高的协作要求。由于报刊融合了多重社会关系,尤其是商业报刊,一方面依赖商业繁荣的利好生存,另一方面需要维持来自官方的信息

---

① 《山东鲁省渔业调查记》,《大公报》1916 年 3 月 30 日,第 10 版。
② 《浙省振兴实业计划》,《大公报》1920 年 10 月 13 日,第 6 版。
③ 《渔业及于国家经济之影响》,《申报》1920 年 9 月 29 日,第 16 版。
④ 《对于整顿中国渔业之管见》,《申报》1924 年 6 月 15 日,第 21 版。
⑤ 《福建渔团联合会纪闻》,《申报》1919 年 1 月 16 日,第 7 版。
⑥ 《渔团联合会之规划》,《申报》1919 年 2 月 22 日,第 7 版。
⑦ 《中国渔业公会之筹备》,《申报》1920 年 4 月 19 日,第 10 版。
⑧ 《中国渔业公会之进行》,《申报》1920 年 4 月 21 日,第 11 版。
⑨ 《对于整顿中国渔业之管见》,《申报》1924 年 6 月 15 日,第 21 版。

源。因此,报界建议由渔政机构发挥主导作用,民间势力辅之贯彻并积极反馈,以实现两方通力协作振兴渔业。从民间请求剿灭海盗和张謇的远洋渔业计划可知,长久稳定的渔权需要国家力量的维护和开拓。

各类报刊将渔权提升至海洋主权的讨论层面,不仅是因为海洋经济权益是渔民生计的来源,更是从海洋国防的角度进行考量:渔船所至,海疆所至。通过振兴渔业可达到维护海权的最终目的,但随着外国渔船屡犯我海疆,报刊逐渐延伸海权的国家主权意义。

二、抵制侵渔,以保海权

报界对内忧外患感知敏锐,不断以言论警醒政府和国民:侵犯渔权,即侵吞领海主权。基于这样的认知,各类报刊结合侵渔事件,明确阐述渔权、海权及主权之间的关系。

民初领海界线极不明确,这让日本有机可乘,不断侵袭渤海与黄海,掠夺我国领海渔权,其目的不仅是攫取在华经济权益,还隐含了对中国东北的侵略野心,"日人之于满洲,其处心积虑,本不亚俄人之于蒙古"①。而且,日本自 1905 年从清政府手中强租旅顺、大连以来,对华侵渔的范围从黄、渤海地区不断扩大到东海、南海。② 为证明日本侵渔是其侵华计划中的一步,各类报刊经常列举日本侵犯我国东北主权的事实,以警示国人。例如,1912 年 12 月 12 日,《申报》报道:"有日人由日本海驶来渔船二十余艘,在渤海北岸任意捕鱼,并将该处渔户尽行驱逐境外。"③1913 年 11 月,《申报》再次报道,定海洋面有日舰出没:"船身蓝色,烟囱黑色,并不张挂旗帜,船上渔人皆系日本国人,在该处捕鱼者见之,颇为惊异。"④此后,日本多次侵越山东沿海、龙口屺姆岛等海域擅行捕鱼,《申报》曾登载百余艘日本汽船"在渤海湾内捕鱼,并毁损吾国渔民网绳钩钱殆尽,明目张胆,劫及内室",并直言"海权渔利丧亡无日"。⑤

各类报道督促政府就渔业问题进行交涉,"现闻与日人又起沿海渔业交涉,故巡按使特将营口渔业局李总办调省面讯"⑥。1915 年 2 月,山东省蓬莱沿海渔业被侵,《申报》即刊登沿岸人民保护渔权的请愿:"该处渔民以吾国自有之海权被人阻止。兹春节已届,生计攸关,特联络渔户百余人,群赴蓬莱县署,恳请转详交涉,以挽利权。"⑦中日

---

① 《愿国人勿忘满洲》,《申报》1912 年 12 月 13 日,第 3 版。
② 沈克勤:《南海诸岛主权争议述评》,台湾学生书局 2009 年版,第 83 页。
③ 《咄咄日本对于满洲之行动竟步暴俄后尘矣》,《申报》1912 年 12 月 12 日,第 2 版。
④ 《浙江·外人侵越领海渔业》,《申报》1913 年 11 月 9 日,第 7 版。
⑤ 《农部咨查日轮侵入渤海捕鱼》,《申报》1924 年 7 月 19 日,第 9 版。
⑥ 《东省中日交涉案》,《申报》1915 年 2 月 19 日,第 6 版。
⑦ 《鲁省渔业谈》,《申报》1915 年 2 月 28 日,第 6 版。

双方就渤海渔权问题虽多次沟通,但进展缓慢。① 4月,报载山东越界捕鱼问题已由胶东道尹呈报给中央,并请政府通告日人,撤销在该渔业区域禁止华人设网捕鱼的禁令。② 山东沿海渔业公司也积极响应报刊,"扩充渔业,保存利权"③,并呈请在山东省沿海各埠设立鱼市、开发远洋捕鱼等。

1924年,日人在鲁省海域再次频繁侵渔。事关海权,农商部迅速着手组织调查,照会山东省实业厅等一同查照办理,并请海军部派舰巡查海域。日方领事借口龙口为公海,态度强硬,不承认侵犯我国领海侵渔等事实。④ 各大报纸一边严密跟进中日外交进程,一边将国民坚决抵制之态度书于纸上。兹整理相关报道,列示如下:

表2 关于1924年日船侵渔事件的部分报道

见报时间	报刊版面栏目	篇名
6月5日	《申报》第6版"国内要闻二"	《鲁各界对于越境捕鱼之愤慨》
6月6日	《京报》第6版	《鲁人反对日人侵我渔权》
6月12日	《大公报》第2版	《山东胶海渔民之呼吁》
6月13日	《社会日报·北平》第3版	《日人侵占我渔权》
6月16日	《京报》第3版	《日船侵我渔权续讯》
6月19日	《京报》第6版	《日人侵占渔权抗议》
6月24日	《京报》第7版	《山东渔权交涉》
6月24日	《晨报》第7版	《日人侵占山东渔权》
6月24日	《益世报》(天津)第10版"本埠新闻"	《电请严禁日人越境捕鱼》
6月30日	《民国日报》第3版"电讯"	《日船越境捕鱼之强辩》
7月19日	《申报》第9版"国内要闻二"	《农部咨查日轮侵入渤海捕鱼》
7月23日	《益世报》(天津)第11版	《请交涉日船越境捕鱼》
9月25日	《社会日报·北平》第3版	《久悬未决之龙口渔权交涉》

上表所列报道内容大同小异,态度一致,各类报刊将日本对华侵渔行为定性为"侵犯海权"。中日交涉时,日领态度之恶劣激起中国民间一片愤慨,《申报》在报道中发出"夺我渔权,侵我海权""保维领海,以伸国权"等言论⑤,是报界具有代表性的态度和立场,被各大报纸纷纷转载。

---

① 《中日交涉之最近三问题》,《申报》1915年3月21日,第6版。
② 《山东越界捕鱼之交涉》,《申报》1915年4月7日,第6版;《越界捕鱼之交涉》,《大公报》1915年4月13日,第7版。
③ 《拟设渔场之呈请》,《大公报》1915年4月13日,第7版。
④ 《苏浙火拼中之鲁省海防》,《申报》1924年9月5日,第7版。
⑤ 《鲁各界对于越境捕鱼之愤慨》,《申报》1924年6月5日,第6版。

总体来说,渔权被侵之际,报刊有关海权的报道、评论数量明显增多。一方面,报界强烈谴责日船抢夺当地渔业资源,驱逐华民等行径。我国领海渔产丰富,沿岸渔户上万,日船侵渔使渔民生计、实业经济蒙受巨大损失。《申报》在"杂评"中借民众认知较为清晰的"陆地主权"类比,中国自古以来以陆为重,缺乏海权观念,对海权的无视,导致海权被他国步步践踏,比陆权的丧失有更甚之势,"各国之侵略海权亦较陆地为甚,捕鱼也,测量也,习闻而不以为异者也"。① 国民和政府对海洋的忽视,纵容了他国一再侵吞我国的领海势力范围,侵犯我国海权。另一方面,报界明确指出外人侵渔不仅损害小民生计,而且关系国家领海主权,呼吁政府维权,保障人民生计。比如在外舰浙洋侵渔事件后,当地官吏将情况层层传达至民政长,虽"未识民政长如何设法维持保全民生国权也"②,舆论界的追问督促政府做出回应。最先应对侵渔事件的,往往是利益直接受损的渔商团体,民间派护渔舰虽可保一时太平,但治标不治本。报刊认为,只有政府严肃交涉和维权,才能长效地保护航路、维护海权。除此之外,政府要通过立法引导国内外商民规范从事渔业活动,这样才能从根本上巩固渔权和海权。

各类报刊所言之"海权"不仅包含海洋经济权利,而意指更为本质的"领海主权"。侵渔事件屡禁不断,原因之一在于我国海界未经明定,也并未明确捕鱼限制。有报言:"我国海疆测量局未告成立,关于公海私海之界限,无一定标识。于是,日人捕鱼时及我国内海。"③对此,《申报》指出:"公益不在公法上之领海范围,而在法律上之损失问题,中国农林部有权示禁(外商船的侵渔行为)。"④而且,在《申报》看来,关于万国公决时拟定的"三海里"⑤原则适用与否⑥、中国海界的具体里数等问题,涉及国家海权,应交由外交部和海军部核定。此外,该报认为根据各国共同拟定并认可的国际海洋公约,即可对公约内其他国家的侵渔行为进行制裁⑦。领海与领地都属于领土,因此海洋主权与陆地主权同属国家领土主权。

各类报刊跟进新闻事件,公开日人恶劣的侵渔行为,而且深入分析其前因后果,从

---

① 《海权与陆权》,《申报》1914年6月13日,第3版。
② 《浙江·外人侵越领海渔业》,《申报》1913年11月9日,第7版。
③ 《沿海渔业协会鲁分部之筹备》,《大公报》1924年7月24日,第3版。
④ 《取缔捕鱼之研究》,《申报》1912年9月4日,第7版。
⑤ 大炮射程说是领海宽度标准之一。荷兰法学家宾刻舒克1702年提出了"陆上国家的权力以其炮火射程所及的范围为限"。由于当时大炮的最远射程不超过3海里,而领海3海里的宽度原则是英、美等海洋强国所坚持的国际法承认的确定的领海宽度。在具体实践中不同国家的标准不一,3海里的领海宽度一直未被公认为统一的标准。《联合国海洋法公约》第3条规定,"每一国家有权确定其领海宽度。直至从按照本公约确定的基线量起不超过12海里的界限为止"。
⑥ 余先予编:《国际法律大辞典》,湖南出版社1995年版,第74-75页。
⑦ 《海岸巡防处对领海界线表示》,《申报》1926年5月21日,第14版。直至1926年,我国渔界范围仍然未明确划定。据《申报》载,1926年海岸巡防处答记者问称,"扩充海界为保自国之良善秩序及税课者,此为行政上之任务,尽可扩充。若为主张权利作无例案之扩充,则为强权之事矣。本国渔界范围尚未划定,但此不属海军军政"。

中寻求发展渔业、维护海权之道。《大公报》认为,"中央对于沿海区域内,渔业保护事业,缺少有统系之组织",所以海盗与侵渔难以遏制。因此,该报提议由海军设立保护沿海渔业监督处,"派舰巡海,实行保护领海职权",并颁布沿海渔民保护团规程。① 进而,《大公报》分析浙省渔业发达的原因有二:一是浙省的士人和渔会组织对渔业的推动,二是丰厚的渔利足以支配兵舰等海上军事力量护渔。如果渔民自幼适应海上风浪,船只驾驶技术娴熟,不失为"海军之先导",于是《大公报》比较认可浙省"政治与渔业之组合"的发展模式,希望"有责者盍急起而追之"②,极力主张海洋经济权利与海上军事力量相辅相成、共同发展。

三、海洋渔业权与海军并重

海军是海权的核心硬实力,担负着维护海上安全的重任。民初海防由于军费紧张而捉襟见肘,但海军部"欲借整理渔业之名,收渔税以冲军费"的举措引来非议。③ 渔业借款风波掀起渔权与海权的讨论高潮,报界一致认为应该并重海军和海洋渔业权,因为渔业权与海军实力同属海权,不能抵押渔业权以换取海军发展。

自"一战"前夕,各国就陆续扩张海军军备④,国内报纸大多认为各国的海军扩张计划"无非耗财伤民"。⑤ 但中国海军部竟提出四项大纲以扩张海军,要求增加4亿军费,欲造船56艘,此提案造成海军部所需的财政预算剧增。⑥ 与此同时,各海军舰队还存在不同程度的欠饷,"各舰队离沪较远者,欠饷三月余,附近上海者,亦欠饷两月余。阳历年关,催索再三,始领到四成"⑦。为补充海军经费,海军部以"沿海渔船须有兵力之保护"为由,设置渔业委员会,整顿渔业,并派舰保护渔商,因此抽收渔税作为海军军费⑧,该议案经由国务会议讨论通过。但抵借外债的新闻层出不穷,可见报界对此十分担忧。1920年底,东京留学生向《益世报》投稿,声称我国政府为借款,将允许日本取得闽南及粤东沿海的海上捕鱼权。⑨ 1921年初,海军部电请反对将马尾船政局

---

① 《渤海渔民力争代表权》,《大公报》1925年3月6日,第6版。
② 《附记——中国渔业史考略(九续)》,《大公报》1916年9月25日,第10版。
③ 讷:《渔业借款》,《申报》1921年9月3日,第3版。
④ 胡德坤、刘潇湘:《一战后的美日海权角逐与太平洋战争的爆发》,《武汉大学学报》(人文科学版)2013年第2期,第105-109页。
⑤ 《英美日海军军力之扩张》,《晨报》1921年1月11日,第2版。
⑥ 《拟议中之海军扩张》(北京),《新华日报》1921年2月19日,第3版;《扩张海军之大纲》,《新华日报》(北京)1921年2月20日,第3版;《海军部拟大扩张海军》,《晨报》1921年2月24日,第3版;《中国海军政策之扩张》,《中美日报》1921年2月25日,第6版。
⑦ 《海军欠饷待发之急迫》,《申报》1921年1月24日,第10版。
⑧ 《海军署议决清厘渔税办法》,《申报》1921年2月24日,第10版。
⑨ 《卖路不成卖渔权》,《益世报》1920年12月22日,第3版。

抵押,向日商三井洋行借款,以保海军主权。①

真正让海军部深陷舆论旋涡的,是多家报纸相继爆出的李鼎新等海军部人员贪污内幕。海军部设立渔业公司以筹饷,颇有敛财饱私囊之嫌,"部中人员如某秘书,以有回扣可以染指,莫不竭力奔走"②。另有报刊揭露,中日合办的海丰渔业公司虽由中国人出面承办,但背后受到日人操控,海军部因此获赃80余万。③ 中日合办的渔业公司与海军部私自协商抵押渔业借款的秘闻一经报刊披露,海军部即被扣上"断送全国之海权"的罪名,一时间成为众矢之的。④

各界的反对电文不断涌现,奉、直、鲁、苏、浙、闽、粤七省民间团体严厉声讨海军、农商等部:"沿海各省同乡均反对,苏代表三人赶农部诘问某参事代见,答谓如有此事,本部必反对,代表等谆嘱,请负责打销。"⑤农商部因此遭受质问,并要求复电。⑥ 奉天省张作霖同样极为反对,并放言:"如海军部果派海军官吏前赴南满干涉渔业,即饬军队逮捕。"⑦直隶同乡会"呈府院撤销渔业借款,文末谓海部有受外人行贿嫌疑,应请总统总理切实查办。"⑧天津商学各界也"电京反对渔业借款"⑨,商会及教育会等沿海七大团体联名发表抗议电文,以明示态度。⑩ 各类报刊在陈情民意中,总结了对海权的认知,组织国民参与政府和社会事务的讨论,引导社会舆论,并影响海权争议事件的走向。

《益世报》认为海军部的做法有"贿卖国权"的嫌疑⑪,政府应查办贪贿卖国官吏,以慰人心。迫于舆论压力,海军部予以回应,连续五日在《申报》首版发布公启⑫,声明海军部秘借日款处理七省渔业一事是空穴来风,并表示海军将上下一心,保国卫民。先前海军总司令已经应许浙江定海渔业会所请,派舰巡护捕鱼,海军部不可能断送竭力保全的国家海权。因此,海军界同人电请海军部严查此事的阴谋详情。⑬ 各类报刊在此次渔、海权的争议和讨论中,更加明确"渔业权,即为海上主权之一",不可以渔业

---

① 《海军反对马尾船政局抵款》,《申报》1921年1月1日,第10版。
② 《渔业借款之打击》,《新华日报》(北京)1921年8月30日,第3版。
③ 《七省渔业借款之反响》,《益世报》1921年9月1日,第3版。
④ 《七省渔业》,《申报》1921年9月5日,第20版。
⑤ 《北京专电》,《申报》1921年8月22日,第7版。
⑥ 《农商部对苏直答复渔业借款》,《晨报》1921年9月10日,第3版。
⑦ 《渔业借款之打击》,《新华日报》(北京)1921年8月30日,第3版。
⑧ 《北京电》,《申报》1921年8月30日,第10版。
⑨ 《天津电》,《申报》1921年9月2日,第10版。
⑩ 《质问渔业借款之农商部复电》,《申报》1921年9月20日,第14版。"本月冬日,环球中国学生会、江苏省教育会等七团体为渔业借款事,曾联衔电质北京政府。顷该会等得农商部复电,照录如下:上海环球中国学生会、江苏省教育会、中华职业教育社、上海县商会、上海县教育会、上海救火联合会、华侨联合会公鉴,冬电悉,渔业借款,业由海军部呈复大总统声办,本部职责所在,决不放弃也。农商部复。"
⑪ 《七省渔业借款之反响》,《益世报》1921年9月1日,第3版。
⑫ 《海军同人公启》,《申报》1921年9月5日、6日、7日、8日、9日,第1版。
⑬ 《海军部渔业借款之反对声》,《申报》1921年9月9日,第10、11版。

权为代价盲目扩张海军。① 海洋渔业权与海军发展并重,成为报界建构海权观进程中的重要观点之一。

在渔业借款风波中,各报刊借舆论之力,揭露内幕,立言表态,动员社会。与此同时,报界意识到,军备竞赛与世界和平之趋势背道而驰,以出卖渔权换取扩张海军所需军费,实为以小失大的冒险之举。各类报刊主张扩张海军,一是因为我国人民无力承担庞大的海军费;二是我国"无基础之海军",即便有4亿军费建设,也无法与欧美国家的强大海军抗衡。②《益世报》就此评论说:"中国海军原无国防性质,不如一律改为渔轮,借捕鱼之收入,可以节省支出数百万元,以免利用整顿渔业之名,而为军饷借下巨债,断送渔权云。"③可见,海军部的做法在当时的历史背景下并不可取。

在报界看来,渔业不只是一国之经济实业,领海内的渔权涉及海洋主权,"七省渔业事关国家海权、渔民生计甚大"④,沿海七省的渔业权被一家垄断已不合理⑤,更何况将一国之海洋渔权交由外人控制。渔权的重要性不仅在于民生,且关乎海权,渔权若不在,海权也会随之丧失。《申报》多次警告说,如果我国七省渔业由日本人主导,后果不仅是渔民捕鱼权受损害,若日本以保护渔业为名,派舰分布于我国领海之内,我国海上权以及军港将完全断送,"全国之海上权付之日人",将沿海渔业抵押给外国,即将渔业利益和海上主权拱手让人。⑥"我国沿海之省仅七省耳,断送七省渔业,即不啻断送全国之海权,国民苟尚有知觉,其何能忍?"于是,该报评论言辞激烈,愤然不已,将"败国之政府"比作"败家之子孙",意指出卖七省渔业,即断送国家主权、国民生计。⑦

渔权强则海权强,"一国海权之发达与否,恒视渔业之盛衰为转移。渔业盛,则海权扩张,而国家之经济力强;渔业衰,则海权退缩,而国家之经济力弱"⑧。从种种强调渔业重要性的言论中,可以看出《申报》对于海权中的海洋经济观念认知较为清晰:渔业发达则海洋经济权益实现,则海权强大,甚至可以进一步扩张渔界和海界,获取更大规模的海洋经济利益,从而促进本国经济发展。此外,民国初期的实业资本家也意识到国家海权日削,民穷财匮,要振兴沿海渔业,必须联合成立海上渔业公司,或倡立中华渔业协会等⑨,"使海天寥廓之太平洋中,有我国渔船托足之余地"⑩。这些实业资本家的做法为报刊所认可,海洋经济利益可以驱使渔权和海权扩张,海权强弱对渔业有

---

① 《海军部七省渔业借款之反响》,《申报》1921年9月6日,第11版。
② 默:《扩张海军计划》,《申报》1921年2月22日,第7版。
③ 《海军部与渔业借款》,《益世报》1921年3月29日,第3版。
④ 《七团体反对渔业借款电》,《申报》1921年9月3日,第14版。
⑤ 《七省渔业借款之反响》,《益世报》1921年9月1日,第3版。
⑥ 《海军部七省渔业借款之反响》,《申报》1921年9月6日,第11版。
⑦ 《七省渔业》,《申报》1921年9月5日,第20版。
⑧ 《渔业及于国家经济之影响》,《申报》1920年9月29日,第16版。
⑨ 《中华渔业协会告白》,《申报》1917年1月4日,第1版。
⑩ 《渔业及于国家经济之影响》,《申报》1920年9月29日,第16版。

决定性的影响。如奉天省拥有渤海、黄海蜿蜒数千里的海岸线,境内中日杂居,"领海权与渔业权均关紧要",但渔业保护局的实力不足以保护本国渔业商船,"地广兵单,不敷分布"。① 可见,一个国家对海洋的控制力,即维持海洋安全、维护海洋利益的能力是该国民生海权的根本保障。

对海权有了清楚的认知后,各报刊加大了海洋知识科普的力度。《申报》在"常识"版块、"星期增刊"和"本埠增刊"继续普及渔业常识和整顿方案,如《国人宜存渔业观念》《中国之渔业》《渔业概况蔚文》《对于整顿中国渔业之管见》等,正面引导社会建立渔业观念和海权意识,强调渔业的重要性。② 另外,《申报》还刊登教育机构招生信息、书籍出版信息、行业广告等,使国人认识到渔权和海权之密切关系。在这个过程中,报刊充分发挥作为新闻、信息和知识载体的功能,用通俗易懂的语言解释"海权"等新观念和新知识,敦促政府吸纳民意,并引导民众正确认识、践行海洋权利。

四、结语

国内最早的"海权"(sea power)一词译介自马汉(Alfred Thayer Mahan)的阐释。③ 马汉认为,一个国家海上力量强大与否由海陆位置、海岸条件、海洋领土、从事与海洋相关行业人口、国民特性及政府特征等六大因素决定。"渔权即海权"将涵盖"渔权"与"海权",凸显渔权对实业经济和领海主权的重要意义,暗合张謇的实业振兴思想。渔权与海权关系甚密,原因还在于海洋人口,从事海洋事业的多为渔民,渔民人口决定了渔业的发达程度,渔业繁盛与否即渔权盛衰的主要表现,渔民行使渔权是国家海权的具体化。④ 当"海权"具体化为"渔权"时,"兴海权"就有了可落实的途径:整顿渔业、发展实业。民初各类报刊将"海权"上升至国家主权,意味着政府与国民共同肩负着保卫海权的使命,因为海洋渔业与沿海民生息息相关,民众出海捕鱼、学习渔业技术、抵制日鱼倾销等维护渔权的具体行动,即响应了政府的保卫海权政策。

各报刊在相关报道中对"海权"进行认知和重构,并遵循新型海权观念解读海权争议、表达观点,促进了"独立有效的社会价值评判权"的确立。⑤ 天文地理、民主自由等新知识伴随新式报刊传入近代中国,"设报达聪"成为近代报人创办报刊的追求。从思

---

① 《奉天整顿海防规划》,《大公报》1917年7月3日,第6版。
② 《国人宜存渔业观念》,《申报》1921年11月10日,第21版;《中国之渔业》,《申报星期增刊》1924年2月17日,第23版;《渔业概况蔚文》,《申报本埠增刊》1925年10月8日,第17版;《对于整顿中国渔业之管见》,《申报》1924年6月15日,第21版。
③ 阿尔弗雷德·塞耶·马汉(Alfred Thayer Mahan,1840—1914),美国海军学院院长,海军上校;海权论的鼻祖。代表作有《海权对历史的影响》《海权对法国革命及帝国的影响(1793—1812)》《海权的影响与1812年战争的关系》《海军战略》等。
④ 王建友:《"三渔"问题与渔民市民化研究》,武汉大学出版社2014年版,第81页。
⑤ 桑兵:《清末民初传播业的民间化与社会变迁》,《近代史研究》1991年第6期,第62页。

想知识史的角度来说,"组织知识行为的方式"对于新知识的创造,以及将知识转化为日常生活的道德和指引是根本问题。报刊知识分子改造自身精神世界,书报业更替信息的组织模式,从而推动了整个社会依据新的传播逻辑更新其内在的知识和制度体系。①

---

① I.F. McNeely and L. Wolverton, *Reinventing Knowledge: from Alexandria to the Internet*, NY: W. W. North&Company Ltd., 2008, "Introduction", p.xx.转引自黄旦:《媒介变革视野中的近代中国知识转型》,《中国社会科学》2019 年第 1 期,第 157 页。

"一支笔胜于三千毛瑟枪"话语考*
——从毛泽东引用拿破仑之语谈起

邬国义

(华东师范大学历史系)

摘要:毛泽东1938年在延安各界纪念"一二·九"运动大会上的讲话中,曾引拿破仑"一支笔可以当得过三千支毛瑟枪"之语。文章具体考察了拿氏之语在近代中国流传、衍化的具体过程,最早于20世纪初年由梁启超和日本留学生等引入,与日本有着密切的关联,并因其形象生动而传播开来。辛亥前后一段时期,该语在报刊传媒中得到了进一步的扬播,因流风所及,还成为当时诗文写作中一种新的话语及"新典"。随着20世纪二三十年代新闻学学科的发展,一些新闻学论著几乎无一不谈到这一比喻,事实上它已成为当时新闻从业者和新闻团体的一种普遍共识,并对社会产生较为广泛持续的影响。以传播状况而言,它又和中国本土的经验与传统文化联结在一起,两者相辅相成,由此共同构成了具有中国特色的新的话语表述。

关键词:报纸;笔杆子;毛瑟枪;拿破仑;毛泽东;话语

一、前言

毛泽东于1938年12月在延安各界纪念"一二·九"运动四周年大会上的讲话《一二九运动的伟大意义》中,谈到笔杆子与枪杆子的问题,说:

> 如果知识分子跟八路军、新四军、游击队结合起来,就是说,笔杆子跟枪杆子结合起来,那末,事情就好办了。拿破仑说,一支笔可以当得过三千支毛瑟枪。但是,要是没有铁做的毛瑟枪,这个笔杆子也是无用的。你们有了笔

---

* 本文原载于《学术月刊》2015年第1期,有修改。

杆子,再加一条毛瑟枪,根据拿破仑的说法,那末,你们就有三千零一支毛瑟枪了。有了这,什么帝国主义也不怕,什么顽固分子也不怕。有了这,这些狗子敢来咬一口吗?①

在此之前,1936 年 12 月毛泽东所写的《临江仙·给丁玲同志》的一首词中,也有"纤笔一枝谁与似?三千毛瑟精兵"之语。

关于毛引用的拿破仑这句话的出处,《毛泽东文集》第二卷没有给出注释。据《丁玲年谱长编》记载,1985 年 11 月 18 日,"中央文献研究室来人询问'三千毛瑟精兵'一句的出处"。② 后来,中央文献研究室副主任陈晋在《毛泽东的读书生涯和政治实践》中谈到此事,说:"中央文献研究室的同志问了许多专家,都没有弄清楚出处。"③

冯蕙在《毛泽东文集编辑记事》中,在谈到"引语的查核"时,也举此为例。该文称:对这句话,我们在比较早的时候也查找过,从研究拿破仑的书籍中和向著名的专家请教,都没有查出出处。后来,从《孙中山全集》中见到两处与拿破仑这句话有联系的论述。一是 1922 年 8 月 24 日孙中山在《与报界的谈话》中说:"欲得真正统一,尚须大家奋斗,今后奋斗之器,不以枪而以笔。常言谓:'一支笔胜于三千毛瑟枪。'"另一处是 1922 年 10 月 17 日孙中山在《致〈觉民日报〉函》中说:"凤仰贵报为吾党之喉舌,作侨界导师,大声疾呼,发聋振聩久矣,尽宣传之巨责,收文字之奇功,一纸风行,万流景仰。……拿氏谓:'报纸功力胜于三千毛瑟',斯言殆可为贵报道矣,感甚佩甚!"冯文指出,前者孙中山用的是"常言谓",没有说是谁说的,虽说不能排除这句话是拿破仑说的这种可能性,"但是毕竟还是不能确定"。后者虽明确指出是拿破仑说的,但话中的"报纸功力"与"一支笔"还是有差别的。因此,这两段论述都不能作为毛泽东讲话中引用的拿破仑说的"一支笔可以当得过三千支毛瑟枪"的直接出处,但作为拿破仑讲过这类意思的话的佐证,却是有价值的,说明毛泽东没有记错。④ 至于现在《毛泽东诗词》中有关丁玲的一首词的解说,也大多采用以上孙中山的两段论述来做解释。

从实际情况来看,应当说,事实上拿破仑不可能说出"一支笔胜于三千支毛瑟枪"或"报纸功力胜于三千毛瑟"的话。其原因很简单,因为据有关文献,"毛瑟枪"是德国机械设计师毛瑟(Mauser)兄弟设计制造的一种新式机柄式步枪,发明于 1865 年,1868 年在美国注册获得发明专利,至 1871 年始在毛瑟工厂定型并进行批量生产。毛瑟兄弟也因此被称为近代枪械的创始人。显然,毛瑟枪是 1870 年代之后才有的先进武器,而我们知道,法国君主拿破仑在滑铁卢战役失败后,被流放于大西洋圣赫勒拿

---

① 《毛泽东文集》第 2 卷,人民出版社 1993 年版,第 257 页。
② 王增加、李向东编著:《丁玲年谱长编》(下卷),天津人民出版社 2006 年版,第 819 页。
③ 陈晋:《毛泽东的读书生涯和政治实践》,《光明日报》2009 年 7 月 11 日,又见《党史文汇》2009 年第 8 期。
④ 冯蕙:《毛泽东文集编辑记事》,《党的文献》2002 年第 1 期。

岛,于 1821 年 5 月 5 日逝世。时距毛瑟枪的产生还有将近 50 年的时间,那么,拿破仑怎么可能说出"一支笔可以当得过三千支毛瑟枪"的话呢?

二、源流考索

虽说流传的拿破仑之语事实上存在相当的疑问,至今仍无确凿的史料加以证明。然而,这一说法又确实在近代中国流传了很长时间。那么,毛泽东引用拿破仑的这句话究竟出于何处呢? 其源流是何? 它又是如何在中国流传的呢?

1896 年后,洋务思想家郑观应在《译英国报律序》一文开头就说:"盖日报通民隐达民情,且增智慧明义理以伸公论,俾蒙蔽欺饰之习一洗而空。西人尝谓日报议论正、得失著而褒贬严……一切不法之徒不敢肆行无忌,势若三千毛瑟。"①虽说此处并未提拿破仑之名,但将报纸的作用比作三千毛瑟枪的说法,据笔者所见,确是最早的一例。

据现有的资料来看,关于拿破仑说报馆威力胜过"毛瑟枪"的说法,最早是 20 世纪初年由梁启超和日本留学生引入的。1902 年 10 月,梁启超在《新民丛报》第 17 期上发表《敬告我同业诸君》,第一次提出报馆有"两大天职",一是作为政府的监督者,二是作为国民的向导者。文章并称:"西哲有言:'报馆者现代之史记也。'故治此业者不可不有史家之精神。"文章说道:

> 故一国之业报馆者,苟认定此天职而实践之,则良政治必于是出焉。拿破仑常言:"有一反对报馆,则其势力之可畏,视四千枝毛瑟枪殆加甚焉。"诚哉! 报馆者摧陷专制之戈矛、防卫国民之甲胄也。在泰西诸国,立法权、司法权既已分立,政党既已确定者,而其关系之重大犹且若是,而况于我国之百事未举,惟恃报馆为独一无二之政监者乎? 故今日吾国政治之或进化,或堕落,其功罪不可不专属诸报馆。我同业诸君,其知此乎? 其念此乎?②

在引用拿破仑的话之后,梁启超指出报馆是摧毁专制统治之"戈矛",防卫国民的"甲胄",把报纸比作武器,是监督政府的重要力量,无疑是一种经典性的概括。

---

① 夏东元编:《郑观应集》(下),上海人民出版社 1988 年版,第 406 页。按:郑观应《与陈次亮部郎书》称:"沪上强学会,南洋士大夫多列名助款,惜办事者无条理,不允选举商董协力维持。昨江督闻京师书局被封,即嘱停办。今世风日下,假公济私,不顾大局者多。宜开日报馆、设藏书楼并选译东西洋有用之书。弟近译《英国报律》一书,俟译成拟请当道酌定出奏"云云。强学会于 1896 年 1 月后遭封禁。信中又说,"慨自中日和后,半年来毫无振作",并称"鄙见朝廷宜简懿亲重臣素有识见者,借贺俄皇加冕为词,顺道周游列国,物色人才"。俄皇加冕在光绪二十二年四月十四日(1896 年 5 月 26 日),故此函当作于 1896 年春。据此,郑观应作《译英国报律序》亦约在 1896 年或稍后。
② 梁启超:《敬告我同业诸君》,《新民丛报》1902 年第 17 期。又见《饮冰室合集》文集之十一,中华书局 1936 年版,第 37 页。

继梁启超之后,1903 年 5 月出版的《浙江潮》第 4 期上刊登的筑髓撰《论欧美报章之势力及其组织》一文指出:

> 拿破仑曰:"有一反对之新闻纸,其势力之可畏,视四千毛瑟枪殆加甚焉。"又曰:"报馆一家,犹联队一军也。"俾斯麦曰:"经营社会者,不可不利用新闻纸。"彼二子者,民众主义之反对家也,其为言也且若此,甚矣报馆之势力之伟大也。竹越氏之言曰:"君侧之权衰,移于政府;政府之权衰,移于议会;议会之权衰,移于报馆。十九世纪后半期以来,实报馆执政之时代也。"斯言也,吾取之以为欧美报馆之定评。①

同年 5 月 26 日,《苏报》刊登陈天华《论湖南官报之腐败》,文章说道:"拿破仑曰:'有一反对报馆,其势力之可畏,比四千枝毛瑟枪尤甚焉。'此其尽报馆之天职者为何如?"② 都引用了拿破仑所说有一反对报馆或新闻纸,其势力胜过"四千毛瑟枪"的话。

追踪其源,这一说法应与日本有着密切的关联,这里需要稍做一些考证。经查核,筑髓《论欧美报章之势力及其组织》中引关于拿破仑的那段话,应出自竹越与三郎为松本君平《新闻学:欧米新闻事业》一书写的序言。日本博文馆 1899 年藏版原文云:

> 我輩は決して新聞のために議會を抑えんとするものにあらず、事實に於て、然るものあり、それナポレヲンの雄才大名を以て、猶ほ新聞紙を一聯隊の軍隊に比す、ビスマークの政党嫌を以て、猶ほ新聞紙の後援者たり、被後援者たり、其平民の勢力の発達と共に、益す大勢力となるもの、怪しむに足らず、殊に其国際的勢力たらんとするに至りては、十九世紀後半紀後に於て、著しき顕象とす……殊に新聞紙をして、莫大の勢力を発揮せしむ……③

译成中文,即:

> 我辈绝对不是想要贬低议会而扬新闻,只因事实如此。以拿破仑之雄才

---

① 筑髓:《论欧美报章之势力及其组织》,《浙江潮》1903 年第 4 期。
② 《苏报》1903 年 5 月 26、27 日。
③ [日]松本君平讲述:《新闻学:欧米新闻事业》,东京博文馆藏版,明治三十二年(1899),第 4-6 页。据商务印书馆光绪二十九年(1903)译本,其译文云:"在我辈非欲抑议会而扬新闻,其事实因如是也。试观拿破仑以盖世雄才,犹以新闻如联军之可畏。(俾)斯麦以政界奇杰,亦以新闻为一己之后援。但此乃平民势力之发达,益见其大,固无足怪。惟至国际之势力,则于十九世纪之后,遂日著其显象。……新闻纸之势力大矣哉!"参见松本君平:《新闻学》,商务印书馆光绪二十九年(1903)版,余家宏等编注:《新闻文库》,中国新闻出版社 1987 年版,第 4 页。

大名,犹将新闻纸比作一联队的军队。俾斯麦憎恶政党,故为新闻纸做后援,新闻纸亦为俾斯麦之后援。随着平民势力的发展,新闻纸成为极大势力,不足为奇也。至于新闻纸成为国际性势力,则到 19 世纪后半期,才成为显著现象……以新闻纸而言,开始发挥莫大的势力。

按:筑髓即林文潜(？—1903),字左髓、州髓、筑髓,浙江瑞安人。戊戌政变及唐才常起义失败后,至上海入南洋公学为特班生,继入蔡元培创办的爱国学社。1903 年 3 月东渡留学日本,曾任浙江留学生主办的《浙江潮》主笔。此文所引拿破仑谓"报馆一家,犹联队一军"和俾斯麦以新闻纸为"后援"的说法,及此下所引"竹越氏之言",均见于竹越的序言。该书原文中第三十四章《德意志新闻事业》还讲道,"当铁血宰相(俾斯麦)全盛时,彼不仅以铁血主义施之联邦诸国,而且行于新闻社会。……惟彼利用新闻,以为一己之目的"。① 又,文中关于记者为"第四种族"的段落,以及报刊"且更为照魔镜,为听音器"的说法,分别见于该书第一章、第三十六章。由此可证,筑髓此文源于松本君平《新闻学:欧米新闻事业》一书是没有问题的。

不过,两相比较,竹越的序中,却并没有"拿破仑曰:'有一反对之新闻纸,其势力之可畏,视四千毛瑟枪殆加甚焉'"之语。筑髓及陈天华文中的引语,与梁启超文中的说法文句极为相似,可能即来自梁文。而梁文的说法,笔者迄今尚未在有关的日本文献中找到其来源。很有可能的是,梁氏最早的说法,即将竹越序言中"以拿破仑之雄才大名,犹将新闻纸比作一联队的军队",加以加工发挥,由"一联队的军队"而化作了"四千毛瑟枪"的生动比喻。② 总之,在此之后,有关拿破仑的这一说法,因其形象生动地阐明了传媒的重要性,就在中国的舆论界中传播开来。

稍后,1904 年柳亚子在《二十世纪大舞台发刊辞》中,也指出:"波尔克谓报馆为第四种族。拿破仑曰:'有一反对之报章,胜于十万毛瑟枪。'此皆言论家所援以自豪之语也。"③ 1906 年在孙中山先生创办的《民报》第 2 号上,有石顽《异哉清政府之所谓改正法律者如此》一文,该文称:"拿破仑曰:'有一反对新闻,其可畏甚于五千毛瑟枪。'《苏报》事件出现以来,民族主义如日月之经天,江河之行地,下至儿童走卒,皆打入脑筋,牢不可破。"④ 同年 7 月,黄世仲以笔名"棣"在香港《少年报》上发表政论《运动谋封亚东报之狂潮》,说道:"嗟! 报纸为舆论之母,国民之向导,公理俱在,焉能以私愤陷之。

---

① [日]松本君平:《新闻学》,余家宏等编注:《新闻文库》,第 139 页。
② 梁启超之前即已读过该书,1901 年 12 月在《清议报》发表的《本馆第一百册祝词并论报馆之责任及本馆之经历》中,便指出:"日本松本君平氏著《新闻学》一书,其颂报馆之功德也……谅哉言乎!"并引用了该书第一章《第四种族之发生》的一段话,认为新闻记者即贵族、僧侣、平民之外的第四种族。见《清议报》第 100 册,1901 年 12 月 21 日;又见《饮冰室合集》文集之六,第 49 页。
③ 见《二十世纪大舞台》1904 年第 1 期。波尔克(Edmond Burke,1729—1797),通译爱德蒙特·贝克,18 世纪英国著名的政治家。第四种族,即第四等级(the Fourth Estate),在中国最初被译作"第四种族"。
④ 《民报》1906 年第 2 号,科学出版社 1975 年影印本,第 13 页。

以怪杰拿破仑之盛,畏报甚于毛瑟三千。"①由此可见,关于报章作用胜过几千"毛瑟枪"的说法,早在 20 世纪初期即已开始在报刊上流传。

三、辛亥前后的传播

在辛亥前后的一段时期,拿破仑之言在报刊传媒中得到了进一步的传播。众所周知,汪康年(1860—1911)是《时务报》的创办人,后又相继创办《中外日报》《京报》《刍言报》等报刊。作为当时著名的报人,他在《汪穰卿笔记》中有一段论述:

> 近来报界中人,每举拿破仑不畏三千支毛瑟枪,但畏一纸日报之语,以自张其军。不知拿破仑所指之报纸,必其势力实有过于三千毛瑟枪者。一言褒贬,则万国之向背随之,如此始能使拿破仑生畏。如今之喋喋者,自问能抵三千毛瑟枪欤?②

这里说到近来报界中人"每举"拿破仑之言的话,可见此语在当时的报界已多有流传。汪氏逝世于 1911 年,这一记载无疑反映出当时报人对此的认知及其流布的一般状况。

这一时期,无论是改良派、立宪派人士,还是革命派报人,都十分注重报刊舆论的巨大功能,赞赏并时常称引"胜于三千毛瑟枪"的说法。这里不妨举一些实例。1910年 11 月,《国华报》创刊于上海,其《本馆特别启事》云:"拿破仑曰:'报纸抵十万毛瑟枪。'盖左右世界之力,以报纸为最也。然各地之习惯互异,社会之程度不齐,陈义过高者,常人每苦于索解。同人有鉴于此,组织斯报,以风雅记载,扬祖国精华。"③次年沈阳的《大中日报》并辟有"三千毛瑟"一栏,以辛辣警句抨击时事,批评和斥责清朝政府的腐败无能。在 1911 年四川保路运动中,作为保路同志会的机关报,《西顾报》一诞生,便以"监督政府、代表舆论、舌剑笔刀"为己任。罗一士在祝词中说:"二十世纪中,有一线光明不可遮掩者,则报馆是也。昔法之拿破仑,不畏十万毛瑟枪,而畏一纸新闻。"在一份"号外"中,其开头即称:"报纸之在世界实处最高之地位,故西报有恒言曰,不畏十万毛瑟枪,只畏一纸新闻刊于此,即可想见价值之高尚也。"④

---

① 棣(即黄世仲):《运动谋封亚东报之狂潮》,《少年报》1906 年 7 月 5 日,转引自郭天祥:《黄世仲年谱长编》,中国社会科学出版社 2002 年版,第 116 页。
② 汪康年:《汪穰卿笔记》卷 6,1926 年铅印本,第 19 页,参见沈云龙主编:《近代中国史料丛刊》第 41 辑(410),台湾文海出版社 1969 年版,第 19 页。
③ 《国华报》1910 年 11 月 16 日,参见魏绍昌主编:《中国近代文学大系·史料索引集 2》,上海书店出版社 1996年版,第 234 页。
④ 罗一士:《祝西顾报》,《西顾报》第 1 号,宣统三年闰六月初一日(1911 年 7 月 26 日);并参见王绿萍:《四川近代新闻史》,四川大学出版社 2007 年版,第 434 页。

值得注意的是,在这方面鼓吹运用最力的,尤其是一些革命派的报人。如《中国日报》是革命派的著名报刊之一,在 1905 年同盟会成立后成为该会的机关报。正如该报 1907 年刊登的《清廷严禁外洋书报之可笑》一文所说:"当此时局日迫之秋,乃有多数爱国之志士,挺身而起,奋笔直书,欲借其三千毛瑟之功,以横扫二百余年腥膻之余毒,此近年革命书报之所由作也。"①以孙中山本人来说,1912 年 12 月,他在《致张锡銮函》中说:"力争公理,外交折冲,以言论机关为最重要。昔人常谓一间报馆胜于十万毛瑟,其语非诬。"②这也是现所见孙中山运用拿破仑此语最早的一例,比前所引据在时间上要早得多。再如,1914 年 4 月,觉迷在《申报·自由谈》的《拿破仑论》中称:"拿破仑不云乎,不惧三千毛瑟,但惧一家报纸。呜呼,是何言欤?以横行一世、雄视欧洲之拿破仑,区区三千枝毛瑟,固不在其心目中,至曰惧一家报纸,斯言也未免欺人太甚矣。"③1917 年常熟《〈自由报〉复活祝辞》说:"吾闻专制魔王拿破仑之言曰:一报纸之反对,胜于十万毛瑟枪。伟哉,报纸之势力乎!"④此外,在其他报刊中也多有所见,此不赘举。

不仅如此,拿破仑的这一言论,因流风所及,还成为当时诗文写作中一种新的话语,乃至形成了一种"新典"。如 1904 年郑贯公主办的《广东日报》附刊《无所谓报》,在《发刊一周年感言》中称:"本报素持公论,激发人群,一纸风行,家弦户诵,'七寸雄锋,严排专制;四千毛瑟,横扫奸贪。'"⑤《申报》1907 年的《本馆迁居祝词》指出:"报馆为舆论之母,舆论系政教之原,旨在彰扬是非得失,'三千毛瑟,豪杰闻而惊心;第四种族,彼中因而生畏。'"⑥同年于右任在《神州日报发刊词》中说:"自欧俗中更,竞辟报纸,新闻之学,蔚为大宗,'十万毛瑟,惊法兰西霸主之心;七匝员舆,识美利坚文章之富。'"⑦1909 年《民吁日报》的《创刊宣言书》称:"究其富强之源,实维报纸之力,'琅玑骄主,有三千毛瑟之言;花旗名王,发九万全球之叹。'"⑧柳亚子在 1911 年《光华日报》祝词中云:"三千毛瑟翁拿逃,第四种族与天骄。汉家一帜起天南,坐见日出阴霾消。"⑨1912 年创刊的《〈新常熟〉报发刊词》中,也有"三千毛瑟,拿翁闻而坠心;第四种族,东儒因之

---

① 《中国日报》1907 年 9 月 12 日。
② 王世儒:《新发现的孙中山先生关于办报的一封信》,《北京大学学报》1983 年第 5 期。后收入陈旭麓、郝盛潮主编:《孙中山集外集》,上海人民出版社 1990 年版,第 358-359 页。
③ 《申报》1914 年 4 月 7 日。
④ 丁巳(即钱南铁):《〈自由报〉复活祝辞》,《常熟自由报》1917 年秋,转引自沈秋农主编:《常熟老报刊》,广陵书社 2007 年版,第 6 页。
⑤ 《发刊一周年感言》,《广东日报》1905 年 3 月,参见丁守和主编:《辛亥革命时期期刊介绍》第 5 集,人民出版社 1987 年版,第 738 页。
⑥ 《申报》1907 年 6 月 4 日。
⑦ 《神州日报》1907 年 4 月 2 日,见傅德华编:《于右任辛亥文集》,复旦大学出版社 1986 年版,第 13 页。
⑧ 《民吁日报》1909 年 5 月,见刘永平编:《于右任集》,陕西人民出版社 1989 年版,第 12 页。
⑨ 《光华日报》1911 年 12 月 22 日,未署名,见王晶垚、王学社等编:《柳亚子选集》(上),人民出版社 1989 年版,第 102 页。

著论"之句。① 1916 年云南《义声报》祝词并序谓:"拿破仑之报纸,可逾毛瑟五千;范希文之心胸,如有甲兵十万。"② 由上而言,一些作者以外国故事融入诗文,对仗工整,用典自然,无疑成为一种领异标新的书写表述,增添了一种新的时尚话语。

1917 年秋,朱玺与南社诗人柳亚子之间发生了一场有关诗歌的论争,即关涉此新语的运用问题。此年 7 月 31 日,朱玺在《中华新报》发表《论诗斥柳亚子》,其第五首云:"毛瑟三千意有余,比肩并起尚难如。可怜寸步须提掖,尚说横磨事远图。"自注谓某君有弟子不解平仄,妄学吟讽,尝有"三千毛瑟清天下,十万横磨杀贼酋"之句云云,把矛头直指柳亚子。8 月 25—27 日,柳亚子在《国民日报》发表《三斥朱玺》,指出朱玺之所以如此,"盖缘仆近诗有'何如抛却毛锥子,十万横磨事远图'句,故为此嘲讽也"。文中反驳说:"然'十万横磨'四字,见于故书雅记,初非言不雅驯,宁能禁仆入诗……三千毛瑟,亦为习见之词。宋人诗喜用梵语,今即用欧洲译名,亦何不可?"③ 而在南社诗人的创作中,运用此典的也屡见不鲜。如柳亚子诗"横磨十万投时器,毛瑟三千救命钱";"毛瑟三千夸绝代,伏尸五步始奇缘"。④ 黄澜也有诗云:"铅椠非不贵,虫鱼供驱使。三千毛瑟枪,舆论从兹起。"⑤

从更广泛的角度来说,不止诗文写作,在小说乃至戏剧创作中,都有相类似的话语。小说方面,如平情居士(狄葆贤)在 1911 年第 7 期《小说时报》上翻译法国作家雨果的小说《噫有情》(今译《海上劳工》)时,便说道:"夫弹雨枪林之中,勇夫烈士,往往肉薄而前,视为无物,而独其对于尖冷之评论,警快之文章,则多相顾而僳惧。当日拿破仑所谓报馆中三寸之笔锋,胜于三千支之毛瑟枪者,即此意也。"⑥ 1912 年常觉、独鹤译著的政治小说《铁血男儿》,描写爱国少年白莱特回答说:"毛瑟三千,不如一笔。居今之世,报纸实舆论之母,充其力足以左右时局,操纵人心。仆迩来刊登《日日新闻》之西奥司报告书,每竭力揄扬乌王英才,鼓吹贵国独立"云云。⑦

戏曲方面,如著名革命报人郑贯公在 1904 年创办的《有所谓报》"新鼓吹"一栏,刊登了一出剧本《主笔登台》,主人公上台唱道:

---

① 辛亥(即钱南铁):《〈新常熟〉报发刊词》,《新常熟》第 1 号,1912 年 7 月 28 日,转引自沈秋农主编:《常熟老报刊》,第 8 页。
② 《义声报》(云南)第 21 号,1916 年 2 月 2 日。
③ 柳亚子:《三斥朱玺》,《国民日报》1917 年 8 月 25—27 日;又见中国革命博物馆、上海人民出版社编:《磨剑室文三集》(1917—1926 年),《磨剑室文录》(上),上海人民出版社 1993 年版,第 509 页。
④ 柳亚子:《感事示蕺人,六十一叠杯天韵》《寄楚伧海上,六十八叠杯天韵》,中国革命博物馆编:《磨剑室诗词集》(上),上海人民出版社 1993 年版,第 431-432、435 页。
⑤ 黄澜:《鹓雏答亚子二首,即反其意,步韵寄亚子梨里并简鹓雏》,柳亚子主编:《南社诗集》第 5 册,开华书局 1936 年版,第 338 页。
⑥ 题[法]大文豪嚣俄著,平情居士译:《小说时报》1911 年第 7 期。
⑦ 常觉、(严)独鹤:《铁血男儿》,《申报》1912 年 12 月 6 日—1913 年 6 月 22 日连载,此见《申报》1913 年 3 月 13 日。

(老生喉中板唱)重重专制三千载,暗暗愁云拨不开……大局日危,岂可全不挂碍。无奈何,借着笔枪墨炮,讨彼狼豺。大丈夫,办一家区区报馆无奈。一心心,欲开民智,是以体备庄谐。今日里,持着了四千毛瑟,立于不败,管教他异族政府把我怎样安排?自古道,思想自由、言论自由、出版自由,虽神圣亦难侵害。叫狗官睁开眼,看一看,我的报馆招牌……望同胞,把报纸细阅多回。①

综上而言,当时文人争相将其写入诗文以及小说、戏剧中,说明它确实已成为一时风尚。甚有意思的是,在1920年中华书局出版的杨喆编《作文类典》中,还将"三千毛瑟"作为专门的词条收入,解释说:"法君拿破仑语,谓报纸之势力,可抵三千毛瑟枪之用也。毛瑟为德国新枪,今称报纸笔锋之锐,势力之大,多用之,如云'三寸毛锥胜于三千毛瑟'是也。"②将此词条固化在作文词典中,由此延伸到了中小学生的作文,更可见其波及的读者层面及社会影响之广。

上述论说多引述拿破仑此语,在其传播过程中,虽说有称报馆、新闻纸,或称主笔、记者之笔的不同,所举毛瑟枪的数目也互有出入,有"三千毛瑟"、四千、五千、"十万毛瑟"的差别,但其基本意思是相同的。而从报馆、报纸到记者之笔,其间的转换仅有一步之遥,由此转化为记者"一支笔胜于三千毛瑟枪"也是很自然的。正如1915年张东荪在《中国之将来与近世文明国立国之原则》中说:"拿破仑以'三千毛瑟,不敌笔之一支'为言,此事乃为时人作口头禅",并称"知识作用之伟,固有使人惊讶不置者"。③

四、新闻学中的论述

从中国新闻学学科来说,20世纪二三十年代是其重大发展时期,其主要标志是众多新闻学论著的出版及新闻学团体的出现。这一进程,也有力地促进了拿破仑此语的广泛传播。

这一时期,此种说法在报刊上已相当普遍。尤其是当时的一些新闻学论著,多引用此语来论证新闻记者的地位与责任。1922年出版的任白涛的《应用新闻学》,在第一编《总论》第一章第二节《新闻记者之地位》中说:"'无冕之帝王''社会之师表'等语,为从来对于记者之尊称。拿破仑以记者之笔,胜于三千毛瑟,更为至有意味之喻言。"书中还有一段论及拿破仑与报刊的关系,称1805年时法国实施报纸检查制度,《德巴报》的主笔非布与拿破仑展开笔战,惊倒一世。"拿翁曾亲致书该报,解释检阅之趣旨,略谓'政府所以禁止其不喜之报纸者,乃万不得已之政策耳'。"指出此事"固足见非氏

---

① 《有所谓报·谐部》,1905年7月18日。
② 杨喆编:《作文类典》,中华书局1920年版,第9页。
③ 《正谊》第1卷第7号,1915年2月。

个人之笔力,实德巴社之威力也"。①

1924年邵飘萍所著《新闻学总论》第二章《新闻记者之地位与资格》谓:"'布衣之宰相,无冕之帝王',为时时闻诸世人所与新闻记者之尊称。拿破仑常言:'新闻记者之一团,不具何等武装,却比一联队之精强敌兵为可惧。'此皆认识新闻记者之地位与势力者极有意味之观察也。"指出记者手上虽仅秃笔一支,然非武力强权所能夺彼之背后。②1925年伍超的《新闻学大纲》,前有孙中山先生序,其第三章云:"'无冕之帝王''社会之师表',此皆为对于记者之尊称。在拿破仑权势方盛的时候,尚且比喻记者之笔言所及,谓其威力之强,远胜于彼军三千毛瑟枪之同时射击力。这种言论的奇辟,决非常人所能道及。然其重视记者之职权,亦可谓至矣尽矣。"③1928年张静庐的《中国的新闻记者》一书谈到,向来的习语,对新闻记者有"无冕之帝王"的雅号,"威震一世的拿破仑也曾说过这样的一句话:'新闻记者的笔可抵三千毛瑟。'拿破仑当事业全盛时代,曾控制全欧,铁骑所至,无不慴服,他是一个怎样善用武力而又崇拜武力的人,我们不难想象得知,以他那样的人,还如此重视新闻记者,固无怪有'无冕之帝王'的雅号了。"④张九如、周孴青编的《新闻编辑法》也说,"不加冕的帝王""社会的老师",那种无上光荣的尊称,只有新闻记者当得起。"拿破仑在权势极盛的时候,尚且说'新闻记者的力量很大,百万军人,用三千毛瑟枪同时射击的力量,决敌不过新闻记者一支笔的记载。'势力大如魔王的拿破仑,尚且如此的看重新闻记者……"⑤可以这么说,在此期间出版的新闻学著作,几乎无一不谈到这一比喻。

从新闻社团组织的成立来看,自1919年北京大学最早成立新闻学研究会以来,20年代后新闻研究组织在各地涌现,尤以上海、北京最为突出。1925年7月,上海的一批报人和记者,如《申报》的汪英宾、《新闻报》的朱羲农、《时事新报》的潘公弼、《时报》的戈公振、远东通讯社的莫克明等数十人,倡议在大学暑期举办新闻学讲座,"目的在引起同人研究新闻学之兴趣",使中国新闻事业日见发达。首次演讲由新闻学研究者王一之讲《报纸之价值》,他以拿破仑的名言"一张报纸胜过十万毛瑟枪"作为论点展开叙述。当时《申报》以《新闻家演讲纪》报道称:"王一之君演讲《报纸之价值》,略谓拿破仑言曰一张报纸胜过十万毛瑟枪,予敢更进一解,谓报馆之用如枪械,报馆以外之通讯社直如弹药。欧美各国报纸最发达者推英法美,英之路透、法之合法、美之协成联合,

---

① 任白涛:《应用新闻学》,亚东图书馆1928年第3版,第10-11、191页。此书1922年11月初版,后于1926年再版,1928年第3版。
② 邵振青(飘萍):《新闻学总论》,《新闻学丛书第一编》,京报馆出版部1924年版,第37-38页。
③ 伍超:《新闻学大纲》,商务印书馆1925年版,第34页。
④ 张静庐:《中国的新闻记者》,光华书局1928年版,第13-14页;又见张静庐:《中国的新闻记者与新闻纸》,现代书局1928年版,第13-14页。
⑤ 张九如、周孴青编:《新闻编辑法》,中华书局1928年版,第25页。

力足左右世界大战……未谓报界宜组织会社俾便随时联络云云。"①此后在此基础上，又组建了"以研究新闻学，发展新闻事业为宗旨"的上海新闻学会。

事实上，在这一阶段，拿破仑此语已几乎成为当时新闻从业者和新闻团体的一种普遍共识。1927年1月，北京新闻学会成立，并出版《新闻学刊》，由黄天鹏任主编。学刊采用北京天安门前高大的崇柱配以报纸背景作为图徽标记。在第1卷第4期《报徽图解》中说，"报之有徽，犹国之有旗，商之有标也。吾刊采取巍峨崇柱，配以报纸背景为徽，以象征吾刊之旨趣与使命"，又指出：

> 吾刊以研究报学，发展报业为宗旨，其对象则报纸也，故以报纸为背景，所以示其本质也。至全型远观者一皇冠，义取新闻记者为无冕帝王，拿破仑曰：'新闻记者一支笔，胜于三千毛瑟枪。'其尊崇记者可谓至矣，故用为全模之外影焉。②

之后，黄天鹏在所著《天庐谈报》《怎样做一个新闻记者》书中谈道："昔贤有言，君子避三端，避武士之锋端，避辩士之舌端，避文士之笔端。笔端最烈，所谓'一字之褒，荣于华衮；一字之贬，严于斧钺'是也。此与拿破仑新闻记者一支笔，胜于三千毛瑟枪，皆管城子之知己也已。"③又说："新闻记者只凭了三件法宝——剪刀，浆糊，红笔，奋斗了几千载，才有了今日的位置。现在是一支笔当了三千毛瑟枪了。"④1931年10月，在上海成立中国新闻学研究会，发表了《中国新闻学研究会宣言》。《毛锥是宝刀——檄全国记者》文称，在此国难当头之际，自然这一切咎责不能尽归诸我们自己，"然而'记者一支笔胜过三千毛瑟枪'，我们未能运用'无冕帝王'的权威，未能深刻认识新闻之社会存在价值，未能把握新闻报导之于社会的力量，未能充分理解读报者大众意志上对于新闻的依恃与需要"云云，声称迫切需要组成统一的集团组织，从研究到行动，尽忠于自己的职责。⑤ 于此可见，当时的新闻团体和研究学者，已经把拿破仑此语看作对新闻记者职守的最为基本的认知，为业界所公认，亦是一种相当流行的说法。

此后，如1934年曹用先所著《新闻学》及陈以德所撰《新闻学概论》，均引述过类似的话语。⑥ 何名忠在《新闻制稿论》中也指出："要之，新闻记者对于某项新闻，有扩大

---

① 《申报》1925年7月19日。
② 芳：《报徽图说》，《报学月报》1927年第1卷第4期；又见黄天鹏编：《报学丛刊》卷4，光新书局1930年版，第2页。两者文字略有不同。
③ 天庐主人(即黄天鹏)：《天庐谈报》，光华书局1930年版，第53页。
④ 天庐：《怎样做一个新闻记者》，联合书店1931年版，第6页。
⑤ 《世界与中国》1931年第2卷 第4—5期，又见《文艺新闻》第51号，1932年4月18日。
⑥ 曹用先《新闻学》在"概论"第四节"新闻记者之地位及其训练"中说，新闻记者应当"惟求真理所在，不以金钱之诱惑而动其心，不以威武之压迫而屈其志，一支秃笔胜过三千毛瑟，殆为不可否认之事实。所谓'无冕之帝王''社会之师表'，良非过誉"。陈以德《新闻学概论》说，新闻记者"具有握着全民众喉舌的威权，所以西方人士目为'无冕之王'，拿破仑也称赞他说：'新闻记者的一支秃笔，可以抵三千毛瑟。'"分别见曹用先：《新闻学》，载《百科小丛书》，商务印书馆1934年版，第8页；《学生文艺丛刊》1934年第7卷第10期。

或缩小的能力,因具有此种能力,对社会、人类,便有唤醒,或麻醉的可能。所以一世英雄拿破仑,也说过'新闻记者的一枝笔,胜过军队的三千毛瑟枪'了。"① 由上可知,当时一些著名的新闻学教本和论著,已相当普遍地采用了这一说法,甚至称之为新闻学的名言。如1935年《报学季刊》列有"新闻术语"栏,其中《新闻学名言》即有"法国拿破仑氏说:记者之笔,胜于三千毛瑟"②。

引人注目的是,1930年代初期,在邹韬奋主编的《生活》周刊上,还曾就"笔杆与枪杆"的问题展开过一场讨论。当时有读者写信给韬奋说:"近几天有好几位朋友对于笔杆与枪杆孰为有力之一问题,颇引起激烈而有趣之辩论……先生对此点有何卓见?"韬奋回答说:

> 愚意以为如把笔杆和枪杆分开来讲,这两件家伙实各有其效用,最要紧的是要看用的人为着什么目的用。倘为大多数公众的福利努力而用,都有效用;倘为一己的或少数人的私利而用,都没有效用。……如把笔杆和枪杆合起来比较比较,究竟"孰为有力",倒也不是一句简单的话可以答复。某名流说'文人只配替武人写告示',这是一种见解;拿破仑说'一支笔可抵三千枝毛瑟枪',这又是一种见解。拿翁心目中的那支笔,当然和某名流心目中的那支笔迥然不同。

文中并举几年前国民革命军进达长江流域为例,说明其之所向无敌,一面固然靠有黄埔军官学校出来的革命生力军,一面也靠有孙中山先生的三民主义作信仰和宣传工作的根据。"如徒有枪杆儿,决无以唤起民众的共同努力;如徒有笔杆儿,也难有这样迅速的声势。""在这种情况之下,笔杆和枪杆的力量可以说是几于相等。"③

此后又有一位叫俞文徽的读者写信给韬奋说:"倘有人以《生活》主笔与十九军军长听先生自择,我知先生定舍主笔而就军长,并谓'枪杆与笔杆战,只能争胜于死后,若言生前,笔杆恐无获胜之理'。"④邹韬奋又写了《主笔与军长》《笔杆与组织》等文,指出关于"笔杆与枪杆"及新闻记者职责的问题,本刊已有过一番讨论,可供参看。"现在关于'笔杆'这样东西所要说的,是革命事业的最后手段当然要靠枪杆,但却不能仅靠或全靠枪杆而轻视了笔杆。任何时代的革命事业,最初枪杆总是握在统治者的手里,握在革命者的手里就只有笔杆。况且革命事业如果真能成功,尤靠大众对正确的理论有深切的了解与信仰,在这方面的努力,'笔杆'在研究和宣传上的职责,只有驾枪杆而上

---

① 《留东学报》1936年第2期。
② 叔容:《新闻学名言》,《报学季刊》1935年第2期。
③ 《笔杆与枪杆》,《生活》周刊第7卷第33期,1932年8月20日。
④ 《主笔与军长》,《生活》周刊第7卷第35期,1932年9月3日。以上两文后收入韬奋《悬想》(上海生活书店1933年版)一书。

之。……像俄国的革命文豪高尔基就始终靠他的一支'笔杆',对苏联革命有了异常重要的贡献。"①

这是关于笔杆与枪杆两"杆子"的一场著名讨论。作为在上海有重要影响的刊物,《生活》周刊有关"笔杆与枪杆"的讨论,自然会引起各方的反响,对社会产生较为持续的影响。

五、结语

本文通过以上具体论证,考察了拿破仑这一话语在近代中国流传、衍化的过程。那么,就毛泽东与拿破仑此语的关系而言,也可以做一简要的追溯与小结。

我们知道,毛泽东早在少年时代就读于东山高等小学堂时,就最喜欢读中国历史,也读了一些外国历史、地理的书。他曾从同学那里借来一本日本北村三郎所著《世界英雄豪杰传》,看完以后,整册书都用墨笔画了许多圈点,"圈得最密的是华盛顿、拿破仑、迦德邻女皇、惠灵吞、格兰斯顿、卢梭、孟德斯鸠和林肯这些人的传记"。读了以后,他对同学说:"中国也要有这样的人物,我们应该讲求富国强兵之道,才不致蹈安南、高丽、印度的覆辙。"②少年毛泽东对拿破仑很钦佩,并且此后一直没有改变这种看法。后来1936年在延安窑洞中,他在与美国记者斯诺谈话时,还回忆说:"在一部叫做《世界英杰传》的书里,我也读到了拿破仑、俄国叶卡德琳娜女皇、彼得大帝、惠灵顿、格莱斯顿、卢梭、孟德斯鸠和林肯。"③在1964年的一次谈话中,毛泽东说:"我读了六年孔夫子的书,上了七年学堂,以后当小学教员,又当中学教员,当时我根本不知道什么是马克思主义。马克思、恩格斯的名字就没有听说过,只知道拿破仑、华盛顿。"④同年在会见法国代表团时还说:"虽然罗伯斯比尔是个伟大的革命家,但拿破仑给他的印象更深。"⑤可见在毛的一生中,对拿破仑印象之深刻。

至于毛泽东一生与报刊的联系,更为人们所熟知。据毛自述,他从就读于长沙师范学校起,便养成了喜欢读报的习惯,几年中把三分之一的钱花在了报纸上。如他自己所说:"我养成了读报的习惯,从一九一一年到一九二七年我上井冈山为止,我从来没有中断过阅读北京、上海和湖南的日报。"⑥后他于1918年来到北京,在赴京之前,

---

① 《拿着笔杆》,《生活》周刊第8卷第13期,1933年4月1日。
② 萧三:《毛泽东同志的青少年时代》,人民出版社1951年版,第14页。
③ [美]埃德加·斯诺:《西行漫记》,董乐山译,生活·读书·新知三联书店1979年版,第114页。
④ 毛泽东:《关于人的认识问题》,中共中央文献研究室编:《毛泽东文集》第8卷,人民出版社1999年版,第392页。
⑤ [美]斯图尔特·施拉姆:《毛泽东》,中共中央文献研究室《国外研究毛泽东思想资料选辑》编辑组编译,红旗出版社1987年版,第7页。
⑥ [美]斯图尔特·施拉姆:《毛泽东》,中共中央文献研究室《国外研究毛泽东思想资料选辑》编辑组编译,第126页。

就曾和蔡和森计议,到京后要"一面办报,一面入学"。① 经杨昌济介绍,他认识了北京大学图书馆主任李大钊,被安排在图书馆当管理员。除旁听课程外,他在北大最先参加的学术团体,便是新闻学研究会,并很积极、热心地参与其活动。

该研究会"以研究新闻学理、增长新闻经验,以谋新闻事业之发展为宗旨"②,每周举行两次活动。蔡元培为正会长,徐宝璜任副会长。当年与毛泽东同住一屋的罗章龙在《忆北京大学新闻学研究会与邵振青》中说:"北京大学并创办各种周刊,于是同学爱好新闻事业遂成为一时风尚。我和鸣谦、植棠、君宇、声白、润之诸同学,自办刊物并经常为各种报刊撰写稿件,同时也喜欢研究有关新闻业务的理论与实践诸问题。"③在当时《北京大学日刊》上,还载有毛泽东参加学会选举和获得结业证书的记载。④ 在新闻研究会学习的半年,可以说是他在北大期间得益最大的一段收获。后来在与斯诺的谈话中,毛泽东还曾很动感情地回忆这段经历:"在新闻学会里,我认识了一些同学……还有邵飘萍。特别是邵飘萍,对我帮助很大。他是新闻学会的讲师,是一个自由主义者,一个具有热烈理想和优良品质的人。"⑤他曾多次拜访邵,并得到过邵的资助。后来毛终生都没忘邵飘萍,还称自己其实是邵的学生。⑥ 之后,毛泽东回湖南,担任《湘江评论》的主笔。在国共合作时期,还曾担任国民党的宣传部部长。可以这么说,重视新闻与读报,是毛泽东持之以恒、保持终生的习惯。

虽说由于史料缺乏,现在已难于确切知晓毛获取拿破仑之语的具体途径与时间。但通过上述论述,我们也就不难理解,他获取相关信息,大致不外是通过阅读当时的报刊或有关的新闻学著作。他在少年时代就很佩服拿破仑,加以拿氏此语又十分形象生动,在阅读中自然会引起他的关注,因而在其脑海中留下难以磨灭的印象。由此,他在延安各界纪念"一二·九"运动大会上的讲话中谈到笔杆子与枪杆子的问题,以及在写给丁玲的一首词中就十分自然地运用了拿破仑此语,以论述革命舆论与军政的关系。

邹韬奋创办的《生活》周刊及其上的评论,也有可能对毛产生一定的影响。邹韬奋自 1926 年主编《生活》周刊起,先后创办了《生活日报》、《新生》周刊、《大众生活》和《全民抗战》等报刊。1931 年"九一八"事变和淞沪抗战后,倾向于革命与同情中国共产

---

① 蔡和森:《蔡林彬给毛泽东》,1918 年 6 月 30 日,《新民学会会员通讯集》第 1 集,见《蔡和森文集》,人民出版社 1980 年版,第 1 页。
② 《北京大学日刊》1919 年 2 月 20 日。
③ 罗章龙:《忆北京大学新闻学研究会与邵振青》,《新闻研究资料》1980 年第 4 辑。
④ 具体可参 1919 年 2 月 20 日《北京大学日刊》载《新闻研究会之改组纪事》,10 月 21 日《新闻学研究会发给证书纪事》。在"(乙)得听讲半年之证书者"名单中,有毛泽东、罗章龙及高尚德等 32 人,共计 55 人。
⑤ [美]埃德加·斯诺:《西行漫记》,董乐山译,第 127 页;又见吴黎平:《毛泽东一九三六年同斯诺的谈话》,人民出版社 1979 年版,第 33-34 页。
⑥ 1919 年 12 月毛泽东第二次到北京,还在邵任职,但已被封闭的《京报》馆内住了一个多月。直到晚年,在他去世前两年的 1974 年,年过 80 岁的毛泽东还提到邵飘萍。

党。1933年参加民权保障同盟。1935年底,邹韬奋与沈钧儒、章乃器、陶行知等成立上海文化界救国会,次年又为联合红军、共同抗日上街游行。当时远在延安的毛泽东知道了这些情况,于1936年9月18日给他们写信表示敬意。① 后邹韬奋与沈钧儒等遭国民党当局逮捕,为著名救国会"七君子"之一。毛泽东称韬奋为"民主战士"②,对其报刊活动及在《生活》周刊上的相关讨论,应也会予以关注与重视。故此种影响恐也不能排除。

众所周知,"枪杆子里面出政权"是毛泽东的名言,他在1927年的"八七会议"上,总结第一次大革命失败的教训而作出的著名论断。③ 关于笔杆子,毛同样十分重视,上述他在延安各界纪念"一二·九"运动四周年大会上的讲话,便是显例。在长期的革命斗争实践中,形成了被称之为"两杆子"的著名理论,并对当时的中国革命与后来的社会主义建设均产生了巨大而深远的影响。

以上主要追溯了拿破仑这一话语在中国近代的传播。需要指出的是,从实际情况来看,这一话语的传播又是和中国本土的经验与传统文化联结在一起的。在中国古代,一直把笔杆子称为毛颖、毛锥或管城子等。有一则著名的典故。五代时军阀史弘肇,曾在一次集会上厉声说道:"安朝廷,定祸乱,直须长枪大剑,至如毛锥子,焉足用哉?"当时三司使王章回答说:"虽有长枪大剑,若无毛锥子,则赡军的财赋从何而来?"④另《三国志·刘馥传》裴注中,也有"得刘公(刘弘)一纸书,贤于十部从事"的故事。⑤ 在近现代论述报纸、记者之笔和舆论等重要性时,这些典故往往与"无冕之王"及拿破仑之语糅合在一起。如前举诗文把毛锥、管城子与毛瑟枪并称,谓"七寸雄锋,严排专制;四千毛瑟,横扫奸贪"等;1915年毕公天撰《辱国春秋》称:"语云'一纸书贤

---

① 毛泽东在《致章乃器、陶行知、沈钧儒、邹韬奋函》中称,"先生们抗日救国的言论和英勇的行动,已经引起全国广大民众的同情,同样使我们全体红军和苏区人民对先生们发生无限的敬意!"希望与他们"在各方面作更广大的努力与更亲密的合作",并委托潘汉年"与诸位先生经常交换意见和转达我们对诸位先生的热烈希望"。毛泽东:《致章乃器、陶行知、沈钧儒、邹韬奋函》(1936年9月18日),载《毛泽东书信选集》,人民出版社1983年版,第63-64页。
② 邹韬奋于1944年不幸病逝,中共中央接受他的临终遗愿,追认他为正式党员。毛泽东称道说:"热爱人民,真诚地为人民服务,鞠躬尽瘁,死而后已,这就是邹韬奋先生的精神,这就是他之所以感动人的地方。"当他逝世五周年时,毛还写了"纪念民主战士邹韬奋"的题词。见《邹韬奋先生逝世纪念特刊》,《解放日报》1944年10月22日;《人民日报》1949年7月25日。又见中南海画册编辑委员会编辑:《毛泽东题词手迹选》,西苑出版社1995年版,第33页。
③ 在1927年的"八七会议"上,毛泽东曾激动地发言说:"从前我们骂(孙)中山专做军事运动,我们则恰恰相反,不做军事运动专做民众运动。蒋、唐都是拿枪杆子起的……湖南这次失败,可说完全由于书生主观的错误。以后要非常注意军事。须知政权是由枪杆子中取得的。"这段话后来被总结为"枪杆子里面出政权"的著名理论。毛泽东:《在中央紧急会议上的发言》(1927年8月7日),载《毛泽东文集》第1卷,人民出版社1993年版,第47页。
④ [宋]薛居正:《旧五代史》卷107《史弘肇传》,中华书局1976年版,第1404页。
⑤ [晋]陈寿:《三国志》卷15《刘馥传》,裴松之注,中华书局1975年版,第465页。

于十万兵',拿翁亦云'一纸报章胜于三千毛瑟',皆经验之言也。"①故在具体论述中,既有外来传入的因素,也含有中国经验的本土典故,两者往往交织在一起,相辅相成,由此共同构成了具有中国特色的新的话语表述。

---

① 毕公天:《辱国春秋——袁世凯祸国记》,载沈云龙主编:《近代中国史料丛刊》第 2 辑(14),台湾文海出版社 1967 年版,第 11 页;又见阿英编校:《近代外祸史》(下),潮锋出版社 1951 年版,第 92 页。

物质与感官世界中的知识传播

近代中国的全球生化战知识转译与传播(1918—1937)*

皮国立

(台湾中原大学通识教育中心)

摘要: 学界目前对中日战争中的生化战内容、武器种类与战后武器遗留等问题,皆有初步的研究成果。但是,以往研究多偏重于政治、军事的影响层面,却忽略了生化战本身就是一种全球化的战争新形态,它牵涉新式武器进入现代战争的视角。除了军事层面以外,认识和防御新武器可能带来的伤害,也是近代中国一段值得考察的科技知识史。在中日战争爆发前,新的生化战知识通过报刊与专书的介绍渐渐传入中国社会;这种跨国科技知识的转介,一开始其实是用了一个非常笼统且大众化的名词——"毒"气。通过介绍,人们渐渐了解,它的背后其实是一整套西方化学和医学知识支撑起来的理论架构和日常操作事项。本文将要梳理这个过程,也将探索这些知识与防御制度建构的关系为何。最后,也希望通过理解这些"防毒"知识,进一步去拼凑过去战争史疏于呈现的战前样貌。

关键词: 化学战;生物战;毒气;军事现代化

一、前言

有关中国化学战与细菌战的研究[1],既有的成果大多着重在日军的战争暴行、战罪的研究,还有一些牵涉美军在韩战时使用化学武器的历史[2]。但是,对于全球生化战知识的转译过程、一般民众回应与应对的方式,却少有深入探讨。生化战知识牵涉

---

* 本文原载于《学术月刊》2015 年第 2 期,有修改。
[1] 文中若化学战和细菌战合称,则用"生化战"一词。
[2] Ruth Rogaski, *Hygienic modernity: meanings of health and disease in treaty-port China*, Berkeley; London: University of California Press, c2004, pp.285-299.

的不仅是中日或中美之间的问题,它更是一个全球性战争科技演变,其带来的转变与冲急如何影响一地域之日常生活与物质文化,值得探究。有关全球史各方面的讨论,方兴未艾。① 原有的全球史,相当重视"书写大历史",忽略小的改变,而着重于大的原因、结果的推论与梳理。② 不过,科技知识的建构往往是一个长远的过程,即使我们都心知肚明生化战在当时是一个全球军事变革与新的威胁,但我们目前还不清楚这些知识在各地的生根与细微之差异,而忽略这些细微的差距,却去归纳大的历史动向,这种推论是具有危险性的。有关全球化与在地化的讨论,目前已经深化了既有全球史研究的视角,去探索"小地方"与"大世界"的关系③,全球化除了使中国受到影响外,它也应该积极探讨中国作为在地,要如何与全球性的科技视角对话的问题④。"全球史"的根本基础或一贯的思想,是必须接受史实与当代事物及潮流有密切的相关性⑤,既有的研究多着重在经济领域与环境变迁(史)⑥,但在军事与科技方面则少有关注,而且史家对这些议题的关注和开创还不够⑦。生化战的防御无疑是近代军事的要项,相较于各领域在二战后全球化脚步加速的讨论,在二战前的中国近代史,中国被纳入全球战争体系之中,或许可以提供中国社会以全球视角对话的一种讨论。本文选择中日战前生化战知识的转译与民众的应对、防护历史来研究,除了补充既有生化战研究的空白外,也希望拓展生化战研究的视野与方法,用更开阔的视野来看中国军事科技之改变与影响,并且顾及中国近代史自身的多样性。

二、未来之事不能必其无也——过去、当代与未来的战争史

在中日战争前,多数中国人对生化战的推测与想象,其实是一直在跟"未来"赛跑的,它呈现的是一幅全球化战争技术之先进与中国落后之对比下,而展现出来的危机意识总合。⑧ 本文所探讨时段的"未来",在当时是还没有到来的。即使从后来的生化战来看,当时在东亚地区所用的毒气,多属于比较低阶的毒气,细菌战也不过是刚开始

---

① 参考蒋竹山:超越民族国家的历史书写:试论晚近西方史学研究中的"全球转向",《新史学》2012年第3期,第199-228页;以及皮国立:《探寻世界的关联:全球史研究趋势与实践》,《历史研究》2013年第1期,第11-17页。
② 柯娇燕(Pamela Kyle Crossley),《书写大历史:阅读全球史的第一堂课》,广场出版2012年版,第124-145页。
③ 夏继果主编:《全球史读本》,北京大学出版社2010年版,导言,第1-13页。
④ Zhenglai Deng(ed.), *Globalization and Localization: the Chinese Perspective*, Singapore, Hackesack, NJ: World Scientific, c2012.
⑤ Gilbert Allardyce, "Toward World History: American Historians and the Coming of the World History Course", *Journal of World History*, Vol.1, No.1(1990), pp.23-76.
⑥ 例如刘新成:《全球史评论》第四辑,中国社会科学出版社2011年版,第3-49页。
⑦ 格奥尔格·伊格尔斯、王晴佳著,苏普里娅·穆赫吉参著,杨豫译:《全球史学史:从18世纪至当代》,北京大学出版社2011年版,第414-415页。
⑧ John Morcus Murroy著,陶柳门译:《细菌毒药战》,《战时中学生》1940年第2卷第12期,第25页。

而已,武器还非常简陋。① 即使日本战败之后原子弹成了战后世界的新宠儿,生物武器的威胁还是被不断强调。英国代表在战后联合国大会上指出,各国正研究这类新武器,一旦研发成功,原子弹将沦为"次要地位";英国科学家奥立芬博士警告,未来将发明一种可以杀尽数千平方英里生命的"原子毒气",威力强大。② 美国陆军军官更指出,细菌战将比原子弹对世界文明之威胁更大。③ 甚至战后的思维还以"第三次世界大战"是由生化战拉开序幕,美国化学战部长魏特少将甚至认为,毒气和细菌可以使发生的战事尽快结束,有何不用之理呢? 他也提出,用它们攻击敌人,并不会比原子弹和刺刀来得更残忍。④ 战后国际情势更加尔虞我诈,怀疑他国继续发展生化战的信息仍不胫而走。

对"未来"战争的担忧,其实一直存在于民国社会⑤,早在中日战争前就有这个现象,通过对西方生物武器的介绍,这些知识被渐渐挖掘出来。最初知识建构的方式就是用"历史"来陈述,例如言:"我国古代涿鹿之战蚩尤作'大露',使敌方军士昏迷,可见古人也应用过气体以作战争的利器。近代西方科学昌明,这种应用更为进步了。"⑥ 当然有时还需要中西历史对照,例如言:"纪元前46年,希腊斯巴达人,用木浸染硫黄与松香,而燃烧之,遂产生恶臭之烟,以熏守城之敌,因以破城焉。"⑦ 又言生物界有英国蹦蹦虫,尾部可喷射毒液,臭鼬则可放出臭屁,是以喷出含毒气体来保命之方法。而古代人用烟熏、火攻来猎杀野兽,已是一种启蒙,人类史上的首次化学战是在伯罗奔尼撒战争(Peloponnesian War,前431—前404)时,斯巴达人久攻雅典城池不下,斯巴达将领赵奢克利特(Thucyclides)以硫黄、沥青、动物脂肪和树脂、木柴,架于城墙下焚烧,结果守城士兵都被熏昏,丧失战斗力,城池遂被破。至于在中国史上,除了蚩尤外,还有周灵王时秦军用毒剂沉于泾水以毒杀晋师⑧,诸葛亮则发明毒烟与五里追魂雾,等等。这些故事足以证明中国文化向来重视国防科学,已有发明毒气的基础了。⑨ 还有各种化学战的历史,古今中外,都被不断解释,内容相当丰富,但成效与实际状况,还是不及将要来临的大战来得真实。⑩

整个武器发展的国际形势,也在各种报道中被一一揭发。美国 Waker 博士写了

---

① 参考皮国立:《中日战争前后蒋介石对化学战的准备与应对》,《国史馆馆刊》2015年第3期;以及《国共内战时期的化学战(1946—1949)》,台湾中正纪念堂管理处,出版中。
② 《"原子毒气"》,《时兆日报》1946年第4卷第2期,第11页。
③ 幸夷:《细菌弹与原子弹》,《新国风》1947年复3-4期,第15页。
④ Ernest Haycox 著,倪家襄译:《想象中的第三次世界大战》,《读者文摘》1946年第2卷第2期,第8-9页。
⑤ 《未来无血的战争》,《东方杂志》1923年第20卷第16期,第116页。
⑥ 梁伯强、杨简:《介绍新著:军用毒气病之病理及治疗》,《医药学》1936年第13卷第6期,第41页。
⑦ 徐均:《市民防毒之管见》,《申报》1936年2月23日,第8版。
⑧ 原典出自《左传·襄公十四年》:"秦人毒泾上流,师人多死。"参看杨伯峻编著:《春秋左传注》,中华书局1995年版,第3册,第1009页。
⑨ 岑士麟:《毒气战史(上)》,《黄埔月刊》(南京)1937年第7卷第6期,第94-99页。
⑩ 宝山:《毒气的历史》,《康健杂志》(上海)1937年第5卷第5期,第12-13页。

一篇长文,指出当时世界列强一致趋向于毒气制造的准备,恐将成为第二次世界大战最重要之因素。因为各国多设有化学战委员会,其包括化工业界代表、化学专家及陆海空军等;而大部分国家的化工业往往受了解毒气战术之国防人员的指导,使其发展适于军事目的,美国即如此。据美国化学战事处处长弗莱氏之报告,美国对于化学战之研究已有显著进步;禁用毒气战之日内瓦议定书,竟已退回参议院外交委员会,拒绝批准之理由为工业及化学界方面之一致反对,除非消灭化工业才有可能,况且化学及药物之研究也不可能停止,退一千步来说,"不能忽视自卫必要之准备",故化学战研究是不可能停止的。① 当时列强说一套做一套的行为,常受抨击,美国就是一个显例。② 该国为1922年华府军缩会议开幕之地,对于毒气之禁用,曾几度号召,但说一套做一套,爱格胡(Edgwood)一处兵工厂,占美国化学国防预算总额之大部,故一旦世界再起大战,则毒气战之残烈,必将超越第一次世界大战。③ 美国化学会总干事甚至公开指出不应禁止使用化学武器,让人无痛苦死去或像被麻醉一样昏死,比其他武器把人炸碎、射穿都来得更人道。④ 科学家直言:后者还比较文明。⑤

至于化学战的鼓吹者,Waker认为,代表一种军备利益团体之力量,美国之外还有波兰、苏联等其他诸国均有此现象,行美化"国防"之名,甚至也可鼓励民众成立化工厂,去了解或制造可能之毒气。⑥ 例如,美国有"化学国防友谊会",波兰有"国家空防同盟",等等,都代表一种"今日所谓应用化学方法之国防,因各国军备资本来源之错综密接,势有不可分离者,如德、法、英、意、瑞士、美、诸国之化学工业——包括重工业在内——皆因资本方面有共同之关系,不得不联合一致"。⑦ 它满足了倨傲之政府、贪婪之爱国志士,以及癫狂之群众。这是新形态的军备竞赛,小国也被迫加入竞赛。Waker认为,新的世界大战即将到来,不幸竟被其言中。

细菌战也是一样的。中国古代小说中,每于战争之际就有召集神鬼降瘟疫于敌军的故事,一位笔名叫柔云的作者说:"不意此种神秘莫测之事,竟得实现于现代。德国

---

① Waker著,钱宝钧译:《化学战及微菌战》,《国际译报》(上海)1934年第7卷第1期,第162—163页。
② 陈熙朗:《将来的毒气战争》,《航空杂志》1934年防空专号(下),第2页。
③ Waker著,钱宝钧译:《化学战及微菌战》,第165页。
④ 《美国化学会反对战时禁用毒气》,《申报》1925年8月6日,第6版。
⑤ John Morcus Murroy著,陶柳门译:《细菌毒药战》,第27页。
⑥ 陈昌蔚编译:《新兵器上篇》,收入上海图书馆整理:《申报丛书·九》,上海科学技术文献出版社2012年版,第354页。
⑦ 举英国为例。Waker言:"据一九二二年七月八日之《日日导报》(Daily Herald)记载英国之情形,一九二二年用于化学战备委员会之事业费约为三万九千三百金镑,用于巴敦(Porten)英国化学试验所之经费为十三万零四百金镑。合计总额为十六万九千七百镑,已与一九二〇年之五万三千八百七十镑相较,相差甚巨。自一九二三年五月十四日至一九二六年一月三十一日,在此期间,英国因用于试验毒气效力而牺牲之畜类凡二千一百二十九类,其种类为:马五匹,猿猴六只,山羊五十八头,猫一百二十四只,野兔一千一百三十六只,豚鼠四百零六头,常鼠二百二十七头,以及小鼠一百六十七只。其中试验当死即死或试验过后即死者凡四百四十七头,因中毒结果在一月之中死亡者又有一千一百三十二头云。"引自Waker著,钱宝钧译:《化学战及微菌战》,第163—164页。

某军事化学家,早已有瘟疫弹之发明,弹中藏纳各种瘟疫之微生虫,如天花,如鼠疫,但求其富有传染之性者,均可用之。以飞机运送飞翔于敌国境内,暗中抛掷各种弹丸于河沼池井之中,数日之间,瘟疫盛行,而不可支矣,杀人不见血,可谓残酷之尤焉。"① 当时文献一般还不称其为细菌战,有称毒菌战、病菌战者;虽与毒气战不同,但却常常拿来对比、配合,故言防毒一事,实包括毒气防毒和病菌防毒两端,皆与"毒"有关。② 细菌战之载体选用必须符合以下条件:传染迅速,繁殖力强,毒性剧烈且生存能力强,较不易受温度或药剂之影响。另外,不可以漫无限制,必须依病菌的特性而加以限制范围,才能达到最佳效果。③ 一般都推测,细菌战在中日战前使用情况尚不明确,但将来必成战争宠儿。

全球生化战知识的转译,当然免不了要先对化学武器做介绍。1915 年,毒气首先被大规模应用者为氯毒,但氯毒之应用,已渐渐被新毒气所替代,因氯有强烈刺激性,易为敌人觉察,其毒性亦不如其他毒气强烈。④ 当时有这样的分法,如绿十字为刺激肺脏的毒物(窒息性)、黄十字为腐蚀性毒物(糜烂性)、蓝十字为刺激五官的毒物(喷嚏性)。⑤ "毒气"不一定是气体(gasform),也可能是散布微细的液体分子(如雾露)或固体分子(如尘埃)⑥,即普通所谓"军用毒气",术语上只可称为"毒物"⑦。

还有更详细的介绍,多涉及大量的化学知识。例如蓝十字气(blue cross)为二苯氰胂,其重要性还不在毒性,而是它形似微尘,故能透过当时所有的防毒面罩,引起强烈喷嚏及呕恶,使患者不得不摘掉面罩以求呼吸,因而暴露于其他毒气中。⑧ 当时还传言英国政府将要制造全世界最强的新毒气,所有的防毒面具都挡不住⑨,大概是这种毒气的进化版。若加上氯化碳(carbon oxychloride cocl)[德国人称"绿十字"(green cross),又称光生气(phosgene),由一氧化碳及氯在强光中合成,英国人称"陆地溺毙"],则能使患者的微血管与肺部气泡被血浆渗透,终至肺中充满血液,患者无异于溺死在自身血液之中。⑩ 通常它会和蓝十字毒气共用,先让士兵打喷嚏,受不了而脱下

---

① 柔云:《未来世界大战中的利器》,《申报》1930 年 7 月 10 日,第 13 版。
② 沈仲理:《国难时期的防战知识(二)》,《医界春秋》1936 年第 115 期,第 9 页。
③ 《病菌战》,《军事杂志》(南京)1937 年第 102 期,第 36 页。
④ Waker 著,钱宝钧译:《化学战及微菌战》,第 177-178 页。
⑤ 梁伯强、杨简:《介绍新著:军用毒气病之病理及治疗》,第 47 页。
⑥ 梁伯强、杨简:《介绍新著:军用毒气病之病理及治疗》,第 44 页。
⑦ 沈仲理:《国难时期的防战知识(二)》,第 9 页。
⑧ Waker 著,钱宝钧译:《化学战及微菌战》,第 182 页。
⑨ 《世界最毒烈瓦斯》,《申报》1933 年 11 月 29 日,第 6 版。
⑩ 光生气毒性之烈,15 倍于氯。又另一种同系列毒气,对于肺部之影响,与绿十字相似者为氯苦味盾(chloropicrin,CCL_3NO_2,今翻译为硝基三氯甲烷),能使肺部积水而肿胀,似绿十字气,而其伤害程度之复杂又过之。微血管为毒所伤,其他器官如脾脏亦可发生水肿,进一步使血管之生机毁灭,尤以大动脉受害为烈。血液被破坏后,红细胞即不能带氧气,血液亦变得易于凝结而阻塞血管,常致猝发中风。不特此也,中枢神经方面,亦发生重大之反响,其现象为生理上极度骚动,如周身不快、瞳孔缩小、肌肉抽搐、疾声呼号、呼吸急促等,终至风瘫而止。有时体温低落,下肢麻木不遂,亦为常见。引自 Waker 著,钱宝钧译:《化学战及微菌战》,第 178-179 页。

防毒面具,最终窒息死亡,等于中了两种毒。① 另外,先进之黄十字(yellow cross)又叫硫化氯代乙基,俗称芥气(mustard gas 或 yperite,因德人在 Ypres 地方首先使用),此毒气危害剧烈,因其较重于空气,故下降于地面及其附着物,因无色、几乎无味,很难被察觉,致死率也高,一如不可见之传染病菌。芥气侵入人体或沾附于衣服,又可于不知不觉之间被带入居室或地窟,感染他人,有如病菌一般。更何况,受芥子气攻击的区域,毒性可达到一星期之久;一旦碰到器物,芥子气还会附着,最后传染给别人。② 在染毒后 6 至 18 小时病症才出现,人体表皮、黏膜、眼睑、眼之结膜及角膜,气管及肺脏等,均在被侵蚀之列,产生烫伤水泡,不久即变成溃疡,各种微菌亦乘虚而入,最难医治。即幸而得生存者,体内抵抗微菌之力量也会降低;再者,疖疡与结核症也会缠绵甚久。③ 至于防毒面具,也没有效果,因为芥气会攻击全身表皮黏膜,防不胜防。还有各种新式混合毒气,但大多是这三种的混合或衍化物,各国生产的毒气已达 50 余种,据此观之,未来的大战,无疑就是化学战。④

另外,将这些毒弹发射出去的武器也不断被介绍,包括炮弹、气筒、手榴弹、毒气枪等等⑤,甚至还有图说介绍发送毒气的毒气弹和毒气罐等物品,一应俱全⑥。更重要的是空军的强化使得生化战更加可怕,因为轰炸机日新月异,可以将毒气结合化学燃烧弹加黄磷、石油一起使用,杀伤力更大。其他机械设施亦有长足进步,例如轰炸机及气体发生机等,使化学战效率更加提高。当时军事化工厂都会结合实验,观察如何能达到更好的效果。第一次世界大战后,各国专家都指出,未来战争一定会更加残酷、报复性更强、更具"毁灭"性,这些预言很多和毒气结合在一起了。例如 1924 年载哈德将军(General Sir Rginald Hart)说,未来之战争其凶烈必十百千倍于今日,无论多大之城市,男女老幼皆当同归于尽。千万生命,在毒气弹一击之下,能丧亡于数小时之顷。⑦英国航空部部长汤姆逊男爵(Lord Thomson of Accrington)则称,最好之防卫,就是在敌国领土内施以报复。所以未来的战争不限于在战场上,毒气之报复绝对是针对民众而来的⑧,但这对当时的人来说其实是很难想象的。1928 年国际红十字会在海牙集会时,德国红十字会所送之报告指出,各种防毒之设置,会被烧夷弹及强烈炸弹摧毁扫荡,于是毒气便大肆其凶焰。空中武器效力之增进,实为危险之主因。机械愈进步,人类仁爱之心似愈日趋退化。报告认为,必化学武器与轰炸机同被禁止,才有可能。有

---

① 沈仲理:《国难时期的防战知识(二)》,第 10 页。
② M. Anglade, F. G. Imbert 著,李淑芸译:《最可怕的毒气》,《国际间》1940 年第 1 卷第 3 期,第 92-93 页。
③ Waker 著,钱宝钧译:《化学战及微菌战》,第 180 页。
④ 《毒气防御与中毒急救》,《申报》1936 年 4 月 5 日,第 22、23 版。
⑤ 许一叶:《毒气战争中的国药应用研究》,《潮安国医公报》1937 年创刊号,第 11 页。
⑥ 《康健杂志》(上海 1933)1937 年第 5 卷第 8/9 期,第 1 页。
⑦ Waker 著,钱宝钧译:《化学战及微菌战》,第 193 页。
⑧ Waker 著,钱宝钧译:《化学战及微菌战》,第 166-167 页。

一次军缩预备会议中禁用轰炸机之提议,与会 32 国中只有 5 国赞成,美国爱格胡兵工厂甚至曾用试验用商用飞机洒毒,所以国际条约不过只是文字游戏,无法阻止新武器的开发。①

伴随空军的威胁,各种防空演习、模拟也应运而生。英国曾用 250 架战斗机进行夜袭伦敦之演习,英军军界估测,被探照灯发现者仅 16 架,其余 234 架则定能安然完成其轰炸任务。加上法国之研究,有物理学教授指,若"飞机百架,各携毒气一吨,即能以烟雾笼罩巴黎城至 20 米之厚。1 小时之内,即可达以此程度,若无风潮,则巴黎全城人口,可遭毁灭"。而且"唯一生机,唯弃城脱逃!"又,巴黎于 1930 年报载有关里昂空军实验表演之消息,认为:"以该城现有之城防组织,决不足以当空军之一击。若欲为全市居民,悉置防毒面罩及防毒衣具,事实上决不可能。因此之故,当今急务,唯有准备于一旦遭受攻击之际,将全部居民,调离城市。"②报道还指出,将来会有超级炸弹,可配合"电气烧夷弹"(镁之合金)先炸,再投毒气弹,德国在一战末也发明"满贮镁粉及氧化铁之炸弹",威力强大。③ 未来战争中,牺牲惨烈之事实已不容再掩饰。毒气既竭力肆虐,烧夷弹及新式炸弹,又尽量纵火,打个比方:"先以强烈炸弹轰击伦敦,驱全市居民,趋避于地窟之中。于是继之以毒气攻击;毒雾既较空气为重,自属无孔不入,使地窟亦非复为安居之所。欲令七百万居民,人人备防毒面罩一具,尤属一不可思议之举。欲洞悉近代战争之可怖,吾人心目中必牢记毒气,焚烧,与强烈爆炸三者综合之结果。毒气之所以重要,在其能侵入地窟,增高杀戮比率。"④各种武器的协同攻击,最终将提高死亡率。国联军缩预备会议报告第七节还记载:"任何原因,均可使吾人深信在将来之战争中,飞机之数量及其载重,将远胜于昔。不论此事在道德方面应得何种谴责,但在技术方面,终无善法可以阻止满装毒气之重炸弹,投掷于敌国政治经济生活之要区。"总之,Waker 的报告是悲观居多的。⑤

至于细菌战,与毒气互为辅助。但细菌战通常为人所忽视,它与化学战最大之不同,在于细菌还未应用于战争。但 1927 年英国首相于下院演说时就指出:非好好研究细菌战不可。⑥ 何以还需好好研究呢?因为其施行难处在于"其影响所至,可侵及无辜之平民,可越战线而返自己之国境,甚至于敌对行动停止以后,仍重肆其毒害"。用之不当,即伤害自己。一些教授认为此种战法,与战争之真实胜负并无重大关系。例如以人工培养伤寒菌及霍乱菌去污染饮用水,但又终将为沙滤及氯气消毒所克制。若

---

① Waker 著,钱宝钧译:《化学战及微菌战》,第 187 页。
② Waker 著,钱宝钧译:《化学战及微菌战》,第 167-168 页。
③ Waker 著,钱宝钧译:《化学战及微菌战》,第 169 页。
④ Waker 著,钱宝钧译:《化学战及微菌战》,第 185 页。
⑤ Waker 著,钱宝钧译:《化学战及微菌战》,第 175 页。
⑥ 荒畑寒村著,沈兹九译:《战争论》,收入上海图书馆整理:《申报丛书·九》,第 41 页。

敌人必须用飞行机直接下毒于已经过滤的蓄水池中，更加不易，且其效果又会被预防注射所抵消。若施用鼠疫，"则本国与敌国，实感受同等之危险，因鼠类在战线上之行动，固有充分之自由也。且经验已明示吾人，瘟疫之爆发，可以迅速制止。以虱类传布流行性副伤寒症之危险，至今亦已大减"。又如各种可被应用之细菌，如化脓细菌、牛瘟菌之孢子、马桑细菌等，如制备过早，因置于干燥金属表面上，则将失去其危害性能。如放在子弹上，情形亦正相同；子弹发射时之震动、温度之增高、爆炸之猛烈，可毁灭任何生命。唯一方法之具有危害性者，则为从飞机上掷下装满传染病菌之玻璃球。① 但即便如此，细菌战的实验仍甚嚣尘上。据言1932至1933年，德国对英、法等大城市可能施行细菌战，所以各国也开始加以注意预备，传言也一直没有停止。② 因此，巴黎方面已开使用马铃薯做成毒菌培养基，然后携至1000公尺的高空，用飞机洒下毒菌，地面上则有接受细菌的盘皿，检查成绩，没想到地面上的盘皿确实有细菌繁殖，地下铁道的通风口更多，一旦成功为害，后果将不堪设想，就不仅是实验性质了。③ 刘劭波指出，第一次世界大战的化学战，收效颇宏，然而毒气大多有颜色和气味可以分辨，威胁渐渐变小。未来如果病菌战又进一步发展，则经济的战争形态将更形进化。刘认为，病菌战虽然还在发展，但成功后可以和化学战互相配合，因为战场上有胜有败，进进退退，细菌战比较不适合使用，易杀伤自己人，除非本国发明出血清，而外国都无法开发，才有可能④，故战场上还是以化学战为主；不过，毒气受地形、风向限制，一旦消散，则不复生；病菌则若环境适宜，则会大量繁殖，故细菌武器可开发性还很强⑤。

毒菌弹还没有发明出来，人们就通过各种想象与揣测，来推估新武器的可能形式与杀伤力。例如裘宏达在杂志上介绍了各种病菌媒介，几乎囊括了所有急性传染病，他认为消化系统的传染病如伤寒、霍乱、赤痢等病，因为现在各国卫生防备都较严格，日常饮水也都有过滤、消毒的措施，所以这类病菌比较难以成功应用。而呼吸系统疾病，如流感、伤风、肺炎、白喉、脑膜炎、猩红热、天花等等，比肠病更加难以控制，但现代的卫生工作还不能够完全消灭毒菌，故这些菌仍有开发价值。最后一种乃动物传染病，如疟疾、鼠疫、黄热病等等，但动物的繁殖与控制都相当困难，还

---

① Waker 著，钱宝钧译：《化学战及微菌战》，第194-196页。
② 《申报》当时报道："柏林近日盛传德国拟在外国散布毒菌，此讯现由半官式之外交政治通讯社引证法国当局之言论加以否，据伦敦十九世纪杂志七月号史悌特发表之惊人文字称，过去数年中，德国间谍已在法国境内试驰散布毒菌，外交政治通讯社宣称，此项恶意宣传最有力之否认，当推科学方面之证实，如六月十三日纽约民声报巴黎版 已登载派斯德研究所当局谈话称，以现在之科学目光视，大规模之毒菌战争，现在尚不可能。……诚如所传之甚，则分布毒菌虽非不可能，然亦颇感困难，且毒菌一经散布，即失去其毒性、不能为害也云云。"引自《毒菌战争》，《申报》1934年7月6日，第8版。
③ 君声译：《将来的战争是毒菌战》，《国民文学》1935年第1卷第5期，第8-6页。
④ 何淑：《二十世纪新武器：细菌攻守战》，《战地》1941年第7卷第4期，第14-15页。
⑤ 刘邵波：《毒气战与毒菌战之检讨》，《军事杂志》（南京）1937年第98期，第217页。

是把如老鼠之类的直接丢到敌国最好，日本的"七三一"部队就曾采用这种方法①，当然还有创伤细菌，如破伤风、脾脱疽和一些兽类传染病②。更进一步的是芥气及细菌之联合使用，可使流行性感冒、痢疾、肺结核等传染病症传布特易。③ 芥气具有一种特性，使防毒面具失去用处④，会降低人体抵抗病菌之机能，称为"病损"（pthoiosis），一旦受芥毒攻击，又暴露于流行性感冒或痢疾等传染病菌之下，则唯有坐待死神降临而已⑤。更何况，毒菌比毒气更难察觉，杀伤力有过之而无不及⑥；细菌战还可应用于敌人后方之城市，使生活与经济瘫痪，可以和化学战互补⑦。

虽然细菌战是秘密的，但中日战争前已有相当多的介绍细菌种类、细菌培养方式⑧、如何造成危害的文章，又好像将秘密科学研究摊在阳光下一般⑨。1933年，有消息指共产党也组织训练士兵，在海参崴附近训练中、日、韩三国女兵治疗毒气感染和穿戴防毒面具的方法。⑩ 当时日军制造毒气弹与发展各种先进军用品的新闻，国人也都可以通过报纸知道。⑪ 当时毒气试验、武器开发等信息，是各国间谍重点搜集的情报。⑫ Waker认为，细菌战的证据相当难以搜集，各国莫不竭其全力以阻止实情泄露；更何况研究细菌之致病特性，正好就是给细菌致病一个最佳的实验时机，最后一定禁无可禁。当时世界各国积极准备细菌战，就是在未来战争中即将大规模使用的最佳证据。⑬ 不过，本文还是必须指出，当时对化学战的担忧还是比较具"现实"感的；至于对细菌战，则有着更多想象的"未来"成分在内，不可不知。直到1941年日军使用细菌战，中国人还认为此战法没有什么可研究的，仍视其为"未来式"，直到验出鼠疫菌，才知大事不妙。⑭

讲到未来的战争，五花八门，应该就此打住，但所有先进武器在发明时，都被认为太"疯狂"，但最后几乎都成真了。⑮ 例如将有毒瓦斯可使全城睡眠，占领并解除武装，

---

① 一般都是用鼠蚤混杂谷粒、麦子、棉花等投下，但也有"七三一"部队成员筱冢良雄称，为省去麻烦，也将老鼠直接从飞机上丢出去，因为跳蚤有一特性，就是不会寄生在死尸上，所以老鼠摔死了，跳蚤也就去传染人了。一般参考新华时事丛刊社辑：《正义的审讯——苏联审讯日本细菌战犯案经过》，新华书店1950年版，第94-96页。
② 裘宏达：《毒菌战之研讨》，《黄埔》（南京）1935年第3卷第16期，第97-99页。
③ 郑麟书：《二次世界战争中病菌战的展望》，《浙江青年》（杭州）1936年第2卷第9期，第6页。
④ 缵莹：《健康之路：毒气的防御》，《新民》1933年第45期，第4页。
⑤ Waker著，钱宝钧译：《化学战及微菌战》，第198页。
⑥ 张爱棠：《毒气战及毒菌战之防御法》，《北平医刊》1935年第3卷第11期，第39-40页。
⑦ 刘邵波：《毒气战与毒菌战之检讨》，第214-216页。
⑧ 范凤源：《将来的病菌战》，《现代学生》1931年第1卷第9期，第1-12页。
⑨ 郑麟书：《二次世界战争中病菌战的展望》，第1-5页。
⑩ 《共党训练女军》，《申报》1933年6月27日，第7版。
⑪ 《发明木炭汽车》，《申报》1934年2月3日，第9版。
⑫ 《德俄间谍机关》，《申报》1934年3月21日，第7版。
⑬ Waker著，钱宝钧译：《化学战及微菌战》，第199-200页。
⑭ 何淑：《二十世纪新武器：细菌攻守战》，第14页。
⑮ John Morcus Murroy著，陶柳门译：《细菌毒药战》，第25-28页。

"既滑稽又不甚残忍"。使用细菌战则可使"厉疫骤发,失去战斗力而屈服"。还有怪力线、有毒针弹、飞行坦克和飞行军舰等"想象武器"。化学战时代已然来临,细菌战则还在研发,但未来前景"不可限量"。① 故细菌战还是有潜力的战法之一,例如推测未来病菌可储于特制小筒中,"由飞机掷下,一至水面,又能自动开启,使细菌混入水中。同时吾人又不能封盖水池以防止此种危险,因充饮料之水,必需要空气常相接触也"。② 甚至未来"一吸之微即足丧人性命之毒气,在列强军备中,虽尚非最最重要亦已成必不可少之一部"。③ 报刊上不断介绍化学武器的作用与未来趋势④,虽然有很多推测与想象之词,或许化学弹的杀伤力并没有想象中的大⑤,还有用空中投毒气弹会不会使毒质消灭也是一大问题,所有的预测都含有危言耸听的性质⑥。还在研发中的细菌武器,就更谈不上了。但全球军事科技日新月异,已让人无法再忽略特殊武器的开发与防御。而且,对中国军队来说,死于病菌感染的人数或许可能还多于战场上战死的人数,所以细菌战对中国而言被认定是一项严重的威胁。⑦

通过报刊反复介绍,民众应对这些知识有一初步的概念了。生化战的开发,将保守的中国文化快速带入全球化的情境之中,既有的规则随时可能将被新科技突破,只有一种办法能使我们泰然处于这个时代,就是不断吸收各种信息,去了解保卫生命之方法。战争的氛围一天天浓烈,要有保障之未来,就必须去充实这些未来战争即将会采用的新武器等相关知识。人们身处其中,如此信息强度之灌输,真令人有日新月异兼以忐忑不安的一种未来感。

三、化学战与身体关系的知识建构

前面介绍的知识,通过转译使中国人逐渐知晓并开始醒悟,要防避生化战,就必须熟悉一些身体的反应与防避之规范。当时许多防毒知识,通过报刊等各种形式的出版物灌输给民众,受到当时社会的相当重视。例如中国科学社请社内的化学家编写了《军用毒气及其防护法》,至报馆分售。⑧ 报纸也会摘录或介绍防毒的专业书籍,例如吴沉的《化学战争》(商务版)、《防毒知识》(中华版)等。⑨ 甚至白桃还主编了各种通俗的"战时大众知识丛书",有《大众防毒知识》《大众防空知识》《大众化学战争知识》《大

---

① 《百年后的科学世界》,《申报》1934年1月1日,第7版。
② Waker 著,钱宝钧译:《化学战及微菌战》,第197页。
③ Waker 著,钱宝钧译:《化学战及微菌战》,第171-172页。
④ 《毒瓦斯》,《申报》1933年2月15日,第20版。
⑤ Clark,Wlliam 著,宜培译:《毒气与战争》,《时与潮副刊》1942年第1卷第1期,第22-23页。
⑥ 陈熙朗:《将来的毒气战争》,第1-3页。
⑦ 《病菌战》,《防空杂志》(南京)1937年第2卷第2期,第48页。
⑧ 《军用毒气及其防护法》,《申报》1932年2月28日,第5版。
⑨ 经执:《儿童电影的倾向》,《申报》1936年4月5日,第23版。

众科学知识》和《大众兵器知识》等等,有大量通俗的生化战知识介绍。① 当时上海市各界抗敌后援会还设有战时知识讲习所,为供应民众战争常识起见,编印《防毒浅说》及《毒气急救浅说》,一般民众如果需要这些读物,可以"附邮二分,函知该所,即可寄赠,至《防空救护法》及《军器浅说》两种,该会正在编印中,不日出版"。② 新的知识通过出版物不断进入一般民众的日常生活中。古代社会,有人至粪坑淘沙"中毒"而死,过去传统社会也知道"粪毒"之事。③ 但现在要追问的不只是被毒死,还要追问是什么"毒"会致死。例如1936年绍兴发生类似的死亡案,经过肥料检验后,发现是硫化水素之毒导致。甚至有人中毒死后,还要送中央研究院化学所来加以检验。④ 人们渐渐认为,每种"毒"后面都有一个化学物质在发挥作用⑤,而毒气也是一样。这些化学知识,多通过翻译而来。

还有新时代出版社作者杨佩文,还搜集各国当时有关防空方面的常识,如各种飞机之性能及鉴别法、各种飞机行动之特征与鉴别方法,杀伤弹、破坏弹、燃烧弹、毒气弹之性能及趋避方法,各种防毒衣具之构造法,简易地下室、精密地下室之建筑方案,以及防空警报及闻警报后之行动、灯火管制实施方案、防空建筑及各项防空兵器,等等,"计共九十四门全开生动图画,一一绘出,复附加浅显文字详细说明,故虽略识文字者,亦能一目了然"。⑥ 一般说来,这些知识都还算很入门的,主要以介绍为主。当时专业的化学家认为,化学战防备不易,专业研究更是困难。日本的化学兵、美国的化学部,里面都是精英人才,相对来说,中国民智水平低落,化学常识也不够,所以谈不上应用,只能用基础的通俗化宣传才行。⑦ 南京兵工署为了防范日军使用毒气作战,还特别用科学方法研究应急防御法,以及编写简易之设备事项数十种,并说明防毒掩蔽部设置及构筑方式,制成平面图或简介说明发放,预备战争发生后,前线士兵遭遇毒气时能不受危害,且能从容应战。⑧ 近代中国的科普作家高士其,在1937年写了《抗战与防疫》的小书,倡言防范细菌战,就是要从最日常普通的卫生工作开始落实。⑨

除了出版书刊外,当时各种团体也针对不识字的一般民众进行教育,主要是通过演讲与展览来教育民众。有些学校会自己聘请化学专家来给师生演讲防毒要领,例如1936年6月1日,浙江大学校长竺可桢的日记就记载:"阅报知日本侵略华北,风声益

---

① 钱乐华:《大众防毒知识》,战时大众知识社1937年版,封面,第2页。
② 《编赠防毒浅说》,《申报》1937年9月19日,第6版。
③ 皮国立:《"气"与"细菌"的近代中国医疗史——外感热病的知识转型与日常生活》,台湾中国医药研究所2012年版,第247页。
④ 《沉箱气体送京化验》,《申报》1936年9月7日,第9版。
⑤ 《绍兴》,《申报》1926年6月14日,第10版。
⑥ 《国民防空图说》,《申报》1936年6月18日,第14版。
⑦ 胡颐讲,谢天任记:《毒气及其防御》,《晨光周刊》1936年第5卷第29期,第18-19页。
⑧ 《兵署研究防毒气法》,《申报》1932年2月23日,第6版。
⑨ 高士其:《抗战与防疫》,收入《高士其科普作品精选》,天津教育出版社1997年版,第107-115页。

形紧急。……十一点作纪念周,由周厚复讲国防化学一小时。"① 又10月6日,日记记载:"曾炯之介绍陈建功友人新自日本归国之余六铁君演讲军用化学。余军东北帝大毕业,……深知日本军用化学之内容,故请其于下午七点半在新教室演讲,并约周厚复、李乔年二君转知化学系学生。"② 这类演讲有时也会找专业的化学家来做。又如上海工部局华员俱乐部举行防毒知识的演讲时,就请到留法研究毒气专家方岑一来说明一般民众应有的防毒知识。③ 上海市还有"防毒急救研究会",也举行演讲与演习,由顾富生讲"毒瓦斯之预防",潘谔楼讲"救护术"。于演讲时实行小规模的演习,演示敌人放毒后,立刻用手帕沾水捂住口鼻,迅速冲至防毒所等动作。④ 甚至教会也会负起必要的教育民众工作。除演讲外,还有展览与日常教育,例如宁波的青年会"以国难日亟,民众防空智识缺乏,特举行防空防毒展览,定十二日开幕,至十六日闭幕。展览物品,计有飞机模型一具,炸弹模型二具,防毒具八副,及人造头颅、防毒药品、毒气样品等多件"。⑤ 为了给普通市民灌输防毒与防空知识,青年会甚至会利用电影来吸引群众,除举办防空防毒常识会三星期,当场分赠防空常识等小册数种外,还商请中国教育电影协会派员前往会场,将该协会自制的教育影片数部,免费播放,招待群众参观,据言当时"每场均告满座,总数达二三千人"。⑥ 至于更积极的,则为培训民众成立防毒班,灌输防毒救护知识,如中国红十字会救护委员会于1936年成立了特别护病班和毒气班,毒气班由郑兰华博士授课,当时学员有70人。⑦

以上这些演讲,通常会配合防空的知识,原因已在上一节论述,因为新式的生化弹会通过飞机来投射,飞行器愈进步,生化战的威胁就更大。当时报道指出欧战时的经验,英国伦敦受德军的空袭前后达160次,空袭的根本作用在于破坏各国都市重要机关及设施,借此扰乱后方。今后的战争,当更烈于昔日,也就是战斗的胜负不仅取决于军人的作战,还取决于国民所受的影响。所以国民防空实际上更为重要。⑧ 1930年代初,一·二八事变后,"无空防即无国防"的口号响彻云霄,而防毒跟防空的关系更加被强化了。⑨ 在战前,各种专家对市民的演讲也一再强调防空与毒气弹、燃烧弹将造成之损害。⑩ 甚至各种恐怖的预言也频频出炉,如谓:"今则任何国家之空军,均已训练纯熟,可以实施大规模之毒气攻击""千百万之生命将丧失于数小时之间,至此亦无人

---

① 竺可桢:《竺可桢日记(1936—1942)》第1册,人民出版社1984年版,第40页。
② 竺可桢:《竺可桢日记(1936—1942)》第1册,第59页。
③ 《演讲预防毒瓦斯之常识》,《申报》1936年6月4日,第14版。
④ 《编赠防毒浅说》,《申报》1937年9月19日,第6版。
⑤ 《宁波防空展览》,《申报》1936年9月13日,第11版。
⑥ 《开映防毒电影》,《申报》1936年8月24日,第11版。
⑦ 《护病防毒人才》,《申报》1936年10月28日,第12版。
⑧ 沈仲理:《国难时期的防战知识(二)》,第8页。
⑨ 孟复:《都市的防空》,《申报》1933年1月30日,第21、22版。
⑩ 《讲演市民与防空的关系》,《申报》1935年1月17日,第14版。

敢冀其论断为谬误矣。"①而相较中国而言,日本有更强的空军与化学武器,这对当时中国人的冲击是非常大的,特别是一·二八事变后,日本也使用化学弹,导致整个中国开始将日本视为最大敌人,各国也常有防毒队、防毒演练的新闻在报刊上刊载介绍,更添紧张之气氛。②

上海在一·二八事变后开始举办防空讲座,定期定时在中西电台请防空专家播音,报纸复将专家如苏公望的讲演稿全文刊出,其演讲的内容,实与国际译出的相关报道高度雷同,并且加上了"在地化"的内容,例如将轰炸城市改成了上海,用国际推估而言,照理说只要7200公斤的毒气弹,就可以把上海三四百万的人口整体毒杀,而当时飞机的载弹量几乎都在1000公斤以上,所以如果敌军要刻意消灭一地的人口,就会造成大灭绝。③又如圣约翰救伤队香港总部,为使队员获得充分的防空知识,特别举办防空、防毒演讲,敦请中西防空专员担任讲席,每星期举行两次,星期二为中文课,星期五为英文课,将防毒防空的知识融入日常课程。④

当时国内还有各种为了建设空军而设的组织⑤,例如南京中华航空协进会于1928年底成立,当时李烈钧指出:"未来之国际战争,难免因中国问题而起,各国军备除海陆军外,尤兢兢致力于空战之准备,如科学战、毒气战等,皆包括于航空设备之内,中国航空事业尚在幼稚时期,处兹危险地位,应急起直追,集中人才,研究制造,练习驾驶,以冒险精神,努力猛进。"⑥一·二八事变后,国人深感空军事业之重要性,故各地纷纷成立航空救国组织⑦,如"航空建设会",该会的工作目的,有一大部分是为了防空防毒的事业而生,在该会1933年召开成立大会时,汪精卫致辞说:"中国航空事业,与各国相差太远,这时若不讲航空,可说完全没有国防。"话锋一转,谈到日本:"现在敌空军仅用轰炸,尚未用凶惨毒气,如投放凶惨毒气能将繁盛城市变成沙漠,人类及动植物均不能生存。现在各国无论政府与人民,都以为空防比水防陆防更重要,我们为国家及民族生存,不能不注意航空设备。"⑧这些演讲都强调防空、防毒的重要性。

但实际知识要如何化为行动呢?在了解了防空与毒气的关系后,最重要的防御就是身体的动作,可以说通过这些知识的引介,将生化战的知识与防范措施带入全球化的语境之中,身体的军事化动作也要符合全球标准与需求。平民的身体开始在战争中

---

① Waker著,钱宝钧译:《化学战及微菌战》,第171页。
② 《马来亚积极防毒训练》,《国医杂志》1934年第18期,第31页。
③ 《上海防空建设重要》,《申报》1934年12月19日,第10版。
④ 《救伤队防空演讲》,《申报》1938年3月31日,第4版。
⑤ 可参考吴余德:《战前空军的发展(民国十七—二十六年)》,中国文化大学硕士论文,1997年。
⑥ 该会中枢执委会常务委员,有李济深、张静愚、邓建中、陈际熙、凌鄂苏等人。引自《航空协进会成立》,《申报》1928年10月2日,第7版。
⑦ 唐学锋:《中国空军抗战史》,四川大学出版社2000年版,第42页。
⑧ 该会成员有叶楚伧、朱培德、陈仪、戴愧生、葛敬恩、林我将、朱家骅、陈树人、唐生智、虞洽卿、史量才、王晓籁、陈果夫等十余人,由常委朱培德担任主席。引自《航空建设会成立》,《申报》1933年5月21日,第8版。

被重视,这是全民军事化的重要趋势之一,化学战仅为其一。空军的发达,使得"战线以后广袤之国土及无防御之平民,均随时有被袭击之虞。在昔时与所谓未开化时代,以火与剑攻击无防卫之平民,任何军队均引为耻辱,今则已为近代战争之基本原则矣"。① 故无论哪一个国家,都必须通过教导民众的方式来避免战争之伤亡,应此局势而生的,就是各式的防空演习,它们在1930年代后的中国大量出现,各国演习的信息都通过无远弗届的报章杂志介绍出来。1934年6月,日本于殖民地台湾进行了一次防空演习,日本在台湾的所有飞机队均动员参加,进行攻防战实习。据载台北、新竹及附近境内电灯全熄灭,演习前总督府令全台民众每人准备毛巾一条、冷水一盆,并购防毒面具一具;演习时门窗一律闭锁,以防毒气侵入。当时为求逼真,还实施模拟毒气施放,并投掷假的橡皮炸弹。同时期,基隆军港亦做同样演习,海军也参加特种演习。当时毒气防护团还筑有临时性的防毒设备,据言一切宛如实战状态。②

当然,面对假想敌如此逼真的演习,中国的情况又是如何呢? 1934年底,南京进行大规模的防空演习,这是第一次在首都进行演习,意义非凡。③ 主要侧重于"消极的防空动作",包括防毒、消防、救护等三大要项。一开始是假想敌机临空,防空警报响起后,南京之军警、童子军,民众团体所组成的警备、消防、防毒、工务等大队即分段布置。毒气演习过程中,用绿色的烟幕弹代表毒气弹落地,此时防毒队员穿戴防毒面具,用水和漂白粉、晒粉等消毒。南京防空演习后,先由防空处处长黄振球报告演习过程,再由何应钦、贺耀祖来讲评,最后由蒋介石来训话,晚上则在励志社宴请演习有功人员。黄指出,此次演习是"创举",不能以一次小成功为满足,防空设备还是太简陋,而且民众多抱持围观心态,没有切实做好动作,拥挤在一起,本就是防空、防毒之大忌。这是由书本知识转向实际运用的开始,战争也一天天逼近。④ 1935年前后,南京和汉口还举行了几次防空演习,当时这样的演习对民众来说是全新的体验,还要加以解释演习本身的意义,让民众的身体充分进入这样的氛围之中,切实做好一些防备的动作。⑤ 当时军队演习还设有审判官,专门负责营造逼真的演习情境,并指导演习之步骤与规范。⑥

而愈接近战争,各地的防空演习愈是逼真。当时报纸还介绍空袭警报时的各种声音、规律,用文字来描写警报声,非常有意思,其中有关毒气的警报是"击鼓"或敲洋油桶:"咚,咚,咚,稍停片刻后再击一响,像这样连续敲两分钟",或是用灯旗标示,白天有

---

① Waker著,钱宝钧译:《化学战及微菌战》,第174页。
② 《台湾防空演习》,《申报》1934年6月21日,第9版。
③ 彭祥瑛:《讲演市民与防空的关系(续)》,《申报》1935年1月9日,第15版。
④ 《侧重消极动作》,《申报》1934年11月23日,第3版。
⑤ 汪瘦秋:《防空演习》,《申报》1935年12月15日,第15版。
⑥ 军事委员会办公厅第四处编译:《部队演习之审判》,军用图书社1936年版,第1-8页。

黄色旗插在的地方和黑夜有红灯燃亮的地方,都是毒化的区域。① 又如在杭州的一场演习,就假想日本空军来袭,中国空军除升空迎敌外,也演习了敌人投掷十余枚毒气弹和燃烧弹的防范措施和后续伤员处理与救护,据言演习非常逼真。② 上海周边如嘉定、淮阴等地也都在1937年上半年举行防空演习,都有毒气甚至燃烧弹袭击的演习。③ 至于细菌战,当时似非演习的重点,不过在战争爆发之初,广东省即实行了"广东省非常时期食物检验暂行办法",针对进口食物、食材,公私井水等进行化验,必要时还要用活犬测试,检查毒质。这种检查所针对的"毒",往往包含化学成分和细菌等物,只是实际的演习还是以防空、防毒为主。④

这些演习的收效有时又是令人质疑的,外国学者指出:大家都错估一件事,所有的专家设想,均基于军事之观点,他们看待平民的眼光,就好像一长官看待严格纪律化之军队,但却忽略了平民就是平民,较军队更无组织、无纪律,故平民之处境是非常危险的。Waker博士说,还要做到:"一般民众,必先一变其本性,然后详细规划之防御方法,始能严格实施,顾虑室家之女孩子气,必须首先去除。避弹于地窟中之女主人,必听其居室及一切心爱之物,倾毁于地窟之上,而不一瞬其眼。为母与妻者,必任听其散学返家之爱子,或公毕回归之丈夫,遭遇不测之毒气袭击,而不稍感烦躁;且为地窟以内之安全起见,若子或夫,又必被摒于地窟之外,因一经暴露于毒气之人,应被拒绝于一切公共或私人避难场所,以免毒气之转辗散布。"⑤ 可见防毒一事需要强大的心理素质,需要被训练。⑥ 演习不过是让身体习惯这些消极防御的基本动作,心理素质却难以训练,只能说战争来得太快了,演习的时间对于中国人而言还是太短了。接近中日战争前,日军毫不避讳地在自方的演习中由化学兵演练施放毒气弹,还通知中国官方,完全不加掩饰。⑦ 其实日军在七七事变爆发的同月,就已用毒气弹轰炸卢沟桥,只是似乎为实验性质,并无大量投掷罢了。淞沪会战时,情况才有所改变。⑧

四、防毒防菌的物质文化

防御毒气,不能只靠身体动作,工欲善其事,还必须要有好的防毒器具和检测工具,方能完备。1930年法国里昂的防空演习,就演示了民众穿戴防毒面具、灯火管制、

---

① 《防空浅说》,《申报》1937年8月14日,第9版。
② 《杭州防空演习》,《申报》1935年11月30日,第8版。
③ 《嘉定警察防空队演习》,《申报》1937年4月19日,第8版。
④ 《食物检查》,《申报》1938年7月21日,第3版。
⑤ Waker著,钱宝钧译:《化学战及微菌战》,第188页。
⑥ 荒畑寒村著,沈兹九译:《战争论》,收入上海图书馆整理:《申报丛书·九》,第40页。
⑦ 《津日军扩大演习》,《申报》1936年11月28日,第3版。
⑧ 《日机竟抛掷毒气弹》,《申报》1937年7月28日,第4版。

高射炮射击、灭火、民众疏散至防毒气房屋等标准化防空的身体动作。① 防毒也牵涉当时的科技文化。1937年一次有关毒气的展览，属于消极防空，即非武器攻击，而着重于地面人员之平安，展出防毒器材10种、防毒室模型1种、防毒器具之图表照片110种、受毒情形及各国最新发明之各种毒气施放情形与使用器械照片等42种、烟雾喷射器材5种等等。② 同年，军委会就运送一批器材到上海的防空展览会上，展示各种防空器材，共分三大部门：一为积极防空部，二为防空情报部，三为消极防空部。所谓积极的意思，就是指包括空军或防空炮火在内。好比当时认为只要有高射炮，日本战机便无法攻击。③ 但高射炮的作用只在1500公尺以下，敌机飞行高度如在2500公尺以上，则高射炮将完全失效。④ 但积极防御多为军事防御，民众还是要靠自己的防御法。

  在防毒器具方面，最基本的防御就是防毒面具。当时介绍防毒面具的种类，第一种是滤毒气面具，适用于任何个人防毒，在口罩上有一滤毒罐，内有粉末过滤物，都是碱类的西药或特制药棉。另外一种则可吸取新鲜空气，有一根长管连接滤毒盒，使呼气不回吸管而排于外；滤盒中第一层是棉花，第二层是活性炭，可用于吸收绿十字毒物，但比较笨重，适合军用。⑤ 当时介绍各种防毒面具的文章非常多，甚至介绍专业防毒气面具的"原子滤清器"，功能先进。⑥ 不过，它们要去哪里购买、花费多少、质量如何保证⑦，时人也相当关心。有刊物指出，毒气侵扰时，若有戴防毒面罩，则可缓缓呼吸，不用害怕；还说，防毒面具可以向南京军政部购取，其他的药物，则西药房都有售。⑧ 如此好像取得防毒面具并非难事，但质量管控就成了大问题。当时《申报》就刊载了这样的消息：

  关于防毒面具，及其他防毒器材，本为防御毒气之重要利器，民间必须常备，以便随时应付非常。惟一般普通工业厂家所制出品及舶来品，或因限于原料，或因限于技术，大都因陋就简，出于粗制滥造之途，效能既低，无补实用，而一般市民，徒以感于需要之殷切，并因缺乏鉴别经验，遂亦无暇究其内容，贸然购置，耗费多量之金钱，仅得无用之器具，所蒙影响，实非浅鲜。因是军政部兵工署，现有实行检验之举，回忆一二八之役，当时厂家所制此类出

---

① 《里昂空战演习结束》，《申报》1930年8月2日，第10版。
② 《防空器材三大部》，《申报》1937年7月1日，第18版。
③ 《照片》，《民间周报》1933年第2期，第1页。
④ 《里昂空战演习结束》，《申报》1930年8月2日，第10版。
⑤ 沈仲理：《国难时期的防战知识（二）》，第11-12页。
⑥ 《照片》，《民间周报》1933年第2期，第1页。
⑦ 当时有一则史料记载，民众可以轻易买到滤毒罐，售价是每具15元、6元5角两种，上海市民营化学工业社均有批售。引自《卫生局取缔投机防毒药水》，《申报》1937年8月23日，第6版。
⑧ 缵莹：《健康之路：毒气的防御》，第4页。

品,几乎汗牛充栋,市民购买,复甚踊跃,迨后经本市防空协会从事搜集,加以检验,发觉此类器具,绝无效能可言,设当时敌人竟公然施放毒气,而市民仅恃此为惟一防御工具者,诚不堪设想矣,往事斑斑,可为殷鉴,不图近日以来,关于此类低劣之防毒面具及器材,出品之多,较前益甚,不特人民虚掷金钱,抑且流弊所及,实至可虑,本市防空协会,有鉴于此,闻已呈请上海市政府,对于未经军政部兵工署检验盖印之防毒面具及各种防毒器材,予以查禁,同时复恐市民未及周知,并经登报通告,以免市民蒙蔽受愚,转增危险,现各方如有不悉购买情形者,可向该会问讯,必能充分告知,给予便利,希本市市民加以注意焉。①

可见当时人们有注意到防毒面具的质量问题,而且还敦促政府予以检验。其中上海的"防空协会",一直努力监督这件事,该会总干事苏公望也说,防毒面具的质料须力求精良,要能确实防御毒气才有用,应该有统一的严格审查机制。所以协会努力向市政府、军政部陈情,希望促成此事,也登报宣传此事,指民众如有问题可以询问该会。苏还指出:"我国现时所制防毒面具,经政府当局监制者,其售价每副约需国币12元左右,亦未免稍嫌昂贵,最好在可能范围内,设法减轻成本,廉价出售,使人民乐于购买,易于置备,如此既可增强购买力,又得普及民间,对国家社会防毒之力量,更易增进,关系匪浅。"②这样的呼吁当然是正向的,从这段史料也可以清楚看到,当时人们其实对防毒器材的需求庞大,但器材质量却往往出现问题。更何况,其实有了面具也非"万全",因为糜烂性的芥气或起泡之"路易氏毒",会使全身皮肤暴露于剧毒之下;毒气能穿过皮肤,不留损伤,而侵入内脏。③所以这时就需要整套的防毒衣了,包括防毒衣服、手套及鞋帽,一套当时约80元,不是人人都买得起。④

正是因为有需求,价格又高,而就算能买到,质量也难以控制,这些情况,造成当时许多人采用自己发明之法来设计、制造各类防毒用品。沈仲理就说,滤毒罐中的粉末,可以用中药滑石、雄黄、石膏、朴硝等适量配制共研细末,因为这些药物都有"排毒化毒"的功能;活性炭部分则可用竹茹的竹子制成青竹炭,则"滤毒清热"效果更好。⑤这类偏方,有时也会诉诸科学实验,例如一则新闻指出椰子果实烧成焦炭,可以作为防毒面具的材料,多国已在西印度群岛采购椰子作为军用原料。⑥这则消息不是传言,后

---

① 《注意防毒面具》,《申报》1936年12月22日,第9版。
② 《苏公望谈防毒面具制销问题》,《申报》1936年12月24日,第14版。
③ 所谓"一极小之漏隙,即为目力所不及见,亦足以使前功尽弃。"报纸也指出,很难完全防备,何况在战场上冲杀,一有破损,立刻遭殃,防毒事难,可以想见。引自Waker著,钱宝钧译:《化学战及微菌战》,第190-191页。
④ 《卫生局取缔投机防毒药水》,《申报》1937年8月23日,第6版。
⑤ 沈仲理:《国难时期的防战知识(二)》,第11-12页。
⑥ 《世界小新闻》,《申报》1918年10月11日,第14版。

来就被南京军政部采用,报载:"军政部以椰子之灰,为吸收军用毒气之活性炭素制造原料,本部现正研究活性炭素各种制法,惟利用椰壳灰,尚未试验,请侨务会饬商将该项椰壳灰,寄送五吨来京,以供试验,如试用后认为优良,当由本部向侨商大批价购,侨会昨已训令南洋各地中华商会遵照。"①因为战前气氛紧张,物资更加缺乏,才会有许多如此这般的"代用品"出现。还有防毒衣太贵,故有"防毒油衣"的出现,做法是"用真麻油与真柏子油浸渍细密的土布,然复阴干做成防毒衣",据说也很管用。②

　　至于毒气之检测,相关的化学知识已如前述,通过转译而来,再化为行动(演习)。不过,毒气一旦降临,牵涉许多难以分辨的化学知识,例如德国就有一种毒气教育,就是通过反复燃烧浸泡过化学毒质的火柴,来让民众习惯、认识这些毒气特有之气味。③培养这种警觉性相当重要,例如俄国一兵工厂制造毒气弹,有一弹突然爆裂,由于是无色无臭之毒气,所以吹入场内后立刻毒毙超过 20 人,幸有人大叫发出警告,才使更多人幸免于难。④ 故民众终究还是需要学习检测、防御的方法,也要理解每一种毒气的特性。例如有文章是介绍化学毒气的各种检验法,如用气味、用化学方法,如用试剂或烟雾来测试,或涂到掩体的墙上,观察颜色之变化,就可以发现毒气。但该作者也说,战争来时,很难有时间测试,而且中国化学知识落后,更难施行。更重要的是,这些很多都是学理,真正的实验室测试是要非常精准的,用这些方式只是学理,能多准确他也不敢说。⑤

　　事实上,在毒气弹落下爆炸的一瞬间,要去分辨毒气的种类确实很困难,但是一般民众却可以做到下一步,就是积极防避;要求每个人都有防毒面具及防毒衣根本不可能,所以就诞生了许多预先防毒的药品或代用品,与下一节将要谈的医疗药品恰成两种防毒之策略。首先是防毒衣缺乏的问题,当时有介绍美国的产品"防毒油膏",该药之发明乃有鉴于防毒衣穿戴不易,所以发明用油膏涂于身上,内含亚铅华(zincum oxydatum)、羊毛脂、胡麻子油、猪油等。但作者也说,若无此药,也可用橄榄油代替,或涂漂白粉,或用干燥漂白粉涂布覆盖身上,乃至石碱擦敷,都是可行之法⑥;或还可用 60% 氯化麻油膏涂布皮肤⑦。当时由于许多防毒物资缺乏,所以报刊上有非常多教民众用简易的化学原理来自己预备防毒用品的文章,甚至还说有中药防毒软膏,可涂擦全身来阻碍毒物之侵害,还说该药膏具有"抗毒除热"的功效。⑧ 若是没有防毒面具,也可用小便、肥皂水浸湿手巾捂住口鼻,至于甘油、小苏打、次亚硫酸钠等药品,可

---

① 《军部研究活性炭素》,《申报》1933 年 2 月 9 日,第 8 版。
② 沈仲理:《国难时期的防战知识(二)》,第 12 页。
③ 陈昌蔚编译:《新兵器上篇》,收入上海图书馆整理:《申报丛书·九》,第 407 页。
④ 《赶制毒瓦斯弹》,《申报》1932 年 4 月 16 日,第 9、10 版。
⑤ 曼林:《毒气战争与毒气检定》,《妇女杂志》1945 年第 6 卷第 5/6 期,第 8-9 页。
⑥ 张爱棠:《毒气战及毒菌战之防御法》,第 39-40 页。
⑦ 《医师公会分送,防毒急救常识》,《申报》1937 年 8 月 19 日,第 6 版。
⑧ 沈仲理:《国难时期的防战知识(二)》,第 12-13 页。

以先至药房购买使用①;或可自制口罩,用数十层棉纱,其中二十层浸乌罗特罗品(8.17%),十层浸次亚硫酸钠(24%)和氢氯化钠(6.54%),十层浸革麻油酒精、甘油的混合物,覆于口鼻也可以②。类似的还有用碳酸钠1两、次亚硫酸钠4两、甘油1两溶化在一盆热水中,用纱布裹棉花浸在溶液里,拧干后拿来覆在口鼻上,也可防御毒气;或可浸入石碳酸、苛性钠、酒精、甘油、水五种的溶液中,待干后便可应用③。纱布面罩当时是非常流行的防毒面具代用品。此外,若十分紧急,用浸湿的手巾或浸透小便的手巾,都可以暂时防毒④,此招在中日战争和国共内战中还多次为国民党军所采用。在预先服用药品方面,因毒气多为酸性,可预先服用重曹片,增强身体抵抗力,或注射于静脉内也可。腋下、外阴、会阴等较潮湿的皮肤对毒气反应一定比较强烈,可以先用重曹或滑石粉擦之,以免糜烂。⑤

还有更多的类似偏方的防毒方式,当时也被大量介绍,可见这类知识是极度为社会所需要的。例如一·二八事变发生后,立刻就有报道指出:"遇有毒气发生时,速以衣片手巾或纱布一块浸湿(用水茶或酒类)而罩于口鼻上,使呼吸之气体透过此湿布,则定能减轻其毒性作用。即有最强之毒气侵来,用此法防御,至少可以不使丧命。用去底玻璃瓶盛以相当潮湿之泥土,将瓶口插入口内,以行呼吸,鼻孔以手塞住,但须注意瓶中泥土之潮湿,如已干燥,必无效力,若用过湿之泥土,则又不能透过呼吸。"⑥毒瓦斯所含酸性遇水可以中和,但遇芥气毒瓦斯,这办法就补救不了了。⑦ 还有有人说当敌人施行毒气攻击时,可吸食纸烟解毒,但被指"颇不可靠"。⑧ 至于中医药,竟也可发挥许多作用,例如有擦的"防毒粉",即用滑石研极细粉末,扑于全身各部。又有"防毒巾",即用手巾或纱布浸入咸水内,随时备用,以掩蔽口鼻。⑨ 还可以自制防毒药丸,声称可以防细菌、抗瘟疫传染,也可以"解瓦斯毒炮之气"。⑩ 另一方法则可供磨成细末配带,用香炉随意焚烧少许,毒恶之气自然消散,在战场若遇毒气,则用粉末做成口罩,也可阻挡毒瓦斯炮弹。⑪ 另一种名为"防毒平安散"者,可将此诸药放在香炉中,于避难室随时焚烧,"可消灭各种外来之邪毒",或者用纱布、夏布缝成一袋,以期能掩蔽

---

① 《来件:民众防毒法》,《中国医药杂志》1937年第4卷第9期,第23页。
② 《医师公会分送,防毒急救常识》,《申报》1937年8月19日,第6版。
③ 缵莹:《健康之路:毒气的防御》,第4页。
④ 《防空浅说》,《申报》1937年8月14日,第9版。
⑤ 张爱棠:《毒气战及毒菌战之防御法》,第43页。
⑥ 《个人防护毒气法》,《申报》1932年2月7日临时专刊,第3版。
⑦ 《民众对现代防空准备》,《申报》1936年3月27日,第12版。
⑧ 张爱棠:《毒气战及毒菌战之防御法》,第44页。
⑨ 沈仲理:《国难时期的防战知识(二)》,第10-11页。
⑩ 避毒气方为:明雄黄、鬼箭羽、丹参、赤小豆各二两,共为极细末,炼蜜为丸,硃砂为衣,如桐子大。每服三五粒,空心白水送下。
⑪ 防毒粉则为:茅术二两四钱、白芷一两五钱、细辛四钱、羌活一两五钱、吴茱萸一两五钱、柴胡八钱,共为极细末。以上两方出自《避瓦斯毒气与瘟疫》,《针灸杂志》1937年第4卷第10期,第47页。

口鼻、双目,"装药末五钱,佩于身边,以备路途防毒,最为有效,或依式制防毒面具,置药其内更妙"。① 还有"四珍消毒散",将中药研成细末,然后用"瓷瓶收储,勿令泄气,遇敌机放毒时,每用三四分,撒于折叠之手绢中,以之掩遮口鼻双目,可免毒气之侵袭,或照样制防毒面具,置药二钱于其中更佳",用的也都是清热解毒之品。② 这些验方,可能仅是一人之经验,很难确认是否有效。当时上海卫生局就呼吁,由于大家都怕日军放毒,所以"奸狡商人、无耻医生,以发售防毒丸散投机渔利"。当时市面上有各式所谓的防毒药水,卫生局指若是按照成方配制者较为可靠,但效力也不过数十分钟,应该赶紧跑到无毒区;至于配方不明的药水,"未经科学上之证明,遽谓用后服后即可防毒,实为无稽之谈"。当局呼吁上海乃国际都市,敌人不敢轻易使用毒气,希望市民不要惊慌云云。③ 可见,这样的现象是非常突出的,它除了凸显人们对毒气的害怕,希望有更多的方法防毒外,也显示中国传统医学在这场防毒战争中不想缺席的心态,这一点在下一节还会论述。

在避毒场所与环境上,为了防毒与防空,最佳的方式就是建造地窖或防空洞。1936年7月3日,竺可桢的日记显示,国府军事委员会计划在北极山上挖地壕沟,但竺有意见,当时与陈布雷商议。④ 至于防空洞,也需要有各种毒气过滤器、氧气管线;但战争一开始电厂又是攻击的首要目标,所以一切维生设施都将停摆,很难设计出十全十美的防御体。故所有防御体都要以能抵挡狂轰滥炸为首要目标,但"含有病菌之空间,毒气传染之场所,欲从事体大多险之工作,亦岂易事?"若建造一超级防御堡垒,建筑与维修费更加巨大,一般国家也不愿投资。或许,当时在各地都有这些军用的防空设施,但是军用的设施绝对不敷民用,而且不管是防毒室还是地窖,都要符合防毒的标准,但当时却难以尽如人意,故也有许多方式可以自建防毒室。⑤ 当时各种报刊文章教导民众设置简易防毒设施的方法相当多,如何自建简易的防毒室呢?因为毒气多是酸性的,所以可以用碱性的药剂涂在毯子上,拿它们封住窗口与门,就是一个简易的防毒室了。⑥ 当时防空知识中,除了普通躲避飞机的说明外,沈仲理还指出:"各户为安全计,宜于院中开掘地窖,以避飞机,至地窖大小,应视地势人数为标准。但窖口须覆以厚板,其上再用三尺以上的厚土掩盖为要。""如在卧室中,为防避投爆炸弹起见,急应走到楼底下,不及走下,即刻躲在床底下或橱内,或避入地下室。但壮年人仍须随

---

① 防毒平安散组成:葛根二两、川大黄一两、茅术二两、香白芷一两、山豆根二两、牛蒡子二两、升麻二两、大青叶二两、黄郁金一两、山慈菇一两、薄荷二两、明雄黄二两,此十二味共研细末。引自《中药防毒必效方汇录》,《中国医药杂志》1937年第4卷第9期,第15页。
② 方药为:"真暹罗犀角三钱,真羚羊角三钱,明雄黄五钱,阿魏五钱,共研细末。"引自《中药防毒必效方汇录》,第14页。
③ 《卫生局取缔投机防毒药水》,《申报》1937年8月23日,第6版。
④ 竺可桢:《竺可桢日记(1936—1942)》第1册,第43页。
⑤ 张爱棠:《毒气战及毒菌战之防御法》,第45-46页。
⑥ 维生:《毒气防护法》,《通俗知识》1934年第2期,第12-13页。

时留意楼上消防,罩上防毒面具,并穿防毒衣。万不可大意。"①若求积极防避飞机的方法,除了各种灯火管制、扰乱轰炸机的方式外,则要注意预防火灾之法,因为毒气弹多伴随燃烧弹而来,"使得到处着火,扰乱治安,毁灭全城障碍物,然后施放毒气,截灭一切生灵。其惨害之烈,诚非笔墨所能形容,所以首先要注重防火安全,如室外柱子改用铁柱,木料要以防空油漆涂之。如用水设备、沐盆水桶水缸等,应尽量存积水量。此外须预备干燥的沙土和斧铲喷水机等,急要时以便断绝火焰的燃路。燃路一灭,接着就要预备防毒药剂了"。②

一般防毒室每家或每个单位都应该设一所,1930年代法国的建筑章程规定,甚至建造电影院都需要有防毒间的设计。③ 当时的防毒知识指出:防毒室不能过大,以免遭受轰炸时死伤惨重。④ 关于住室内外之药剂消毒,沈仲理提出为中和毒气起见,可于住室内外预先撒布大量漂白粉(漂白粉系通入氯气的石灰,可中和毒气,本国可大量预备),防御芥子毒气。还可撒防毒粉,布于室内各处。⑤ 居住的地方,如室内窗门严闭,悬以较厚帘幕或厚质软呢为妥,最好预浸过碱水,以便防护。室外用水喷射机喷射水珠,装置莲蓬头放水,使毒气易于消散。⑥ 至于饮料的卫生,毒气也有溶解于水的可能性,宜预用贯众一个、白矾一大茶杯,放水缸中,这是用贯众杀虫解毒、白矾收涩毒气、清洁水分之意,若用井水的,投黑豆半面盆,也可解毒。⑦ 在公共防毒上,必须造一个避毒室,室之出入口用防毒布幕遮蔽,大的每室容四五十人;或者特制滤毒箱,从外面输气,或者用压养气,徐徐放出,总之不能使毒气扩散感染室内之人。⑧ 或购置活性炭设备来滤毒,也是一法。⑨ 再不然,可于进出口均用两道厚布幕隔住,内备粮食及消毒药品等,但若室内人多,还是应该要有供给新鲜空气的设备。⑩ 如果不幸室内、室外有毒气侵入,还有中药可以发烟解毒。例如燃烟驱毒法,方用红枣2斤,苍术、大黄、茵陈各8钱,去枣核粉碎成粗末,用木炭火时时烧熏,使烟焰升腾,则毒气为之消失。⑪

---

① 沈仲理:《国难时期的防战知识(二)》,第8页。
② 沈仲理:《国难时期的防战知识(二)》,第9页。
③ 《昨日演讲演习》,《申报》1936年6月15日,第10版。
④ 《来件:防毒室之设备要领》,《中国医药杂志》1937年第4卷第9期,第19-20页。
⑤ "防毒粉"方药是:降真香一两、黄芩三钱、雄黄四钱、朴硝五钱,研细末用。(附方义)降真香取其辟恶收降,黄芩驱邪松肺,雄黄杀百毒,朴硝柔五金七十二石,而今毒气的化学原料不外金石,故用此制胜它,虽是理论,且待证实。引自沈仲理:《国难时期的防战知识(二)》,第11页。
⑥ 《民众对现代防空准备》,《申报》1936年3月27日,第12版。
⑦ 沈仲理:《国难时期的防战知识(二)》,第11页。
⑧ 《医师公会分送,防毒急救常识》,《申报》1937年8月19日,第6版。
⑨ 竺可桢:《竺可桢日记(1936—1942)》第1册,第58-59页。
⑩ 《防空浅说》,《申报》1937年8月14日,第9版。
⑪ (附方义)用苍术辟恶降散毒气,茵陈大黄解热毒,红枣中和毒气,当否待证实。引自沈仲理:《国难时期的防战知识(二)》,第11页。

而中医克制毒气的发烟方,通常也能预防时疫,着眼的还是"解毒"。① 至于西法,主要是中和毒性,下一节还会叙述。

当然毒气也有一些特性可以趋避,例如:"凡一切毒气,均较空气为重,低洼之地,常为毒气聚集之所,因此如遇毒气攻击须向高地奔驰,纵有时高地亦难免有毒气,但其浓度,较低地者稀薄,则受毒气之伤害亦较轻。如无高地可登,则趋向左右两方,切不可向后,因敌方毒气系顺风向本军后方施放故也。"②或一旦碰到毒气,应当顶风走,不要顺风走。③ 但这类知识有时也会有小冲突,例如谈到植树的优点之一,就是可以隔离火路,掩蔽军事与防御设施,即使燃烧弹下来,树木也可阻挡部分火势,更加上树叶树皮均有吸收毒气之功用,可以避免毒气蔓延。森林中湿度较大,又可使敌机发放之毒气迅速消灭。④ 话虽如此,但在另一方面却有人说:"树林之中亦为毒气汇聚之所,切勿走入。"⑤这显示了知识的冲突,但一般还是认为不宜走入树林的,而街道、树木被毒气污染后,还需用特殊的化学药剂清洗,才可以把余毒洗净⑥,不一一细论。

至于防范毒菌战,则跟一般防疫法、注重卫生的需求是一致的,如注意环境和饮水卫生,扑灭病媒,军队实行各种防疫注射,用硼酸水或双氧水漱口,保持口腔之清洁,自来水则要用显微镜来检查,等等。⑦ 面对这些毒菌战威胁,消毒饮食、注意卫生当然是最基本的工作,又如饮水和牛乳要特别注意,水可用漂白粉或氯消毒,牛乳则可用蒸气杀菌。环境清洁上可利用升汞、来苏尔消毒药水等消毒,后者乃当时一颇知名的消毒杀菌药水。⑧ 最后就是完备的预防注射,已有一定之效力了。作者也指出,虽然毒菌使用还受到环境,如空气、日光、风力等因素的影响,但谁也不能保证日新月异的科技可以迅速克服这些困难,故要加紧学习这类新武器的相关认识。⑨

五、防毒的医疗救护:全球知识的"在地化"

防毒防菌的医疗救护,乃民众生命的最后一道防线,无论如何周密防御,终无法使所有人完全逃过战火摧残,所以相关的医疗药品,是所有医护人员特加着意之事,这当

---

① 发烟解毒方为:"丁香二两、柏香五两、苍术四两、降香二两、雄黄二两、檀香拾两、艾叶四两、大黄一两。以上共为细末,遇有毒气伤人,或时疫流行,每室用末一两,焚烟,可救四人。方川末一两,全屋分四方焚之,每方用末一两,可救全屋。而全村五里以内,分十方焚之,每方用末十两,可救全村,并可下入井内以解毒。"引自《解毒瓦斯气方》,《针灸杂志》1937 年第 4 卷第 10 期,第 47 页。
② 《对毒气之处置》,《真光杂志》1936 年第 36 卷第 10 期,第 13 页。
③ 《防空浅说》,《申报》1937 年 8 月 14 日,第 9 版。
④ 《科学丛谈》,《申报》1936 年 2 月 2 日,第 12 版。
⑤ 《对毒气之处置》,第 13 页。
⑥ 经执:《儿童电影的倾向》,《申报》1936 年 4 月 5 日,第 23 版。
⑦ 张爱棠:《毒气战及毒菌战之防御法》,第 39-40、47-48 页。
⑧ "来苏尔"药水之图像与功效,参见《申报》1936 年 6 月 27 日,第 3 版。
⑨ 裘宏达:《毒菌战之研讨》,第 100 页。

然包括中西医在内。西医范守渊提议,上海(西)医师公会应尽速组织防毒救护委员会,以灌输民众防毒知识,并推进上海市的防毒设施建设。① 在实际技能的训练方面,各项防空、防毒、防菌等技术,其实包括了创伤、烫伤、电伤急救,防火、避难等常识,应该互相传授训练。② 而有关中毒的治疗,报刊也有介绍:"中毒之后,可以用食盐、阿母尼亚水、重曹锭、次亚硫酸钠、灭菌食盐水等等,最有效验的,还有强心针。"③ 也有军事教官发表各种毒气的治疗法,如用热茶或咖啡缓解肺部毒气、神经毒和血液毒等等的方法。④ 至于对细菌战,则要事先做好预防注射,只是,也有外国学者指出:预防注射虽有一定效果,但病菌之种类,多不胜举,实施预防仍多困难。另外一个大问题就是多种细菌在生物学上种类之繁复与极度猛烈,病原不易培养,例如连锁状球菌(按:化脓病菌)就有 300 余种不同生物学上之种类。即以几种主要之属类而论,吾人亦不能用发生腐烂之连锁状球菌为注射剂,又如流行性感冒之病原菌,也还没有发明出有效的疫苗;鼠疫则因其病原菌过于猛烈,预防注射显然难以实施。⑤ 所以病菌战的防御,除了注意卫生外,当时别无他法。

就西医而论,中毒气后还是必须送入医院治疗的,而且每一种毒气都有特定的治疗法与急救步骤,此乃全球关于化学战知识的共识。⑥ 但是,本节要转换一下视角,来看看另类的在地医疗要如何实践。一般民众其实有很大的一块生活空间是在医院之外,这时日常的医疗救护知识就成了一般民众的保命良法。自一·二八事变后,日军使用毒气的疑虑加深,各种团体发表防毒法,或如"济生会宋国伟医生发表简易急救法,仅须买葱头,或大蒜头,与水和泥捣烂置放衣袋,倘觉有此等毒气发见,可实时塞入鼻孔内,即免大祸"⑦。这种类似偏方的介绍非常多,而 1930 年代正是中西医论战最激烈的时刻,中医此时也希望竞逐化学战的治疗与预防的话语权,通过对传统医学"防毒"的发挥,来发挥中国医学的影响力。

沈仲理认为,现在各国科技日新月异,除飞机和死光之外,未来之新战术就是化学战和病菌战了。沈批评"国医"正处于将要新兴之时,却对此无研究,只知采用西法来防毒。照理说,生化战本自西方传来,用西医药防治当然没有问题,可是战时药品物资缺乏,不研究本国药物,则物资一旦短缺,后果将不堪设想。沈希望用中药来替代,讨论并找到符合化学原理的药物,用科学方法来加以提炼。他举的例子是传统中医的辟瘟解毒蒸气法,"用炽炭盆烧苍术、柏子、百部、菖浦等熏之"。另一法用"红枣、茵陈、

---

① 《秋季大会》,《申报》1936 年 11 月 24 日,第 11 版。
② 沈仲理:《国难时期的防战知识(三)》,《医界春秋》1936 年第 116 期,第 12 页。
③ 缵莹:《健康之路:毒气的防御》,第 4 页。
④ 何佩瑜:《献议中医防毒气之研究》,《国医杂志》1936 年第 21 期,第 9 页。
⑤ Waker 著,钱宝钧译:《化学战及微菌战》,第 197-198 页。
⑥ 穆伯龙:《怎样防毒》,医声出版社 1937 年版,第 73-83 页。
⑦ 《防毒瓦斯简易方法》,《申报》1932 年 2 月 14 日,第 5 版。

大黄、苍术时时烧熏"。用这些清热解毒辟秽的方式,或可对付病菌战,这是可以进一步研究的。① 许一叶则指出,现代化的战争是整个国力的拼斗,一旦开战,处处是战场,面面是前线。防毒急救一门学问,国药之应用一定要提倡,应该避免事事求于国外之援助。②

上海市神州国医学会,于1936年底在举行第六次会员大会时,还附设了防毒救护展览会,公开展览供人参观。当时余伯陶、顾渭川、徐相任等人组成主席团,会同社会局、国医分馆、中华国医学会、市国医学会、新中国医药学院、国药业公会等各界共300多人参加,会议讨论了"扩大防毒救护运动案""研究固有救急方法案""努力推进中医救护团训练案"等等提案,已获得通过,但要到下届执行委员会才能详订办法实行③,似乎有些缓不济急,但各种中医药杂志汇整的"中药防毒必效方汇录"已陆续开始出现。吕丽屏在其中指出,国难当头,国医药界应该集中力量购买药品物资,支援前线,也应该努力宣传中医的救急药方。她认为,应该组织中医宣传队,出版刊物、下乡宣传或分送全国,使民众可以知晓救急的药方,哪些可以内服或外用,以便海口被封锁后,国人还有药品可用。④ 其实,这也符合政府的期待,蒋介石在1934年曾提出相对的看法,认为:"(中西医)融会而贯通之,一方将中国固有之药物,用科学法以提取其成分,不仰求于舶来之药品,能如是,既能顾全民生,又可堵塞漏卮。""实行卫生,是救国主义!提倡中医,乃自强之道!"⑤一种依靠自己国家医药的呼声,在战前更加被强调了。

沈仲理指出,在欧美各国,化学家的精密研究、普遍的宣传,已使防毒知识几至家喻户晓,反观中国则不然,人民对于此种知识异常缺乏,即使所谓受过教育的知识分子,也未尝关心这防毒医疗的研求,像这样偷生苟活,一旦临到战祸,同胞只能坐而待毙。在此国难当前,沈认为中医药界虽然未能熟悉化学原理,但应倾其所知,尽其所能,只要不是完全等于空论,在可能范围以内,搜集各种国医国药合理的方法,以谋预防克制生化战,替国家及人民负起一部分责任。⑥ 王名潘又指出,中医不能只顾自己生计,"不应只做战争时期的废物"。他说,全国中医院校多已设有救护班,但这还是占全中国中医人数的少数,战时应该增加征聘外科骨伤的中医医师,但这些人在中医之中地位不高,没受过教育,多为"武夫",真不堪使用。所以他建议:凡45岁以下的中医,都应该受军事救护训练,而跌打骨科医师,也应该尽快召集培训。⑦

但这些呼吁,都只是一种当时思想的呈现而已,有实际行动的还是少数中医医生,

---

① 沈仲理:《国难时期的防战知识》,《医界春秋》1936年第114期,第4页。
② 许一叶:《毒气战争中的国药应用研究》,《潮安国医公报》1937年创刊号,第12页。
③ 《昨开大会》,《申报》1936年12月29日,第12版。
④ 吕丽屏:《国难期间国医药界应如何准备》,《光华医药杂志》1936年第3卷第12期,第4-5页。
⑤ 《蒋军事委员长介石先生提倡中医》,《国医杂志》1934年第18期,第1-2页。
⑥ 沈仲理:《国难时期的防战知识(二)》,第9页。
⑦ 王名潘:《战争时期国医跑到那里去?》,《国医砥柱月刊》1937年第5期,第16-17页。

开始在报刊上提供各种方药,希望能帮助防毒之救护。首先,就是最重要的"解毒药"了。解毒剂大多是解化学武器之毒,当然也有些具有防止传染病之"毒"的疗效。何佩瑜指出:"中医学说,发明解毒物品不少,取以防御毒气,当亦有效。"在预防部分,有生莱菔(俗名萝白):可切厚片含口中,不必嚼烂,含至味淡再换,大约可辟肺部毒气、喷嚏毒气、催泪毒气,使之不能侵袭。依据的是本草书载:"昔有人遇贼烧烟熏灼,其人口含生莱菔一块,烟不能害。"第二是槟榔子:将之切成薄片,裹以青蒌叶,纳口中咀嚼,勿咽汁,则可辟一切毒气。在本草书中,槟榔能解山岩瘴毒。最后一预防药是熟烟丝:可用烟斗或纸卷,如寻常吸卷烟状,点燃火吸烟,可避掉一切毒气瘴气。①

在汤剂部分,有不少的方子都是非常平易的。例如"甘豆汤",由生甘草二两、墨豆半斤、荸荠二两煎汁,候冷饮之,号称可解一切诸毒。如遇敌人放毒,用甘豆汤沃于毛巾之上,遮掩面目口鼻,或频频饮之,皆可防毒气侵袭;如已中毒,可尽量饮之,言可立解。提供方子的作者指出:此方药价甚廉,人人能备,药虽平常,功效卓著,不可忽视。② 另外就是大家都熟悉的解毒绿豆汁,本草书有记载绿豆能解百毒,或可用黑豆和甘草同煎,本草书记载二味药一起服用,就可以解百毒。最后是红紫草汁,也是根据本草书记载,能冻血解毒,应适宜解血液毒。在外敷治疗法中尚有用"菝油"者,其有辟解百毒的功能。可以发现这些药物的解毒功能,都还是参考中医本草著作来的,能否解毒,实令人怀疑。何佩瑜就指出,诸多"解毒药"是在化学战发明之前创造的,可否用于化学毒气,还要再研究。他也指出应该利用犬猫放入毒气室后,再用这些中药来内服外用一起试验,他希望有防毒专家来加以研究。③ 当然,也有西医认为,这些偏方和药房卖的各种秘方,都在做投机的生意,甚至贴些可笑的中国药方来误导大众,正可见大家对防御知识的欠缺,如果防御得当,并不需要这么多的"药方"。④

当然,也有很多简易方是有"实验"证实过的,例如葱涕、蒜泥,可放在防毒面具或手巾之内,防避毒弹之毒;还有回龙汤(即人溺),因其可解众毒,浸入手巾中,可用以掩面。该作者甚至指出:"九一八事变时,我十九路军,以此方抗敌人之毒瓦斯,曾收奇效,此闻之于十九路军某参谋者,外台秘要亦载有此方。"⑤其他如广州的中医药界声称,目前防毒药品都是西药,他们召集同道研究,发现香蕉叶、番薯叶、万年青三种,可

---

① 何佩瑜:《献议中医防毒气之研究》,第10页。
② 《中药防毒必效方汇录》,第15页。
③ 何佩瑜:《献议中医防毒气之研究》,第10页。
④ 穆伯龙:《怎样防毒》,第16页。
⑤ 其他简易方,过于冗长,仅在注释中带过:"第七简易方:人中黄,凡中诸毒,用新汲水调而饮之,即愈,为救死计,不得厌其秽也。第八简易方:阿魏,研细末,用纱布囊装二三钱,遇敌人放毒时,将囊置口鼻间,即可避免意外。第九简易方:地浆水,平地掘坑三尺余,入水一筒,搅起澄微清,冷饮之,可解一切诸毒。第十简易方:香白芷,真桂府滑石,等分共研细末,若受糜烂毒瓦斯,涂之可愈。第十一简易方:鲜蓝叶(即蓝靛叶子),绞出自然汁饮之,能解一切诸毒,如无鲜者,用水泡干蓝叶,绞汁饮之亦可。第十二简易方:贯众三五枚,投家中水缸内,可解敌人投水中之毒,兼置黑豆四五两于缸中,更佳,黑豆须二三日一换,缸须常刷。以上所列诸方,凡系内服之药,均须冷饮,不得热服,切记切记。"引自《中药防毒必效方汇录》,第15-16页。

以防范毒瓦斯,而且是经由前线将士试用,确实有效,已呈报当局采用之。其方法为将三种药物捣碎覆盖口鼻就可以防范毒气侵入,但针对糜烂性和催泪性毒气的还在研究中。① 另一则报道则指出,中草药店的万年青都被外国商人买走,在香港也大卖,这种普通的植物为什么会大卖呢? 就是因未经过外国科学实验,发现它能防避毒瓦斯,但这种植物在外国不多见,所以被大量收购。② 这是经过"实验"的草药,而且还有外国人"背书",是另一种特别的,却又和近代药品销售模式一样的文字。

沈仲理在《国难时期的防战知识》中谈了很多药剂,他并不完全着眼于传统的"解毒"而已,他还在理解化学战可能对人体器官所造成的伤害基础上来对症用药,参酌西方的化学知识,来提出中国医学的看法。沈指出:多数的毒物,是要损害呼吸器,所以最要紧的是防护呼吸器官了。此外,他指出几种方式,例如预先服用增强身体抵抗力的药剂,可先向中药店配取,或先请国药店配好,制成现成的药水,就更为妥善了;又例如"强身抗毒饮",沈用了"利氯化痰"几个字,就是着眼于排毒气,而且他说此方是"辟疫古方,按理用于此,自亦符合"③;又如他拟的"防毒护心丹"方就是着眼于中毒后避免毒气内攻心肺;"防毒保肺丸"的方义则写到,毒气大多刺激肺脏,诱起肾脏炎并发症,所以必须兼顾清肺、滋肾和活血解毒。④ 许一叶也同样对照外国对于毒气的研究,依据毒发的症状来加以思考中医的药物疗法。例如当时的毒气所引发的症状,都与呼吸器、心脏、神经中枢、血液循环系统等有关系,所以要使用东方特有的通经活络通窍的药物,破瘀散结、肃清血毒等法,乃国药运用的要义。⑤ 例如加麝香至活血药物中,因该药可治"中恶猝死",故许推论:无论中何种毒气,只要血液流行壅滞、呼吸困难,则皆可用此方。许氏还介绍了樟脑配解毒活血煎剂,例如"通窍活血汤""血府逐瘀汤"或"桃仁承气汤"加减,可治气管紧缩、口吐白沫、心脏衰弱等症。⑥ 许指出,他的设计是有道理的,毒气弹中大多含有氯气,氯气乃基本组成物,但如果它遇到硫代硫酸钠,就能化合成食盐,原毒性就会消失,中药的朴硝,即硫酸钠,内服该药,能中和部分毒质;又如元明粉,也是一样的道理,都可以加入抗毒药物中。许并解释说,这就是中药"复方作用,用药如用兵,复剂方阵,正是协同作战"之优势。⑦

---

① 《医药消息:广州中界发明防毒瓦斯药物经交前线试用证明有效》,《国医杂志》1934年第18期,第31页。
② 金刚:《万年青能解毒瓦斯》,《幸福杂志》1936年第2卷第8期,第39-40页。
③ "强身抗毒饮":莱菔子三钱、桔梗二钱、薄荷四分、青黛包煎五分、土贝去心三钱、戎盐三分,用消水碗半煎一滚,每一剂照方预服,可以作三人份饮。(附方义)本方用莱菔子、桔梗、土贝,利氯化痰,以壮肺脏气血之流通,助入薄荷之散恶气,青黛戎盐预解热毒之侵害,明目定痛之功,保护肺脏五官。引自沈仲理:《国难时期的防战知识(二)》,第10页。
④ "防毒护心丹":绿豆粉二两、乳香去油一两、炙甘草五钱、浸砂水飞二钱,共研极细末,用温沸水送服二三钱。"防毒保肺丸":知母五钱、射干五钱、乳香三钱、苏木八钱,共研细末。射干清肺,知母滋肾,乳香苏木解毒活血。引自沈仲理:《国难时期的防战知识(三)》,第10-11页。
⑤ 许一叶:《毒气战争中的国药应用研究》,第12-14页。
⑥ 许一叶:《毒气战争中的国药应用研究》,第15-16页。
⑦ 许一叶:《毒气战争中的国药应用研究》,第16-17页。

除内服外，还有外科（部）用药。照理说接触到毒气后应该迅速沐浴再就医，可以降低毒气伤害，特别是芥子气。① 但如果皮肤或黏膜受到刺激或感染，还是需要外科用药的帮助。首先，防御毒气，当然是戴上防毒面具最好，若无面具，可以用"防毒鼻油"涂于中毒人之鼻孔内外，以防吸入毒气②；还有"防毒赤眼膏"③，可用来治疗毒气攻眼④。甚至是一般被认为比较可怕的糜烂性毒气，许一叶认为中医有消毒生肌等膏散药物，故没什么好担心的。⑤ 烫伤药品方面，局部烫伤，可用玉树神油或黄连膏涂擦，全体皮肤灼烂、神志模糊者，则可速服前黄宝腊丸或防毒护心丹。⑥ 轻微中毒，可饮茶、萝卜汁；昏沉不省者，则可给雄黄酒，以高粱酒做底，平日就可备用。喉咙干燥作痒，则可外擦薄荷油或玉树神油均有效。⑦

至于治疗细菌战感染的中药也有一些，但不及用于化学战的多，可能一般人认为细菌战所导致的传染病疫情用一般既有治疗传染病药物即可，不需另辟化学防毒一治疗门类。并且，中医一样是用"解毒"来理解抗菌，例如"解毒丸"（板蓝根四两、贯众一两、生甘草一两、青黛一两），其功效不唯防毒，兼可清暑避瘟，遇敌人放毒时，如稍觉精神恍惚，即是中毒之候，急取15丸入口中嚼烂，用新汲水送下，可解毒气。⑧ 沈仲理更开辟"毒菌的防御法"一门，他认为：毒菌之力量虽不弱，但总不如毒气厉害，因为可预料毒菌的放射。沈认为毒菌不如毒气严重，甚至可以抗毒气的"强身抗毒饮"也可以抗毒菌，是相通的。但他还是拟了一些方子，例如"防御毒菌膏"，用以涂鼻子，以避免毒菌侵害；还有"灭菌丸"，可在房内焚烧，"有辟恶杀虫之功"；同类型还有"灭菌香烟"，可置于炽炭内烧熏灭菌，室内室外均可用。至于最容易被细菌弹污染的水源，则可用"灭菌清水方"来消毒杀菌，言"合家可免病菌之害"。⑨ 还有救荒方面和各种防饥的干粮制法，这种导源于古代救荒文化的产物，现在在战争中也派上用场。在第一次世界大战时，德国因食品枯竭，该国科学家曾从人们所排泄的粪便中抽取脂肪和蛋白质，来供给人们作为营养品吃，民众才免于饿死，沈认为要好好研究才是，可为战时全球知识在

---

① 《对毒气之处置》，《真光杂志》1936年第36卷第10期，第13页。
② "防毒鼻油"：黄连一钱、青黛一钱、雄黄四钱，用真麻油熬成膏去渣。
③ （甲方）皮硝拣净六钱、生桑白皮洗净二两，用瓦器罐熬成膏，临时用数滴，加蒸馏水溶化洗目。（乙方）龙胆草六钱、白菊花二两，用瓦器熬成膏，除火气，点目即愈。
④ 沈仲理：《国难时期的防战知识（二）》，第11页。
⑤ 许一叶：《毒气战争中的国药应用研究》，第15页。
⑥ 沈仲理：《国难时期的防战知识（三）》，第14页。
⑦ 沈仲理：《国难时期的防战知识（三）》，第11页。
⑧ 《中药防毒必效方汇录》，《中国医药杂志》1937年第4卷第9期，第14-15页。
⑨ 方附于脚注。"防御毒菌膏"：雄黄、苍术、薄荷各等分，研细末，麻油适当熬炼一半火功之净膏，再将前药粉拌入收膏。"灭菌丸"有两用，一方用乳香、苍术、细辛、甘草、川芎各等分，加檀香末一两共研细末，枣肉为丸，如弹子大；另一方用苍术、羌独活、白芍、香附、大黄、甘松、山柰、赤箭、雄黄各等分为末，面糊为丸，如弹子大，雄黄为衣，晒干焚之。"灭菌香烟"：苍术、柏子、百部、菖蒲，各等量挫为粗末。"灭菌清水方"：贯众一个、白矾一块，浸水缸及食井中。引自沈仲理：《国难时期的防战知识（三）》，第12-13页。

地解决的一补注。① 至于中医药创伤的救急、外用药物介绍、电伤急救、防火、避难常识等,与文旨无关,故此处省略。②

六、结论

第一次世界大战之后,大量的毒气和细菌战知识被转译、介绍到中国来。在外缘因素方面,五三惨案时,已有日军使用毒气炮弹之记载。③ 一直到一·二八事变结束至中日战争之起这段时期,民众对生化战知识的需求愈来愈强烈,也渐渐由全球化的知识吸收迈向在地化的实践与转型。虽然战争知识的全球化是一种趋势,但本文所论述之防空、演习、防御、救护、医药等面向,其实充斥着在地化的内容,生化战的例子是一非常可贵的说明这类转变的史实。

就历史的后见之明来看,其实,生化战在二战中根本没有大规模地发生,但是之前的人们却能对一种对未来科技与战争赋予想象,并做出各种防御因应与准备,或许对"未来"的想象,也是一种历史向前的推动力吧。必须指出的是,全球的防毒知识虽然同步,中国不能自外于全球趋势,也被卷入这样的战争氛围中,但各种生化武器知识对中国人而言,军阀割据的过去、国家统一的局势还没几年,就紧接着被拉入全球先进科技与战争的情境,这所带来的对未来的不确定感,恐怕更为浓厚。若要将民众拉回现实层面,就要紧急灌输各种国防知识,包括生化战,将之形塑成一种国民重要的必备知识。例如当时教育部部长王世杰就指出,国难教育有三大目标:训练体格、精神、特种知识与技能三项。沈仲理指出,国人对未来战争的了解非常弱,而就生命保障的意义来看,特种知识与技能才是最重要的;而这些特种知识技能,就是指对生化战的防御和准备。④

本文的例子,也提供了一个研究近代中国史的观察视角。跟日本相比,近代中国的军事科技要比日本更慢达到现代化的标准;在这样全球性的战争氛围中,通过对报刊的地毯式搜索,可以发现,许多文章都是在一·二八事件后才出现的,一种新科技知

---

① 仅附记于此:1."许真君救荒仙方":黄豆七斗、芝麻三斗,水淘过即蒸,不可浸多时,恐去元气,蒸过即晒,晒干去核再蒸,三蒸三晒,捣为丸,如核桃大,每服一丸,可二日不饥,此方所费不多,一料可济万人。2."黄山谷救饥良方":芝麻三升,水淘洗晒干,燥火炒勿焦,糯米三升,水淘慢火炒,红枣三升,煮熟去皮核,约收汤二钟,先将糯米磨粉筛过,再将芝麻入米粉,共磨细末,然后将枣肉趁入石臼捣如泥,再入芝麻粉枣汤捣匀为丸,每丸重七八钱,风吹半干,烘晒收贮,早午各食细嚼一丸,开水送下,可以终日不饥,仍不忌饮啖。3."诸葛干粮方":白茯苓二斤、白面二斤、干姜一两、黄米二升、山药一斤、麻油半斤、芡实三斤,共蒸熟,焙干为末,每日服一匙,新汲水下。4."千里不渴方":白蜜一两二钱,甘草、薄荷、乌梅肉、干葛、盐白梅各一两,何首乌蒸一两五钱,茯苓三两五钱,共为细末。引自沈仲理:《国难时期的防战知识(三)》,第11-12页。
② 沈仲理:《国难时期的防战知识(三)》,第13-14页。
③ 《学界消息》,《申报》1928年5月13日,第13版。
④ 沈仲理:《国难时期的防战知识》,第3页。

识的转译的过程是需要时间的,一次欧战的氛围使得欧洲民众更加警觉,但对照中国而言,虽然国人已通过各种报刊、书籍来了解生化战发展的事实,以及不可避免之诸多战争危机,但整体的应变时间还是太短,特别是对生化战这种需要高科技研究人才的研究工作;更何况,相关知识多是经过转译而来,空军不够强,化工技术也起步不久,可以说凡事慢一步,故只能尽量学习、揣摩,以期能跟上全球化战争的脚步。就从演习一事来说,其实民众对防空防毒知识的接受也是需要时间的,一个生化战的"武化身体"①,通过书籍、演讲、展览等物质文化的陶冶,被逐渐形塑出来,诸如警报声制约了民众在空袭时应有的身体动作,各地的防毒室、地窖、防空洞,药品的买卖,如何采取有效之防毒策略,皆构成了新的战前物质文化。而在这些转译的知识中,细菌战与毒气战略有不同,毒气战因为在第一次世界大战中已经展开,所以比较具体,但对细菌战则仍多想象之词,两者有差异如是。但到了中国,这类知识却都被在地化诠释为一种对"毒"的认识,甚至像芥气和病菌一样,会将毒传染给他人,且都有难以觉察之特性。对付这些广义之"毒",医药知识的在地化研究早已是殖民医学研究之范例。② 历史是一个整体,无法切割、只看一面,生化战与中西医论争的历史,同样在知识网络中产生联结,中医不希望在这场"国难"中缺席,遂努力开发中药新方,是故我们可以看到各种有关治疗生化战所导致的伤病的医药知识,这种现象在中国医学史上也是一特例;更有甚者,彭慕兰的研究证实,若在18世纪前,中国经济有一套有别于西方的运作模式③,则中国医学的例子或许能更长远地延伸至20世纪初,在既有的"西方"和"殖民"的视角外,展现近代中国史中全球在地化视野的辽阔视野。不过,这些发表意见的中医人士,并没有谩骂,反而还吸收了西方的化学知识,如沈仲理,在介绍中药防毒之前也会介绍西式防毒法,堪称中西兼通。最终,生化战的例子说明,很多实际的疗效必待战争发生后才能验证,可惜这类资料比较少,但可以看出各种中医药、偏方、化学家等等,都不断地通过日常生活可供实作的材料,如化学原料、消毒水、中药等容易取得之物,来降低新式专业知识操作之难度,提供了特别的全球知识于中国在地知识可操作的特性。

---

① 军事化的身体,是要求人民参与的一种总体战,在民国时期一直存在。生化战的危机,是一个推进力,而且民众显然不是被动地被迫接受,还有主动学习知识的一面。参考黄金麟:《战争、身体、现代性:近代台湾的军事治理与身体》,联经出版社2009年版,第42-43页。
② W. P. Anderson, "Where is the postcolonial history of medicine?" *Bulletin of the History of Medicine* 72.3 (1998.11): 522-530.
③ Kenneth Pomeranz, *The Great Divergence: China, Europe, and the Making of the Modern World Economy*, Princeton, Oxford: Princeton University Press, 2000.

图绘"西医的观念":
晚清西医东渐的视觉修辞实践*
——兼论观念史研究的视觉修辞方法

刘 涛

(暨南大学新闻与传播学院)

摘要:考察晚清西医的话语观念及其合法化过程,不能忽视图像的生产及其视觉实践。笔者通过对《点石斋画报》等代表性材料的视觉修辞分析,发现晚清西医观念的建构存在一个不容忽视的"视觉之维"。第一是通过对眼疾、肿瘤等疾病形态的识别及话语接合实践,解决西医话语的合法"出场"问题;第二是通过对身体的原子化处理、他者化表征、可见性生产实践实现西医话语的合法"表征"问题;第三是通过对伦理意象、围观意象、神迹意象三种视觉意象的生产与再造完成西医话语的合法"叙事"问题。因此,视觉修辞提供了一种通往观念史研究的方法论路径,即视觉形式、视觉话语、视觉文化的修辞分析,有助于我们在视觉维度上把握观念的内涵、起源与社会影响,从而拓展观念史研究的视觉向度。

关键词:晚清;西医;身体;视觉意象;视觉修辞;《点石斋画报》;观念史

晚清时期,西方传教士纷纷在中国创办西医医院,借助"医务传教"开始了十字架下的肉体"救赎"。[①] 西医合法性的建构历程,"构成了'西学东渐'历史潮流中的一个重要部分"。[②] 不得不说,在国门洞开之初,我国就医观念仍由传统中医所主导,西医无疑面临着巨大的挑战。美国传教士爱德华·胡美(Edward H. Hume)医生在《道一风同:一位美国医生在华30年》中记录了自己在湖南行医的完整经历,其中描述了西医起初所面临的各种"竞争对手":除了传统的中医诊所,还有在民间被广泛认为可以驱病除魔的民间信仰和文化符号,其中包括一门被市民祭拜的名为"红毛将军"的大炮,一位"可以预言并告诉人们如何安排未来道路"的老算命先生,一座寺庙里供人祭

---

* 本文原载于《新闻与传播研究》2018 年第 11 期,有修改。
① 杨念群:《再造"病人":中西医冲突下的空间政治(1832—1985)》,中国人民大学出版社 2005 年版,第 1-18 页。
② 周岩厦:《国门洞开前后西学传播之路径探索》,浙江大学出版社 2011 年版,第 115 页。

祀求福的奶奶神,一块可以保卫一方水土安全的刻有"泰山石敢当"的巨石,还有"竞相分担城市里的医疗事务"的占星家和相士。①

经过漫长的"医务传教",传教士的"神性救赎"逐渐在生命体的生老病死中得到了一种世俗的诠释。1835年,传教士医生伯驾(Peter Parker)在广州创办中国第一个西医医院——广州博济医院,开启了"医务传教"的先河。据统计,截至1887年,来华行医的传教士医生达到150名,其中有27名女性。② "医务传教"不仅是对基督教福音的传播,更为重要的意义是通过世俗的方式打通了国人对西医的认知好感。博济医院创办之初,短短一年内,就有2152名患者接受治疗,其所患疾病种类,眼科疾病有47种,其他疾病23种,有六七千人前来医院参访,实地了解西医的救治过程。③ 根据广州宗教志资料记载,当时在广州,"社会各阶层的人们,甚至这一地区的最高行政府官员们,都到这儿来接受过内科、外科的治疗"④。在中医主导的文化土壤中,人们逐渐接受西医,"对于西医从陌生的疑虑恐惧,到逐渐认识其医学知识,开始认同西洋医学,甚至崇尚西医贬斥中医,从官府到民间,观念发生了很大的变化"⑤。

一、问题提出:考察西医合法化的视觉实践

以往医学传播史和医学社会史研究,对视觉材料缺少系统的关注和论述。⑥ 实际上,西医话语的合法化过程,尽管存在一个总体性的、结构性的"西学东渐"语境,但其中的视觉实践同样不容忽视。鸦片战争期间,钦差大臣林则徐长期为疝气所困,一切治疗方法皆不奏效。而他之所以愿意接受陌生的西医疗法,"图像"起了重要的作用。伯驾得知林则徐身患疝气,多次邀请林则徐前来博济医院医治,但林则徐出于特殊的身份顾忌,不愿与西人接触。伯驾在书信中,向林则徐详细分析了疝气的病因,认为使用疝气带是最好的治疗方案。伯驾还专门绘制了一幅病变部位的解剖图,"详析疝气的成因,附以图解,并且建议可装托带医治"。⑦ 林则徐终于依照伯驾的治疗方案,接受了疝气带,病情因此缓解。林则徐也成为目前所知最早接受西医治疗的中国人。事后,伯驾在业务报告中说"呈送给钦差大人的托带尚称见效",也因此与林则徐"结了善

---

① [美]爱德华·胡美:《道一风同:一位美国医生在华30年》,杜丽红译,中华书局2011年版,第42-47页。
② 杨念群:《再造"病人":中西医冲突下的空间政治(1832—1985)》,第33页。
③ E. V. Gulick, *Peter Parker and the Opening of China*. Boston, MA: Harvard University Press, 1973, p.46.
④ 广州市宗教志编纂委员会编:《广州宗教志资料汇编第五册(基督教)》第12辑,广东人民出版社1995年版,第150页。
⑤ 张晓丽:《近代西医传播与社会变迁》,东南大学出版社2015年版,第215-216页。
⑥ 杨念群在《再造"病人":中西医冲突下的空间政治(1832—1985)》中对晚清时期的医学社会史进行了比较权威的研究,研究范式上更多地聚焦于身体社会学研究,在文本对象的考察上对视觉材料和视觉事实的关注较少。
⑦ 陈小卡:《一个传教士、医生、外交家的在华历程》,《粤海风》2007年第2期,第44页。

缘",而"林则徐的左右侍从也每天出入医院"。① 位高权重的钦差大臣,因此成为博济医院最引以为傲的"患者"。这段"往事"对于西医在中国的合法化进程可谓意义深远,而其中的视觉话语无疑扮演了积极的角色。

实际上,在"医务传教"的大背景下,视觉话语广泛地存在于报刊、绘画、广告等文本形态之中,在与中医的正面"接触"与"碰撞"中,图绘着"西医的观念"。本文立足于"西医东渐"这一特定的社会历史语境,致力于考察早期西医实践是如何在视觉意义上表征、生产、传递"西医的观念",即如何"通过视觉的方式"实现西医的合法性建构,以此完善和拓展图像传播史和医学观念史的研究视野,并尝试探索相应的方法路径。

(一)研究对象选择

为了相对清晰地考察西医的视觉实践,首先需要克服的困难是文本对象的选择。从伯驾在中国开设第一家西洋医院起,西医作为一种"新知"便逐渐进入国人的关注视野,相关媒体也逐渐给予了越来越多的关注和报道。然而,由于晚清时期的版画多采用石印技术,一来制作工艺复杂,二来成本极高,当时的报纸主体上还是文字报道。鉴于此,本文对视觉材料的选择,主要基于三方面的综合考虑:第一是考虑视觉材料的代表性,即主体上以图像为主的视觉材料,并且能够有效回应西医传播的"观念"问题;第二是考虑视觉材料的影响力,即视觉材料产生了普遍的社会影响或者具有举足轻重的历史地位;第三是考虑视觉材料的实践性,即视觉材料能够进入人们的日常生活,并且体现为一种流动的传播实践与文化过程。基于此,本文选择三份具有代表性的视觉材料作为研究文本,分别是晚清第一大画报《点石斋画报》、香港第一份中文报纸《遐迩贯珍》、记录传教士在华行医实践的绘画集《伯驾行医图集》,其中有关西医的视觉图像共计220幅。《点石斋画报》为《申报》副刊,创刊于1884年5月,终刊于1898年8月。作为西方传教士美查(Ernest Major)创办的一份画报,《点石斋画报》在晚清时期具有非常重要的社会影响力,"因关注时事、传播新知而名声远扬"。② 在15年间,该报共刊发了4000余幅带有文字的版画。所有图像都采用石印技术制作而成,并配以简单文字,其特点就是"精于绘事者,则新奇可喜之事,摹而为图"。③《点石斋画报》"最早以图书形式向人们介绍外国的科技新知和新鲜事物"④,"清晰地映现了晚清'西学东渐'的脚印"⑤,被称为一部关于晚清社会百态的"画史"。《点石斋画报》当时备受社会欢迎,印数一般为三五千册,最高达万册左右。14年间,《点石斋画报》共刊发了26幅

---

① 陈小卡:《一个传教士、医生、外交家的在华历程》,第44页。
② 陈平原、夏晓红:《图像晚清:点石斋画报》,东方出版社2014年版,第2页。
③ 尊闻阁主人:《点石斋画报缘启》,《点石斋画报》1884年5月8日,第1号。
④ 吴友如编:《点石斋画报故事集》,安徽人民出版社2013年版,序言。
⑤ 陈平原、夏晓红:《图像晚清:点石斋画报》,第7页。

与西医有关的石印故事。本文将这 26 幅图像纳入研究对象。《遐迩贯珍》是 1953 年于香港创办的第一份中文报刊,首任主编是英国传教士麦都思（Walter H. Medhurst）,主要向国人介绍西方新知。《遐迩贯珍》的办刊宗旨为"盖欲人人得究事物之颠末,而知其是非,并得识世事之变迁,而增其闻见,无非为华夏格物致知之一助"。①《遐迩贯珍》每期印数约 3000 本,主要发行于香港、广州、上海、厦门、宁波、福州等开埠城市。《遐迩贯珍》的读者群较为广泛,停刊号《遐迩贯珍告之序》自称其"上自督抚,以及文武员弁,下递工商士庶,靡不乐于披览"②。作为 1850—1860 年代有广泛影响的一份报刊,《遐迩贯珍》影响所及甚至连邻国日本亦将其视作获知中国情报的重要信息来源。③ 不同于其他传播新知的刊物,《遐迩贯珍》配发了大量的图像材料,强调通过图像的方式来传播西方新知。其共刊发了 114 幅有关西医的图像,借助图文并茂的方式讲述人体的骨骼构造和治疗方式。④ 因此,本文将这 114 幅图像作为研究对象之一。《伯驾行医图集》是一份记录传教士医生伯驾在华行医的医学图集。伯驾邀请西学归来的著名华人油画家关乔昌（Lam Qua）创作了 110 幅有关病人症状的画作,用以作为西医的教学资料和宣传材料。林呱的画作大部分悬挂在医院接待室的墙壁上⑤,成为国人认识西医的重要视觉媒介。这 110 幅油画之中,80 幅存于耶鲁医学图书馆中,成为认识"西医东渐"史上非常宝贵的视觉材料,因而产生了广泛的国际影响力。⑥ 本文将这 80 幅油画作品作为研究文本之一。

鉴于《点石斋画报》《遐迩贯珍》和《伯驾行医图集》的代表性、影响力和实践性,本文以这三种视觉材料作为研究对象,并将其置于晚清"西学东渐"和"医务传教"的历史语境中,也就是中西医文明竞争与冲突的历史土壤中,尝试从视觉修辞（visual rhetorics）的话语维度揭示西医的话语内涵及其合法性建构问题。

(二)研究方法说明

视觉修辞探讨的核心命题是"图像如何以修辞的方式作用于观看者"。⑦ 按照"亚里士多德式"的修辞观,视觉修辞是指借助图像化的方式开展"劝服性话语"生产的符号实践。⑧ 安东尼·布莱尔（J. Anthony Blair）将视觉修辞的本质概括为"视觉劝服"

---

① 《遐迩贯珍小记》,《遐迩贯珍》1854 年第 2 号,第 6 页。
② 《遐迩贯珍告之序》,《遐迩贯珍》1856 年第 4/5 号,第 407 页。
③ 《安作璋先生史学研究六十周年纪念文集》,齐鲁书社 2007 年版,第 620-621 页。
④ 这些图像范围涵盖十三大主题:全身骨体论、泰西种痘奇法、眼官部位论、面骨论、手骨论、脊骨协骨论、脏腑功用论、尻尾盘及足骨论、肌肉功用论、脑为全体之主体论、手鼻口官论、耳官妙用论、心经论。
⑤ [美]嘉惠霖、琼斯:《博济医院百年》,沈正邦译,广东人民出版社 2009 年版,第 59 页。
⑥ 在耶鲁医学图书馆的医学资料库中,林官的 80 幅油画是唯一收藏的有关晚清西医渐入中国的视觉材料,线上地址见 http://library.medicine.yale.edu/find/peter-parker。
⑦ M. Helmers, & C. A. Hill, "Introduction", in C. A. Hill and M. Helmers (Eds.), *Defining Visual Rhetoric*, Mahwah, NJ: Lawrence Erlbaum Associates, Inc., 2004, p.1.
⑧ 刘涛:《西方数据新闻中的中国:一个视觉修辞分析框架》,《新闻与传播研究》2016 年第 2 期,第 8 页。

(visual persuasion)。① 当代文化"视觉转向"以来,基于语言文本分析的传统修辞学研究逐渐开始关注视觉符号的意义与劝服问题,"从原来仅仅局限于线性认知逻辑的语言修辞领域,转向研究以多维性、动态性和复杂性为特征的新的修辞学领域"②。20世纪60年代,由于新修辞学(new rhetoric)主要在象征行动(symbolic action)维度上考察修辞问题,包括图像符号在内的一切"象征形式"都被纳入修辞学的研究范畴,因此推动了视觉修辞的兴起。③ 当视觉文本进入修辞学的关注视野,视觉修辞便成为一种有别于传统语言修辞的另一种修辞范式。概括来说,所谓视觉修辞,强调以视觉化的媒介文本、空间文本、事件文本为主体修辞对象,通过对视觉文本的策略性使用,以及视觉话语的策略性建构与生产,达到劝服、对话与沟通功能的实践与方法。④

视觉修辞既是一种认识论,也是一种方法论,还是一种实践论。就方法论而言,类似于瓦尔堡学派图像阐释学的三个层次⑤,视觉修辞包括视觉形式分析、视觉话语分析、视觉文化分析三个基本的分析观念及相应的操作方法。第一,视觉形式分析旨在探索视觉文本的元素构成与编码原理。这是一种典型的"前图像志研究",其目的就是在图像学维度上揭示视觉要素的符号元素与构成系统。视觉形式分析在操作方法上主要包括对图像中对立元素、同构元素、语境元素和意识形态元素的识别与构成分析⑥,对"颜色集合、空间集合、结构集合和矢量集合等视觉元素的规律探讨"⑦。第二,视觉话语分析旨在揭示视觉文本的寓意体系与话语内涵。在操作方法上,视觉话语分析并无标准范式,可供借鉴的修辞分析方案,如从标记性意义、表现性意义、隐喻性意义、规约性意义和原型性意义五种意义形态来把握图像符号的语义系统⑧,从意指概念(ideographs)、语境(context)、隐喻(metaphor)、意象(image)和接合(articulation)五个修辞视角来把握视觉话语的建构机制⑨,从"数据修辞""关系修辞""时间修辞"

---

① J. A. Blair,"The rRhetoric of vVisual aArguents,", in Charles A. Hill and Marguerite Helmers (Eds.), Defining Visual Rhetoric. Mahwah, NJ: Lawrence Erlbaum Associates, Inc., 2004, p.59.
② S. K. Foss,"Framing the Study of Visual Rhetoric: Toward a Transformation of Rhetorical Theory", in C. A. Hill and M. Helmers (Eds.), Defining Visual Rhetoric, Mahwah, NJ: Lawrence Erlbaum Associates, Inc., 2004, p.308.
③ 刘涛:《视觉修辞的学术起源与意义机制:一个学术史的考察》,《暨南学报》(哲学社会科学版)2017年第9期,第66-77页。
④ 刘涛:《媒介·空间·事件:观看的"语法"与视觉修辞方法》,《南京社会科学》2017年第9期,第101页。
⑤ 瓦尔堡学派代表人物欧文·潘诺夫斯基(Erwin Panofsky)将瓦尔堡学派的图像阐释方法归纳为三个层次:第一个是图像本体阐释学,第二个是图像寓意阐释学,第三个是图像文化阐释学。参见 E. Panofsky, Studies in Iconology. Humanistic Themes in the Art of the Renaissance. New York: Oxford University Press, 1939.
⑥ J. Rice, "A critical review of visual rhetoric in a postmodern age: complementing, extending, and presenting new ideas", Review of Communication, Vol. 4, No. 1-2(2004), pp.63-74.
⑦ S. K. Foss, "Framing the Study of Visual Rhetoric: Toward a Transformation of Rhetorical Theory", in C. A. Hill and M. Helmers (Eds.), Defining Visual Rhetoric, p.308.
⑧ D. S. Birdsell, & L. Groarke, Outlines of a theory of visual argument. Argumentation and Advocacy, Vol. 43, No. 3-4(2007), pp.103-113.
⑨ 刘涛:《新社会运动与气候传播的修辞学理论探究》,《国际新闻界》2013年第8期,第84-95页。

"空间修辞"和"交互修辞"五个修辞维度来接近可视化实践的视觉话语内涵。① 第三，视觉文化分析旨在揭示视觉文本生产的文化密码与实践形态，即彼得·伯克（Perter Burke）所说的"图像是如何讲故事的"，从而"揭示决定一个民族、时代、阶级、宗教或哲学倾向基本态度的那些根本原则"。② 在操作方法上，目前比较常见的研究范式是开展文化意义上的视觉叙事研究，比如查理斯·希尔（Charles A. Hill）特别关注的"修辞意象"（rhetorical image）分析③，具体包含对视觉意象（visual image）的识别研究以及对视觉意象的文化内涵分析。

本文尝试回到"西医东渐"和"医务传教"的总体历史语境中，主要立足于视觉修辞的认识观念和分析范式，对晚清时期西医话语的视觉文本开展视觉形式分析、视觉话语分析与视觉文化分析，以此接近西医实践在视觉意义上的话语观念及其合法性建构机制。第一，视觉形式分析旨在揭示西医话语的视觉特征与形式构成，即视觉文本中征用了何种符号资源，它们又是如何服务于西医话语的合法性建构的。第二，视觉话语分析旨在回答西医依赖的科学话语是如何在视觉意义上呈现的，又是如何通过视觉途径完成其合法性建构。第三，视觉文化分析旨在探讨西医话语深层的框架机制与文化过程，即视觉文本激活、挪用、再造了何种视觉意象，而这些视觉意象又是如何进入公众认同深处的。通过对这三个问题的正面回应，本文尝试立足于这一具体的经验性视觉实践，探索一种可能的观念史研究的视觉修辞方法路径。

二、疾病、视觉隐喻与西医话语的接合实践

在西医呈现的视觉图景中，视觉修辞分析的起点是视觉形式分析，也就是对图像的元素构成分析。如何描述、命名并呈现疾病？哪些疾病进入了西医的表征体系？视觉构成的符号学原理又是什么？这些问题直接指向西医话语的合法"出场"问题。

面对西医体系中的麻药、手术、刀刃、开腹、切除、酒精等事物，习惯了传统中医以及中医治疗观念的国人无疑是陌生的、怀疑的，甚至是惧怕的。因此，西医进入中国的"命运"，首先面临的是信任和选择问题。洛拉·洛佩斯（Lola Lopes）的研究发现，人们之所以会选择一种替代性的甚至存在风险的事物，往往是因为它可能带给人们更大的希望，甚至很多时候是一种"别无选择"。④ 美国传教士医生胡美根据自己的从医实践，总结了当时国人面对西医的普遍心理：如果通过把脉、问诊、服药等传统的中医途

---

① 刘涛：《西方数据新闻中的中国：一个视觉修辞分析框架》，第 5-28 页。
② P. Burke, *Eyewitnessing: The Uses of Images as Historical Evidence*. London: Reaktion Books, 2001, p.36.
③ C. A. Hill, "The psychology of rhetorical images", in C. A. Hill and M. Helmers (Eds.), *Defining Visual Rhetoric*, Mahwah, NJ: Lawrence Erlbaum Associates, Inc., 2004, p.25.
④ L. L. Lopes, "Between hope and fear: The psychology of risk". *Advances in Experimental Social Psychology*, Vol. 20, No. 3(1987), pp.255-295.

径可以治疗的常规病情,中国人往往会选择比较保守的中医治疗方式;而一旦面临中医难以应对的疾病,且这种疾病带给个体极大的身体折磨,甚至直接危及生命安全,中国人则会"迫不得已"尝试选择西医。① 显然,要解决西医的合法"出场",首先需要回应修辞学意义上的修辞情景(rhetorical situation),即西医之所以成为一种"别无选择"的选择的发生语境。

纵观《点石斋画报》和《伯驾行医图集》所呈现的视觉图景,西医往往被置于与中医的对比框架中,因而创设了一个冲突性的认知语境,其功能就是解决西医的"合法"出场问题。语境从来都不是一个默不作声的陪衬性存在,而是作为一个生产性的话语要素参与事物意义的直接建构。② 在《点石斋画报》的视觉实践中,西医的"出场"总是伴随着中医的"在场",只不过后者的"在场"方式显得无比微弱与尴尬。简言之,西医之所以能够获得国人的青睐,根本上是因为中医在一些特殊的疾病面前显得束手无策。《瞽目复明》(匏一)开篇就提道"今天下不乏扁卢妙手,因病施药,辄奏奇功,而于目疾独少治法";《妙手割瘤》(御一)谈及肿瘤问题时指出"唯日见大,心颇厌之,遍医罔效"……当一种冲突性的认知语境被生产出来,它便成为符号认知的"语境元语言",其功能就是赋予事物强大的释义规则。③ 在被精心构造的"语境元语言"系统中,西医通过对中医的贬低与压制而建立起自己的话语优势,从而使得西医的"出场"在社会文化维度上被合法化了。修辞语境的生产,离不开对特定疾病形态的识别与征用。呈现哪些疾病,以及以何种方式呈现,恰恰构成了西医的视觉实践竭力思考的符号修辞命题。西医仔细打量着中国人的身体和痛苦,最终将目光转向了中医合法性道路上的两大疾病难题——眼疾和肿瘤。在《点石斋画报》和《伯驾行医图集》的视觉表征体系中,眼疾和肿瘤是被普遍识别和征用的疾病形态。相对于其他疾病,眼疾和肿瘤是世俗意义上"看得见"的顽疾,同时也是中医话语框架中几乎无法攻克的难题。然而在西医那里,这两种疾病反倒可以借助一定的"技术操作"而根除。从修辞批评角度来看,这一过程可以理解为一种修辞发明行为,其本质就是对争议进行宣认。在古典修辞传统中,修辞发明是开展修辞行为的首要任务,而且一直处于修辞研究的核心地位。④ 修辞发明主要指对修辞议题的确立、修辞主题的选择、修辞框架的生产、修辞过程的规划以及修辞行为的设计,其功能就是在劝说实践中达到较好的修辞效果。⑤ 可见,眼疾和肿瘤无疑是一个被激活、挪用并再造的隐喻符号,其修辞学意义上的意图就是挑战并撬动

---

① [美]爱德华·胡美:《道一风同:一位美国医生在华30年》,第87-91页。
② 刘涛:《语境论:释义规则与视觉修辞分析》,《西北师大学报》(社会科学版)2018年第1期。刘涛:《环境公共事件的符号再造与修辞实践——基于兰州自来水污染事件的符号学分析》,《新闻大学》2014年第6期,第26页。
③ 除了来自社会文化的语境元语言,元语言构成系统还包括来自解释者的能力元语言和来自文本自身的自携元语言。详见赵毅衡:《符号学原理与推演》,南京大学出版社2011年版,第233页。
④ 古希腊修辞学家昆提利安在长达12卷的鸿篇巨制《论言说者的教育》中划出五卷篇幅讨论修辞发明,他认为修辞发明决定了修辞的成败。
⑤ 刘涛:《元框架:话语实践中的修辞发明与争议宣认》,《新闻大学》2017年第2期,第5页。

牢固的中医根基。可以设想，如果没有西医的"出场"，眼疾和肿瘤依然会停留在传统医学所规约的"不治之症"行列，世人也不会因为眼疾和肿瘤带来的痛苦而对中医产生怀疑。

回溯历史本身，视觉文本之所以表现出对眼疾和肿瘤的极大关注，只不过是晚清西医东渐现实的一种逼真回应，同样也是对国人就医心理的一种微妙回应。晚清西方传教士在中国创办的医院多为眼科医院，主治白内障、肿瘤等疾病，因为当时困扰国人的心头大患正是眼疾和肿瘤。根据当时官方资料统计，单广州就有 4750 名盲人，还有难以计数的患有其他眼疾的病人。① 伯驾创办博济医院时主治眼疾，"不仅因为眼疾在当时的中国相当普遍，而且还因为中国医生对这些疾病一般无能为力"。② 可见，西医图景中的眼疾和肿瘤，实际上已经被符号化了③，成为一个携带意义的修辞符号，其目的就是悄无声息地酝酿中医的合法性危机。换言之，当西医转向对眼疾和肿瘤的特别"关注"时，我们便可以通过眼疾与肿瘤背后的生命故事来识别、接近、理解西医，并最终将其视为可以与中医相提并论的一种替代性医疗方案。

相对于中医对眼疾和肿瘤的有意回避，西医在视觉构成上极力凸显这两个符号元素。于是，一场深刻的话语抗争行为通过对既定的"视觉形式"的生产而悄然发生。具体来说，通过对眼疾和肿瘤的识别与挪用，西医尝试在视觉意义上呈现中医的"话语局限"（discursive limits），从而实现"对原有秩序弱点的识别与质疑"④，使得中医无法在一个封闭而缝合的陈述系统中维持其正当性。这一过程对应的修辞原理便是接合（articulation）。接合意为勾连，强调建立两个事物之间的意义关联，尤其体现为将一个事物勾连到特定的话语框架中，"以框架的方式"赋予事物一定的意义内涵。⑤ 经过接合实践，事物便从其原始的语境状态中剥离出来，进入一种新的修辞语境和意义框架中，并在这里获得新的意义。⑥ 总之，在西医话语的视觉实践中，由于眼疾和肿瘤是整个中医话语链条中的薄弱环节，西医话语敏锐地发现了这一"破绽"并试图打开一个"缺口"，以此铺设了一种面向中医话语的合法性争夺的抗拒行为。正是源于对既定的"视觉形式"的想象与生产，西医话语的合法性在视觉意义上被悄无声息地生产出来。

---

① 顾长声：《从马礼逊到司徒雷登》，上海人民出版社 1985 年版，第 68 页。
② E. V. Gulick, *Peter Parker and the Opening of China*. p.57.
③ 所谓符号化，强调赋予事物特定意义的过程和行为。从经验到认知，一般都需要经过符号化过程。符号化的结果就是使事物从一个非符号变成一个携带意义的符号。
④ E. Laclau, & C. Mouffe, *Hegemony and Socialist Strategy: Towards a Radical Democratic Politics*. London: Verso, 1985, p.126.
⑤ 刘涛：《PM2.5、知识生产与意指概念的阶层性批判：通往观念史研究的一种修辞学方法路径》，《国际新闻界》2017 年第 6 期，第 72 页。
⑥ I. Angus, "The Politics of Common Sense: Articulation Theory and Critical Communication Studies", in S. Deetz (Eds.), *Communication Yearbook*, 15, Newbury Park, CA: Sage, 1992, pp.540-543.

三、再造"身体"与科学话语"出场"

西医的话语内涵是科学话语。如何呈现科学逻辑,西医的视觉实践集体转向了对身体的思量与观察,并尝试在身体维度上编织西医的想象力与合法性。西医的思路非常清楚,由于西医的对象是一个个病痛的身体,"西医的观念"只有巧妙地转化为"身体的观念",才能成为一种合法的话语形式,即颠覆中医传统中的身体观念,重构人们对于身体的认知和观念。中西医之间的话语冲突直接体现为对身体及其意义的不同态度和观念。相对于中医文化传统中的文化身体和伦理身体概念,西医则将身体视为一个纯粹的认知对象,使其成为科学话语可以观看、监测、描述和界定的对象物。不同于传统的语言呈现方式,《点石斋画报》《遐迩贯珍》《伯驾行医图集》中的西医图景提供了另一种关于身体的认知向度和观念形态,具体表现为对身体的原子化处理,对身体的他者化表征,以及对身体的可见性生产。当一种全新的"身体的观念"被生产出来时,"通过身体的思考"就成为一个逼真的视觉修辞命题。

(一)身体的原子化处理

中西医之间的观念冲突,首先体现为病理观念的差异。中医的基本思维是整体论,西医则主体上倾向于原子论。具体来说,中医观念强调的是一种同源异构思维和普遍联系思维,即身体各部分在结构上不可分割,功能上相互依存。中医的整体观同样体现为病理上的整体性,认为局部的病症状况往往存在一个整体性的病理机制,如《黄帝内经》所谓的"有诸形于内,必形于外"。西医的病理观念其实就是现代科学思维,强调对病症之"因"的探索。西医治疗的基本思路就是在科学逻辑上探清"病源"之所在,尤其是需要在身体的构造上发现疾病的"藏身之处",然后才能"对症下药"。1887年发表于《申报》上的《医说》一文对西医的病理观念给出了通俗的概括:"医药一道,工夫甚巨,关系非轻。不知部位者即不知病源,不知病源者即不知治法。"[①]换言之,在西医的病理观念中,疾病分析的起点是局部,探清"病源"的前提是需要明确身体的基本构造,尤其是身体各个部位的骨骼结构。如何在视觉意义上来呈现并深化西医竭力推崇的原子论思维,成为西医话语竭力思考的视觉修辞命题。

作为较早介绍西方"新知"的图文材料,《遐迩贯珍》视觉话语呈现的基本观念就是对身体的原子化表征,即打破身体原有的整体性、系统性和连带性,在视觉意义上揭示身体局部的骨骼结构和微观构造,以此形成身体的局部认知观念。其中,图像表达的常见思路就是呈现身体器官的解剖图,并对各个器官的构造、原理、功能进行科学化的

---

① 《医说》,《申报》1887年8月1日。

解释。在《遐迩贯珍》的《手骨论》中,整个图像呈现的是手的骨骼结构,并对每一处骨骼部位进行命名。通过简单的图像表征与指示,作为身体局部器官的手被进一步原子化表征了,我们看到的是关于手的微观构造。正是借助一套科学的命名体系,"病源部位"不再是一个笼统的身体器官,而是存在积极的视觉认知基础。

当身体成为一个可以被命名和认识的图解结构,《遐迩贯珍》开始在视觉维度上编织西医竭力传递的科学观念及其深层的原子论思维。原子论思维的潜在假设是,认识疾病的前提是了解存在位置,而原子化图解的身体构造有助于我们真正认识疾病的藏身之"所"。《遐迩贯珍》于1855年7月2日发表了《泰西种痘奇法》(见图1),这是中国历史上首次向国人介绍接种牛痘疫苗方法的中文图文资料。《泰西种痘奇法》详细介绍了接种牛痘疫苗的身体部位、使用工具和操作方法,所有内容都借助图示化的方式进行视觉呈现,如用圆点在左臂上标注接种牛痘的具体位置,同时配文"左臂形一圆处即种痘方位也"。可见,离开图像,文字的叙述注定是不完整的。当图像和文字进入一种对话结构,我们便不能忽视图像在观念史研究中的位置,即西医的观念认知存在一种不容忽视的"视觉之维"。

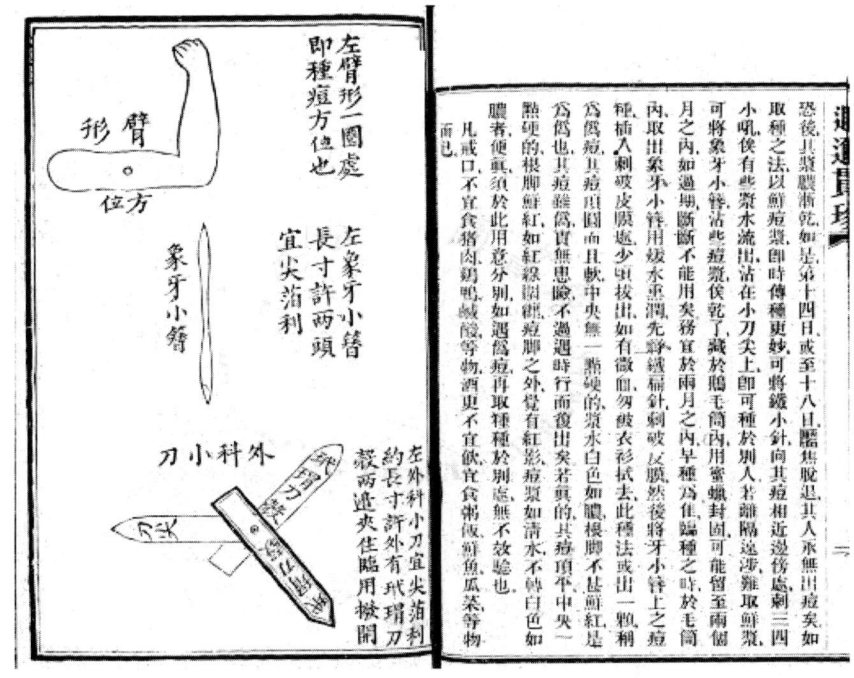

图1 《遐迩贯珍》之《泰西种痘奇法》

(二)身体的他者化表征

如何在视觉意义上表征疾病,西医试图探索的是一套面向疾病的选择、命名和生产实践。纵观西医的视觉表征体系,肿瘤是被特别强调并表现的一种疾病形态。在

《伯驾行医图集》中的 80 幅油画中,74 幅画作都是关于肿瘤的故事。同样在《点石斋画报》中,疾病形态也多聚焦于肿瘤,如《妙手割瘤》(御一)、《剖脑疗疮》(利三)、《西医治疝》(辰三)等。诚然,伯驾在华创办的医院是眼科医院,主要医务实践是救治眼疾,肿瘤疾病仅占较小的比例,这一事实可以根据博济医院在《中华时报》上刊登的两份医务报告进行判断:博济医院 1837 年 5 月 4 日发布的第十六份季度报告数据显示,在过去三个月中,医院共救治 650 人,患者主要存在眼疾症状,而在过去的一年中,非眼科患者仅为 54 人;①博济医院 1837 年 5 月 4 日到 12 月 31 日的第七期医务报告数据显示,尽管有三个月停业(伯驾去日本两个月,一个月生病),医院共救治 1225 名患者,其中眼疾患者高达 1082 例,而其他疾病仅占 143 例。②

显然,眼疾病人占医务实践中的绝对比例,可是为什么《伯驾行医图集》中的"工作记录"偏偏选择肿瘤而非眼疾作为主体表达对象?这便不能不提到这份图集的特殊功能及其深层的修辞实践。其实,这些画作大多悬挂于医院内部,而且一般用作教学案例和参观对象。人们进出其中,无不与这些画作发生一定的视觉关系,一定意义上构成了既定情境中的特殊的视觉传播实践。由于眼疾所带来的痛苦更多地是一种心理体验,难以通过视觉表现。而肿瘤具有强烈的视觉冲击力,往往传递的是一种触目惊心的视觉体验,有助于强化对痛苦的视觉把握和表征能力。

在西医的视觉表征体系中,肿瘤的"出场"制造了一个病态的、危险的、不合规范的身体,这一过程是借助符号学意义上的视觉"标出"(visual marked)行为实现的。视觉"标出"是一种典型的修辞实践,其结果就是在视觉维度上对肿瘤进行夸大处理。翻阅整个《伯驾行医图集》可见,肿瘤存在于人体的各个部位,包括私密部位。视觉上触目惊心,给人一种不安的、退缩的、不忍直视的视觉恐惧。这些肿瘤硕大无比,远远超出了人们日常生活中的经验范畴——胸前的肿瘤超出人的体重,脸颊上的肿瘤占据了大半个头颅,脖子上的肿瘤悬垂至腹部,手背上的肿瘤覆盖了半条手臂……在视觉呈现上,画作背景多为黑色,患者均身着黑色布衣,画面上清晰可见的是裸露的身体和醒目的肿瘤(见图 2)。而且,这些肿瘤多已恶化、腐烂、化脓,经由极为细腻的笔触临摹,这里充斥着血腥、荒诞与不安。

在视觉恐惧的生产体系中,肿瘤的视觉表征还转向了一种超现实逻辑。《伯驾行医图集》关注的已经不单单是身体外部的可见的肿瘤,同时还转向那些身体内部的不可见的肿瘤,即将身体内部的肿瘤进行外在化表征。脏腑内的肿瘤原本是躲在暗处的不可见之物,但是经由视觉化的修辞实践,它们穿越身体"屏障",成为附着在肚皮表层

---

① P. Parker, Ophthalmic Hospital at Canton: the sixty quarterly report, for the term ending on the 4th of May, 1837, *Chinese Repository*, Vol. 6, No.1(1837), pp.34-35.
② P. Parker, Ophthalmic Hospital at Canton: Seven Report, being that for the term ending on the 31th of December, 1837, *Chinese Repository*, Vol. 6, No.9(1838), pp.433-436.

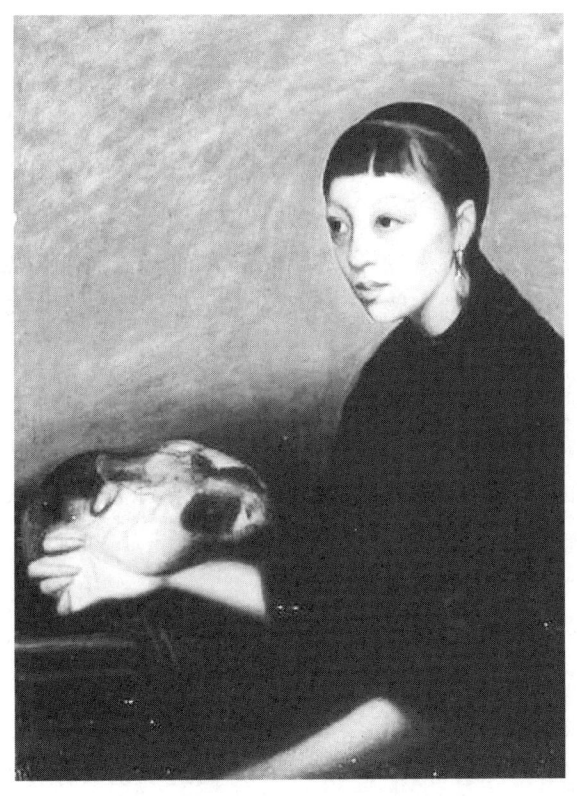

图 2　《伯驾行医图集》节选

的存在物。显然,对身体内部肿瘤的视觉呈现,已经超越了绘画艺术与生俱来的"纪实"属性。当肿瘤超越了一般绘画的"纪实"逻辑,它便目露凶光,成为一个异己的、危险的、躁动的存在物,最终排斥一切关于中医的治疗逻辑及其合法叙述。这里,作为疾病的直接隐喻,肿瘤的目的和功能就是以一种巨大的、邪恶的、血腥的符号学方式完成对身体的压制和支配。身体最终在肿瘤所铺设的语法系统中放声痛哭,动弹不已,其结果就是制造了一个病态的身体、一个伤痕累累的身体、一个在疾病面前最终失去主体性的身体。通过对肿瘤的视觉"标出",西医的视觉实践最终制造了一个"危险的身体",这为西医的"出场"创设了一个合法的符号语境。面对一个巨大的异己的对象物,通过手术刀来切除肿瘤,完全符合中国传统卫生观念中的"清洁"观念。显然,西医正是通过征用"切除"这一简洁、直观的视觉意象而完成了人们对潜藏于刀刃之下的西医的合法想象。透过《伯驾行医图集》中令人不安的肿瘤细节,以及《点石斋画报》中充满威胁的肿瘤体量,西医最终以一个手持手术刀的救世主姿态入场。在切割面前,传统的血肉之躯开始克服了面对刀刃的恐惧与不安,最终在肿瘤这一怪物面前向西医的刀刃逻辑妥协了——面向肿瘤的视觉修辞实践无疑使得这一妥协过程变得更加直观且容易理解。

（三）身体的可见性生产

在原始的中医观念中，身体的状态是黑暗的、私密的、不可见的。身体呈现给我们的只有其原始的物质轮廓，疾病的存在及其表征更多地通过病人的身体体验反映出来，如表情痛苦、卧床不起、身体功能缺失等。西医的深层语言是科学话语，它尝试通过一定的技术方案和视觉系统来接近疾病，从而建构起一套科学化的身体认知和管理观念。在《点石斋画报》的视觉实践中，一系列测量技术[《宝镜新奇》（利三）中的透视镜、《以表验人》（巳七）中的测量仪、《透骨奇光》（行十一）中的显微镜]、医务实践[《戕尸验病》（丑四）中的尸检、《开腔相验》（辛十二）中的解剖]、诊断方式[《善医心疾》（巳九）中的心理测试、《缩尸异术》（卯八）中的尸骨处理]被源源不断地生产出来，其功能就是生产一个可见的身体。当身体从其黑暗状态中走了出来，进入医学话语的观照视野，西医便可以相对从容地发现疾病之所在，即疾病作为一个可以借助视觉方式进行把握和排除的危险之"物"被生产出来。

当疾病作为一个"物"被识别、被发现、被处置，西医实际上"以话语的方式"重构了一种关于疾病的观念，而这一重构行为是通过视觉化的技术修辞途径实现的。当身体进入科学话语的观照体系，消毒、切除等西医擅长的外科手术便成为一种应对疾病的合法的处置方式。在《宝镜新奇》（利三）中，神奇的透视镜被称为"宝镜"，"镜长尺许，形式长圆，一经鉴照，无论何人，心腹肾肠昭然若揭"。当身体进入"宝镜"的观测体系，"视人疾病即知患之所在，以药投之，无不沉疴立起"。如果说福柯将医学话语视为"根据技术、规范化和控制来实施的"①，《点石斋画报》则将这技术过程推向一个崭新的视觉认知维度。通过一定的视觉技术，身体的秘密不复存在，西医正是在对疾病的"观看"实践中将身体公开化了，使其成为一个透明的、可见的、不设防的医学对象。

除了通过外在的医学设备来呈现一个可见的身体，西医实践通过无所不能的"医疗神迹"来逼近传统文化心理的禁忌区域，最直接的表现就是象征西医权力的男性医生全面接管了对身体的观看与操作，尤其体现为"以治病的名义"接近女性身体的私密之处。在中国传统的分娩实践中，这一工作完整地交给了接生婆，这是传统伦理话语在分娩问题上的正当呈现。而在《点石斋画报》的表征体系中，《剖腹出儿》（竹九）、《剖割怪胎》（文二）等都呈现了男性医生如何帮助难产的女性成功分娩的视觉故事。如果进一步审视整个故事的修辞原理，西医精心再造了一种"两难"的选择语境。在《剖腹出儿》（竹九）中，西医的出场往往是隐喻性的"临危受命"，正因为"腹震动而胎不能下，阅一昼夜，稳婆无能为计，气息奄奄，濒于危兮"，男性西洋医生临危不乱，"施以蒙药，举刀剖腹，穿其肠，出其儿，则女也，咕咕而啼，居然生也"。传教士胡美医生在回忆录

---

① ［法］米歇尔·福柯：《性经验史》，佘碧平译，上海人民出版社2002年版，第67页。

中记录了自己如何解决分娩麻烦而被人们接纳的历史事实。① 显然,面对中医主导的就医伦理,生命本身的逻辑战胜了伦理化的身体逻辑。

如果西医最终能够突破中国根深蒂固的文化观念和身体伦理,并毫无保留地接管身体的私密之处,那无疑是西医合法化历程上的"最后一公里"。诚然,西医在中国的"落地"过程充满着诸多曲折,有时还不得不借助于一些本土化的改造行为来迎合中国人的就医伦理。② 然而,纵观西医的视觉实践,唯独在分娩问题上,西医并没有过多的妥协,而是直接向中国传统的身体伦理发起"正面宣战"。在视觉修辞策略上,图像话语并不是直接呈现这一"敏感"问题,而是将其编制在一个故事框架中,即通过科学话语对其进行"去伦理化"处理,并将其陈述为一个生命问题,一个健康问题,进而在科学话语框架中赋予了西医出场的合法身份。

四、视觉意象与图像叙事的文化内涵

如何接近西医图景的文化内涵,只有回到中西医冲突的话语实践中进行考察。话语冲突的核心是框架冲突③,而框架生产的基本思路就是在符号所构筑的象征秩序中建构一套稳定的理解方式。相应地,把握西医话语的视觉智慧,不能忽视其意义生成的"视觉框架"(visual frame),而意象(image)恰恰在修辞维度上提供了一种通往视觉文化的认识"媒介"。意象是一种特殊的"视觉形式",那里驻扎着鲜活的文化内容,其生产过程往往揭示了一个时代普遍共享的某种文化心理与文化实践。在视觉修辞实践中,为了达到更好的劝服效果,意象再造是一种普遍的图像叙事方式,更是一种深刻的文化实践。④ 诚然,视觉文化分析存在不同的修辞认识维度,但意象无疑是通往视觉文化内涵的一种非常重要的认知管道。

在中国古代的文论传统中,"象"的"出场"存在一个深刻的哲学背景——"言意之辩"。《周易·系辞上》有云:"圣人立象以尽意,设卦以尽情伪,系辞焉以尽其言,变而通之以尽利,鼓之舞之以尽神"。所谓的"立象以尽意",即强调通过"象"来缝合"言"与"意"之间的认知断裂。所谓意象,意为表"意"之"象",强调意与象的结合,即意中之象。⑤ 在诸多意象形态中,最为典型的意象是荣格所讲的认知原型,尤其体现为视觉原型(visual archetype),即一个时代集体共享的某种视觉化的领悟模式。在荣格看来,"原型是典型的领悟模式,无论什么时候,只要我们遇见普遍一致和反复发生的领

---

① [美]爱德华·胡美:《道一风同:一位美国医生在华30年》,第87-91页。
② [美]爱德华·胡美:《道一风同:一位美国医生在华30年》,第28-32页。
③ 刘涛:《新概念 新范畴 新表述:对外话语体系创新的修辞学观念与路径》,《新闻与传播研究》2017年第2期,第12页。
④ 刘涛:《新社会运动与气候传播的修辞学理论探究》。
⑤ 刘涛:《意象论:意中之象与视觉修辞分析》,《新闻大学》2018年第4期。

悟模式,我们就是在和原型打交道"①。因此,意象的经典"形式"是文化意象(cultural image)。把握视觉意象的激活与生产机制,有助于我们更好地认识西医话语在视觉意义上的文化生产逻辑。基于此,本文接下来重点探讨的问题是:在晚清西医的视觉图景中,西医话语挪用了何种意象,而这些意象又在回应什么文化命题?

在西医的视觉实践中,激活并挪用特定的视觉意象,成为西医话语合法化生产的重要修辞实践。其实,任何意象的生产,必然对应一定的视觉隐喻实践,也就是激活人们的联想思维,通过挪用一定的图式思维赋予事物特定的理解框架或认知方式。② 纵观《点石斋画报》《遐迩贯珍》《伯驾行医图集》中的视觉元素构成及其文化内涵,一系列符号化的领悟模式进入西医话语的关注视野,最终积累并沉淀为相应的意象形态,这其中最常见的三种意象形态就是伦理意象、围观意象和神迹意象。

(一)伦理意象与文化话语的识别

不同于传统中医的问诊把脉,西医的医务实践又是什么?《点石斋画报》在视觉意义上招募并吸纳了一定的伦理意象,尤其体现为对中国传统医疗实践中那些温情脉脉的伦理资源和伦理精神的视觉唤醒与想象。在对伦理资源的识别与发现上,西医的视觉实践在文化话语维度上编织了一套关于西医的伦理想象体系,具体体现为在伦理空间中对家庭场景的挪用与生产,在伦理话语上对服侍观念的激活与想象,在伦理符号上对女性符号的发明与征用。

第一,就伦理空间而言,西医调用了传统文化中关于"家"的一切想象与意义,进而对手术室这一原本普通的医疗空间进行美学处理,使其成为一个承载安全与温暖的美学空间。在视觉化的表征体系中,手术室完全按照"家"的符号系统进行设计和布局。具体来说,手术室大多被安置在一个美丽的阁楼上,再配上隔窗、鲜花、雕饰和壁画,更多了一分深远而温馨的意境。《剖割怪胎》(文二)中宽敞的空间、《西国扁卢》(未十一)中舒适的卧床、《喉科新法》(寅二)中精致的窗花、《缩尸异术》(卯八)中苍劲的盆景、《解酒妙法》(利八)中飘逸的屏风、《剖腹出儿》(竹九)中别致的躺椅、《剖脑疗疮》(利三)中明净的墙壁和地板……一切摆放得井井有条。在《剖脑疗疮》(利三)中,整个场景布局逼真地复制了中国人对家的传统想象和体验(见图3)。这里没有了晚清时期西洋医院普遍的简陋、单调和冰冷,而是被美学化了,成为一个远离伤痛的诗意空间。

当手术空间被描绘并改造成传统意义上的家庭伦理空间,那么关于家的一切意义、经验和隐喻便无缝进入西医的想象体系,这使得人们很容易将西医的医务实践想象为一场充满温情的伦理旅行。从这个意义上讲,西医实践再造了一个空间,而且在

---

① [瑞士]荣格:《荣格文集》,冯川译,改革出版社1997年版,第10页。
② 刘涛:《隐喻论:转义生成与视觉修辞分析》,《湖南师范大学社会科学学报》2017年第6期。

图 3 《点石斋画报》利集《剖脑疗疮》(利三)

空间维度上编织自身话语的合法性与正当性,空间生产成为一个逼真的视觉修辞命题。当医务场所被赋予了"家"的表征系统,西医便在视觉意义上将医务场所建构为爱德华·苏贾(Edward W.Soja)所说的"社会经验的产物"①,进而再造了一种关于西医认知与接纳的美学历程。可见,在西医的视觉化表征实践中,权力话语既是在空间维度上延伸和施展的,又是通过空间生产的手段和途径实现的。

第二,就伦理话语而言,西医并不满足于对家庭场所的简单临摹,而是全面接管并生产一种关于家的伦理关系,具体体现为在文化话语维度上对"服侍"观念的激活与想象。按照马克思主义经典的批评路径,"不管在什么地方,处于中心地位的是生产关系的再生产"②。人们之所以对家心存感念,是因为那里驻扎着一些弥足珍贵的伦理关系。在西医的视觉实践中,当充满诗意的家庭空间被生产出来,伦理关系的再生产便成为可能。在中国传统的"服侍"文化想象体系中,病人侧躺在床上,亲人们围坐在周围,有人为其煎药,有人为其揉肩,有人为其喂药。这些熟悉的伦理意象在西医这里以一种替代性的方式被激活和挪用——画面中多位医生同时照顾一位病人,有人陪伴说话,有人配置药水,有人递上刀具,有人开展手术,他们服务的主体只有病人。

通过视觉化的修辞表达,西医实践试图传递的是一幕"去手术化"的手术,这里不单单有治疗,更传递的是关于"服侍"的观念。在《西国扁卢》(未十一)中,病人如同天

---

① [美]爱德华·苏贾:《后现代地理学》,王文斌译,商务印书馆 2004 年版,第 121 页。
② [法]列斐伏尔:《空间与政治》,李春译,上海人民出版社 2008 年版,第 5 页。

使一样卧躺在舒适的床上,身旁三位西方医生精心照顾,脸上没有丝毫的痛苦;在《妙手割瘤》(御一)中,共有七名医生在为一位身患肿瘤的病人做切割手术,画面营造的是一种精心呵护的视觉意象……如果我们对比所有的病人表情,除了《剖割怪胎》(文二)中病人的表情略显痛苦,其他图像中病人的表情都相当平静和安详。由此可见,淡化手术,凸显服侍,是西医实践竭力呈现的视觉景观。其实,西医强化"服侍"的理念,在史料中有着丰富的记载,视觉话语只不过对其进行了隐喻性的修辞处理。一位地方官员双目失明,他在博济医院医治了四个月,虽然手术最终失败,但他依然感谢伯驾医生的悉心照顾。后来,他给伯驾医生写了一封感谢信,提到伯驾医生"每日医治数百人,态度慈和,历久而无倦意。我双目虽未能复明,然而受到医生的悉心照料,离开时同样有依依不舍之情"。①

第三,就伦理符号而言,为了更好地迎合中国人对家庭意境的想象,以及对"服侍"观念的期待,西医的视觉实践选择了一些特别的符号资源——西洋女医生。诸多西洋女性医生作为一个"在场"的元素进入文本体系。妇科疾病大多交由女医生操作,以迎合晚清时期中国人相对保守的就医观念。众所周知,晚清时期传教士医生以男性为主,包括妇科疾病在内的一切手术,都是由男性医生亲自操作的。当一幕幕"服侍"意象被建构并生产出来,尤其是女性符号资源的征用,西医无疑在情感上拉近了国人的认同距离。除了大量图像中女性助理医生的在场,《剖割怪胎》(文二)、《妙手割瘤》(御一)、《西医治病》(庚十一)等图像文本直接将女性推向了主治医生的角色。当性别话语与伦理话语进入彼此的深层结构,西医的视觉实践再造了一种关于"服侍"的美学想象,这一视觉修辞行为不仅强化了对疾病与痛苦的柔化处理,而且在文化心理上改写了人们的就医观念与伦理想象。

(二)围观意象与视觉仪式的再造

"几位身穿黑色长风衣、头戴圆顶礼帽的西方医生正在救治病人,旁边众人围观。他们向前探着身子,瞪大眼睛,或面面相觑,或窃窃私语,或拍手称绝,惊诧地观望着眼前正在上演的手术过程。半掩的门外,依然可以看到几个拥挤的脑袋,人们争先恐后地排队就医。"在关于西医救人的视觉景观中,"围观"成为《点石斋画报》中普遍挪用的一种认知意象。《医疗奇效》(忠一)、《收肠入腹》(子二)、《西医治病》(庚十一)、《开腔相验》(辛十二)、《戕尸验病》(丑四)、《西医治疳》(辰三)、《函虎归骨》(丑七)、《剖腹出儿》(竹九)、《善医心疾》(巳九)等图像话语都竭力打造并呈现一种围观意象。在《收肠入腹》(子二)所呈现的视觉画面中(见图4),西方医生正在为病人的伤口上喷洒药水,十四人争先恐后地观望,长长的辫子垂于后背,一脸的好奇与微笑,而在门外,依然有

---

① [美]嘉惠霖、琼斯:《博济医院百年》,第60页。

四人踮起脚跟朝里看来。在《戕尸验病》(丑四)中,为了判断1886年"长崎事件"中北洋水兵李荣"被日人踢坏腹部,打伤背脊,以至不救"的真相如何,西方法医当众解剖尸体,取出脏腑,以验伤情。通过解剖尸体来还原中日冲突的真相,这在国人看来闻所未闻,因而吸引了众人围观。画面中央,西方医生正在手术操作,围观者达到了数十人,密密麻麻地编织了一幅逼真的围观景象……

图4 《点石斋画报》子集《收肠入腹》(子二)

在鲁迅那里,围观呈现的是一种底层的"冷",然而世俗世界的围观则指向一种朴素的从众心理。围观源于两种基本的心理驱使:第一是好奇,第二是从众。国门洞开时期的西医无疑是一个新鲜的事物。西医不仅药效神奇,而且分文不收,这对于饱受疾病困扰的底层中国民众而言是难以想象的。西医的视觉实践充分地征用了围观意象,以此强调西医作为一种新知对于国人世俗生活的重要影响与意义。围观意象生产了一种群体性的信任。在群体中获得普遍的安全,是底层群众最朴素的一种文化心理。因此,当一种群体信任通过视觉化的围观方式被生产出来,人们从群体那里共享了这种信任,最终实现对西医的认同。面对陌生的西医,伯驾在回忆录中详细描述了人们如何从"围观"走向"认同":"为数众多的各个层次的中国人到过这个医院,来看看它到底是个怎么样的地方。自从开业以来,已有7000—8000人在不同时间来过医院,这肯定大有好处,因为这些人回到他们居住的地方后,会把这里的情况告诉患病的亲友。"① 显然,视觉实践中的围观意象生产,存在一个深刻的社会原型。

在围观意象的修辞系统中,身着长风衣、圆礼帽的传教士医生符号无一例外地居于整个画面的中心位置,因而提供了一种想象西医的符号通道。传教士医生的中心性呈现,同时包含了几何中心性和视觉中心性的双重建构,前者体现为几何意义上的元素布局和安排,后者体现为对画面中特别的符号形式的视觉"标出"处理。具体来说,在石印技术的美学想象图景中,围观人群都是粗线条的轮廓,其服饰颜色也多为白色或浅色,而西方医生的服饰则为浓浓的黑色。他们的风衣、礼帽、皮鞋、西裤、胡须在以白色为基调的整体画面上得到强化和凸显。在由诸多符号聚合而成的视觉景观中,孱弱的病人和围观的民众并没有成为视觉意义上的认知中心,他们的"在场",更多地服务于西洋医生的伟大"出场"。

在图像与文字共同搭建的叙事体系中,围观意象制造了一场逼真的视觉仪式,并且通过图文之间相对特殊的"互文叙事"拓展并深化了视觉仪式的修辞逻辑。一般来说,语言文字的主要指涉属性是实指性,而图像则体现为虚指性,实指的内容在图文叙事中往往是"强势"的,而虚指的内容更多地依附于实指逻辑,在叙事中处于"弱势"地位。② 在《点石斋画报》的图文叙事中,文字在新闻事实传递方面发挥着主导性的叙事功能,语图关系体现为视觉修辞体系中常见的统摄叙事。③ 如果说图像的功能是打开人们对于西医功效的视觉想象力,文字除了陈述事实,还借助评论式的语言进行主题提炼,尤其是对西医毫无遮拦地称道与褒奖。《瞽目复明》(鲍一)讲述了一个失明九年的病人如何经过西医手术而复明的故事,当病人重见光明之际,画面上众人争先恐后地围观,文字借助评论式的语言感慨道:"布置西医皆能疗治以弥天地之缺憾否耶?"由于图像通过对围观意象的生产而再造了一个仪式空间,而文字又在"新闻事实"维度打开了一个评论的维度,二者在修辞学意义上搭建了一种耐人寻味的互文语境。

(三)神迹意象与医学奇观的生产

在基督教文化中,如何让世人相信上帝,《圣经》给出的方案非常简单,那就是让耶稣显现神迹。耶稣直言:"若不看见神迹奇事,你们总是不信。"(《约翰福音》(四):48)整部《圣经》中,耶稣在多个场合显露神迹,以展现神的大能和荣耀。单在《约翰福音》中,耶稣就行过七个神迹,分别是"盲人复明""死人复活""变水为酒""海面上行走""医治大臣儿子""五饼二鱼喂饱五千人"和"治愈卧躺池边 38 年的病人"。世俗中的人们文化层次相对低下,对"事实"与"真相"的认知与判断并非建立在规范的思辨基础上,而是更多地依赖于个体经验之外的某种强大力量。而且在认知行为中,人们将眼睛推

---

① [美]嘉惠霖、琼斯:《博济医院百年》,第 47 页。
② 赵宪章:《语图互仿的顺势和逆势——文学与图像关系新论》,《中国社会科学》2011 年第 3 期,第 177 页。
③ 刘涛:《语图论:语图互文与视觉修辞分析》,《新闻与传播评论》2018 年第 1 期。

向了一个重要的认知角色,所谓的"眼见为实"也即强调"看见"与"认同"的同一性。

视觉虽然是古希腊哲学以来被理性普遍抵触的事物,但在科学话语"缺席"的世俗社会却表现出顽强的生命力。通过眼睛来把握现实,并形成直接的信任判断,这是底层民众普遍共享的文化心理。晚清国门洞开,如何让人们相信并认同西医,一种普遍的视觉修辞方式便是在视觉意义上制造神迹,同时借助视觉的方式显现神迹。除了《腹刀可吐》(土六)、《日人防医》(辛一)、《函虎归骨》(丑七)、《解酒妙法》(利八)等西医所呈现的"奇闻异事",绝大部分西医神迹则转向了对某种奇观话语的生产。

《点石斋画报》中的西医图像,竭力在视觉意义上生产了一个个关于"复活"的神迹意象。神迹,可以理解为奇异之事。在由死亡、生命、新生、复活共同铺设的语义场中,西医以一种"救世主"的姿态出场,通过对"神迹"的视觉生产而改写人们的认同体系。《收肠入腹》(子二)中一男子"用刀刃将肚剖破,五脏迸出,血注入倒",医生通过手术帮其恢复健康;《瞽目复明》(鲍一)中西医治愈了一个已经双目失明九年的病人,"于是该处瞽人闻而求治,踵迹相接";《西国扁卢》(未十一)中一商人"肠中染毒,非洗涤厥肠不可",医生为其洗肠,治愈而归;《剖脑疗疮》(利三)中一女脑中生疮,性命堪忧,医生"用刀剖开脑壳,将毒取出","一经洗涤,疾即霍然"……当人们从死亡线上重回人间,这些视觉故事悄无声息地编织着一个个医学奇观。奇观从来都不是符号的无序堆积,而是发挥着神奇的劝服功能,其目的就是"通过视觉的方式"形成人们的感性认知,从而在心理结构层面搭建视觉与认同之间的等价逻辑。

如果说这些医学奇观还停留在治病救人的医学范畴,那后续的视觉实践则完全拓展了奇观生产的想象力,制造了一幕幕超越医学奇观的世俗化了的科学奇观。具体来说,有些神迹意象已经远远超越了救死扶伤这样的领悟模式,而是上升为一种惊世骇俗的医学奇观。《点石斋画报》于1988年连续刊登了三篇有关西医如何对待尸体的图像,分别是《缩尸异术》(卯八)、《戕尸类志》(卯十二)和《格物遗骸》(卯十二)。《缩尸异术》呈现的是美国科学家通过喷洒一定的药物,能够将人的尸体缩小,"长阔仅一尺余,厚一寸余,其坚如石,历久不腐,盛以木匣,颇便携带";《格致遗骸》讲述的是西方人发明了一种方法,可以将人的尸体熬油后制成碱屑,将人的骨头粉碎后做成肥料,如此"国富民裕而治道成矣"……这些故事首先在身体维度上编织奇观,然而却远远超出了常人的认知经验,成为一个指向科学话语生产的医学迷思。正因为《点石斋画报》与生俱来的"新闻外衣",再加上其超越日常经验和中医解释范畴的离奇性,人们很容易为这些视觉神迹赋予一个真实的新闻认知背景。于是,伴随着《点石斋画报》在发行量和影响力上"风行海内"[①],这些精心制造的神迹故事不仅拓展了西医话语的传播潜力,同时也在日常生活维度建构了文化意义上人们关于西医的想象方式。

---

① 陈平原、夏晓红:《图像晚清:点石斋画报》,第10页。

五、结语与讨论:视觉修辞作为一种观念史研究方法

透过晚清西医话语的视觉修辞实践,图绘"西医的观念"成为一个真实的观念史(history of idea)问题。葛兆光指出,思想史的研究应该重视图像资料,因为图像往往是某种有意识的选择和构想,其背后蕴藏着历史、价值和观念。① 观念史同属思想史范畴,同样不能忽视图像及其研究方法。纵观晚清西医的视觉实践,图像的功能已经远远超越了"图说历史"的功能,而是与语言文字形成了积极的对话基础,甚至打捞着语言所不能企及的观念的形式与内涵。观念史研究的功能就是"向我们说明我们是谁,我们是什么,我们经历了哪些阶段和十分曲折的道路才变成现在这个样子"。② 昆廷·斯金纳(Quentin Skinner)在观念史的两大研究范式中,无论是"施特劳斯学派"对文本冲突的直接追问,还是"剑桥学派"对思想冲突的历史考察,尽管他们的分歧主要体现为是否要正视并确认历史的主体性,但都强调在一个冲突性的知识结构、议题背景或语境关系中来把握观念的形式与流动。③ 在"西医东渐"的总体时代背景下,中西医之间的文化冲突是一个不争的事实。因此,立足于这一冲突性的时代语境,在视觉维度上考察西医东渐语境下西医的观念,有助于我们接近更普遍意义上的观念史研究的方法论问题。当前的医学观念史研究更多地关注语言文本及其社会文化实践,对视觉材料及其视觉实践并未引起足够重视。④ 本研究的重要意义在于拓展了观念史研究的文本系统,也就是从语言文本系统转向了视觉文本系统,并尝试在视觉意义上发现并思考观念的视觉生成逻辑,从而拓展了观念史研究的认识向度。

按照剑桥学派的观念史研究理念,观念并不是静静地躺在历史的长河中等待着被后人发现,而往往"以修辞的形式"存在。正如剑桥学派代表人物昆廷·斯金纳所说:"著作家常常故意采用一套拐弯抹角的修辞策略,其中一个明显的策略是反讽的运用。这就使言说(what is said)与意义(what is meant)相分离。"⑤因此,要识破并接近那些经由特定修辞"乔装打扮"的意义系统,转向并依靠修辞批评是一种非常合理的研究路径。换言之,观念史研究的一种可能的分析路径是:通过"修辞分析"的方法与路径来把握观念存在与表征的修辞问题,抵达观念史研究的话语内涵。因此,本文将视觉修

---

① 葛兆光:《思想史研究视野中的图像》,《中国社会科学》2002年第4期。
② [美]罗杰·豪舍尔:《序言》,冯克利译,载[英]以赛亚·伯林:《反潮流:观念史论文集》,译林出版社2002年版,第13页。
③ 刘涛:《PM2.5、知识生产与意指概念的阶层性批判:通往观念史研究的一种修辞学方法路径》,第82页。
④ 需要强调的是,在语言话语所主导的观念史研究体系中,图像也经常作为佐证材料进入观念史的研究视野。比如,英国哲学家科林伍德在著名的《历史的观念》中引用大量的图像材料,并将其作为"视觉证据"来回应特定的观念与历史问题。
⑤ [英]昆廷·斯金纳:《观念史中的意涵与理解》,任军锋译,载丁耘主编:《什么是思想史》,上海人民出版社2006年版,第124页。

辞作为一种观念史研究方法,从视觉修辞的方法论维度接近观念史研究中极为重要的"观念形式"(pattern of idea),在学术思路上符合观念史研究的基本思想传统。

由于认识观念与认识世界在认识论上具有内在的思想基础和逻辑关联,那如何在视觉意义上识别具体的"观念形式"(pattern of idea),视觉修辞提供了一种通往观念史研究的方法路径。观念史研究实际上要回答三个核心问题:第一是发现并识别观念的内涵;第二是探寻观念的起源问题;第三是把握观念与社会的互动过程和历史逻辑。[①] 立足于视觉修辞的方法论基础,从视觉形式、视觉话语、视觉文化三个具体的修辞认识维度切入,一定意义上能够回应观念史研究的三个核心问题。具体来说,探讨观念史意义上的观念内涵、观念起源与观念影响,在方法论上存在一个深刻的"视觉之维":第一,正如我们可以从图像的视觉构成与形式风格来把握西医的历史语境,观念的内涵往往体现为既定的视觉形式问题;第二,观念的起源则可以追溯到特定的视觉话语问题,如我们可以在身体维度上识别并发现西医观念深层的科学话语本质;第三,观念的影响与流变既是一个文化认知问题,也是一场文化实践命题,而这恰恰涉及视觉修辞批评意义上的图像叙事与修辞实践命题,尤其是在日常生活的经验与实践维度回应图像话语的文化叙事或历史叙事问题。因此,沿着视觉形式、视觉话语和视觉文化三个内在关联的视觉修辞维度切入,能够有效地回应观念史研究特别强调的观念的内涵、观念的起源、观念的影响问题。由此可见,视觉修辞无疑在方法论上提供了一种通往观念史研究的有效的认识路径和操作方法。

如果从观念史维度来反思视觉修辞研究,本文的不足之处是对经验性事实的挖掘还有待进一步深入。大众媒介话语中的视觉材料究竟是如何在日常生活维度上发生作用的?这既涉及观念史研究的观念影响问题,也涉及视觉修辞的修辞效果问题。作为观念史研究的代表性理论范式[②],知识社会学关注特定社会历史语境下的观念,强调在具体的"经验性事实"中发现思想,从而揭示"为什么世界恰恰以那样的方式呈现自身"。[③] 因此,在西医的视觉表征体系中,观念史研究不仅要揭示视觉文本话语的意义系统,还要尝试揭示特定历史语境下文本意义和社会实践之间的勾连逻辑,即从视觉文本传播的经验性事实中发现和接近观念的存在形式及其话语本质。其实,西医的视觉传播实践产生了一定的社会影响,类似的"经验性事实"不仅存在于常规的主流话语和历史叙事中,还广泛地存在于阅读史(history of reading)意义上的个体阅读、书信往来、个人传记等微观实践中,而后者对于我们理解日常生活中的观念史特别是"观念的影响"尤为重要。比如,新知传播是晚清报刊的重要实践,而画报形式强化了新知

---

① 为什么观念史主要聚焦于这三个问题,拙作进行了详细论述,参见《PM2.5、知识生产与意指概念的阶层性批判:通往观念史研究的一种修辞学方法路径》,第63—86页。
② [英]斯蒂芬·柯林尼:《什么是思想史?》,任军锋译,载丁耘主编:《什么是思想史》,上海人民出版社2006年版,第8页。
③ [德]卡尔·曼海姆:《意识形态与乌托邦》,黎鸣等译,商务印书馆2000年版,第277页。

内容传播的趣味性和可读性。《点石斋画报》配合《申报》发行,亦单独售卖,是当时知识之普及、新知之推广、思想之启迪的重要媒介。[①] 鸳鸯蝴蝶派作家包笑天晚年的回忆,则明白无误地表达了《点石斋画报》对其少年时代的影响:"我在十二三岁的时候,上海出有一种石印的《点石斋画报》,我最喜欢看了。本来儿童最喜欢看画。而这个画报,即是成人也喜欢看的。每逢出版,寄到苏州来时,我宁可省下点心钱,必须去购买一册。这是每十天出一册,积十册便可以线装成一本。我当时就自装订成好几本,虽然那些画师也没有什么博识,可是在画上也可以得着一点常识……"[②]从包天笑的回忆我们亦可想象这份老少咸宜的画报流行之广,影响之深远。由此亦不难想见,那些随画报展示在读者眼前的西医图景,会给惯习了中医"望、闻、问、切"诊疗场景的国人造成怎样的视觉认知和观念冲击。我们不妨以报刊史上著名的《点石斋画报》事件为例,来进一步说明西医话语的视觉实践所产生的巨大的社会影响。《点石斋画报》于1888年连续刊登了《缩尸异术》(卯八)、《戕尸类志》(卯十二)和《格物遗骸》(卯十二)三则图说。由于涉及西人的缩尸、煮尸、碎尸问题,报道引发了广泛的社会争议。1889年1月15日,八国使臣向总理衙门提出交涉,后经上海道台处理,《点石斋画报》发布"更正声明",承认"事出子虚","适逢宪谕传知,合亟登报声明前误,以释群疑"[③],向社会正面道歉。因此,在晚清鸦片战争以来"医务传教"的总体性时代背景下,如何在这些或宏大或微观、或主流或边缘、或系统或断裂的"经验性事实"中接近并把握视觉实践与社会历史的互动结构,以丰富和拓展视觉修辞实践意义上的材料基础、观念图景和文化过程,恰恰是后续研究需要努力的方向。

---

① 王尔敏:《中国近代文运之升降》,中华书局2011年版,第170页。
② 包天笑:《钏影楼回忆录》,大华出版社1971年版,第112-113页。
③ 《点石斋画报》1889年3月第182号。

传教士报刊与晚清报刊诗词演进 *

焦 宝

(吉林省社会科学院)

众所周知,中国近代报刊是传教士带来的舶来品,最初的几种中文报刊均由传教士所创办。① 然而,清王朝闭关禁教的对外政策,使得早期传教士在中国内地并不能自由活动,因此,中文发行报刊虽然始自1815年之《察世俗每月统记传》,但该报却是在马六甲出版发行。真正在中国境内出版发行并产生影响的第一份报刊是1833年在广州出版的《东西洋考每月统记传》。②

一、《东西洋考每月统记传》诗词:亲近中国文人 唤醒中国蒙昧

《东西洋考每月统记传》由普鲁士传教士郭士立创办。于道光十一年(1831)来华的郭士立,在短短的时间内,即实现了传教士在中国传教活动的突破——在中国内陆创办报刊。不唯如此,除了在外形上与米怜所办的《察世俗每月统记传》一脉相承外,《东西洋考每月统计传》在编辑上较《察世俗每月统记传》有了较大的进步,如目录清晰、栏目基本稳定等。程丽红师曾对传教士在中国的办报活动做过考察,认为"《东西洋考》无论是在内容比重的安排方面,还是栏目的设置、搭配上,都体现出郭士立的良苦用心。一反《察世俗》扑面而来的宗教气息,《东西洋考》的'宗教内容已退居次位,解

---

* 本文原载于《福建论坛》(人文社会科学版)2016年第9期,有修改。
① 如1815年马六甲之《察世俗每月统记传》、1823年巴达维亚之《特选撮要每月纪传》及1828年马六甲之《天下新闻》。有关传教士报刊的研究,学界成果颇多,可参考赵晓兰、吴潮:《传教士中文报刊史》,复旦大学出版社2011年版。
② "统记传"或"统纪传"或"记传"等,即英文magazine的译词,如《东西洋考每月统记传》,其英文名即 *Eastern Western Monthly Magazine*。《东西洋考每月统记传》之影印本由黄时鉴先生据哈佛大学燕京图书馆藏本整理后,1997年由北京中华书局印行。有关《东西洋考每月统记传》的研究情况,可参考刘昊:《〈东西洋考每月统记传〉研究述评》(《铜仁学院学报》2008年第6期)。2008年之后,则有两篇论文针对《东西洋考每月统记传》与文学问题立论,分别是王海波《〈东西洋考每月统记传〉的中国文学传播》(内蒙古民族大学2010年硕士论文)、张瑜《〈东西洋考每月统记传〉与中国比较文学》(《新闻爱好者》2010年第21期),后者论述简略且不论,前文对《东西洋考每月统记传》相关文学资料整理颇为全面,但相关评述有可商榷处。

释教义的专文没有了,阐发基督教义已不是刊物的基本要务',大量篇幅让位于历史、地理、天文和科技。'摆事实'给中国人看,以西方文明唤醒中国之蒙昧的用意不言自明"①。而郭士立这么做的根本目的,即在于"使中国人认识我们的工艺、科学和道义,从而清除他们那种高傲和排外观念"②。对于郭士立实现这一目的的方式,程丽红师以《东西洋考每月统记传》中的具体栏目进行了分析与论证。而值得注意的是,刊发诗歌乃至以诗论方式展示西方"工艺、科学和道义",也是这份刊物的一个重要特色。

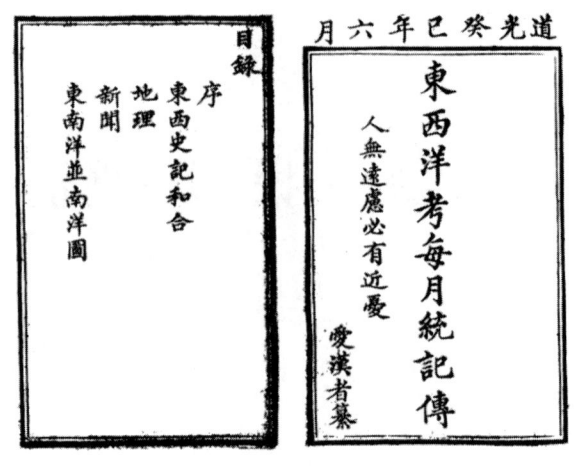

图 1 《东西洋考每月统记传》创刊号

《东西洋每月统记传》共出 39 期,在广州出刊至道光十七年(丁酉年,1837)而迁址至新加坡。③ 其中 13 期刊物刊发或摘录过诗词文赋作品。《东西洋每月统记传》刊发的诗词赋等韵文文献可列举如下:

表 1

癸巳年十月号、甲午年正月号	《兰墩十咏》
乙未年六月号、丁酉年三月号	《诗曰》(实为欧阳修《陪府中诸官游城南》和《智蟾上人游南岳》两诗的内容)
丁酉年正月号	《诗》(为诗论一篇)
丁酉年五月号	《李太白文》(《拟恨赋》节选)
丁酉年九月号	《词》(实为苏东坡《富郑公神道碑》)
丁酉年十一月号	李太白曰(《愁阳春赋》)
戊戌年正月号	班固《东都赋》
戊戌年二月号	《苏东坡词》(《明君可以为忠言赋》,前有评论)
戊戌年三月号	《李太白》(古风《大雅久不作》篇)后有评论
戊戌年五月号	《李太白诗》(两首,李白古风《天津三月时》与《西上莲花山》)
戊戌年六月号	《苏东坡诗》(实为《上虢州太守启》)
戊戌年八月号	《医院》《论诗》《诗》(实为左思《吴都赋》节选)
戊戌年九月号	《赋曰》(实为左思《蜀都赋》节选)

---

① 程丽红:《清代报人研究》,社会科学文献出版社 2008 年版,第 266 页。
② 转引自方汉奇:《中国新闻事业通史》第 1 卷,中国人民大学出版社 1992 年版,第 265 页。
③ 其中有 6 期重复出刊,所以实际上共出 33 期。

癸巳年(1833)十月号刊发的《兰墩十咏》,是目前所见近代中文报刊中第一次出现原创性的中国古典诗歌。[①] 这一组十首五律注明"诗是汉士住大英国京都兰墩所写",其具体作者已不可考,其内容如下:

其一:海遥西北极,有国号英仑。地冷宜亲火,楼高可摘星。意诚尊礼拜,心好尚持经。独恨佛啷嘶,干戈不暂停。

其二:山泽钟灵秀,层峦展画眉。赋人尊女贵,在地应坤滋。少女红花脸,佳人白玉肌。由来情爱重,夫妇乐相依。

其三:夏月村郊晚,行人不断游。草长资牧马,栏阔任栖牛。拾麦歌宜唱,寻花兴未休。相呼早回首,烟雾恐迷留。

其四:戏楼关永昼,灯后彩屏开。生旦姿容美,衣装锦绣裁。曲歌琴笛和,跳舞鼓箫催。最是诙谐趣,人人笑脸回。

其五:两岸分南北,三桥隔水通。舟船过胯下,人马步云中。石磴千层叠,河流九派溶。洛阳天下冠,形势略相同。

其六:富庶烟花地,人工斗物华。帝城双凤阙,云树万人家。公子驰车马,佳人曳縠纱,六街花柳地,何处种桑麻。

其七:高阁层层上,豪华第宅隆。铁栏傍户密,河水绕墙通。粉壁涂文采,玻窗缀锦红。最宜街上望,楼宇画图中。

其八:九月兰墩里,人情乐远游。移家入村郭,探友落乡陬。车马声寥日,鱼虾价贱秋。楼房多寂寞,破坏及时修。

其九:大路多平坦,条条十字衢。两傍行士女,中道骋骈车。夜市人喧店,冬寒雪积途。晚灯悬路际,火烛灿是如。

其十:地冷难栽稻,由来不阻饥。浓茶调酪润,烘面裹脂肥。美馔盛银盒,佳醪酌玉卮。土风尊饮食,入席预更衣。

这十首诗,写英伦风土人情、文化历史,呈现出一派祥和富庶之景象。其实诗中所写,如第一首论"佛啷嘶"[②]等国,其与中国交往已久,但遗憾的是,中国人却只是将其视为又一个较远的蛮夷罢了,而英国人早在乾隆时代即访华要求通商,但却产生了乾隆皇帝与马嘎尔尼令人扼腕的对话。这首诗写英国的地理环境与人文状况,更写到了

---

① 李良荣:《中国报纸文体发展概要》,福建人民出版社2002年版,第130页。李著中,《兰墩十咏》误为《兰墩卜咏》,拙文《晚清杂志与诗词关系初探》(《社会科学战线》2012年第2期)中亦误袭用,盖字迹不清的缘故,然以十律之数,应为"十咏"而非"卜咏",可明确。

② 佛啷嘶、佛郎机等即从明朝开始即与中国交往之葡萄牙。关于佛郎机的研究,学界成果颇多,可参考庞乃明《明人佛郎机观初探》(《兰州大学学报》2006年第1期)等。关于马嘎尔尼访华问题,学界更是讨论颇多,不赘述。

此时英国参与的葡萄牙战争①,有着较为丰富的信息量。可见诗作者不仅对伦敦风土人情较为熟悉,而且对当时欧洲局势亦有所了解。这一组诗,从艺术上说,以白描之手法、白话之风格写作,自然清新;从情感上说,诗中满篇皆是"富庶烟花地""豪华第宅隆""大路多平坦"等赞扬之语句,而绝少思乡之情感流露,似并非汉人客旅者所作;就诗歌用意来说,要使中国人认识到西方之富庶与先进,从而如郭士立所言,"让中国人确信,他们需要向我们学习的东西还是很多的"②。

除去《兰墩十咏》外,《东西洋考每月统记传》发表的原创诗歌还有表彰西方医术先进的诗歌。戊戌年八月号《医院》一文,表彰首位来华以医术传教之牧师伯驾③,该文中有多首诗歌,其中第一首托为"汉人之吟国手之诗":

> 我居重楼越兼句,所闻疗治皆奇新。治法迥与中国异,三分药石七分针。求医之人满庭宇,肩摩膝促犹鱼鳞。瘫疽聋瞽杂焉坐,先生周历如车轮。有女眉生斗大瘤,血筋紫络光轮囷。自言七岁遘此疾,今又七年半等身。先生抚视曰可治,但须稍稍受苦辛。乃与刀圭日一服,五日再视扃楼门。缚女于榻戒弗惧。霜镵雪刃灿若银,且挑且割约炊许,脱然瓜落如逃鹑。遏以瓶药日洗换,旬余肤合如常人。有儿生无两耳窍,坦然轮廓皆平湮。先生为之凿混沌,实以银管香水歆,涂膏抹药频改换,轮廓隐起耳有闻。有妇患臌腹如鼓,肢体黄肿死已滨。银锥三寸入脐下,黑血涌注盈双盆。须臾肌肉倏瘦皱,精神渐复回阳春。至如治目尤专技,挑剪钩割无虚辰。治愈奚啻百十计,奇巧神妙难具陈。得效忻然无德色,不治怃然悲前因。呜呼,先生心何苦,嘻嘻,先生术何神! 神术不嫌狠毒手,毒手乃出菩提心。是法平等无贵贱,物我浑一无疎亲。我疑西方佛弟子,遣来东土救疴民。不然航海万里来,耗人舍己将何徇。非医一药不受报,且出己资周孤劳。劳心博爱日不懈,呜呼先生如其仁。其道自是如来教,其术确传元化真。

诗歌对伯驾的医术做了不厌其详的赋陈,其中颇有意味的是,诗中以佛教度人之说来比拟作为传教士的伯驾,而编辑者公开刊发此诗,则说明了编辑者在某种程度上对这种比拟的认可。《东西洋考每月统记传》为亲近中国读者,十分注重中西文化的比较,在西方文化与东方文化相同处,寻求认可;在西方技艺胜过东方处,力图让中国人转变,这是其一贯的态度。该刊除卷首题"爱汉者纂"外,更以儒家格言标示于封面,在

---

① 诗中所谓"干戈",似指1828年开始的所谓自由派战争。
② 转引自方汉奇:《中国新闻事业通史》第1卷,第265页。
③ 关于传教士在中国从事医疗工作的情况,可参考何小莲《西医东传:晚清医疗制度变革的人文意义》(《史林》2002年第4期)一文。

其创刊号的《序》当中,更是满篇的"子曰""诗云""汤之盘铭曰"等语句①,从中便可见出这些传教士力图接近中国文化以达成其传教效果的目的。然而,与儒家不同②,佛教是真正的与基督教传播有竞争关系的宗教,此外,当有汉人以佛弟子比拟牧师伯驾、以如来教比拟其所传之医(道)术时,编辑者的认可,只能说明他们在某种程度上对于这一比拟是乐观其成的,毕竟佛教对于中国人的影响之大,使其更容易为中国人接受。

对比先前的"住兰墩"汉士的作品,这首对西方医术和伯驾其人的赞歌,无论是在语言表达上,还是艺术表现上,都表现出较高的水准,可以推测为真正的中国文人之作品。《医院》一文中,还有四首患者临别赠诗,这四首诗的艺术水平无疑更高些,诗如下:

其一:寻医留住五羊城,幸遇真人善点睛。已喜拨云能见日,从教污浊转清明。
其二:昨秋重九始登楼,自得登楼疾渐瘳。费尽劳心余两月,明朝何忍别孤舟。
其三:家书催入五羊城,一夕愁闻折乡声。安得与君长久叙,楼头话到日重明。
其四:良医相叙怕相离,一别从订后会期。来年问我重游日,正听街头卖杏时。

从这些诗作来看,可以说,医生身份的伯驾确实得到了中国人的认可,但是这种认可,在多大程度上能够促进其传教活动,又能在多大程度上达成郭士立使中国人认识到"他们需要向我们学习的东西还是很多的"之目的,却是存在疑问的。以佛弟子、如来教来面对伯驾的医术,又将伯驾誉为"大国手";而在四首赠别诗当中,诗人更将伯驾医生视作恩人与挚友,以中国传统的报恩思想与友人情感来处理与伯驾的关系,并没有将之视作"上帝"的恩典,可以说,他们虽然将伯驾视作医术奇高之士,但更是将其医术与其养成医术的西方医学乃至西方文化割裂了开来,实质上,已经以中国文化解构了郭士立所追求的目的。

---

① 《序》,《东西洋考每月统记传》道光癸巳年六月号,中华书局1997年版,第2-3页。这种接近中国文化的姿态,与先前《察世俗每月统记传》有相似之处。
② 即便是儒家,在明末至清初的基督教传教活动,亦与基督教有原则性的冲突,即发生在明清之际的"礼仪之争",这次中西文化的碰撞直接导致了中国的禁教,学界相关论述颇多,可参见林金水《明清之际士大夫与中西礼仪之争》(《历史研究》1993年第2期)、朱静《罗马天主教会与中国礼仪之争》(《复旦学报》(社会科学版)1997年第3期)等论文及谢和耐《中国观与基督教》(上海古籍出版社2003年版)等专著。

二、《东西洋考每月统记传》诗论:评论东西诗学 破除外夷无文

除了这 15 首原创诗作之外,《东西洋传每月统记传》还摘录了多位中国诗人的诗赋作品。① 而尤其值得注意的是,该刊还刊登了诗评作品,这些诗评包括两类,一类是在摘录中国诗人作品时附加的评论性语句,一类则是专门诗评。前者如戊戌年二月号刊登《苏东坡词》(实为《明君可与为忠言赋》),前有评论:

> 苏东坡儒雅超群,绣口锦心之士。言词香艳绝伦,余引其言耳,登其《明君可与为忠言赋》。②

这一评论当中,以儒雅超群、绣口锦心来评价东坡其人,以香艳绝伦来评价东坡言词。儒雅超群、绣口锦心不过一般描述,用之于任一杰出之诗人皆无不可,因此,此评论亦无不可。唯有以"香艳绝伦"来评价东坡言词,实为前所未有之论。这一评论的原因,或因编辑者对东坡并无深入了解,而对汉语之准确把握也存在问题之故。实际上,从另一条关于李白的评论当中,便可以见出,编辑者对于苏东坡、李白等人的推崇,实则不过是利用其在中国文人中的影响力,以传播其宗教而已,至于编辑者,则不必须对其人其诗有深入了解。这条关于李白的评论刊载于戊戌年三月号《李太白》后(系李白古风《大雅久不作》):

> 此系李太白怀古慨今之诗,叹时势之变迁,有兴则有废,有成则有败,勿以一时荣华富贵骄傲凌人,上帝主宰万方,权衡万世,惟修德者受天之祐。③

编辑者之用意,并不在论"大雅久不作"之寓意,实际上也未能把握李白在诗中所表达的志于删述、垂辉千秋的豪迈,而以时势兴废之语,妄作解人,该编辑者之用意不在诗,亦不在说诗,而仅在于"上帝主宰万方,权衡万世,惟修德者受天之祐"一句而已。

相较这些片言只语、并不正宗的诗学评论,《东西洋考每月统记传》上刊登的诗专论,却有其特殊之价值。比如丁酉年正月号《诗》即为诗论一篇:

> 人怀魄抱神,二者若不以文诗养之,虽有粟衣,岂得补灵魂之阙?是则诗

---

① 这些作品如前表所列,但是在摘录中文字多有讹误,可见王海波《〈东西洋考每月统记传〉的中国文学传播》(内蒙古民族大学 2010 年硕士学位论文)附录二"《东西洋考每月统记传》刊登中国古代文学作品的校订"。
② 《东西洋考每月统记传》,中华书局 1997 年版,第 330 页。
③ 《东西洋考每月统记传》,第 347 页。

之所以为教也。欧罗巴国兴诗流传于世,自商迄今,诗翁显世,习诗及编辑研精,所辑无美不备。汉有国风雅颂之体……李太白之诗词乃太过,其义茫如烟海也。李太白以学力胜同时人。角立雄视于文场笔海,后世虽有作者,孰能加于此乎……李太白为学士之才华魁矣。汉人独诵李太白、国风等诗,而不吟咏欧罗巴诗词,忖思其外夷无文无词。可恨翻译不得之也。欧罗巴诗书万世之法程,于是乎备。善意油然感物而兴起,豪烈豪气于是乎生。精神涌发乐而不过,无一理而不具矣。盖欧罗巴民讲异话,其诗书异类。诸诗之魁,为希腊国和马之诗词并大英米里屯之诗。希腊诗翁推论列国围征服城也。细讲性情之正曲,哀乐之原由,所以人事浃下天道。和马可谓诗中之魁。此诗翁兴于周朝穆王年间。欧罗巴王等振厉文学,诏求遗书搜罗。自此以来,学士读之,且看其诗,相垺无少逊也。夫米里屯,当顺治年间,兴其诗。说始祖之驻乐园,因罪而逐也。自诗者见其沉雄俊逸之槩,莫不景仰也。其词气壮,笔力绝不类诗流转圜,美如弹飞。读之果可以使人兴起,其为善之心乎。果可以使人兴观其甚美矣。可以得其要妙也。其义奥而深于道者,其意度宏也。①

诗论当中以比较之眼光,对视中西方诗歌,将李白视为中国之诗魁,而以和马②为西方诗魁,以米里屯③为西方诗歌自希腊和马后最杰出者。从比较文学史的角度来看,以中国诗与西方诗对读,这是第一次。且不论其对李白的理解是否准确,察此文之目的,无非有二:其一,向中国人推介西方诗歌之沉雄俊逸,大约与后来国人面对西方事物,而云此我某朝某代固有之诸类言语相似,而其用意却全然不同,以西方人而做此种评论,其意在破除中国人"独诵李太白、国风等诗,而不吟咏欧罗巴诗词,忖思其外夷无文无词"之情状,这是极为明显的。其二,其意尤在于传播其宗教。破除中国人"外夷无文无词"的思想,本来即意在利于宗教之传播,而以弥尔顿《失乐园》为《荷马史诗》之后最伟大之作品,其传教用意则表露无遗。弥尔顿《失乐园》是西方宗教革新运动与文艺复兴之最重要诗作,其人文思想固然值得重视,然而其清教徒氏的宗教虔诚更是《失乐园》的重要主题。

道光戊戌年八月号亦有《论诗》一文,该文说:

> 题诗作赋是君子所好也,吟啸谈谑讽咏辞赋,快畅之至,其味无穷矣。然作诗者虽多,骚人黑(墨)客善于诗歌者鲜矣。余无兴心推敲,而看诗翁情兴勃勃,诗思泉涌,不胜雀跃也。今引缥缈风云之词,致著文字渊深,超绝事理

---

① 《东西洋考每月统记传》,第195页。
② 通译荷马,原文如此。
③ 通译弥尔顿,原文如此。

矣,看官笑纳幸矣。如此令阅之心头眼底,豁然开朗,豁然称快矣。汉诗之义为六:一曰风,二曰赋,三曰比,四曰兴,五曰雅,六曰颂。外国诗翁所作者异矣。古时,诗翁之虎作赋述史。自兹以降,源流实繁。述邑居,则有凭虚亡是之作,戒畋游则有长楊羽猎之制。若其纪一事咏一物,风三草木之兴,鱼虫禽兽之流,推而广之,不可胜载矣。骚人之文,自此而作诗者,盖志之所之也。情动于中而形于言焉。历观□囿泛览辞林,未尝不心游目想,移晷忘倦。老庄之作,管孟之流,盖以立意为宗,不以能文为本。稍若作诗题贤人之美辞,忠臣之抗直,谋夫之话,辨士之端,妙不胜矣。善读者玩索而有得焉,则终身用之有不能尽者矣。①

从该文可见,《东西洋考每月统记传》的编辑者对于中国传统诗学用心颇多,虽然由于文化隔阂、语言障碍,其言语论述仍有不合文理之处,然此篇《论诗》,其观点悉合《毛诗》论诗之旨,实属难能可贵。这种对中国文化的学习,表露了近代早期传教士报人为了达成其传教目的,其宗教精神之虔诚。此后,充分利用诗词文化,以接近中国文人,成为外国传教士惯用的手段。1853年创刊于香港的《遐迩贯珍》,这样一份继续以传播西方文明以打击中国人的盲目自信为目的的刊物,在其第一号上,便请中国文人保定张东耘以诗的形式题词,显然有借力于诗歌的目的。

对于郭士立及其《东西洋考每月统记传》,程丽红师曾指出:"身为传教士,郭氏

图2 《遐迩贯珍》1853年8月第1号《题词》

在中国的十几年间,没有把主要精力用于传教,却积极投身于英殖民当局的侵华活动……传教士不自觉地卷入了打开中国大门的罪恶,或许他们真的是出于对宗教的热诚,却无论如何也难以获取受难国的信任,进而去欣赏他们在中西文化交流史上的积极作用。不管郭士立怎么努力,收效都不能如其预想。《东西洋考》虽然引起了注意,首次在中国先进知识分子那里得到了回应,但影响毕竟仍然十分微弱……事实证明,国人观念的更新尚待时日。教会报刊欲实现全面影响中国思想界的理想,当指望后代

---

① 《东西洋考每月统记传》,第410页。

传教士的努力;但无论如何,郭士立及其创办的《东西洋考》作为其间必要的过渡链环,绝对不可逾越。""传教士征服中国人思想的理想,最终由林乐知实现了,他将教会报刊的思想影响力推向了顶峰。"①

三、《万国公报》诗词:以诗联络文士 影响中国思想

林乐知是美国纽约监理会传教士,后来改隶卫理公会,他于咸丰十年(1860)来华。林乐知来华的时间,正值第二次鸦片战争,经此一战,清廷的禁教政策被终结,外国传教士获得了在中国信仰与传播基督教的自由。方汉奇曾做过统计,在1840年前出版的教会报刊不过十几家,且多在东南沿海和南洋刊行,到1860年时,已达30余家,而至1890年,竟达76家之多。② 林乐知在华所办的报刊,最为知名的即是对近代中国影响巨大的《万国公报》。创刊于1868年9月5日的《万国公报》,原名《教会新报》(CHURCH NEWS,《中国教会新报》),其初期以教会事业为中心,其宗旨即林乐知所谓"俾中国十八省教会中人,同气连枝,共相亲爱"③,但至1874年后改为《万国公报》,其内容虽稍脱离纯宗教之性质,但宗教仍是其核心,刊发诗词内容如1875年7月17日(光绪元年六月十五日)第345卷刊发一组诗词,包括署"广东寄来"的《明辨中外人同出一天父歌》《千秋调三首》《劝人求真福词二首》《慕真道歌》《劝人守份 西江月词二首》《劝人求永福词二首》等诗词与《蒙英国洛医生与富商马特生同理雅各牧师德牧师共劝 英后禁绝鸦片烟歌二首》《梦英国威钦差妥玛办妥中东罢战仍旧和好歌二首》等诗歌。且看其《劝人守份 西江月词二首》:

其一:吾只遵乎天道,繁华任人所好。世上是非莫较量,守份安居到老。
惟图出死入生,信赖温柔中保。晨昏修省自行藏,积善一生为宝。
其二:一朝得闻圣道,生顺死安就好。身闲温饱便吟哦,岂想长春不老。
只求善果结多,救我灵魂中保。世间富贵任人谋,予以不贪为宝。

这种宗教色彩浓厚的诗词,难以说有多高的艺术性,但也可见其时信教群体的心迹。待至1889年以广学会机关报面目复刊后,《万国公报》致力于传播近代文明,此前《万国公报》"除攻讦隐私描摹媟亵,悬之禁例,恕不列报外,凡有鸿篇丽制雅什骈词,或倚马之万言,或谰探骊之片语,无不广为搜辑,以代表彰",复刊后更是号召"文坛飞将儒林丈人"投稿支持。

---

① 程丽红:《清代报人研究》,第115-116页。
② 方汉奇:《中国近代报刊史》(上),山西人民出版社1981年版,第19页。
③ 林乐知:《中国教会新报启》,《中国教会新报》第1期,1868年9月5日。

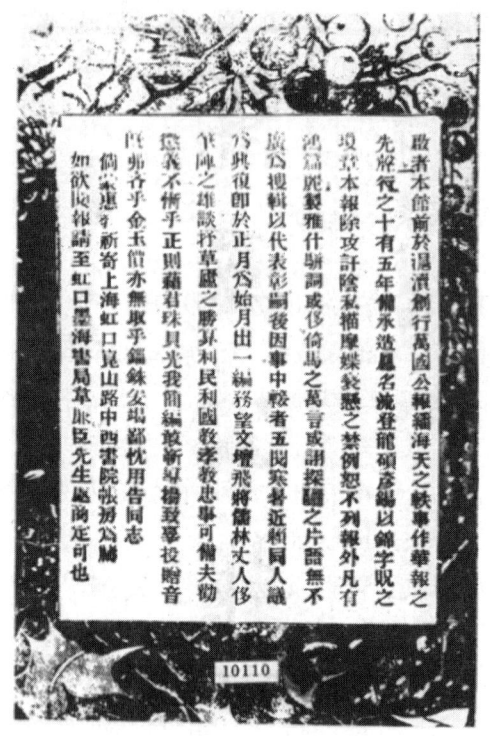

图 3 《万国公报复刊启事》

因此，复刊第二号上，《万国公报》便刊发了《感知己诗序》和《西湖即景》诗，第三号之后则多刊发沈毓桂①诗作，第三号上即其《赠英国艾约瑟先生四诗并序》，第四号则有《学箴六首并序》《贺席正甫观察五十寿四首》《贺郑登赋仁兄令似康侯同砚弟入泮》，其后《万国公报》不定期刊发诗作，其内容亦大略如沈毓桂之作，有关宗教者亦不过如《挽韫山倪牧师》（钱芳棣，第七号）之类。可以说，复刊后的《万国公报》在宣传策略上发生了改变，逐步淡化了宗教色彩，而是"借助报刊传达思想，进而对中国思想界施以影响"②，就其诗词作品来说，也是如此。《万国公报》既然淡化了其宗教之色彩，那么其原来所具有的联系教友、同气连枝之功能便为《中西教会报》所取代。

四、《中西教会报》诗词：以诗传播宗教 助推社会运动

《中西教会报》创刊于 1891 年 2 月（光绪十七年正月），在上海出版，为月刊，出至 1893 年 12 月（光绪十九年十一月）停刊，共出 35 册。1895 年 1 月（光绪二十年十二月）复刊，册次重起，先后由卫理（E. T. Williams）、高葆真（W. A. Cornaby）、华立熙

---

① 沈氏时为《万国公报》华人主笔。关于沈氏之研究，可参考易惠莉《西学东渐与中国传统知识分子：沈毓桂个案研究》（吉林人民出版社 1993 年版）。
② 程丽红：《清代报人研究》，第 121 页。

(W. Gilbert Walshe)、莫安仁(Evan Morgan)、季理斐(D. MacGillivray)等主编。至 1912 年 1 月(宣统三年十一月)从第 234 册起,改名为《教会公报》。

《中西教会报》与同为广学会①刊物的《万国公报》相比,其社会舆论影响力不免逊色,但其宗教性更强,与《万国公报》不同②,因此,由《中西教会报》刊发之诗词来观察,当更能见出晚清基督教文化氛围中报刊诗词之境况。

《中西教会报》时间跨度较长,相对而言所刊诗词并不多,但是,晚清中国社会中兴起的重要社会运动,诸如反鸦片运动、白话运动、女性不缠足运动、女学运动、庚子年闹教反洋运动等等,皆在《中西教会报》报载诗词当中有所反映,其中,诸如白话运动、不缠足运动等等,《中西教会报》的倡导皆可谓开风气者之一。③

(一)反鸦片运动④

《中西教会报》第 1 册刊登《劝禁种烟》一文,其文曰:

> 英国家在印度地方向来收取洋药税银以作该处一切之经费,统计上年所收之税银共有洋元三千万之多,查出口之洋药大半销于中国。所以,印度人大得其利,即是中国人大受其害。现闻各处之传道先生深知贩卖烟土实是害人之事,而且大非上天爱人之心,与道理正相反,因在外国劝令英国公议院设法禁止不准在印度种植烟土以除天下之大害,刻虽未经定夺,将来或可望邀准也。⑤

1890 年代,鸦片荼毒国人已久,有识之士,深以为害,同时,中国门户已开,西方已无须借助鸦片贸易而打开中国市场。传教士呼吁禁烟,一方面是对中国人对鸦片之深恶痛绝有所体会,担心继续以鸦片贸易毒害中国人会影响其传教事业进而影响外国在华利益;另一方面,也确有其宗教虔诚一面。《中西教会报》刊发的诗作当中,即有多篇

---

① 广学会初名同文书会,是以英美基督教传教士为主体,包括外交官、商人在内的文化出版机构,成立于光绪十三年九月十六日(1887 年 11 月 1 日)的上海,可参考江文汉:《广学会怎样的一个机构》,载全国政协编:《文史资料选辑》第 43 辑,中华书局 1979 年版,第 1-42 页。
② 《万国公报》原名《中国教会新报》,至 1874 年出至 300 册始更名为《万国公报》,之后该报宗教性内容减少,而《中西教会报》创刊后,其宗教性功能遂为《中西教会报》所取代。
③ 晚清基督教会参与中国风俗之改良问题,可参阅杨齐福《教会报刊对晚清社会陋习的揭示与批判》(《历史档案》2012 年第 4 期)及王亮《基督教会与 19 世纪末中国习俗之改良》(福建师范大学 2010 年硕士学位论文)等文章。
④ 传教士与反鸦片运动问题的研究,可参见王海鹏、刘天路《来华传教士与晚清反鸦片运动》[《河南师范大学学报》(哲学社会科学版)2009 年第 5 期]、马光霞《监理会在华事业研究(1848—1939)》(山东大学 2012 年博士学位论文)、张小平《清末民初新教传教士与中国鸦片问题(1860 年—1912 年以长江以南为中心)》(福建师范大学 2003 年硕士学位论文)等论文。
⑤ 《中西教会报》第 1 册,第 28 页。

以禁烟为主题。

1987年复刊第34册刊登平邑来稿《劝勉改除鸦片四言歌》：

中华之国,正正堂堂。家富户饶,物阜民康。鸦片祸起,渐即消亡。延至今日,毒遍遐荒。害及其身,反以为良。形多枯槁,色少荣光。文人学士,目击心伤。劝诫诸说,备极周详。前贤力禁,此愿未偿。天心仁爱,何故降殃……凡我同志,冀广报扬。引人归正,获福无疆……邦畏以兴,家何由昌。请看万国,仔细参商。因时设教,勿泥旧章。天下一家,何分外洋。寻求原本,永生之粮。言不尽意,诸君请尝。①

这首四言诗,明白无误地说明了传教士致力于禁烟运动之用心。一是其认识到了烟土之危害与上帝之仁爱相违背;二是希望借由禁烟,获得中国"文人学士"之认可,达成"天下一家,何分外洋"之传教目的。从1983年开始,《中西教会报》刊登了中西人士所撰之《戒食鸦片论》《除鸦片烟害论》《鸦片烟有益无害说》(反语为文)《论鸦片烟之害》等文章,呼吁戒除鸦片之害。

(二)白话运动②

传教士报刊从创刊伊始,由于其编辑者的汉语水平所限,其所采取的语言即以浅近文言乃至白话为主。如前所引《东西洋考每月统记传》戊戌年八月号刊《论诗》一文本以浅显文言行文,然而其中"看官笑纳幸矣"等文字,无疑表露了作者受到中国古代白话小说的影响。在《中西教会报》中,则出现了呼吁中国人使用白话的专论,即复刊第12册中《讲习白话音字有益说》一文。而在《中西教会报》上刊出的《劝戒酒竹枝词》《戒色竹枝词》《戒财竹枝词》等则与其所提倡的白话主张互相发明,相得益彰。

(三)女性不缠足运动③

拜上帝的太平天国,在其统治区内发起的天足运动,随着天国的灭亡而消亡,而传教士却进行了长期的不缠足宣传。《万国公报》的前身《中国教会新报》在1870年第86、87期刊发《缠足论》,在第92期刊发《缠足辨》等文章,反对缠足;其后《万国公报》

---

① 《中西教会报》复刊第34册,第24页。
② 学界论白话文运动,多从新文化运动论起,实则白话古已有之,而提倡白话诗、白话文亦古已有之。而来华传教士对中国白话文、语言文字之改革影响颇大,可参见白鸽《西方来华传教士对中国语言文字变革运动影响研究》(陕西师范大学2013年博士学位论文)。
③ 关于晚清不缠足运动的研究,学界成果颇多,可参考夏晓红《清末的不缠足与女学堂》(《中国文化》1995年第1期)、吕美颐《晚清不缠足运动述略》(《中州学刊》1985年第6期)及杨兴梅《近代中国反缠足的努力与成效述略》(四川大学2006年博士学位论文)等。

不仅报道厦门等地戒缠足会的活动(1879年第531期),而且也发表了如《劝戒缠足》(1882年第710期)等文章,可以说,推动了中国人对缠足问题的思考。至1890年代初,则《万国公报》《画图新报》等更是极力鼓吹,终于,甲午至戊戌间掀起了一场不缠足运动,湖南等省开办不缠足会,《时务报》《湘学报》《湘报》等维新派刊物在这当中发挥了重要作用。作为广学会报刊的《中西教会报》也积极参与这一运动,除发表康有为之女康同薇等反缠足女性的文章之外,还发表了一些诗歌进行鼓吹,诸如复刊第36册《教外妇女缠足歌》《教会妇女放脚感恩歌》,复刊第37、38册《女学歌》(不缠足会来稿),复刊第223册《放足歌》,等等。如署名"玉山传道李郁"的《教外妇女缠足歌》:

> 听我歌,听我歌,听我唱个缠足歌。人家生女都缠足,四肢百体软弱多。总教皮肤遭腐烂,总教筋骨受折磨。或是嫁与军家汉,未能助夫执干戈;或是嫁与民家子,未能助夫收麦禾。可叹世间恶风俗,娶妻专问脚小么。不向深闺求淑女,只从月老访娇娥。若是脚大便不要,狃于积习没奈何。因此世上愚蠢辈,忍将儿女情待苛。任他时肿时疼,泪痕满面;任他流脓流血,痛在心窝。也不管啼哭呼妈妈,也不问哀叫唤哥哥。一心要缠金莲小,横担膝上用力搓。为的讨他公姑喜,为的教他夫妇和。岂知世上有福者,多少貌丑脚大婆。这种恶俗怎得了,急速改变莫蹉跎。恳乞皇上降谕旨,九州四海沐恩波。大小官员一齐禁,违逆居然作犯科。果能革除恶风俗,天足会人笑呵呵。笑呵呵,听我唱个放脚歌。①

应该说,这类浅显明白的诗歌,对于一般人是极有触动和感染力的。

(四)义和团闹教运动

1900年,义和团运动兴起,以灭洋为口号,矛头直接指向教堂与教会。作为教会报刊的《中西教会报》对此自然不能没有反应,1900年,除了报道山东闹教事件外,《中西教会报》也以多种形式劝戒闹教,其中复刊第68册刊登署名"江苏阜宁县吴应选"的《劝勿闹教歌》,其词曰:

> 苦口良言劝世人,无分贵贱富与贫。为人须要明道理,不明道理枉为人。况且人当安本分,恩怨须要两分明。做事思前还虑后,不可任意乱胡行。忠直虽贫实可敬,惯知说谎品最轻。近来到处风俗恶,捏造谣言惑愚蒙。修齐伦常全不讲,坐下无事尽谈空。有说剖心拐幼童,有说他有迷魂药,吃了与他

---

① 《中西教会报》1897年复刊第36册,第13-14页。

共一心。种种谣言难尽述，试问谁人果见真……西人中国做买卖，两相情愿最公平。并无掺糠和掺水，似我中国会哄人。各处教堂传教训，劝事万灵真宰神。其道合我上古礼，与今世俗大不同……离乡万里费钱钞，望人相信免罪名。信与不信随人便，人不管你休官人。各处又设大医院，药本贵贱不忍疼。治好许多疑难病，许多并不感他恩。他是顺主做好事，不要人钱肥自身……此祸说大还为小，还有大祸预料中。惹得各国生大怒，发动大兵到我清。那时官兵若难敌，惹祸根苗是逞凶……凡是皆当存恕道，将心比心处最公。深望各处有明理，好好开导自乡人。为国为民不辞苦，方是朝野大忠臣。劝只能劝可与言，不可与言徒费唇。①

这一首长诗，从儒家伦理入手，写安分之极必要；以种种事实如教会之自由、西医之无偿救人，西方事物如火轮船、火车、电报等之便利，以及西人帮助平定太平天国等事，说明谣言之不可信、西人之极良善；又以西方大兵将至，写毁教为大祸患……总之，以不可闹教为旨，可以说，其代表了《中西教会报》和教会的观点。

结　论

观察《东西洋考每月统记传》与《中西教会报》这两份教会报刊在 1830 年代和 1890 年代发表的诗歌，可知西方教会在中国的发展情况。从早期在南洋一带办报传教到在中国全面自由传教，从早期传教报刊多为传教士主持兼主笔到大量中国信徒利用教会报刊现身说法乃至为传教鼓吹与辩护，这两份报刊所体现的是半个多世纪中，西方文化与西方势力在中国的增长。从这两份报刊的发表的诗歌当中，也能够看出，早期传教士在报刊上发表诗歌或摘录中国古代诗人作品，其内容大多与传教内容无关，虽然有着以西方文明改变中国人对西方看法的内容，但由于其诗作水平较低，报刊传播效果有限，这些诗作即便在传教士那里也是作为吸引中国人认同的工具与点缀而存在的。而在《中西教会报》中，诗歌则成为其传教的有效工具。利用诗歌的形式，以中国人乐于接受的方式，对宗教内容、西方文化进行鼓吹与宣传，无疑会产生很好的传播效果。

纵观从《东西洋考每月统记传》至《中西教会报》所刊载的诗词，其折射出晚清近八十年历史当中外国传教士报刊对于诗词文化的态度与看法。《东西洋考每月统记传》时期，外国传教士对诗词文化并不熟悉，其选录诗词作品时有错讹，对中国古代诗词作品的理解亦不免出现偏差，刊发诗词仅仅是他们亲近中国人的手段之一。对于诗词的

---

① 《中西教会报》1900 年第 6 卷第 68 期，第 2-4 页。

内容，他们并无深入的考察，而侧重于将诗词与西方文化、宗教相攀附，以达成其传教目的。因此，讨论这一时期外国传教士报刊刊载诗词之特征，有两点需指出。其一，缺少原创作品。固然《东西洋考每月统记传》中有旅居伦敦之汉士所撰《兰墩十咏》一类原创作品，但这类作品代表不了当时中国诗坛的创作情况，从其创作水平来看，甚至达不到当时一般文人的水准。更加重要的是，偶一出现的这类原创性作品被湮没在李白、苏轼、欧阳修等古人的作品当中。其二，缺少独立功能。与后来的报刊诗词相比较，早期外国传教士报刊刊载诗词，往往是传教士们为了传教强说诗，诗作本身不承担传教等功能。这种状况，在复刊后的《万国公报》时期，已经发生了重要改变。首先，其诗歌原创性大大增强。这不仅仅是因为沈毓桂等中国传统文人参与到办报活动当中，更重要的是，报刊的传播力在当时的文人当中已经得到了较为广泛的认同，郑观应、康有为等人便深受《万国公报》的影响。另外，这一时期的报刊刊载诗词，除了在传教活动中发挥作用外，更开始表现出独立的功能性，如前引《万国公报》中沈毓桂、钱芳棣等人的作品，便具有了较为明显的交际功能。而到《中西教会报》中，诗歌所具有的社会功能更为明显，这不仅是因为晚清局势之发展，外国传教士的活动与中国社会发生着更加深入的互动，更标志着在外国传教士报刊中刊载的诗词已经与外国传教士的传教活动本身相互依存，诗词已经成为具有重要传播效果的报刊刊载形式。

"听"得见的城市：
晚清上海的钟声与感官文化*

季凌霄

(湖南大学新闻与传播学院)

摘要：19世纪下半叶，围绕上海租界新出现的钟声形成了早期现代的听觉感官文化。钟声蕴含着城市日常生活所必需的知识。故而当时的出版物采用了写实的再现"框架"对之进行说明，同时记录下时人听取钟声的心智反应与身体倾向。钟声的听觉过程涉及听、看与知。例如，火警钟的听觉过程是在听、看和钟声——城市地理知识之间的不断回返。在此过程中，人们对城市展开了地图式的抽象与理性的体认，借由钟声获得感知城市的新的视点；城市作为行动者，亦通过钟声将其合理化的机体展露出来。与此不同的是，传统城市的钟鼓声所关联的听觉方式总是包含着对身体安置的规定，将感知与行动引向边界城市中的具体地方。物质性的城市、钟声与听觉感官文化是同构的关系。

关键词：钟声；听觉方式；感官文化；城市感知；听觉现代性

一、引言

1921年春天，悬挂于山东路上海公共租界中央捕房消防瞭望塔上的火警大钟已经"服役"四十年了。由于木结构的钟楼历经岁月，底座支架以及各个接榫处的木头已腐朽不堪，从而造成楼塌钟坠的危险；并且，由于火灾的电话报警系统早已推广，这口大钟已然派不上用场了[①]，所以工部局决定将它卸除。卸除之后应做何用，放置何处？

---

* 本文原载于《新闻与传播研究》2019年第1期，有修改。
① 关于电话如何加入已有的火灾报警系统并逐渐取代"旗灯钟楼"等火灾报警媒介，参见金庚星：《媒介的初现：上海火警中的旗灯、钟楼和电话》，《新闻与传播研究》2015年第12期，第62-80页；《网络都市：电话在上海》，博士学位论文，复旦大学新闻学院，2015年。

对于这个问题,工部局内部以及一些上海的寓居者展开了持久的讨论。显然,如果将之随意丢沉在黄浦江里未免太可惜了。① 工务处处长戈弗雷(Godfrey)和火政处消防总长都提议将它安放在工部局大楼内,戈弗雷认为这口钟"联系着过去,这样的东西已经留存不多了","如果工部局成员能够看到它,我会觉得非常高兴"②。最后,直至第二年(1922)10月,工部局决定将它永久置于极司菲尔公园(Jessfield Park)中国亭前面的草坪上。如果说废弃的火警钟"联系着过去",那么,它唤起的是谁的记忆,又是怎样的一段城市历史?

若站在旅居上海的外国人(这里尤指英国人)社群的角度,火警钟所勾连的历史,无疑是他们远离故土、筚路蓝缕、艰苦创业的故事。上海开埠(1843)之后,英人花费数十年的时间将本为桑田坟茔的上海北郊建设成现代租界。1854年,英租界成立工部局,开始系统地进行城市建设,随后引入了一系列的现代化设施与城市管理办法,包括完善的消防设备、有效率的救火组织和明确的火灾报警系统。1860年代,在工部局火政处以及救火队的草创时期,"消防队员全是西人自愿参加,没有薪酬"③,亦体现出西人社群共同守望的精神。因此,退役的火钟被放置在极司菲尔公园内,这一做法极富唤起社群情感的教育意义——要知道在欧洲国家特别是英国,公园很早就被赋予了重要的公民教养的功能。④

火警钟的故事对于华人来说,可能是另外一个版本。火警钟是现代(性)都市的表征之一。一旦租界的火警钟(声音)响起,继之者则是救火队迅速出动,采用先进的消防设备展开灭火行动这一(视觉)过程。从而,华人切实地感受并赞叹"现代的"城市生活是什么样的。华界的消防系统效法租界而建设。拿火警钟来说,在南市士绅以及会馆、公所、商号、善堂等机构的努力下,上海县城学习租界的做法,于1910年秋建成火警钟楼并投入使用。⑤ 1910年代,在租界,电话报告火警的方式日益普及、火警钟声日渐消失的同时,鸣钟仍然是南市火灾报警的重要做法。沪城与租界之间,存在着现代化程度的"时间差"。不独火警钟,19世纪下半叶,马路、自来火、水龙、大自鸣钟等一系列现代便利设施一起,构成了租界独特的视觉与声音景观——不仅前所未见,对它们发出的声音亦可能闻所未闻,由此形成人们对现代(性)城市,特别是上海这一颇具异质性和特殊性的城市的感知。

对于上海城市、视觉文化与现代性之间的关系,已有诸多研究。这些研究不仅讨论了都市本身的视觉性:19世纪下半叶现代性"进入"上海,在地方情境中形成了一种新的空间构形(spatial configuration),这一空间构形包含实体空间、对它的观念和感

---

① "An Old Bell Finds a Home",*The China Press*,8 June 1932,p.11.
② "上海公共租界工部局总办处关于消防钟等事",档号 U1-3-1331,上海市档案馆藏。
③ 皮德涛:《火警中的世界——晚清上海租界的消防》,硕士学位论文,华东师范大学历史系,2006年,第6页。
④ [日]白幡洋三郎:《近代都市公园史:欧化的源流》,李伟、南诚、赵晴译,新星出版社2014年版。
⑤ [日]小浜正子:《近代上海的公共性与国家》,葛涛译,上海古籍出版社2003年版,第134-137页。

觉,以及人们在其中的活动,这些方面在很大程度上呈现为独特的视觉景观;[①]也讨论在城市中流动着的视觉再现(画报、照片、电影等)如何建构与折射出一种形成中的现代视觉文化与观看方式,以及一种华人在西方/现代与自身之间的关系性凝视。[②] 相形之下,声音景观、听觉感官文化与上海的都市现代性之间有何关联,这一方面的研究却暂付阙如。

本文尝试从晚清上海的钟声着手,对这一问题进行探索性的讨论。在笔者看来,19世纪下半叶上海租界用来向广大公众传递信息的城市钟声——主要是大自鸣钟与火警钟,偶尔也有教堂钟——提供了绝佳的案例。我们可以通过考察作为一套"早期现代的"[③]信息传递系统的钟声(包括钟楼在城市中的位置、钟与钟声的物理特征、钟声信息的设计等方面)而得知,一个现代的市政怎样建构城市的声音,一座追求合理性的现代城市如何发出它的声音,又如何通过声音向其栖居者展露(什么样的)自身——这种展露绝非城市一方的喃喃自白,同样也是在城市中生活着的人们听觉实践的一种回返。因应于钟声与现代城市,一种新的听觉实践或者说听觉方式正在形成。它包括对钟声的书写,这种书写制定了一种听觉的"框架",指导人们如何听取钟声;以及人们听到钟声,即刻的身体与心智反应。而在听觉过程中,人们实现了对城市的感知、了解、想象,甚或是某种在城市中的存在状态;说得玄妙一点,在听觉钟声的时刻完成了与城市的一次相遇。需要说明的是,这一过程虽由听觉触发,亦会牵涉其他的感官方式;不仅牵涉对城市的"感",也牵涉对它的"知",且"感"与"知"无法分开。

在这里,实际上我已经表明,城市的声音并不就等于"可听见的"或"被听见的"。为了进一步说明这一点,有必要对"听觉方式"(listening patterns)和相关的"声音环境"(sonic environment)、"声音景观"(soundscape)、"听觉感官文化"(auditory culture)等概念以及它们之间的关系进行澄清。

声音景观作为人所听到、感知到的对其周遭世界的声音的总体印象,而区别于外在于人的、物理的"声音环境"。应该说,从"声音环境"到"声音景观"这一过程,便是经由听觉方式的作用。"声音环境"是物理的,是"特定情境中所有声音能量的总和";但声音景观"更强调那个环境是如何被身处其中的生命所理解的——事实上,人创造着声景"[④]。

听觉方式至少包含两个层面:

[①] Samuel Y. Liang, *Mapping Modernity in Shanghai: Space, Gender, and Visual Culture in the Sojourners' City, 1853-98*, Abingdon: Routledge, 2010.
[②] 彭丽君:《哈哈镜:中国视觉现代性》,张春田、黄芷敏译,上海书店出版社2013年版。
[③] 在这篇文章中,笔者将现代性视作一种源于西方的社会和文化结构,将它在19世纪进入中国的一些区域从而产生的文化接触时期称为"早期现代"。尽管已有一些观点认为在明代甚至更早,中国的文化就已经孕育着现代性的迹象,并且中西交流亦早已开始了。
[④] Truax, Barry, *Acoustic Communication*, Norwood, New Jersey: Ablex Publishing Corporation, 1984, pp.9-10.

一是接近声音内容的文化心智(cultural mind)。我们周围的声音当中,有些声音让人有意倾听,如传递特定信息的信号(signal)音;有些声音对于共同体来说有着特别的意义,是属于共同体的"标志性声音"(soundmark);有些声音则是人们不会有意识地去倾听,但却勾勒出人们身处其间的环境特点的声音基调(keynote)……①因此,能够或者说倾向于听到什么声音、如何理解这些声音、这些声音与情感之间是否能够建立(怎样的)联系,这是由听觉方式决定的。听觉方式不仅影响听觉者对于声音内容的把握与理解,也影响听觉者与声音之间在情感上的远近,因此不仅仅是知性的,它还关涉心灵。

二是听觉活动的身体感官倾向。听觉总是一种身体涉入环境的过程,"声音景观随着感知者在环境中的移动而移动,它随着我们的行为互动而持续变化"②。如果跟视觉做一比较,"看"总是与外部世界保持着距离,而"听"则与外部世界产生实体接触。③ 由于声音在空间中散布,总是形成一个包围着我们的声音世界,所以听觉比视觉更接近触觉,更加牵动身体。就像塞壬的歌声总是让水手倾听失神,诱使他们不由自主地投入水中。这个故事暗含着对声音本质的理解,声音所触发的听觉活动总是包含着身体行为或是身体倾向,并且身体的反应总是来不及将理性容纳进来。

这两个层面,用赫什金特(Charles Hirschkind)的话来概括,可能就是"感官知识"与"具身倾向"(embodied aptitude)。赫什金特对20世纪八九十年代开罗的磁带布道(cassette sermon)做了民族志研究。录制在磁带中的布道声在开罗的各个空间——家中、商店、市场、咖啡馆等公共空间,出租车、巴士等流动的公共交通工具中播放,从而形成一种遍在的"伊斯兰声景"。"通过磁带的流通而形成的声音激活与维持了感官知识和具身倾向的基础,从而支持了现代伊斯兰广泛的复兴运动"④,亦塑造了一个伊斯兰"反公众"(counter-public)的感官基础。需要指出的是,"感官知识"与"具身倾向"并不是各自独立的两个方面——心智与身体不是二分的。赫什金特进一步指出:"'听'赋予身体以情感的潜能,将其储存在运动觉与联觉经验的前意识褶皱(preconscious folds of kinesthetic and synaesthetic experience)中,如此,赋予身体以一颗具有接受能力的敏感的心——心正是道德知识与行动的首要器官。"⑤

---

① R. Murray Schafer, *The Soundscape: Our Sonic Environment and the Tuning of the World*, Vermont: Destiny Books, 1977/1994, pp.9-10.
② Roadway, Paul, *Sensuous Geographies: Body, Sense and Place*, London, New York: Routledge, 1994, pp.86-87.
③ Jonathan Sterne, *The Audible Past: Cultural Origins of Sound Reproduction*, Durham, London: Duke University Press, 2003, p.15. 需要指出的是,作者在这本书中给出的"视"与"听"的比较,不仅在不同感官之间做了区分,且仍然基于一种主体哲学。
④ Charles Hirschkind, *The Ethical Soundscape: Cassette Sermons and Islamic Counterpublics*, New York: Columbia University Press, 2006, p.2.
⑤ Charles Hirschkind, *The Ethical Soundscape: Cassette Sermons and Islamic Counterpublics*, p.79.

与"听觉方式"相比,"听觉感官文化"的意涵似乎更加宽泛一些。历史学者汤普森(Emily Thompson)对 1900—1933 年美国建筑声学与听觉文化的研究指出,在这一时期,人们在建筑中对声音进行测算,在办公室、住宅等建筑中使用吸声材料,从而创造了缺少反射的声音,导致了声音与建筑的分离,也改变了由声音中介的人与建筑之间的关系。这种"新声音"后启电声技术所制造的可控制的、与真实的物理空间脱离的声音,培养了一种"现代的"听觉方式。在这项研究中,汤普森给出了她对"声音景观"的定义:

> 正如视觉景观,声音景观应该既是一个物理环境,同时又是感知该环境的方式,和所呈现出来的文化建构。在声音景观的物理层面,不仅包括声音本身和穿透空气的声波能量,还有那些使得声音得以产生或被消除的物质。在声音景观的文化层面,包括科学的和审美的听觉方式、聆听者与其所在环境的关系,以及支配了什么样的人所能听到什么样的声音的社会环境。[1]

根据汤普森的定义,在我理解,听觉感官文化除了包括听觉方式以外,还包括形塑声音环境和听觉方式的观念、社会与权力关系等层面。也许,听觉方式和听觉感官文化之间的界限是模糊的。但至少在这篇文章中,我倾向于将听觉方式与听觉过程联系起来,即我们如何"听"——总是先有声音世界,再有"听"这一活动,或者两者是同步发生的。而听觉感官文化则可能再向之前一步[2],还讨论物理的声音世界何以如此呈现,听觉感官文化还包含了对声音的观念,以及由此出发、通过物质技术来实现的声音环境的建造,和通过声音(发声或沉默)而达成的社会秩序等。当然,这些方面也都与包括感官知识和具身倾向的听觉方式相互重合、关联与作用。听觉感官文化同样也可能向后一步,讨论人们如何通过听觉而感知世界,与世界发生关系,它指向具体时空中人的存在方式。也许我们也应该将"听觉"二字去掉,因为感知总是联觉的、综合身心的过程;"可见"或"可听"甚至"可闻"等,同样作为事物向人呈现自身的界面,我们由此来了解它。

还需指出的是,尽管我们所听到的声音世界因人而异,也许总是存在像公冶长这般在听觉方面具有奇赋异禀的人,能听到一般人所不能听到的,但同一时空内的人们,由于生活的环境和物质状况、社会与文化结构一致,(听觉)感官文化和听觉方式在很大程度上是共同的。总之,(听觉)感官文化与听觉方式都关心具体时空中,人如何经

---

[1] Emily Thompson, *The Soundscape of Modernity: Architecture of Acoustics and Culture of Listening in America, 1900-1933*, Cambridge, Massachusetts, London: The MIT Press, 2002. 此书的导论部分已由王敦、张舒然译成中文,见《声音、现代性和历史》,《文学与文化》2016 年第 2 期,第 95-99 页,引文见第 95 页。
[2] 当然,这里,我不免将一个过程拆解得过于线性。

由听觉(和其他感觉)而与世界接合、存在于世。

那么,在19世纪下半叶的上海,新近建设成的现代城市——如果我们将城市也看作行动者的话——如何发出钟声?人们如何听取钟声?或者说围绕钟声形成的听觉方式是怎样的?人们又如何经由听取钟声这一过程而接触、感知他们生活于其中的城市?这体现出怎样的早期现代的城市感官文化与城市生活状况?

这篇文章将尝试解读以上问题。笔者将首先回顾上海在开埠之后的半个多世纪里新近出现的各种钟声,这些在高处发出的钟声用以组织城市的日常生活。钟、钟声的物理特性包括外形与声响、钟楼的位置、钟声信息的设计等方面,使得钟声作为一种"客观的"日常生活知识,又与某种合理性的权威联系起来。接着,笔者将转到对钟声之听觉实践的讨论。一方面,当时的各类出版物不断地以写实的方式再现租界的钟声,向上海寓居者(他们的流动性非常大)说明并更新钟声这一日常生活知识。这不仅制定了一种听取钟声的"框架",告诉人们要如何去听,并且表明,对于听觉来说,先期的知识准备是必要的。另一方面,笔者将以更加具有城市地方性的火警钟为例,讨论人们如何通过"听取"钟声(钟声所触发的身体的行动或倾向以及心智过程)而感知城市,与城市发生关系。听取钟声要不断地在听觉、视觉和知识之间回还往复,这要求熟悉城市地理学。在此过程中,城市向听觉者展露它的整体面貌,而听觉者也获得了一个抽象的、高处的视点来观看城市。除此之外,笔者也将表明城市亦是行动者,城市以某种方式发出钟声;人们又借此理解城市,理解声音与城市的同构关系。

二、钟声鸣响晚清上海:一种日常生活知识的生成

钟声,在上海开埠之后所进行的城市化过程中扮演了重要角色,它们鸣响在城市上空,向公众传递着不同的信息,成为组织日常生活的一种颇有效率的方式。19世纪中期,上海已经建成的董家渡天主堂、圣三一堂等教堂均设有礼拜钟,由于规格不大,钟声只在附近传扬。1870年代初,公共租界工部局建造了火警钟楼,开始以敲钟的方式报告火警。此后不久,火警钟声除了表征时间之外,还表征地点。除了旧式的敲击钟之外,机械大钟(大自鸣钟)亦开始悬挂在城市的高处发出声响。1860年代,在法租界公董局大楼上就已修建了"四面可看"之钟。此时,大自鸣钟是作为一种现代"奇观"——既是视觉的,也是听觉的——出现在都市上海的。1880年代介绍上海的图册将"大自鸣钟应时鞔鞳"列为"申江名胜",是引人驻足观赏与细听的景观(见图1)。此后的十余年间,"徐家汇、虹口天主堂、学堂、跑马厅等处皆有大自鸣钟,按时钟击"①。1893年,新建成的江海关塔楼上安装了四面可看的机械大钟,在形制与声响方面都令

---

① 《闻海关试击巨钟走笔书此》,《申报》1893年9月1日,第1版。

人赞叹。《申报》论说称"此诚大有益于斯民",可见在 19 世纪最后的十年,钟表对于普通大众来说已不再仅仅是无甚要紧的"玩意儿"。大自鸣钟为日常生活开启了现代时间。

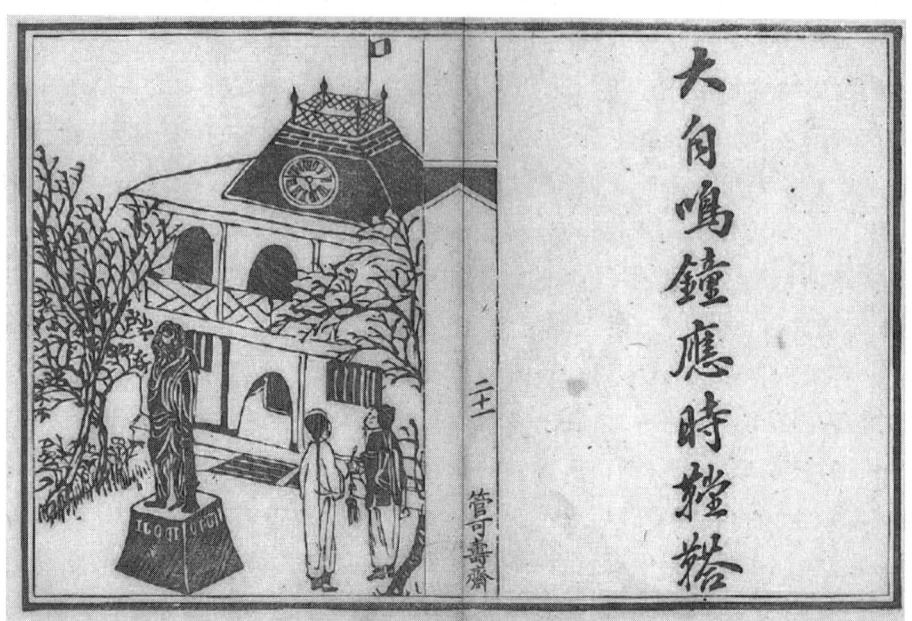

图 1　《申江名胜图说》,上海管可寿斋,光绪十年(1884)

这些由现代管理机构建造起来的钟楼和钟,与这些机构的权威相联系,承担着组织日常生活的功能;而这种组织方式依靠的是将钟声所传递的信息建构为一种日常生活的知识,而远非强制的命令,因此在某种程度上使权威和权力变得隐性,使有序的现代日常生活表现出其"自发性"。这意味着城市的合理化程度逐渐抬升——从表面上看,有钟声的组织与控制,城市的日常生活便可以井然高效地向前进展。为了胜任这一职责,钟声的信息清晰明了甚至精确,这对听觉和其他感官提出了更为精细化的要求。也就是说,人(听觉者)、钟声、城市之间的关系,以及都市感知与听觉方式都呈现出"现代"的特点。

机械钟表与一种合理有序的生活相关联这一点比较容易理解,这在很大程度上是由钟表这一媒介的形式决定的。芒福德(Lowis Mumford)洞察了机械钟所带来的标准化与自动化,"天上的云彩可以使日晷无法工作;寒冷的冬夜会将水钟冻结起来;而机械时钟不管寒来暑往或白天黑夜,都能按小时告诉人们时间",从而"把时间和人们的具体活动的事件分离开来了"。"就人的机体而言,机械时间更显得是一个外部的事件。"①法国年鉴学派历史学家科尔班(Alain Corbin)则在钟表逐渐替代敲击钟的这段时期中看到,在法国乡村"钟表引起的冲突是神圣与世俗,宗教与世俗的冲突。这些冲突的背后还有与时间计算的进步相联系的其他代价。钟表的铃声渐渐让人不得不接受中立、持续、空洞的时间,它与钟声的时间相对立。钟声是神圣的时间的信号,宣告着喜庆或悲惨的事件"②。

尽管钟表早在明季就从西方传入中国,"自时厥后,贾舶贩运东来,日益称盛,罗列五都之肆,几于触目琳琅。然此犹就其小者言之"。也就是说,钟表仅仅作为贵族生活中的"玩意儿",既没有使现代性的时间改变国人的生活,也没有介入掌管时间的传统权威。一旦"最大之钟,为公家所用,置于中国口岸",这一上过发条之后总是不紧不慢、不知止息地振动与回返的媒介,便公然成为在官方之外的、第二种宣告时间的权威。③ 因可以"自鸣",钟表便将时间跟传统权力与礼制剥离开来,放在后两者的"外部"。时间丧失了来源,它单纯就是时间,是均质、中性的东西;而这间隔性的、有节律的钟声,同样表征着为它所笼罩的城市的合理化。

如果说大自鸣钟所组织的现代生活方式具有一定的普遍性,或者说它表征的现代时间具有普遍性,那么应该说,自 1870 年代开始在公共租界与法租界报告火警的敲击钟,其中所蕴含的日常生活知识则更加具有地方性。

1867 年底,时任工部局火政处总机师的小海斯(A. A. Hayers, Jr.)首次向工部局董事会提议在城市中悬挂一口火灾报警钟。当时,报告火警主要依靠两种方式,一是敲响三一堂(Trinity Church)和圣救世主堂(St. Saviour's Church)等处的教堂钟,但只能让教堂附近的人听见,并且其声音还容易受到风向的限制;另一种方式是让火灾发生处附近的巡捕向居民呼喊,这种方式很管用,但却很难普及。因此,在火灾的报警信号方面,他在给工部局的报告中提出了以下建议:首先,接到火灾警报后,让港口驻军鸣枪三声;急需安装一口火警钟,比如在海关大楼附近;接到火灾警报后,让停泊在江面的商船(比如每隔一刻钟)鸣响船上汽笛。④ 在小海斯的构想当中,火警信号要让整个租界知晓紧急事故的发生并进入警觉的状态。因此,即将问世的火警钟,其声音必须要足够洪亮,足以传遍整个租界及浦滩。

1871 年初,火政处在中央捕房的院内开始建造火警钟楼,随后将从英国订购的铁钟悬挂其上。1881 年,工部局又花费了 1500 美元从美国购得一口重达 5150 磅的铜钟,这便是后来放置在极司菲尔公园的大钟。这口钟的高度为 4 英尺,底部直径为 6

---

① [美]刘易斯·芒福德:《技术与文明》,陈允明等译,中国建筑工业出版社 2009 年版,第 15-16 页。
② [法]阿兰·科尔班:《大地的钟声:19 世纪法国乡村的音响状况和感官文化》,王斌译,广西师范大学出版社 2003 年版,第 233 页。
③ 《闻海关试击巨钟走笔书此》,《申报》1893 年 9 月 1 日,第 1 版。
④ "上海公共租界工部局火政处关于组建救火队、拟定章程、建立报警系统、半年工作和重大火情报告等文书",档号 U1-2-767,上海市档案馆藏。当时的海关大楼位于汉口路。

英尺 3 英寸,"从好几英里外就可听到它的声响。可以说,这口钟能够让整个上海听到火警"①。《申报》记载:"洋场火警捕房鸣钟,声彻十余里。"②工部局捕房火警钟的声量可见一斑。1871 年底,复在虹口捕房另建一座火警钟楼。

中央捕房和虹口捕房的火警钟最初建筑起来时,"本埠凡遇火警,则英巡捕房大钟怒吼,与虹口捕房之钟同声相应"③。之后,随着租界范围的扩大、分区日多,其信号体系也日益复杂。④ 根据葛元煦《沪游杂记》的记载,1870 年代中期,"英工部局旁设一木架,顶悬大钟,高耸似塔架,分五层,以梯盘旋而上。遇火警先撞乱钟数十下,稍停,再以钟之声数分地段。如美界,一声一停;英界在大马路北,二声一停;大马路南,三声一停;法界四声一停。昼则悬旗,夜则挂灯,以示方向,租界礼拜堂亦击乱钟相应,各处水龙闻声赴救,颇称迅速"⑤。自此,钟声编制了一种具体的规则,在表征时间、表征突发的紧急事故之外,还表征地点。到 1885 年,划分的火政区域增加到 5 个,1888 年为 6 个,1904 年为 8 个。⑥

回顾火警钟楼与报警制度的建设过程可以发现,首先,火警钟楼最终建在捕房的瞭望塔楼上,而非像最初提议的那样建在海关大楼附近,这彰显的是现代市政的权威。钟声让"整个上海听到火警",则将市政的权威笼罩在城市上方,使城市在其"保护"之下。瞭望员具有为市政执行俯瞰、监察、控制整座城市的权力与义务。无论身在城市的何处,救火队听到火警钟之后可以迅速辨明火灾地点,展开救火行动。这是一套高效的城市救火机制,所有人各司其职,而钟声则扮演了调度的角色。

与此同时,钟声并不是命令,火警钟所传递的讯息,是对租界居民来说不可不晓的日常生活知识,这种知识本身是客观中性的,不带有任何强制性。而随着城市的地理信息被编码为火警钟声,人们对声音、城市以及声音和城市之间的关系,必须具备一种理性与抽象的认知。有趣的是,偶尔火灾发生在分段交界处,钟声数亦在两个区域的指示方式中动摇。1877 年 12 月 21 日大马路东天和木作起火,"正在南北分段之交","钟声则或二或三不定"。⑦ 这当然是因为随火势而起的黑烟使瞭望员不能明确指认发生火情的具体地点位于何处,而由此带来的不甚明晰的钟声亦挑战着人们的听觉。

应该说,19 世纪晚期上海的火警钟以及大自鸣钟声表征着日常生活必需的信息/知识,这一表征系统相对来说(特别是与传统城市当中报告时间与火警的声音如钟鼓、

---

① "上海公共租界工部局总办处关于消防钟等事(1921—1922)",档号 U1-3-1331,上海市档案馆藏。
② 《救火伤人》,《申报》1877 年 12 月 22 日,第 2 版。
③ 《钟鸣易响》,《申报》1892 年 4 月 22 日,第 3 版,转引自金庚星:《网络都市:电话在上海》,第 95 页。
④ 关于上海火警信号传递媒介从旗灯到警钟再到电话的逐渐发展变化之过程,参见金庚星:《媒介的初现:上海火警中的旗灯、钟楼和电话》。这篇文章也讨论了警钟信号体系由简单向复杂化的演变,从媒介的角度分析了钟声报警的缺陷。
⑤ 葛元煦:《沪游杂记》,郑祖安标点,上海古籍出版社 1989 年版,第 16 页。
⑥ 金庚星:《网络都市:电话在上海》,第 96 页。
⑦ 《救火伤人》,《申报》1877 年 12 月 22 日,第 2 版。

锣声等相比)较为复杂。对于上海居民来说,这要求具有对声音信号进行解码的能力。这一方面要求具有更为精细的听觉,且这种听觉无疑是要经受训练而获得的。另一方面,火警钟的解码意味着不仅要对钟声与租界地理有所认知,更要迅速地辨别两者之间的指示关系。这种指示关系精确到各个租界之内用作火政分区的具体道路与河流。换句话说,市民在仔细听取火警钟的同时,必须要能够对整个租界进行地图式的想象;而随着租界的扩大、分区日多,钟声知识和想象的能力也应该得到更新。

三、钟声的写实再现:制定听觉"框架"

1870年代以降,随着上海出版业的繁荣,报纸、小说、城市指南笔记等出版物承担起向华人不断说明与更新各种现代钟声以及其中意味的任务。这些印刷物中浮现出一种对租界钟声的特定书写方式,即对钟声及其传递信息的功能进行如实的描写说明。而与此不同的是,对于南市本已有之的钟声、更声等声音的再现,却多是"写意"的。

在大自鸣钟成为"申江名胜"之前,沪上值得游观者有"上洋八景",其中便包括"龙华晚钟":

> 顾画家昔有上洋八景之作,上海县志亦载之。其所谓"八景者"曰:海天旭日,黄浦秋涛,龙华晚钟,吴淞烟雨,石梁夜月,野渡兼葭,凤楼远眺,江皋霁雪。①

这里,为何强调"晚钟",并且将"龙华晚钟"与其他自然景观并列?这显然是将寺塔与钟声作为一种自然/园林的意境加以构想。钟声被"框架化"为此意境的组成要素,平添幽远与安宁的氛围。"龙华晚钟"象征着一种远离尘嚣的田园理想。1877年龙华发生入室抢劫案后,《申报》的报道开头便说"'龙华晚钟'"为沪城八景之一,虽僻在乡隅,而民安耕凿,几忘机械变诈之风"②,谁也没有想到这里会发生如此恶劣的事件。由于材料的匮乏,我们不能确知在当地乡民的日常生活中,"龙华晚钟"扮演了什么样的角色,但至少在文人的建构当中,钟声是"机械变诈"的反面。而19世纪下半叶随着开埠和租界的现代化而涌现在城市中的一系列钟声,迅速打破了这一意象。来看一阕描写董家渡天主堂钟声的竹枝词:

---

① 孙玉声:《沪壖话旧录》,熊月之编:《稀见上海史志资料丛书》(第二册),上海书店出版社2012年版,第183页。
② 《龙华盗警》,《申报》1877年11月24日,第2版。

董家渡畔泊渔艭,别有钟声破晓撞。知是西人传教地,不问高阁说临江。①

1853年落成的董家渡天主堂位于江畔,"董家渡畔泊渔艭",同样是渡口泊舟的古典诗歌意境,接下来作者却一反传统的笔触写道:"别有钟声破晓撞"。此句一出,打破了画面的宁静感,也冲破了"写意"的层面,转而描绘实际钟声的响亮宏大,最后则道出钟声所具备的传递信息的功能,即召集西人进行礼拜,并且给出天主堂的一个视觉形象即"临江之高阁"。晚清竹枝词对其他教堂钟声的描写,亦突出其"钟吼"如"鲸声"响彻教堂,并皆指出这是为召集西人礼拜而鸣的钟声:

屋上尖矗似云峰,忽见红旗飐碧空。知是今朝逢礼拜,敞堂敲彻度人钟。②

钟吼鲸声逢礼佛,旗飘龙尾识招商。蜃楼海市争腾沸,真算人间热闹场。③

同样,南市更柝与租界的大自鸣钟都是报时之声,竹枝词对两者的再现风格亦各不相同。沪城夜晚的更柝虽比寺庙钟声更具世俗的功能性,在对它进行"再现"的诗文中,柝声却也愈益衬托出夜晚的阒寂:

各方弄内雇敲更,籁静宵深听柝声。④

而城市中大自鸣钟的报时却全然不同:

造成高大自鸣钟,四面分明字划浓。来往行人多对表,夜深卧听响琤琮。⑤

十二时辰四面重,机关旋转响丁冬。行人未到先昂首,遥指高楼几点钟。⑥

---

① 袁祖志:"续沪南竹枝词",顾炳权编著:《上海洋场竹枝词》,上海书店出版社1996年版,第8页。
② 袁祖志:"沪上西人竹枝词",顾炳权编著:《上海洋场竹枝词》,第15页。
③ 袁祖志:"沪城竹枝词",顾炳权编著:《上海洋场竹枝词》,第7页。
④ 颐安主人:"沪江商业市景词",顾炳权编著:《上海洋场竹枝词》,第171页。
⑤ 颐安主人:"沪江商业市景词",顾炳权编著:《上海洋场竹枝词》,第102页。
⑥ 洛如花馆主人:"春申浦竹枝词",顾炳权编著:《上海洋场竹枝词》,第49页。

>　　大自鸣钟矗碧霄,报时报刻自朝朝。行人要对襟头表,驻足墙阴仔细瞧。①

>　　十二声洪度远郊,自鸣钟大出云霄。若能唤醒人间梦,较胜蒲牢百八敲。②

　　前文已经提到,到1890年代,法工部局、教堂、学堂、跑马厅,以及江海北关等处均已装置大自鸣钟。其中,江海北关的大自鸣钟四面可看,并于夜间点燃电气灯,浦江十里可闻其声。③ 竹枝词描写大自鸣钟昼夜鸣响,不仅"洪度远郊",并写明其夜间声敲"十二",指出其掌管时间、传递信息的功能。行人纷纷昂首对表,以确认时间信息。

　　值得注意的是,上面几阕竹枝词对于大自鸣钟"声"与"景"的刻画,相辅相成——其形象与声音均作为"奇观",亦作为现代时间嵌入日常生活的一种直截了当的方式,成为引人驻足的"申江名胜"。对于初游沪上者来说,不仅机械钟楼世所罕见,其声音亦可能是以前从未入耳、值得一听的"上海之声"——正是经由"形"与"声",人们得以体验"上海",这座因现代化而与其他地方形成差异的城市。而对这些都市胜景的声形再现之所以采用写实的方式,也许正是因为要向读者说明、描绘作为"奇观"的事物以及其中的日常生活知识;试图通过"听"与"看"去努力抓住其所蕴藏的现代文明。

　　19世纪晚期以降,以都市上海为背景的带有写实性质的小说亦时常通过其中人物的遭遇来对现代的物质和社会文化进行介绍。其中,西人先进的救火设施、高效的救火行动以及迅速的火警声报成为一个典型的、被乐于描绘的对象。20世纪初刊行的小说《海上繁华梦》,描写了一起发生在虹口租界外的火灾,借此转而向读者解释了租界的火警敲钟系统,表明其相对于华界以鸣锣的方式报告火警的便利性:

>　　此时,前房后房一齐火发,只烧得红光烛天。邻舍人家见了,大家齐叫"救火",多吓得魄散魂飞。阿素一个光身体,开了后门,哭喊狂奔。后又拥了一大群女人出来,……也因无路可奔,多向后门逃命。此时惊动了地方保甲,立刻鸣锣报警,沸反盈天……少甫道:"你且慢说,我往日听得人讲,北市火烧是撞钟的,外虹口是一记,里虹口是两记,大马路一带是三记,四马路一带是四记,法兰西租界是五记,新放公共租界是六记。为甚要地方鸣起锣来?"子

---

① 袁祖志:"沪北竹枝词",顾炳权编著:《上海洋场竹枝词》,第11页。
② 袁祖志:"沪北竹枝词",顾炳权编著:《上海洋场竹枝词》,第16页。
③ 《闻海关试击巨钟走笔书此》,《申报》1893年9月1日,第1版。

靖道:"那是租界里头。逢辰住的地方,因并不是租界了,才要地保鸣锣。"[①]

到《海上繁华梦》出版时,租界以鸣钟报告火警的系统应用了二十余年时间。这一套并非出自"自然"的信号体系加诸社会时,无疑需要推广与训练的过程。在这里可以看到,直至20世纪最初的十年间,包括小说在内的各种出版物仍然在普及火警的敲钟体系。这些日常生活的知识以非虚构的形式出现在虚构(或半虚构)的小说当中,并且不断得以更新。

对于寓沪者来说,包括火警钟与大自鸣钟在内的各种钟声既是听觉"奇观",又是蕴含重要信息的载体,而听取这些信息的能力意味着他们能够更好地融入现代社会。作为"写意"的构成部分或作为"写实"的对象,钟声或处于自然/园林意境烘托的背景中,或被凸显到城市声景的前景中。应该说,两者都给出了听取钟声的"框架",是听觉实践的一部分。租界钟声的写实再现方式,体现出现代都市日常生活对于耳朵的要求:蕴含信息的声音是一种需要仔细听取的客体;同时也表明,对声音知识的了解,对于听觉活动来说也是必要的先期准备。

四、"听得见"的城市:从钟声观看租界

19世纪晚期,上述广泛流通于印刷市场上的读物,其写实性不仅在于不断向读者解释着作为一种日常生活知识的声音,它们同样记录下时人听到钟声的即刻反应,使我们能够看到这些声音所引发的具身倾向与心智活动,进而讨论其蕴含着一种怎样的现代的听觉方式,以及通过听觉而形成的人与城市的关系。

比《海上繁华梦》稍早,于1890年代末发行的小说《海上花列传》,记录了租界的火灾情况,包括时人是如何听取火警钟的:

一语未了,忽听得半空中喤喤喤一阵钟声。小红先听见,即说:"阿是撞乱钟?"莲生听了,忙推开一扇玻璃窗,望下喊道:"撞乱钟哉!"……

莲生等撞过乱钟,屈指一数,恰是四下,乃去后面露台上看时,月色中天,静悄悄的,并不见有火光。回到房里,适有一个外场先跑回来报说:"来哚东棋盘街哚。"莲生忙蹦在桌子傍高椅上,开直了玻璃窗向东南望去,在墙缺里现出一条火光来。……

莲生只唤来安跟了,一直跑出四马路,望前面火光急急的赶。……只见

[①] 孙家振:《海上繁华梦》,第二集第二十七回"游冶之迷楼染毒疾 郑志和深巷唱吴歌",江西人民出版社1988年版,第661页。

转弯角上有个外国巡捕,带领多人整理皮带,通长接做一条,横放在地上,开了自来水管,将皮带一端套上龙头,并没有一些水声,却不知不觉皮带早涨胖起来,绷得紧紧的。①

从这则小说片段可以看到,租界的钟声报警以"撞乱钟"开始。火警钟从"半空"传来,由于主人公远离火场,所以先听见乱钟的小红与莲生确认,这是不是"撞乱钟",是在某处发生了火情。唯有具备对火警钟的先期知识,才能有此确认。这里,听觉活动已经包含着理性认知,而非身体的本能反应——听到声音的惊恐。在撞过"乱钟"之后,租界火警钟会以敲击声数指示火灾的位置。因此,莲生一边派人查看消息,一边聚精会神地倾听接下去表征火灾位置的钟声。跟呼喊、鸣锣与乱钟——这些声音并不蕴含精确编码的信息——不同,指示位置的火警钟需要人凝神细听并且理性辨别,此时的钟声成为唯一重要的听觉对象。这一听觉活动同样伴随着心智的处理过程,即将敲钟声数返回到具体的指示地点。最后,莲生开窗向外望去,有方向性地查看火情,这是对声音–城市地理指示关系的体认。

这里,火警钟声所激发的听觉方式是一连串的身体与心智的反应:(乱钟之后)身体进入警觉状态,确认乱钟,意识到租界有火灾发生—听觉成为集中的感官方式(以听取表征火灾地点的钟声)—声音返回日常生活知识再返回到城市地理(心智的处理过程)—视觉(查看火情,以及可能看到迅速的救火行动和先进的救火设施)。

如果将这则材料与《海上繁华梦》中对租界外火灾的描写片段进行比较,两地火警声报之听觉过程的差异更加一目了然。在孙玉声的笔下,华界火灾的整个过程都充斥着慌张与混乱。报警采用人声呼喊与鸣锣的方式:"大家齐叫'救火'",是见到火情后几近本能的一种反应;接着,叫喊声"惊动了地方保甲,立刻鸣锣报警,"锣声与"保甲"这一基层管理制度编织在一起;而混乱的人声与锣声,对于尚不知火情的人来说,激起的亦是一种本能反应,即令火场中与火场附近的人立即进入警觉的状态,迅速逃离火场或进行救火行动。声音促发的,是一种急切的身体的使动,甚至不涉及认知的层面。

有趣的是,这两部小说在对租界与界外火灾进行描写时,各自所持的观察视点也不相同。《海上繁华梦》的叙述者仿佛就站在火灾发生处的近旁,而遭遇火灾的角色直接身处火场之中,从中奔逃而出;《海上花列传》的主人公却远处火场之外,并且能够在一个具有一定高度的位置来查看。前者透出慌乱,后者则凸显了火警钟声穿越空间、迅速传递信号的优越性,尽管在实际情况中,火警钟也常常是滞后与不准确的。我们能够发现,这两种书写视点直接地与声音的位置和能够达致的空间有关。锣声是保甲区域地方的声音,它在火灾现场,与人处在同样的水平位置,在人的近旁——并且只有

---

① 韩邦庆:《海上花列传》,第十一回"乱撞钟比舍受虚惊 齐举案联襟承厚待",典耀整理,人民文学出版社 1982年版,第 85—87 页。

在近旁才能够听见;但火警钟从高处笼罩与控制"整个上海",借此,人们获得了一个新的观察位置。经由火警钟声的听觉过程,人与城市之间形成了一种新的关系。

19世纪下半叶特别是1860年代以后,租界由于"房屋之栉比、人烟之众多"而火灾频仍。[①] 火与救火过程成为引人注目的都市景象,人们常常在听到火警钟之后出而围观,这在当时的报刊当中也时有记载:

> 西人之防火甚严而救火亦甚力,观于昨早本埠小东门外三角地失火而益信矣。早一点钟时,各家已大半睡静。陡闻法界警钟乱鸣,英巡捕房火钟随与响应。本馆访事人当即披衣出视,已红光烛天,烟焰蔽空。走至城河浜,行人如蚁,声若鼎沸,巡捕守住要路不得过,遂驻足焉。惟见各水龙并力喷射,犹如万道玉虹夭矫空际。……幸来许多外国人,舁一大铁梯,择火头相向处举梯对墙撞击,霎时间如山坍海啸,崇墉倒塌,火势稍遏。其时观者群以为西人必遭压毙,岂知一无所损,盖由于趋避熟而估量真也。[②]

应该说,听觉总是促发一种视觉的身体冲动,这是出于火灾与救火作为一种现代奇观的吸引力。而一旦火警钟声将城市地理信息编织进去,一旦具备相关的知识,这种视觉活动便是有方向的;与此同时不妨设想,当目光有方向地望向城市时,在听觉者的脑海中,一张火政分区的地图展开了,听觉者抽象地看到/想象了整个租界上海,然后又对它进行局部放大,向火灾发生的地点望去/走去。

正是在这整个过程中——我们当然可以称之为对火警钟的听觉过程,尽管其涉及的不仅仅是"听"而已——城市向听觉者展露了自己。城市作为一个全体浮现在听觉者眼前。听觉者心怀对城市地理与钟声记号的知识,其中蕴含着人对城市的理性的、抽象的认知;以此为基础,他通过钟声定位城市,向城市张望;最后,他将看到颇有效率的救火行动,救火队听闻钟声赶到火场,一切井然有序。这里,城市所展示的全体不仅仅是地图式的全体——在全面地了解火政分区的基础上,听到钟声而望向城市甚至走到火场,都已经包含着这种地图式的对城市的整体认知;城市的全体还意味着,它作为一种合理化的存在而呈现出来;钟声笼罩整个城市,在其范围内,救火队与市民无论身在何处,听到钟声后都可以迅速奔赴火场,进行高效的救火行动——合理化的城市仿佛有机的身体,而钟声从高处、从整体指挥着身体的细部。

因此,城市是"听得见"的,"听得见"意味着结合各种感官知识来了解城市;它也暗含着这样一层意味,即城市自己能够发声,火警钟远远不是市政机构附加于城市之上的、飘浮于空中的声音要素。火警钟契合城市的肌理,城市通过钟声展露自身;反过

[①] 《阅申报所纪沪城巨劫因而论之》,《申报》1903年1月20日,第1版。
[②] 《三角地失火》,《申报》1877年1月10日,第2版。

来,人们也能够通过听取火警钟、观看随后的救火行动,来了解现代城市的内部。

我们知道,火警钟起初是租界配置的火灾报警系统,如若界外发生火灾,或不鸣钟,或鸣钟而救火队不出动。鲜少的例外之一,是1899年1月某晚发生在宝山县的一起火灾,"救火会各西人急驱皮带车而出……又因茅径小路,未便往救,遂中道折回"①。可见,虽然火警钟声可能溢出边界,但物理的城市却又设置了具体的区隔。《申报》曾对租界火警的高效与华界往往救火不力的情况做过评论:"然租界火警虽多,而西人讲求火政不遗余力,虽一夕数惊,而随发随救,随救随熄,从无有蔓延至如此之大者。虽西人器具之精良、人力之奋勇,苟街道不宽、车马不易,恐亦不能如是之施展也。"这篇论说进一步指出,即便华人在沪城所置备的洋龙、号衣号帽、自来水龙头皆效西法,但火情一起却常常难以扑灭,这恰恰是因为"街道之阻、城垣之限"。② 可见,钟声与物质性的城市是同构的关系,火警钟声述说着租界城市的肉身;人们又由火警钟来理解城市本身的呈现。城市在某种意义上同样作为行动者,中介了围绕钟声而展开的听觉与救火实践,它借由钟声表白了它沉默的自身。

五、结语:钟声,现代的诱惑

从宝山火灾、西人救火队因道路不便而折返的案例,以及《申报》认为沪城救火不力是因"街道之阻、城垣之限"的论说中,我们能够看到现代城市与传统县城在"肉身"上的差异,这种差异又通过声音表达出来,通过听觉实践为人所感知。

传统城市同样有其声音,包括从高处发出而贯彻城市空间的,用以传递时间或警报信息、统一地组织当地日常生活的信号音。早在东汉洛阳,官府便以"晨鼓暮钟"的方式来规定人们生活的起行与止息,"钟鸣漏尽,洛阳城中不得有行者"③。明清两代,在城池中修建钟鼓楼成为"郡邑之通制"。清代《凤阳县志》曾对鼓楼建造之要义做出说明:

> 鼓楼之设,必中城四达之衢所,以镇奠民廛,关锁地脉,严更号,戒昏旦,有合周官司寤之义。登其上者,辨五物之生,察四民之经,审十有二风、二十有八星之和。叙于政教之施,亦有助焉。故其制与郭、保、坊、庸、祠、坛、廨、宇并重,非如台榭之属,仅以备游观,资宴赏已也。④

---

① 《美界火警》,《申报》1899年1月22日,第3版。
② 《阅申报所纪沪城巨劫因而论之》,《申报》1903年1月20日,第1版。
③ 崔寔:《政论》,见《文选》卷二十八鲍照《放歌行》,李善注引,转引自夏玉润:《中国古代都市"钟鼓楼"沿革制度考述》,中国紫禁城学会编:《中国紫禁城学会论文集》(第七辑),故宫出版社2012年版,第603页。
④ [清]于万培等编纂:乾隆《凤阳县志》卷十四,转引自夏玉润:《中国古代都市"钟鼓楼"沿革制度考述》,第628-629页。

这里,我想借助这段材料,不避过分简单化之嫌,略论钟鼓声的听觉过程,以及经由听取钟鼓声,传统城市如何向人们展露(怎样的)自身。以此作为参照,也许能够帮助我们更好地理解早期现代围绕钟声而形成的听觉感官文化及其与城市关系的特殊性。

首先,传统城市中的钟鼓之用往往在"戒昏旦",可视之为报时的功能,但它所表征的并不是纯粹的时间信息,更是一种特定时间段内的令行禁止、对身体安置的规定。在集中控制的城市中,钟鼓声唤起听觉实践,其中蕴含的具身倾向,与其说是读取、了解声音表征的作息命令,不如说是一种直接的、强制性的身体行动(或不行动)——并且是共同的。再者,钟鼓(楼)作为有城墙的传统城市的一种建筑制度,用以"镇奠民廛,关锁地脉",换句话说,城市通过钟鼓(楼)而呈现出它的身体,具有清晰而严格的边界。最后,尽管钟鼓声作为城市中统一的声音信号,对于民众来说,它却不表露城市的全体,而是返回固定的边界区域,比如家中。只有能够登临钟鼓楼之上者,才能"辨五物之生,察四民之经,审十有二风、二十有八星之和",也就是说,能够看到城市的全体——万民万物安居其所的全体,但这并不是普遍的视角。

1910 年,南市的火警钟楼竣工后,"向市民开放游览"①,也就是说,"市民"能够在钟楼之上俯瞰沪城——它的面貌亦在渐渐改变,马路得以开拓,沟渠得以治理。在城市物流与人流能够更快移动的同时,隔阂也在被破除。1907 年南市成立救火联合会,打破原本 39 处救火社"平时既不联络,临警麇集一隅,争水争地喧嚷不已"的局面。②1912 年,上海县城开始拆除城墙。城市的声音、感知城市的方式、城市的身体、日常生活同时朝着"现代化"的方向改变——日常生活的组织变得越来越合理,城市则通过声音(或其他感官方式)展露这一愈益合理化的自身。

南市的现代化事业有其蓝本——租界作为在过去半个多世纪中兴起的现代城市极富吸引力。对租界的感知是多方面的,其中,声音扮演了重要的角色,它表述着这座城市的存在。

本文从 19 世纪下半叶在租界上海新近出现的钟声(包括大自鸣钟与敲击的火警钟)切入,讨论了围绕钟声而形成的听觉感官文化,以及经由钟声的听觉过程而形成的对早期现代合理化城市的感知——这种感知同样涉及听觉之外的其他感官,涉及感受与知识。19 世纪下半叶,大自鸣钟与火警钟蕴含着都市日常生活所必需的知识,火警钟更是将整座城市的地理知识编织到声音当中,这些知识具有客观中性的面貌。钟声彰显的是现代机构的权威,比如海关与市政;其内里则是城市的合理化——只需钟声的管理调配,一切皆可井然高效。钟与钟声作为现代化的使者,让暂处"现代之前"者

---

① [日]小浜正子:《近代上海的公共性与国家》,第 137 页。
② [日]小浜正子:《近代上海的公共性与国家》,第 133 页。

歆羡,也让当时的新兴出版物乐于描写、说明钟与钟声这一"奇观"以及它所传递的日常生活知识。正是出于此,这些对钟与钟声的再现文字摒弃了幽远宁静的钟声意象,而采用写实的方式,并且对钟声知识不断地进行更新,实则制定了一种钟声的听觉"框架"。

这些带有写实性的材料同样记录下时人听取钟声的心智反应与身体倾向。钟声的听觉过程涉及听、看与知。大自鸣钟声引诱人抬头看钟与钟楼(的外形),继而"对表"——知晓与确认现代时间。火警钟声的听觉过程更为复杂,它是在听、看和钟声—城市地理知识之间的不断回返。在这一听觉过程中,一种新的人与城市的关系得以生成。一方面,人对城市整体有了地图式的抽象的、理性的认知,并且借由钟声获得了新的观察城市的视点;另一方面,城市作为合理化的全体呈现在人眼前,无论从何处,都可以看到这一身体能够根据笼罩全境的钟声而进行有机的调节。与此不同的是,传统城市的钟鼓声所关联的听觉方式,总是包含着一种对身体安置的规定;钟鼓声所展露的城市具有清晰严格的边界,它将人们的感知与行动引向城市中的具体地方。

应该说,早期现代的城市征用了各种感官,一方面将理性的知识纳入其中,使一种高效便捷的日常生活得以组织,另一方面又使人感受到合理化城市自身的魔力。

然而,这一城市的机体,却只是在早期现代的钟声当中匆匆显露,随后又迅速隐没。回顾钟声进入 20 世纪的命运,火警钟逐渐被更快速、更准确的电话所替代。与此同时,随着都市声音环境变得越来越喧嚣,声音信号也逐渐被湮没。起初城市钟声带来的"震惊",也越来越让人感到麻木。到 1930 年代,原来"浦江十里"皆可闻见的海关钟已不如往昔那样洪亮:"如果是在夜里,又如果黄浦江上没有一只船,再如果黄浦滩路没有第二个人,没有一辆汽车、电台,以及其他各种车辆的时候,而同时如果你不是个聋子,那么每当时间过去十五分钟,你就有机会听得一种悠扬的音乐从天空中发出来,散在黄浦江上,传入你的耳中。"[①]如果这段表述不是特别夸张的话,要听清海关钟声,需要都市其他的喧嚣声暂时低沉下去。"二十世纪初,钟表才逐渐规范上海城市生活的步伐。"[②]随着钟表进入私人领域,钟表的"看"或者说"读"成为更加便捷的知晓时间的方式,钟表是一种视觉媒介——不用再等大自鸣钟"声敲十二";海关钟声逐渐从写实的对象,转变为上海的城市意象。

钟声衰落的原因是多样的:城市的扩张伴随着噪声的升腾,单靠钟声本身已经不能承载合理化生活所需之讯息的快速、精确的流动了,它太笨重,不轻盈,且总是出错,

---

① 上海通社编:《旧上海史料汇编》(上),北京图书馆出版社 1998 年版,第 61 页。本书初版于 1936 年。
② [美]叶文心:《上海繁华:都会经济伦理与近代中国》,王琴、刘润堂译,台湾时报文化出版公司 2010 年版,第 117 页。

滞后，混乱；另一方面，媒介技术①特别是声音媒介技术的发展与应用，不断重组着感官比例，由此带来城市人生存境况的改变。20世纪初，人们的身体僵化在需要投入倾听的电话旁，在机器的杂音当中努力抓取言语。信息的流动，愈益以从城市中的一点到另一点的方式进行。曾经覆盖全城的火警钟永远静默在极司菲尔公园的草坪上；人们不再能够感知远处火灾的当下，电话报警使用了一种让城市喑哑的方式，就能够展开快速的行动，完成对城市合理化生活的调节。对19世纪末匆匆一现的城市身体的欲望，转而要通过电梯上升到高楼的顶层，通过视觉去寻找了。

---

① 这里在一种较为宽泛的意义上使用"媒介技术"这个词，它将道路、交通工具等方面也包括进来，它们共同塑造了城市的物质性。这篇文章已经反复强调，物质性的城市与它的声音及（听觉）感官文化是同构的关系；在这种同构关系中，城市与人相互接合与感知。

中国近代文化的"声音转向"与知识革命*

王东杰

(清华大学历史系)

战国晚期思想家韩非曾记录下春秋时期晋国乐官师旷的一个故事,讨论了乐音与君主德行、国家兴亡的内在关联(《韩非子·十过》);西汉时期编纂的一些文献,也对声音、人心和政治的关系做了系统探讨,得出"声音之道,与政通矣"(《礼记·乐记》《史记·乐书》)的结论。虽然把声音提到"政"(注意,此与今日所言"政治"不同)的高度,但整体来看,中国传统给人留下的印象仍是长于"眼学",短于"耳学"。南宋郑樵注意到,"华人"与"梵人"存在一个重要的文化差别:前者"尚文",后者"尚音";"梵人别音,在音不在字;华人别字,在字不在音"。以"音声之道"而论,华人不若梵人,君不见"梵僧咒雨则雨应,咒龙则龙见,顷刻之间,随声变化";华僧则"虽学其声而无验"乎?① 明人王鏊几乎完全照抄了这个结论,并引申道:"梵人长于音,所得从闻入",故"释氏以参禅为大悟,通音为小悟";"华人从见入,故以识字为贤"。②

在郑樵和王鏊这里,印度无疑扮演了一个至关重要的"他者"角色:正是通过这面镜子,中国人才认识到自身文化的特长与不足。东土对"声音之道"的探索,的确极大地受惠于佛学及随之而来的其他印度文化,魏晋以降中国音韵学的发展就是一个明显例子。③ 不过,在传统中国,来自印度的文化刺激毋宁只是补充性的,尽管在宋以后,尤其是清代,"声音"获得了越来越多的关注,但并未导致华夏文化基本特质的改变,"文字"或"眼学"仍是最主要的知识构成工具。就此而言,其影响力远不能与近代中国遭遇的另一个"西方文化"的冲击相比。19世纪中叶以来,经过泰西文明的连续打击、

---

* 本文原载于中国当代艺术丛书编委会主编:《感官媒介与认知方式的转变:中国当代艺术研究》,中国青年出版社2014年版。
① 郑樵:《通志二十略》,中华书局1995年版,第340、350-351页。
② 王鏊:《震泽长语》,转引自汪康年:《汪穰卿笔记》,中华书局2007年版,第195页。
③ 早年讨论此问题的名文有陈寅恪:《四声三问》,《金明馆丛稿初编》,生活·读书·新知三联书店2001年版,第367-380页;近年的研究如王邦维:《郑樵〈通志·七音略〉中的"胡僧"及其他》,《四川大学学报》(哲学社会科学版)2013年第2期,第21-22页。

诱使,在20世纪初,中国文化发生了一场整体性和取向性的变革。它的一个重要表现,就是出现了一场"声音转向"。

我使用这个概念,指的是以下几组形式各异、纷纭多端但都围绕着声音展开的文化现象:首先,以声音为载体的文化形式大量出现,在日常生活中起着越来越重要的作用,其文化地位也大幅提升,如演说、辩论、国语、话剧、口号、无线电播音、朗诵、合唱等。其次,知识界对方言、谣谚、民间文学、民俗、戏曲和曲艺等"口头文化传统"产生了浓厚兴趣,展开了系统的调查、搜集、整理、保存和研究工作。最后,书面文化出现了"声音化"趋势,并把它作为一个重要的评估标准。这主要表现为文字拼音化、白话文、切音字、注音字母和拼音字母、速记术、标语、标点符号等。其中,文字拼音化、白话文都以"言文一致"为目的,注音字母和拼音字母主要用作汉字读音的标识,速记术更是直接将口语转移为书面符号,标语是口号的书面形式,标点符号也起着传递语气的作用:它们的共同特征是把书面语言视为准确、迅速地记录和描摹声音的工具。

这三种以声音为核心的文化现象的出现,当然并不意味着听觉在文化生活中完全取代了视觉的作用。相反,后者不但仍在延续,还获得了进一步的发展空间;不过,这三种文化现象,尤其是书面文化的"声音化",却提示知识领域的一个新趋向:"文字"和"语言"、"眼学"和"耳学"的相对位置被调整乃至倒置了,从此,"耳学"获得了至少不亚于"眼学"的重要性,而"声音"更凌驾于"文字"之上,成为文化的原型。

近代文化的声音转向是与晚清以来政治、社会、心智和物质条件的改变分不开的,它们推动了这一转向的发生,为其提供了必要前提。这里不妨将其中一些主要因素简单罗列一下。政治方面,近代国家观念把"人民"视为主权的拥有者,这使得各种政治力量都必须考虑如何高效率地动员民众参与的问题——无论他们是否真想把国家的最高权力交给人民,却不能不面对群众讲话,尽可能唤起他们的认同。经济和社会方面,以国家富强为目标的工商业的发展、城市化进程的推广、各种超地方的新型社会组织(如政党)和职业的兴起,通过诸多有形无形的力量,把众多人口从其原本所在的地方性传统社区中驱赶出来,大大强化了社会流动性。知识和价值观方面,人们在理论上承认,打破权威的独尊,创造一个自由平等交流的局面,对心智领域的进步是必不可少的。情感和心态方面,近代的民族国家建设要求在国民心中造就一种休戚与共的感受。更加便捷的交通运输、资讯传播条件,如电话、电报、留声机和录音机、无线电、电影和电视、互联网等,也提供了必不可少的物质保障。所有这一切都指向一个规模急剧扩大,构成方式更为复杂、时空被高度压缩的大型社会的出现,这样的社会势必面临着诸多沟通和交流问题,声音转向正是针对这一问题而来。反过来,声音转向又引发了政治、经济、社会、文化领域中的一连串后果。

不过,我在这里并不准备讨论声音转向的全部意义,而是选取知识场域作为主要观察点。我们知道,晚清以来,中国发生了一场知识革命,无论是知识的观念还是实践,都发生了彻底改观。本文的目的就是把声音转向放在这场知识革命中,观察它在知识生产、呈现、流通和利用方面的表现和影响,以及"声音"的象征意义与近代知识观念的同构性。① 但我并不是要采取一种线性立场,把其中一方作为另一方变动的原因,相反,我试图从同时态的互动关系中观察它们的位置,用梁启超的话说,我把它们看作是"互缘"的。②

声音转向中的诸种现象所具有的意义和引发的结果并不一致,我这里关心的是它们的共同取向,而不考虑它们各自的特殊性。在这篇文章中,我主要处理的是第三种,也就是书面文化的"声音化"现象(其中又特别偏重于文字拼音化和白话文)。这一方面是由我自己的研究经验决定的,另一方面也是因为文字一向在中国传统文化中处于核心地位,在它这里最可看出声音转向的意义。在时间上,我特别集中在这场转向发生的初期(清末民国)。此时声音转向及其后果都还没有全面展开,但已显示出后续效应——事实上,直到今天,我们也还处在这一过程中。我也不准备对这一过程做细致的实证描述,而是采取提纲挈领的论述策略。

还要指出的是,本文所说的"声音",除了指发生在特定时空范围内通过听觉为我们感知到的具体的物理过程外,也兼指其在近代中国特定文化语境中的象征意义——在很多情形下,人们在谈论物理性的声音的时候,心中都潜藏着一个象征性的"声音",正是这个象征性的"声音"为物理声音赋予了比喻性和引申性的含义。这一潜在的事实为我们准确地把握时人的言论提供了一把钥匙。

一、从取象到拟声:文字的声音化

德里达曾说,西方存在一种"言语中心主义"的文化倾向:言语"绝对贴近"于"存在""存在的意义""意义的理想",文字作为言语的记录,则"外在"于意义,是第二位的。③ 与之不同,中国传统文化的基本价值是围绕着文字、文章建立起来的。萧梁时期的刘勰说,文"与天地并生"(《文心雕龙·原道》);清人姚鼐云,"天地之间,莫非文也";吴闿生说,"文不可见,则乾坤或几乎息矣"④。天地以"文"的方式自我呈现,又反过来决定了人对"文"的认知。东汉许慎在《说文解字叙》中回顾了文字发明的三个阶段:先是伏羲"仰则观象于天,俯则观法于地,视鸟兽之文与地之宜,近取诸身,远取诸

---

① 笔者曾初步探索"声音转向"与中国近代政治的关系,与本文有互补之处。见《口头表达与现代政治:清季民初社会变革中的"言语文化"》,《学术月刊》2009 年第 12 期,第 121-133 页。
② 梁启超:《研究文化史的几个重要问题》,《饮冰室合集》第 5 册"文集之四十",中华书局 1989 年版,第 4 页。
③ 雅克·德里达(J. Derrida):《论文字学》,汪堂家译,上海译文出版社 2005 年版,第 15-16 页。"言语中心主义"亦译"声音中心主义"。
④ 姚鼐:《答鲁宾之书》,吴闿生:《明清八大家文钞序》,均见贾文昭编:《桐城派文论选》,中华书局 2008 年版,第 126、461 页。

物,于是始作《易》八卦,以垂宪象";接着是神农结绳而治;黄帝的史官仓颉"见鸟兽蹄远之迹,知分理之可相别异也",遂发明书契。"仓颉之初作书,盖依类象形,故谓之文;其后形声相益,即谓之字。"①文字源自对天地物象的摹写,字形显然比字音来得重要。许慎当然没有排除声音的地位("形声相益"),但"依类象形"仍是文字的根基,形体的重要性是首位的。这样,西人极重视的"声",只是汉字的认知要素之一;西人很少关注的"形",却是首先考虑的对象。

这段话本于《易·系辞》,在许慎之后又成为代表性的文字观。在这段叙述中,除了结绳记事的神农外,伏羲和仓颉都发明了一套书写符号,而他们是利用眼睛完成这个工作的。事实上,不仅是文字,整个知识系统都更多地倚赖于观看。《易·系辞上》:"天垂象,见吉凶,圣人象之。河出图,洛出书,圣人则之。"从这段被广泛征引的话可以看出,在传统观念中,"观看"和"取象"乃是知识生成的主要方式。事实上,"象"在中国传统知识论中也几乎无处不在。"近取诸身,以文拟人"被认为是中国文评的一大特色。② 人体和天地的同构交感是传统医学的基本理论。古人论画,多借山水、书法、文章为喻。③ 至于风水、相面、测字等在民间广为流行的技术和知识,更无一不围绕着"象"大做文章。

一般说来,古人并不在不同感觉方式间划分等级关系。不过,有迹象表明,视觉或被认为是一种具有优先性的感觉方式,位居听觉之上。比如,后世习用的"百闻不如一见"一语,出自《汉书·赵充国传》,其时似已是常言。程颐曾解《论语·颜渊》"非礼勿视,非礼勿听,非礼勿言,非礼勿动"一段云:"人之视最先。非礼而视,则所谓开目便错了。次听,次言,次动,有先后之序。"④按《论语》原文,视、听、言、动是平行关系,程颢则解释为一个具有先后次序的过程,多少带有等级差序的意思。

在"观看"和"取象"背后,还存在一重更为根本的文化假定,这就是中国传统的宇宙论。一般来说,每一个文化都有一套对自然、社会和人生的整体看法,构成一幅完整图式。它负责对宇宙万物进行分类,确定它们的等级,代表了该文化对世界的基本观察视角。在中国传统观念中,"天人一体"就是这样一种认知图式。如前所述,许慎把文字的起源追溯到八卦,而它们又都是取法天地自然的;河图、洛书更是上天主动呈露的知识。在这个观念中,天对人是友好的。知识的获取过程是人与"上天"直接交流的过程,通过对"象"的把握,人把握到宇宙的奥秘。同时,人又绝非被动的接受者,而是积极的参与者。因此,尽管在古人的叙述中,天地是以"文"的方式显现的,但这一论断本身就提示出,人以自己创造的"文"作为天地的原型。正是在这个意义上,"人"可以

---

① 许慎:《说文解字叙》,段玉裁:《说文解字段注》,成都古籍书店1990年版,第798页。
② 钱钟书:《谈艺录》(补订本),中华书局1990年版,第40页。
③ 如清人王原祁就提出:"音之清浊,犹画之气韵也;音之品节,犹画之间架也;音之出落,犹画之笔墨也。"见杨大年编著:《中国历代画论采英》,河南人民出版社1984年版,第25页。
④ 程颢、程颐:《二程集》上册,中华书局2004年版,第367页。

"与天地参",构成共同宇宙秩序的核心因素。

"象"不能理解为一般意义上的"图像"。从《易·系辞》和《说文》的叙述看,无论是"鸟兽之文与地之宜",还是"鸟兽蹄迒之迹",都是将某一完整形象简化之后的结果,它或抽取其中某一部分,或对整体加以抽象简化,再以归类排比("类"的构成又可分为相同、相邻等不同关系)的方式,在"物"与"象"之间建立起意义或原理性的联系。它的意图主要在于指示和提示,而不是对外在世界的简单模仿。同时,这种关联是开放的,并不稳固,而具有相当的流动性。这特别地可以从"测字"一类行为中看出:同一个字,不同的人或同一个人在不同的时候写,同一个解字者完全可以提供不同的解说。它高度地依赖于解释者对随时变化的语境的把握,具有极强的个体性和特殊性,无法予以形式化的概括。"测字"当然是一种特殊技术,但它体现出的认知取向,也不同程度地展示在其他知识类部中。整体而言,对于"象"的性质,清人章学诚的一个解释最具启发性:象"盖道体之将形而未显者也"①。认知者的目的是及时而准确地把握"象"指示和提示的信息,其间的分寸感至关重要。

这种认知取向与西方知识论传统形成了鲜明对比。从苏格拉底的"理念论"开始,西人就倾向于把"现象"和"本质"区分为两个层次。事物的根本属性——使某一事物成为某一事物的因素——要到"本质"中去寻找,而在时间之流中存在的"现象",不过是"本质"的一个低劣模本,脆弱易朽,因此也是不真实的。但在中国思想传统中,作为一对思想范畴对立的"本质"和"现象"概念是不存在的,或者说,在事物与其"本质"之间,并没有一条鸿沟。相反,中国不同的思想流派基本都认可体用不二、道器不二、理气不二的思维立场。章学诚的那句话,也可理解为"象"的实际位置是在"具象"与"抽象"之间。这当然意味着有一个"具象"和"抽象"的"区分",但"分"的目的是把二者连接起来,关注它们之间的"交际"。"分""际"并在的思维特点在"象"这个概念中最好地展示出来。

一直到20世纪之前,这个认知图式都被视为是有效的。不过,从19世纪末开始,在外力驱迫下,出于追求富强的需要,一场知识革命悄然到来,传统的认知图式和文字观一起受到严重挑战。相当一部分读书人认为,清政府应对外来威胁的失败与国内治理方面存在的诸多危机,在很大程度上可以视作一个沟通问题。由于信息交流渠道存在障碍,下情无法上达,造成整个政治体痿痹不仁。康有为1888年警告光绪皇帝说:"今上下否塞极矣,譬患咽喉,饮食不下,导气血不上达,则身命可危,知其害而反之,在通之而已。"②甲午以后,"通"更成为趋新思想家们的关键词,看看谭嗣同的《仁学》,就可得到一个深刻印象。

再者,清政府救国无力,也导致人们对朝廷乃至整个上层阶级的失望,进而把救国

---

① 章学诚:《文史通义校注》上册,叶瑛校注,中华书局2005年版,第18页。
② 康有为:《上清帝第一书》,汤志钧编:《康有为政论集》上册,中华书局1998年版,第59页。

的希望转向社会下层民众。与此同时,主权在民的观念被引入中国,也致使"国民"在社会舆论中的地位迅速提升,成为一个不证自明的权力主体。不过,另一方面,大力宣传国民思想的人们也不得不面对一个尴尬局面:中国普通民众的实际表现与他们心中设想的"国民"所应有的表现之间颇有距离。因此,思想界必须使大多数人意识到自己是一个"国民",自觉地承担起国民的责任,并且具备践行国民责任的基本能力。然而,如何使下层社会的人们接受"启蒙",也成为一个难题,这使得沟通危机进一步加剧。

造成沟通障碍的原因众多,语言、文字这样一些交流媒介也被认为是应承担主要责任的因素之一。清末直隶士人马体乾精练地传达了不少人的共识:"我国之大,病在不通。智愚不通,贫富不通,朝野不通,北南不通,古今不通,各省不通。究其极,概以文字不通、语言不通二者为诸不通之源。"为此,必须改革文字,以"通此诸不通之通弊"。① 这段绕口令式的话,相当传神地表现了这批读书人面对时局压力而产生的紧迫感,以及因为自信掌握了最核心的真理而急于一揽子解决困局的大气魄。在这种认识下,语文改革遂箭在弦上,不得不发,清末以来出现的众多拼音文字或拼音字母方案,就是其集中表现。

近代语文改革者认为,中国传统过于重文轻语,以致言文不一。繁杂的象形文字和过于典雅的文言,耗费了学习者大量时间精力,成为难以逾越的认知障碍,导致民智不开;众多方言又造成各地人民之间无法直接交流,造成民情不洽。这些因素结合起来,使得人民缺乏国家观念,难以组成一个坚固的整体。为了普及教育,沟通民情,他们提出了"言文一致"的口号:在文体方面,提倡白话文;在文字方面,废除方块字,改用拼音文字。同时,大力推动国语统一。这些改革都围绕着"声音"做文章:国语的目标是语言的标准化,白话文和拼音文字则是要书面文字向口语看齐。②

语文革新的直接推动力是实用的需要,但这不是说改革者们缺乏理论思考。这方面,至少有两个见解影响甚大,值得一提。

首先,提倡语文改革的人们,笔下经常出现"声入心通"四个字。这是他们的一个重要论据,也是其所欲达到的目标。至何以"声入"即能"心通",他们却并不解说,似乎视为不证自明的公理。盖此四字并非近人发明,而是一种由来已久的观念。《礼记·乐记》《史记·乐书》都指出:声音起于人心,人心为外物感动,发而为"声",声成"文"而谓之"音"。二程语录云:"凡物名字,自与音义气理相通。除其他有体质可以指论而得名者之外,如天之所以为天,天未名时,本亦无名,只是苍苍然也,何以便有此名?盖处

---

① 马体乾:《谈文字》,文字改革出版社编:《清末文字改革文集》,文字改革出版社1958年版,第86页。
② 本段和以下两段,详见王东杰:《从文字变起:中西学战中的清季切音字运动》,《中山大学学报》(哲学社会科学版)2009年第49卷第1期,第48-59页;《"声入心通":清末切音字运动和"国语统一"思潮的纠结》,《近代史研究》2010年第5期,第82-106页;《"文字起于声音":近代汉字拼音化思想对一个传统训诂理论的继承式颠覆》,《近代史研究》2013年第4期,第4-27页。

自然之理,音声发于其气,遂有此名此字。"①明末方以智云:"自然感应,发于性情,莫先于声。"②这些都是这一理论的推衍。唯近代之前,这一理论与取象论并无冲突。但在语文革新者的眼中,"声入心通"同时也蕴含了对"文字"的批判:在沟通能力方面,形象不如声音来得直接、方便。

其次,语文革新者也接受了一套来自西方的文字理论:声音先于文字存在,文字是语言的符号。这当然也不全是近代的发明,宋人王子韶就发现,形声字的形旁标识了类别,音旁代表着意义,即所谓"右文说";乾嘉学者在此基础上发挥出一套"因声求义"的理论。在这一学说发展过程中,已有不少人提到"文字起于声音"的观点。但他们并没有因此认为汉字须改造为拼音文字。19世纪末20世纪初的文字改革者直接受到西洋拼音文字的启示,仅在传统学说基础上多走了小小一步,就得出了一个令传统士人完全料想不及的结论:汉字这一类形意文字不过仍处在文字发展的初期阶段,拼音文字才代表了更高水平。③ 比如吴稚晖就宣称:"语言者,声音之事";"笔画不过为声音所附丽之一物耳"。④ 这样,在文字理论中,"取象"(视觉)的核心地位就被"拟声"(听觉)取代了。

晚清刚刚接触西学的读书人,常将外来知识与他们熟悉的本土资源混合起来,发明一些"非常异议可怪之论"。温州维新人士陈虬是极力主张制造拼音文字的,除了因为他相信文字是语言的符号这套理论外,作为一位中医,他还有其他证据:"天地间声音的作用很多,现在统没有人替他发达起来,如那光学、气学、电学一般,只好先用他来治国治病。这话说起来,似乎有些稀奇,不知道古人听见乐声,就晓得那朝那国的治乱兴衰。这宗道理,是有人听过的。说那音可治病,未免有些不信,那晓得上古祝由遗编禁咒,都载在黄帝造的医书《内经》里头呢!还有一件,古人药字从草从乐,岂不是一个绝妙佐证么?"⑤拼音文字使陈虬重新发现了声音的力量,而产生一种近乎神妙的感受。另一位浙江维新士人叶瀚也颇具奇思。他对孙宝瑄说,耳朵离大脑的距离较眼睛离大脑的距离更近,因此,"以耳治"的拼音文字比"以目治"的象形文字到达大脑的速度更快,这就是它易学的原因。⑥

这些议论在今日看来全站不住脚,但从中不难发现,对近代读书人来说,耳朵在认知中的地位已明显提升,在有些人的心中已凌驾于眼睛之上。因此,在1913年出版的

---

① 程颢、程颐:《二程集》上册,第9页。
② 方以智:《浮山文集后编·等切声原序》,中国社会科学院历史研究所清史研究室编:《清史资料》第6辑,中华书局1985年版,第4页。按:传统文献"声""音"有别,"声"是人与禽兽所共有的,"音"则是人心所独具的。
③ 这是大多数人的看法。但四川的宋育仁也恰依据同样的理由(声音先于文字)认为,拼音文字才是原始的文字。见《说文部首笺正序》,《国学月刊》第23期,第51页。
④ 吴稚晖:《评前行君之"中国新语凡例"》,《国音国语国字》第1集,台湾传记文学出版社1970年版,第8页。
⑤ 陈虬:《新字瓯文学堂开学演说》,《新字瓯文七音铎》,文字改革出版社1956年影印本,第12-13页。
⑥ 孙宝瑄:《忘山庐日记》上册,光绪二十三年十一月十四日(1897年12月7日),上海古籍出版社1983年版,第150页。此是孙氏记录的大意,非叶氏原话。

一份通俗教育杂志上我们看到了如下论断:"凡程度较低之人,听觉之用不及视觉,粗俗之言感动之力较文言为甚也。"①此言乍听颇令人诧异:时人皆以为下层民众识字不多,更易为声音感召,所谓"文言"之力不如"粗俗之言",也是在这个意义上成立的;那么,这两句话岂非相互矛盾? 推究起来,作者的意思大概是说,视觉较为直接,一望即知;听觉较为抽象,必须细致辨析,才能明了。而在听觉中,"粗俗之言"更为直观,辨析"文言"需要更高的文化水准。所以,作者是把视觉认知视为一种比较粗糙的认知能力,位居听力之下。这些例子表明,与古人相较,近人对此问题的认知已发生了多大的改变。

二、声音转向中的知识场域

语言文字是知识的家。文字观念的变化,意味着整个知识世界的改观。与文字拼音化思潮的兴起同步,近代知识场域出现了一系列新现象:学科版图被重新划分,新的研究工具和技术大量采用,知识的探究取向、产品类型、组织图式、利用手段都与传统发生了断裂。这些现象都和文化的声音转向有着密切关系。

学科版图的重新划分,在与语言文字直接相关的学科中体现得最为直接和明显。

首先,西来的"语言学"观念被广泛采用,语言和文字的关系被彻底颠倒过来。在传统小学中,"声"也是"象"的一部分(六书中一般所谓"形声",班固即称为"象声",故"象"则有"形",而可"象"者未必一定有"形"),而音韵是附着于文字的;现在,文字被认为从属于语言,"文字学"成为"语言学"的一个分支。其间的过程,可以从下面三例看出。1902年,严复翻译《穆勒名学》,将philology译为"字学",显然仍在传统的文字学范围内理解此义。1906年,章太炎撰文提出,应将"小学"改称"语言文字之学",被视为迈向中国"语言学"的第一步,但二者还是并列关系。到了傅斯年,则在一段眉批中指责严译philology不当,提出应译为"语学"。② 仅仅两代人,"文字"和"语言"的地位已经倒置。

其次,口头文化研究作为新的知识领域出现了。其中,歌谣和方言的调查、研究最为火热。歌谣研究可追溯到1918年刘半农、周作人等在北京大学倡导成立的"歌谣研究会",之后又扩展为"风俗调查会"。20世纪20年代末期,南方的中山大学代替北大成为新的歌谣和民俗研究中心。③ 同样是1918年,北大教授沈兼士拟具方言调查办法,委托各地教育机关调查方言。随着歌谣征集运动的发展,出于准确记录歌谣(特别

---

① 《征集意见·摘录南翔陶乐勤君意见书》,《通俗教育研究录》1913年第2期,第23页。
② 关于严译与傅斯年的眉批,见黄克武:《惟适之安:严复与近代中国的文化转型》,台湾联经出版公司2010年版,第12页。
③ 洪长泰:《到民间去——1918—1937年的中国知识分子与民间文学运动》,董晓萍译,上海文艺出版社1993年版,第53-132页。

是其中"有音无字的俗语")的需要,1924 年,北大研究所国学门正式成立方言调查会;不久,又组建语音乐律实验室,采用实验语音学方法研究方言。① 在 1928 年成立的中央研究院历史语言研究所中,也设有专门组别,从事方言调查和民间文艺研究。

对中国读书人来说,方言和歌谣的搜集整理并不陌生。若不算《诗经》,也可以追溯到西汉扬雄的《方言》,明清两代的成果更是可观。仅以清代的方言著作来说,就有毛奇龄的《越语肯綮录》、胡文英的《吴下方言考》、张澍的《秦音》、钱大昕的《恒言录》、翟灏的《通俗编》、戴震的《续方言》、杭世骏的《续方言》等,章太炎的《新方言》尤被视为个中翘楚。他改变了乾嘉学者从古书中搜集方言的路径,向全社会征集俗语。② 不过,其意图仍是从经训中"推见"方言语词的"本始",俾读者"知今之殊言,不违姬、汉"。③ 新一代研究者则强调,他们关注的是"活语言"本身。沈兼士提出新旧方言研究的三个不同,第一条就是:"向来的研究是目治的注重文字,现在的研究是耳治的注重言语。"④

这也影响到对中国传统学问的评估。胡适常表扬清代考据学具有科学精神,但在 1928 年的一次演说中,他为了鼓励青年人投身自然科学,强调仅有"方法"是不够的,必须注意研究的是什么"材料",而考据学家的音韵研究就成了反面教材:"他们费了无数心力去证明古时有'支''脂''之'三部的区别",却说不清其分别究竟何在;"顾炎武找了一百六十二条证据来证明'服'字古音'逼',到底还不值得一个广东乡下人的一笑",因其"始终不知道'逼'字怎样读法"。瑞典的高本汉(Bernhard Karlgran)只研究了几年《切韵》,就把古音弄得清清楚楚,因他能"充分地运用方言的材料,用广东方言作底子,用日本的汉音吴音作参证",乾嘉学者则只把气力花在"纸上"。⑤ 王献唐也指责"清人所治之声音训诂,多为死音训诂",不过"一种古董式之学术,供人玩赏而已"。⑥

这一事例提示我们,即使是对声音的研究,仍存在"眼学"和"耳学"之异。传统的方言研究,或在书本上搜集证据,或从书本上寻找语源,所重视的是词汇,而非方音。即使是音韵研究,也只是对古音进行纸面的模拟,不能落实为活生生的语音。但在新学术中,"声音"不但是独立的研究单位,它本身即成为研究目的。作为一次方法论的

---

① 罗常培:《中国方音研究小史》,《东方杂志》1934 年第 31 卷第 7 号,第 151-152 页。
② 章太炎:《博征海内方言告白》,《民报》1908 年第 21 号,中华书局影印本,第 2968 页。
③ 章太炎:《新方言》,《章太炎全集》第 7 卷,上海人民出版社 1999 年版,第 3、5 页。
④ 沈兼士:《今后研究方言之新趋势》,原载北京大学研究所《歌谣纪念增刊》,1923 年 12 月,收入《沈兼士学术论文集》,中华书局 2004 年版,第 48 页。林少阳指出,与沈兼士的取向相反,"章炳麟的方言研究恰恰是为了从音的角度阐明目治之文字敷衍的轨迹"。见《从章太炎的"音"至歌谣征集运动的"音"——重申白话文运动》,王中忱、刘晓峰主编:《东亚人文》第 1 辑,生活·读书·新知三联书店 2008 年版,第 215 页。
⑤ 胡适:《治学的方法与材料》,《胡适全集》第 4 册,北京大学出版社 1998 年版,第 113-114 页。
⑥ 王献唐:《复傅斯年书》,见张书学、李勇慧:《新发现的傅斯年书札辑录》,《近代史资料》总第 91 号,中国社会科学出版社 1997 年版,第 141 页。

变革,方言研究转向"耳治",全面刷新了这一学科的知识景观。北大研究所国学门方言调查会 1924 年成立时,宣称要做七项工作,涵盖了音声、词汇、语法。① 而新文化人推动方言调查的主要动机之一,也是欲以方言语汇来丰富书面语(白话文)。② 但实际上,由专业语言学家主导的方言调查工作,重心几乎全偏向了音声一边,以致杜道生在 1945 年抱怨:"今世惟重调查方音,分析音素;乃不重调查方言,探索音义。"③

如上所述,近代语言学家对方言语汇的重要性并非没有认识,但正如杜道生的敏锐观察,他们在学术实践中,仍倾向于把重点放在"音素"而非"音义"上,和传统小学家的研究重点有根本差异。用布尔迪厄的话说,这里反映出两种绝不相同的学术"习性":传统方言研究更重词汇调查,反映了由书本和文字培养起来的士大夫品味;现代方言研究更多受到社会科学偏好的形塑,一方面要和传统的小学研究区隔开来,展示出"科学"和"进步"的一面,另一方面也要和文学家、普通的学术爱好者区别开来,从事那些更专业、更依赖于技术手段、更不易模仿的工作。

这两种不同学术习性的转换,又和语言文字学知识场域的改变密不可分。这至少又表现为以下几个方面:首先是学科内的"意识形态",也就是主导理论的变化,主要体现为上文所说的新文字观。其次是学者的代际变化,作为新式方言调查的倡导者,沈兼士揭出一条与自己的老师章太炎不同的学术道路;但具体的学术实践,则更多地由那些受过西式语言学训练的学者如赵元任、刘半农等人来承担。再次,这种变化也依赖于新的研究工具和技术的出现:国际音标、声调记录符号、五线谱、蓄音机、留声机片的采用,使得更准确的语音记录成为可能;声浪计和实验语音学手段的采用,使得语音的分析脱离人耳,更为精密和"客观"。④ 因此,声音转向改变了语言文字学知识场域的结构,导致学术取向的根本变革,也使知识产品的品种发生了很大变化。⑤

声音转向在语言文字学领域中表现得最为直观,但这不意味着它在其他知识领域的表现就是微不足道的。事实上,声音转向是知识场域整体变革的一部分,体现在从知识生产到知识呈现、流通和利用的各个环节。

---

① 《北大研究所国学门方言调查会宣言书》,《晨报副刊》1924 年 3 月 25 日,第 3 版。
② 蔡元培:《发起国语研究会请立案呈》,高平叔编:《蔡元培全集》第 3 卷,中华书局 1984 年版,第 256 页;唐德刚译注:《胡适口述自传》,华东师范大学出版社 1993 年版,第 31 页。
③ 杜道生:《文字训诂与方言土语》,《志学》1945 年第 19/20 期合刊,第 18 页。
④ 这些器具名目均见于傅斯年执笔的《国立中央研究院历史语言研究所十七年度报告》《历史语言研究所概况》《国立中央研究院历史语言研究所十八年度报告》等,均在《傅斯年全集》第 6 卷,湖南教育出版社 2003 年版,第 18-19、47、64 页。
⑤ 不过,知识场域和产品的改变是一个长程变化,且新旧两种不同的学术习性在中国现代语言学界也是长期共存的。李方桂在晚年说,直到 1939 年,西南联大热心于语言学的学生中,绝大多数都很熟悉"古汉语语文学系统",而"几乎无人愿意去做实地调查工作,去考察研究"。见《李方桂先生口述史》,王启龙、邓小咏译,清华大学出版社 2003 年版,第 72 页。这非常清楚地表明两种不同学术习性和学术训练的关系,同时也使人看到新学术习性的建立并非一蹴而就。不过,我们同时也应指出,从事研究人数的多少和某一学术取向具有的学术权势并没有必然联系。

中国近代知识生产面临着一个根本变革，就是知识判断标准的改变。经过最近几十年学者的努力，我们已知道，"知识"并不像其表明看起来那样具有普遍性、客观性和必然性，它们是由人建构的，受制于不同的文化。一套陈述是否获准成为"知识"，端赖其是否能通过某些标准的检验，而这些标准实际又是随时随地变化的——在某一标准下成立的"知识"，按照另一标准就可能被排除在外。不过，20世纪大部分时间里中国人广泛接受的知识论却坚持认为，"知识"必须合乎"逻辑"，而"逻辑"是普遍的、客观的、必然的。由此，中国传统学术受到了严厉批评，其中一个重要理由就是它们缺乏"逻辑性"。南社诗人姚光在清末指出，中国没有"论理学"，以致"三千余年学术无甚进步"。① 1919年，罗家伦也说，"昏乱的思想"是中国传统思想"三种毒素"之一，必须以"逻辑的思想"来取代。② 此二人在他们那个时代，皆是新潮人物，而都崇尚逻辑。20世纪新思想的趋向，于此可见一斑。

在这种情形下，口头表述能力得到高度重视，被视为治疗此一弊端的特效药。1909年，有人建议在小学教育中添入"话法"一科。作者强调，这看来只是"区区"小事，实际关系甚巨，盖"片言只语，皆有论理学寓其中"。③ 1928年出版的一本小册子提出，演讲和辩论有助于"养成一个人思想精密的习惯"。④ 胡适直到晚年还四处推荐"公开讲演"的好处：它迫使人"对一个讲题作有系统的和合乎逻辑的构想，然后再作有系统的又合乎逻辑和文化气味的陈述"，有利于对某一论题做"更深入的思考"，训练写作和"作笔记的系统化"能力。⑤ 1930年代，曹聚仁提出，"桐城义法"中"有序"一条，桐城派作家实全未做到，这要归咎于有宋以来"学者以沉默寡言为美德"的习惯："口谈既难'有序'，笔述自难'有序'。"⑥他们都认为，口说是训练逻辑思维的重要手段，写作则是从属性的，因此，声音转向有助于推动知识生产的现代转型。

推动知识呈现方式的转变，正是声音转向的直接目标。清末士人提倡白话文，追求的只是知识的通俗化；到了新文化运动诸子那里，白话已不仅是手段，它本身就成为目的。陈独秀强调，提倡白话文"意不独在普及教育"，而是因为白话较古文"表情亲切"。⑦ 他们要推动一场语言革新，使现代汉语能密合当代生活（包括知识生活）的需要。1940年代初，大力宣传拉丁化新文字（文字拼音化方案的一种）的周建人就曾憧憬：拉丁化新文字得到广泛使用，科学家用它写科学著作，哲学家用它写哲学文章，作家用它创作文学作品，"可以使言语更趋向精密、正确、丰富"。而这是"言文密切相联

---

① 姚光：《汉武帝罢黜百家论》，《姚光全集》，社会科学文献出版社2007年版，第14页。
② 罗家伦致张继函，见《新潮》第2卷第2号"通信"栏，1919年12月，第368页。
③ 伍达：《论筹备立宪必以改良教育为起点》，《申报》1909年10月19日，第1张第3版。
④ 王德崇：《国语演说辩论术概论》，平社出版部1928年版，第50页。
⑤ 唐德刚译著：《胡适口述自传》，第53页。
⑥ 曹聚仁：《现代中国散文》，《笔端》，生活·读书·新知三联书店2010年版，第30页。
⑦ 陈独秀：《答易宗夔》，《独秀文存》，安徽人民出版社1996年版，第776页。

系的文字的好处",方块汉字"和言语隔离",是办不到的。①

正如周建人提示的,知识结构的改变是造成近代语文革命的核心因素之一。晚清西学东渐,新事物、新事理在短期内大量涌入,中国读书人突然陷入"表述危机"。王国维在1905年发表的一篇文章中思考了汉语"不足用"的问题:中国人短于"抽象"能力,意味着"学术尚未达自觉(self-consciousness)之地位"。国人凡事"用其实而不知其名,其实亦遂漠然无所依附";事物无名,便无法成为"吾人研究之对象",学术焉能进步? 即使从前"闭关独立"时代,也不能不随时制造"新名",更何况西学已"骎骎而入"乎?② 按昔人曾云:"名者,实之宾也。"(《庄子·逍遥游》)王国维这里看到了"实依名存"的一面。他的学术识见固迥出侪辈,但察知中国旧有语汇应对新知的困窘,亦实不需何等高明的思辨力,同类言论在其时俯拾即是。

文字拼音化运动也把解决近代"表述危机"作为自己的任务。许地山提出:"文字底功用在记事,文化越高,超象的事越多,所以形穷于应付,人不得不用声音。"近代"思想猛进、知识繁多",汉字这种"表义字"不免捉襟见肘,最终"走上拼音的途程,是无可疑的"。③ "超象"二字,和王国维所谓"抽象",颇能呼应:两人都意识到,知识性质日趋抽象,势必要求表述媒介相应调整。不过,王国维只是建议造新词,并没有对汉字的表现力失望;许地山却认为,汉字的形象化特征和"超象"化的知识趋势是不相容的,只有与形象分离的声音,才适用于新的知识呈现。

1940年代中叶,高名凯在谈论中西语法的不同时,却提出了另一番见解:"西洋的语音是用许多抽象的观念来说明各语词间的关系,所以西洋语言的语法往往是用特殊的形态或抽象的语法成分来表达";汉语则"往往是把一切的事素具体地排布出来,让人去看出其中的关系"。他因此称汉语的特征是"表象主义"和"原子主义"的。"表象主义"是说,汉语描写事物是"整个的具体的"加以"表象";"原子主义"是说,汉语表象事物只是将它们"一件一件地单独地排列出来,不用抽象的关系的观念,而用原子的安排让人看出其中所生的关系"。这使得汉语长于表现"具体的事实",而短于说明"抽象观念"。如此,许地山指出的弱点显然不能单独怪罪汉字,而是汉语本身固有的,采用拼音文字,并不能完全解决。不过高名凯特意强调:"这并不是说中国语并不能表达西洋所能表达的思想,这只是说中国语的表达方式和西洋语的表达方式不同而已。"④唯这段颇具人类学意味的论述,其时并未获得多少响应。

---

① 周建人:《为了建筑崭新的文化》,倪海曙编:《中国语文的新生——拉丁化中国字运动二十年论文集》,时代书报出版社1949年版,第120页。
② 王国维:《论新学语之输入》,《静庵文集》,辽宁教育出版社1997年版,第116-117页。
③ 许地山:《中国文字的命运》,倪海曙编:《中国语文的新生——拉丁化中国字运动二十年论文集》,时代书报出版社1949年版,第265-266页。参考赵元任:《中国语言的问题》,《赵元任语言学论文集》,商务印书馆2002年版,第702页。
④ 高名凯:《中国语的特性》,《国文月刊》1946年版第41期,第7-8页。

声音转向影响知识领域的第三个方面是知识的流通。如前所述,文字拼音化和白话文运动最初的、也是最基本的动机,就是推动知识的通俗化,切音字、注音字母、汉语拼音等都是要为民众提供一个识字和自学的帮手。它们也确实有效——从大趋势看,知识门槛相对降低,参与知识消费和生产的人数都大量增加:前者即一般所说的"阅读大众",后者则特别地可以从一大批由边缘知识青年成长起来的新文学作家身上看到。[①] 1930年代,一部分左翼文化人对白话文运动的成效不满,发起"大众语运动",揭出"老妈子也动笔写文章了"的理想。[②] 虽然具体实践未必赶得上白话文运动,也可以清楚看出,使大众获得自我表达和求知的工具与能力,始终是各种近代文化运动的目标。

造成近代文化声音转向的一个重要契机是"时间媒体"的发明。[③] 声音在时间中存在,随着时光的流逝而消隐。但"时间媒体"给声音克服这一致命的弱点提供了可能——它把声音物化,使其成为一种可以复制的物品,得以自由地在另一个时间和场合传播。这不但极大扩展了知识的储存和传播能力,也在一定程度上打破了线性时间的统治:流逝之物被固定下来,而且,如果我们愿意,它可以一遍遍地重播。在这个意义上,"时间媒体"对声音转向的推动,遵循了和发明文字同样的原理。因此,毫无足怪,留声机、无线电、电影等在满足人们娱乐生活需要的同时,也从一开始就被赋予了传播知识的使命。[④]

近代"正规"教育的主要场合——课堂更把口头表述作为知识传播的主要途径。一般认为,中国传统教育只要学生背诵,完全不加讲解,其实是误解。不过,讲书的老师确实是少数,且一般并不讲究讲演技巧。[⑤] 在新式学校中,"讲"课则成为老师的主业。1901年左右,吴稚晖在一次演讲中,解释了新式教育何以既有"课本、讲义"而又"专尚口说":课本只适合小学教育,讲义"不过教科之目录"。日本高等学校的讲义就非常简略,"盖其教授精神,本非讲义所能尽,尔时口授,不知几倍于此也"。故好的教育应是"教习以口授,学生以笔记,日以各教习之心力输入其脑"。[⑥] 这段话提示出,新旧教育的转变也是知识流通途径和学习方式的转变。他特别把课本、讲义和课堂讲授对照,指出后者蕴含着"教习之心力"和"精神",仍是"声入心通"之意。

---

① 罗志田:《文学革命的社会功能与社会反响》,《权势转移:近代中国的思想、社会与学术》,湖北人民出版社1999年版,第299-301页。
② 曹聚仁:《大众语问题》,《笔端》,第112页。
③ 西格弗里德·齐林斯基(Siegfried Zielinski):《媒体考古学》,荣震华译,商务印书馆2006年版,第32-33页。
④ 比如,民国时期很多地区的民教馆都把播音教育作为民众教育的一种重要手段。有关报告见中国第二历史档案馆藏教育部档案,案件号5-12295。
⑤ 清代学者王筠就提示塾师,"读书而不讲,是念藏经也,嚼木札也"。转引自熊秉真:《童年忆往:中国孩子的历史》,广西师范大学出版社2008年版,第147页。可知近代之前已有人意识到这一问题,但也反证"不讲"乃是通行做法。
⑥ 吴稚晖:《演说学堂教授事》,《吴稚晖先生全集》第2卷,中国国民党中央委员会党史料整理委员会1969年版,第109页。

知识发表的媒介趋于口头化和声音化，对知识的组织图式施加了不可忽视的影响。很多学者注意到，中国近代学术著述体例发生了一个明显变化：篇目式、札记式、纪传式等各种传统体例被章节体取代。这当然是仿效西人（主要通过日本），但也不能归结为单纯的形式模仿。这种变化曾给中国学者造成很大困扰。20世纪初，夏曾佑就表示："讲堂演述，中学较西学为难，西学有途辙，中学无途辙也。"①看来，"讲堂"这种新情境，给正处在教育转型中的人们带来了严重窘迫："西学"与"讲堂"相互匹配，直接拿来即可；"中学"本自有"途辙"，但为了适合"讲堂"这一新情境，必须打破其原来的组织单位（大的如"四部分类"，小的如"书"），以学科为线索，按照从初步到高阶、从整体到细节、从一个主题到另一主题的方式，逐步展开，以适合用学时、学期、学年这种线性时间单位和"学科"这种知识分类体系共同组合而成的学制系统。一句话，就是把中学变为一种可供"演述"的形式。

最后一方面是知识的利用，这一点可以检索手段（特别是检字法）为例。如果说知识是一片漫无边际的森林，检索工具就好比一张地图，把那些错综交织的大小路径标示出来，以便林中人迅速判断自己的位置，确定下一步行动方案。它不是知识本身，而是知识的运用和组织手段。它把已经储存的知识，在一个高度简化的层面上重新条理化，提高了资料查找的速度和效率，成为近代知识场域的必备工具。而中国传统的检索手段以书目、类书、辞典为主，品种既少，编排方式又多依具体类别为序，一旦遇到难以归类的现象，就很容易造成障碍。② 至于书后附录的"主题索引"，更闻之未闻。对此，吕叔湘曾有一番评论：中国"没有容易查的字典"，"没有容易查的书目"；没有"索引"，一本书"就变了半身不遂"；综合性的期刊论文索引、日报索引、地图索引、电话簿索引、档案卷宗索引，都"没有一个简捷的排比方法，办事的效率减少一半"。③

首先欲试图改变这种现象的是一批留学生。1917年，还在美国读书的胡适在日记里记下一位叫作祁暄的同学：他"最重条理次序"，而"每苦吾国人办事无条理，藏书

---

① 夏曾佑：《中国古代史》，河北教育出版社2003年版，第4页。
② 这方面可以对照西洋的情形：自17世纪开始，西方国家的百科全书的编排开始采用字母次序而非主题分类的方式，主要是新知识迅速增加，以致旧的分类方式很难适应。参考彼得·柏克（Peter Burke）：《知识社会史：从古腾堡到狄德罗》，贾士蘅译，台湾麦田出版公司2003年版，第186页。不过，下面这个例子表明，字母排序方式也并不是没有被人质疑。1778年一位荷兰书商准备出版一部《方法百科全书》，不但准备修正和扩充狄德罗的《百科全书》文本，也改变了排序方式。"他不再根据字母顺序排列内容，而是要根据主题分组，……由于有了这种'有系统'的组织方式，他的读者将不再需要为了获得关于某个主题的系统观点而在数十卷沉重的大部头卷册中仔细搜寻，把相互参照的内容拼凑在一起了。"而狄德罗的方式"把知识的世界切割成彼此分离的片断，并根据武断的字母顺序——一种'只可能使半瓶醋的学者或是无知者满意'的排列方法——把它们排列起来"，而忽视了"不同部分的知识之间潜在的合理联系"。参考罗伯特·达恩顿（Robert Darnton）：《启蒙运动的生意：〈百科全书〉出版史（1775—1800）》，叶桐、顾杭译，生活·读书·新知三联书店2005年版，第387页。如果把这番评论和下文将要引到的胡适的言论加以对比，显然可以使我们意识到，哪一种知识的排列方式才是"有系统"的，恐怕也和不同人的感知有关。
③ 吕叔湘：《汉字和拼音字的比较——汉字改革一夕谈》，《吕叔湘文集》第4卷，商务印书馆2004年版，第92-93页。

无有有统系的目录,著述无有易于检查的'备查',字典无有有条理的'检字'",遂发奋创制一套"备检法"(an index system)",取名"祁暄事类串珠"。① 胡适甚是欣赏。1925 年,胡在为王云五《四角号码检字法》所作序言中又一次提出,"中国字的分类与排列"是"整理国故"中"最难做却又最不可不做的"工作,它既是"一切字典辞书的基础",又是"一切'索引'的基本":"字的排列没有一定,我们便不能不单靠内容和性质来做编排的标准,如文件须分事类,地名须分省份,人名须依《百家姓》,书目须分四部,那是多么困难的事呵!"②实际上,从事这一工作的人并不少。王云五 1925 年就举出 1841 年以来中外人士创制的中文检字法 8 种,1932 年公布的一个数字更高达 38 种。③

但"检字法层出不穷",也恰好使吕叔湘从中看到"汉字检字的病入膏肓":"为什么? 为的是没有一种有特效哇。"④他是支持文字拼音化的,自然把这点当作汉字必须改革的证据。周建人也认为,四角号码检字法等虽部分弥补了汉字检索的缺陷,但"现代社会"使用的都是词汇,只"查得单字"是不够的:"我们不但要查'内'字和'外'字,还要查'内线作战'与'外线作战';我们不但要查'原'字与'磁'字,还要查'原子能'与'磁性水雷'。诸如此类,不胜枚举。如《中山大辞典》里的'一'字部有四百几十面之多。便是查得第一字,再要找见几个相连的一个名辞还是不大容易的。"西文就没有这种麻烦,"便是含几十个字母的名辞也极其容易查得"。⑤ 结论自然是废除汉字,改用拼音文字。

根据今天的后见之明,我们已经知道,只要加入拼音字母作为辅助手段,就能大大提升汉字的检索能力,并非一定废除汉字不可。但拼音字母同样是书面文化"声音化"的一种(尽管比较温和),受到西方以声音为中心的文字观念的很大启发。

以上描述只是从知识生产到知识利用的各个环节中随意选取几处,略加点染,但已使我们看到,声音在近代知识场域中已无所不在,极大改变了知识场域的面貌。但另一方面,这场革命似乎又是"静悄悄的",除了像文字拼音化等少数极端思想外,在很多情形下,它都不动声色。通过将听力引入知识场域的内在结构,声音转向以一种细微而持续的方式塑造了近代知识人的感官世界——而听力本身就是人体功能的一种,使得这场革命看来更为流畅、自然;较之发表宣言式的思想和社会运动,更易被人接受,但也因此难以引起学者的足够关注。

---

① 胡适:《留学日记》,《胡适日记全编》第 2 册,1917 年 5 月 27 日,安徽教育出版社 2001 年版,第 590 页。
② 胡适:《〈四角号码检字法〉序》,《胡适文集》第 4 卷,北京大学出版社 1998 年版,第 650 页。
③ 分见王云五:《号码检字法》,《东方杂志》1925 年第 22 卷第 12 号,第 83-85 页;白涤洲等:《关于现行的检字方法》,《国语周刊》1932 年第 2 卷第 27-52 期,第 54 页。
④ 吕叔湘:《汉字和拼音字的比较——汉字改革一夕谈》,《文字改革》1984 年第 3 期,第 92 页。
⑤ 周建人:《论拼音文字的急须提倡》,倪海曙编:《中国语文的新生——拉丁化中国字运动二十年论文集》,第 405 页。

三、"声音"的象征意义与知识现代性

上述的讨论不应使我们得出这样一种线性的观念:声音转向乃知识场域变化的表征,或原因,或后果。错了,它同时是这三者。此外,"声音"也不只是一种物质流程,它也被中国近代知识人赋予了更深远的象征意义——同样的意义,也出现在他们的知识论中。这就意味着,声音转向与知识场域的变化之间具有一种象征层次的同构性,正是这种同构性为声音转向深度参与近代知识革命提供了可能。为此,我们必须了解:从中国近代知识人的角度观察,"声音"到底意味着什么?

第一,20世纪上半期一个非常流行的理论认为,"声音没有形象"。这一说法近年已受到质疑,但仍有不少支持者。① 我们并不打算讨论这一命题本身,而是想指出它在知识观方面的一个推论:摆脱了形象束缚的声音,更便于对知识的抽象处理。这无疑大大提升了它在认知方面的地位:近代中国知识人对抽象知识和抽象能力表现出高度崇拜。很多人倾向于认为,抽象知识比具体知识更具概括性和统摄力,更加高级。毛泽东1937年发表的《实践论》提到,"概念"是在"感觉和印象"基础上的一次思维"飞跃",它把握了事物的"本质""全体"和"内部联系"。因此,"概念同感觉,不但是数量上的差别,而且有了性质上的差别"。② 这虽然只是中国版"马克思主义者"的看法,但也体现出近代中国思想界共同接受的思路。1949年以后,这一结论更是广为传播,成为20世纪下半期中国"哲学文化"的一层底色。在这句话中,我们一眼就可看见"现象"与"本质"二分的西方知识论传统,这和中国那种道器合一、即体即用的认识传统相差万里。这种理论认知架构使得近代读书人把"象"从知识场域的中心向边缘驱赶,同时更容易接受"声音"这一被视为便于抽象运思的媒介。

抽象知识在现代知识观念中扮演的吃紧角色,我们可以从两个方面看出。

一方面,逻辑推演是一种纯形式的思维运作,必须从具体和特殊的语境中高度抽离;中国传统"取象"式的求知方式与之格格不入,也因此被认为中国逻辑不发达的主因,因此,欲实现中国学术的"现代化",就必须先使其"去象化"。1918年,傅斯年批评传统学人之持论,"合于三段论法者绝鲜,出之于比喻者转繁",喜欢"以比喻代推理",结果造成一个"不合实际,不成系统,汗漫支离,恍惚窈冥之混沌体"。③ 钱玄同也说,汉字"庞杂汗漫",阻碍了中国人的"头脑清楚"。他又认为,汉字本来象形,但形体随时迁变,连"形"也不"象"了,遂沦落成"无意识的记号"。但它还挂着"象形"面孔,"弄得大家看着字形,时而觉得是有意识的,时而觉得是无意识的,目迷五色,莫名其妙",平

---

① 米歇尔·希翁(Michel Chion):《声音》,张艾弓译,北京大学出版社2013年版,第283页。
② 毛泽东:《实践论》,《毛泽东选集》第1卷,人民出版社1991年版,第285页。
③ 傅斯年:《中国学术思想界之基本谬误》,《傅斯年全集》第1卷,湖南教育出版社2003年版,第25页。

添错乱。① 俞敏也出于同一理由,称汉字"失去理性"。② "无意识""失去理性",皆"不合实际"之谓也。拼音文字本不求"象",反不受局限,更便于逻辑运思。

另一方面,与具体性和特殊性的分离,也使抽象知识获得了一个高高在上的"中立"地位——这是近代知识论为"科学"专设的席位,而"声音"被认为比"形象"更靠近这个位置。前边谈到,胡适认为,不能以文本的"内容和性质"作为检索线索:它们和具体现象贴得太近,边界不清,颇多含混,无法提供一个更为超然而具普适性的立场,为各种需求提供同等质量的检索产品。胡适此言是为了赞助王云五的四角号码检字法,但这番道理其实更切合于拼音文字。吕叔湘等人就是沿用同一思路,否定了包括四角号码在内的各种汉字检索方案。这是一种从"纯功能"角度思考问题的方式,正是抽象思维的要求结果。按照卡尔·曼海姆(Karl Mannheim)的看法,知识抽象程度的提高"是与各种社会群体混合成为一体相关联的"。③ 换句话说,它是随着社会网络的扩展而导致社会关系复杂化的结果——而这当然就是中国近代出现的现象,正和"群众"的兴起有关。再者,如果我们把知识场域也设想为一个"社会",根据同样的道理,这种现象也是和知识本身的扩充与复杂化连在一起的。④

第二,法国专研音响问题的电影学家希翁指出,"声音只能在时间中存在"。⑤ 与之相反,视觉符号具有极强的时空延续性,对外在物质和技术条件的要求相对较低。事实上,文字正是人类发明来保存声音、抵抗时间流逝的一种手段。但问题是,在近代中国知识人的观念中,声音只能依赖于时间而存在的性质却被赋予了一种相当正面的含义:"即时"的,就是"当代"的。新文化人对中国社会的"落后""保守""僵化"心态异常敌视,认为它们阻遏了中国民族和文化的生机。在学术上,这种思维方式特别体现为对"回向三代"式的治学取向的批判。前述王献唐批评清人学问时使用的"古董"一词,绝非特例,而是 20 世纪知识人批判传统学术的标准用语之一。作为正面目标,他们则揭橥一种直面当代的学术风气。声音转瞬即逝,与日俱新,正好应和了他们这种竭力摆脱传统的心理诉求。

通过隐喻方式,这种时间性的评价尺度又和一种共时性的区分标准形成了一个可以对流的意义系统。与"往昔"相应,文字、经典和书本等在传统中占据较高地位的文化符号,此时成为中国历史长期滞后的表现,它们顽固地维系着不合时宜的价值观和风俗习惯,将中国人的心灵紧紧拴在早已消逝的古代世界中。作为对此取向的反抗,

---

① 钱玄同:《关于 Esperanto 讨论的两个附言》《论注音字母》,《钱玄同文集》第 1 卷,中国人民大学出版社 1999 年版,第 212、69 页;《汉字革命》,《国语月刊》1923 年第 1 卷第 7 期"汉字改革号",第 18 页。
② 俞敏:《万斤重的小毛锥》,倪海曙编:《中国语文的新生——拉丁化中国字运动二十年论文集》,第 418 页。
③ 卡尔·曼海姆:《意识形态与乌托邦》,李步楼等译,商务印书馆 2014 年版,第 349 页。
④ 这里只是提供一个解释,社会的复杂化是否一定向知识抽象化单向发展,以及知识抽象化是否一定要由声音来承担,都是另一个问题。
⑤ 米歇尔·希翁:《声音》,第 54 页。

20世纪二三十年代,几个平行的新景象几乎在好几个学科中同时出现:一是把寻找真理和证据的目光投向"书本"之外,二是重视实地踏勘和实物的调查、搜集、整理与研究,三是关注质朴少文的社会和人群。如前所述,这几个取向也为知识版图的构成带来了一系列改变:一些新兴学科如考古学、民俗学、人类学、民族学、生物学、地质学等兴起,传统学科如历史学中出现了新的学术取向。尽管大家的研究目的颇为歧异,运用的材料也千差万别,但共同的学术关怀使它们彼此呼应,形成了新的学术亲缘关系。这里我们只举一例:1928年,中山大学生物系教授辛树帜率领几个学生在广西搜集动植物标本,业余时间还搜集当地的歌谣,记录方音和风俗。① 这只是一个小例子,却提示我们注意到这几种学问的"家族相似性"。

"声音"就是中国近代学术注意力转向"当代"的一条重要途径。这在前述新式方言研究的信条中体现得最为醒目。胡适关于文言与白话消长史的一个著名理论,也是从时间迁变的角度入手的:在"乡曲愚夫、闾巷妇孺"的口中,语言随时变易,不断"进化";但经过"文学家"改造,成为"百世不变"的"标准",反而死掉。"变迁便是活的表示,不变迁便是死的表示。"② 白话文就是要随时代改变,才能保持生命力。这段话的要义是,并不存在一个永恒不变的文章标准。而且不仅文章如此,万事皆同——"从前的人以为科学律令是万世不变",现代观念则"把科学律令看作假设的,以为这些律令都是科学家的假设,用来解释事变的,所以可以常常改变"。③ 知识也是临时性的建构,可以不断改变。这里,即时性不再是必须加以否定的质素,反而是知识的内在特征。离开这一认识论条件,中国近代的声音转向是无法成立的,无论这场变革的推动者们是否自觉意识及此。这看来和"取象"观念下的知识流动性非常相似,却有一个实质的不同:在"取象"观念下,知识的流动性源自语境、认知对象和认知者的微妙互动;而在近代知识论中,知识的变动是线性的、形式化的。

"声音"的即时性也体现为高度的变化性。希翁指出,声音源自运动,"还会在听者那里激发某种运动的欲望"。④ 麦克卢汉也注意到,口语的节奏可能随时变化,跳跃感很强。⑤ 这一与动感相联的特点,也应和了近代知识人的文化理想。1918年,李大钊提出,东西文明的最大差异是"东洋文明主静,西洋文明主动"。这表现在社会生活的各个方面,比如宗教:"东方教主告戒众生以由生活解脱之事实,其教义以清净寂灭为人生之究竟。寺院中之偶像、龛前之神、池中之水,沉沉无声,皆足为寂灭之象征。西方教主于生活中寻出活泼泼地生命,自位于众生之中央,示人以发现新生命、创造新生

---

① 顾潮:《顾颉刚年谱》(增订本),中华书局2011年版,第177页。
② 胡适:《国语文法概论》,《胡适文集》第2卷,北京大学出版社1998年版,第339页。
③ 胡适:《谈谈实验主义》,《胡适文集》第12卷,北京大学出版社1998年版,第271页。
④ 米歇尔·希翁:《声音》,第188页。
⑤ 马歇尔·麦克卢汉(Marshall McLuhan):《理解媒介——论人的延伸》,何道宽译,商务印书馆2003年版,第113页。

命之理,其教义以永生在天、灵魂不灭为人生之究竟,教堂中之福音与祈祷皆足以助人生之奋斗。"①李大钊显然是在不经意间使用了声音的喻相:"沉沉无声"是"静"的结果,"福音与祈祷"是"动"的显露("声音"成为积极进取的生命力和创造力的象征)。这样,文化向声音看齐,也是向中国人心灵中灌注现代精神的过程。

第三,现代知识的一个重要特点是公开性。一般认为,它"与个人无关",具有普遍性、客观性。② 在交流的意义上,这意味着它必须可以言传。1924年,恽代英在一篇批判泰戈尔的文章中说,泰戈尔信奉的"神""梵"一类概念,都是"不能用知识去求的,不能用言语来说明的"。因为"我们的言语,是全靠用各种属性解说一件事物的",这些"最高级"的概念则"几乎没有属性可说,自然有言语不能形容之状了"。这就是泰戈尔说"我们要缄默,神的国才会到来"的原因。③ 对恽代英来说,"言语"和"缄默"分别代表了两种不同的认知取向和思想形态——他分别称之为"知识"与"玄学"。这不是恽代英这样一个激进的青年革命家的独特思想。王汎森先生已提到,熊十力号召的"研究之态度",就包括把一些"心性的"或"难以言明的"层面从知识和思想中"剥离"出去。④ 我相信,在恽代英的眼里,熊十力应是不折不扣的"玄学鬼",但他这方面的认知和恽氏也颇为相似,可知此种观念已达到被普遍接受的程度。这种区分及其标准本身就是近代知识版图重绘工作的一部分,在传统知识论中是找不到依据的。⑤

恽代英笔下的"言说"是广义的,兼语言文字而言;而同样的结构又出现在语言和文字区分之后的关系上。一般来说,声音面向宽广,具有极强的群众性;文字则更私密化、个人化,门槛较高,只是少数人的文化。美国传播学家沃尔特·翁就说:"口语交流使人实现群体团结;而书写和阅读是孤零零的个人活动,使人的心智回归自身。"⑥在近代中国,翁所说的"口语"和"书写"除了是它们自身外,还常常被"翻译"为另外两组词汇:一是文言和白话,一是拼音文字和汉字。在文体方面,自清末开始,就有不少人提出,文言不如白话易懂,新文化运动更是把目标界定为"与一般人生出交涉"。前述胡适那段讨论白话与文言消长史的话,除了时间维度外,还包括一个社会阶层的区分:

---

① 李大钊:《东西文明根本之异点》,《李大钊全集》第2卷,人民出版社2006年版,第213页。
② 迈克尔·普兰尼(Michael Polanyi):《个人知识——迈向后批判哲学》,许泽民译,贵州人民出版社2000年版,第1页。
③ 代英:《告欢迎泰戈尔的人》,钟离蒙、杨凤麟主编:《中国现代哲学史资料汇编》第1集第5册,辽宁大学哲学系1981年版,第28-29页。
④ 王汎森:《执拗的低音:一些历史思考方式的反思》,生活·读书·新知三联书店2014年版,第15页。
⑤ 当然,近代意义上的"知识""知识论"在中国传统观念中也没有对应事物,本文不过为表述方便,姑以名之而已。而此事本身也说明,由于交流媒介的激烈变化,我们今日已沉浸在一个与传统全然不同的认知环境中,以至于在返回传统的过程中,无处不遇到陷阱。但历史学的一个基本目标就是要将古人所言转述给今人听,使后者理解前者,这种陷阱自然也是无可奈何之举,唯研究者应该时刻保持清醒,不被"语言的牢笼"所束缚,而能尽量使用今语去贴近,至少是不歪曲古人的心智世界。
⑥ 沃尔特·翁(Walter J. Ong):《口语文化与书面文化:语词的技术化》,何道宽译,北京大学出版社2008年版,第52页。

作为大多数的"乡曲愚夫、闾巷妇孺"被视为推动语言进化的主要动力,少数的精英"文学家"则恰恰相反,成为语言变革的绊脚石。

同样的逻辑也体现在关于文字类型的思考中:汉字往往被认为只有"少数人"才能掌握,拼音文字直写声音,则被视为属于民众的。1935年,陶行知主编的《生活教育》杂志发表了一篇介绍拉丁化新文字的文章,作者提出:"文字应该是语言的直接记录,我们看着了一定的简单的符号,便能知道这是代表某一个声音",汉字却是通过"方块似的形体表示这个字的声音",只能供"那些有钱有闲的人"学习,不是为"每天要做十多个钟头的工人"准备的,"所以在视觉上汉字也就是最便利于少数人独占的文字符号"。① 这套说辞是所有主张文字拼音化的人士共同接受的,无论他们是无政府主义者(吴稚晖)、自由主义者(胡适)还是马克思主义者(恽代英)。对他们来说,文化的声音转向就是填平不同社会阶层沟壑的一个关键步骤。②

无论是提倡白话文还是拼音文字,这些思考都隐含着一个前提:声音为所有人共喻,文字则是少数人的;因此,越贴近声音的文化形式,就越是群体的、公共的。早在清末,这个前提就被不少趋新人士接受了(当然他们未必都自觉到)。康有为在《广艺舟双楫》中提出,汉字"以形为主",外文"以声为主",都是因为"中国用目,外国贵耳"。接下来的结论就是全新的了:"然声则地球皆同,义则风俗各异。致远之道,以声为便。"这岂非说拼音文字可以无远弗届,汉字则限于一隅?但这又不是康氏愿意接受的,故马上又一转:"然合声为字,其音不备,牵强为多,不如中国文字之美备矣。"③在这短短几句话中,康有为一直徘徊在"声""义"之间,心境颇为纠结。不过我们更感兴趣的还是"声则地球皆同"一句——这明显和一般认知有异:18世纪德国哲学家莱布尼兹受到汉字启发,试图发明一种能在全世界通行的语言,其理由就是,形象比声音更具普遍性。④ 在近代中国,这一认知虽被颠倒过来,但康有为对"声音"具有的普遍性力量的估计,还是超过同时代的大多数人。然而,也正是这一点使我们看到,近代中国人是怎样坚持把"声音"和公共性、公开性联系起来的。

这把我们带到近代知识场域的心态条件方面。前边已经谈到,近代文化声音转向的基本目的是使资讯的流通更加平顺、快捷、普遍,这就要求尽量消除那些有可能阻碍传播过程的各种异质性因素,如晦涩、艰深和过于文雅。这个要求体现在新器物和技术方面(如电话、无线电),也体现在交流媒介性质和形态的改变方面(如国语、白话

---

① 洞若:《中国话写法拉丁化》,《生活教育》1935年第2卷第17期,第36-37页。
② 可以与此类比的是,彼得·伯克指出,采用字母为百科全书排序的做法,"反映了也鼓励了由阶级组织和有机的世界观转变为个人主义和平等主义的世界观"。见彼得·伯克:《知识社会史:从古腾堡到狄德罗》,第192页。
③ 康有为:《广艺舟双楫》,《康有为全集》第1集,中国人民大学出版社2007年版,第254页。
④ 艾田蒲(Rene Etiemble):《中国之欧洲》上卷,许钧、钱林森译,广西师范大学出版社2008年版,第280-291页。

文)。更重要的是,它的改造对象不仅限于物质空间,也列入了人的心智世界:在各种物质装备的配合下,知识在社会上流畅传播,既生产和复制出更多的知识,又生产着越来越庞大的知识共享群体,同时,也通过有形无形的压力,把个人取向的知识论排除在现代知识建制之外。

以上我们试着从抽象性、当代性、公开性三个方面,探讨了近代知识论对知识的界定与"声音"的象征意义之间的同构关系。这里的描述未必完整,但已经可以使我们知道,"声音"为何受到近代知识人器重。就此而言,声音转向是中国知识现代性生成的重要一环。

四、余论

本文讨论了中国近代文化的声音转向在知识场域中的表现及其影响,也从象征层面探索了"声音"与知识现代性的关联,以确定它在近代知识革命中的意义。在结尾处,我不准备把前文的结论重新概括一遍,而希望从一个新视角对上文的结论加以观照,这个视角是前边已约略提过的,就是认知习性。按照布尔迪厄的看法,不同的场域会培养出不同的习性,那么,场域的变化也势必会培养出新的习性。从上文的论述中,我们至少可以辨别出两种不同的认知习性,扣合本文的主题,我们姑且称之为"视觉型的认知习性"和"听觉型的认知习性"(要强调的是,这个区分是针对近代中国的特殊文化语境提出的,未必具有普遍性)。

视觉型认知习性与传统知识论有关:它是以文字为中心建构起来的,主要的求知方式是"取象";这种知识高度依赖于认知者和语境,允许认知的个体性和特殊性的存在,形式化程度较弱;在对事物加以分析的同时,更注重事物的"交会"之处,具有"分""际"并在的特点。听觉型认知习性则与近代以来接受的新观念有关:它强调声音在知识构成中的重要,以抽象性、逻辑性、公开性或公共性作为判别知识等级的标准;在材料上,有一种否定或至少是淡化"书本"的心态,提倡从活生生的民间文化和当代现象中寻找研究课题;反对一个永恒不变的"真理"的存在,把知识视为一种临时性的建构,可以随时被刷新。

这两种不同的认知取向也是两种不同宇宙论的组成部分:视觉型认知习性依赖于传统的天人一体观。这其中,天地把"象"呈现给人。这当然不意味着它会主动把所有的奥秘都向人坦白,实际上仍存在许多"不可泄露的天机",因此,这种呈现与其说是展示,毋宁说是提示。但这并不妨碍人和自然之间保持一种友善关系。听觉型认知习性则主要受到西方近代知识论的影响。在这里,"象"很可能只是一个现象的偶然呈现,并不反映任何实质,无法为问题提供一个深刻的解释,并无意义可言。大自然不但不会主动提供它的奥秘,反而会将其"本质"深藏于"现象"之后。我们知道,根据近代知识论的主要奠基人之一弗朗西斯·培根的看法,人不能为自然的表象所迷惑,而必须通过精心设计的程序"拷打"自然,逼迫它吐露自己的秘密。

在这个意义上,中国近代的知识革命也是一种认知习性的变化。但这不意味着听觉型认知习性就替代了视觉型认知习性。实际上,直到今天,我们在大多数读书人那里还可以清楚地观察到后者的影响。这在外语教学方面体现得尤为显著:不少人都要花费极大的心力,才学会如何摆脱先从词语形象入手的认知习惯。不过,在总体上,我们仍可发现,近代知识人在保持视觉型认知习性的同时,也越来越多地培养出一种听觉型的认知习性。

最后,我还想对两个问题做进一步申说。

第一,我们怎样理解声音转向和其他感觉尤其是视觉的关系。前边已经说过,声音转向并没有否定"观看"在知识建构方面的作用。众所周知,福柯曾通过对临床医学的研究,提出一个著名观点:现代科学是通过"看"来获取知识的。临床医生用一种"纯粹"的眼光看待疾病,这道目光"先于一切干预、忠实于直接事物",并装备了"一整套逻辑铠甲"。对我们来说,更重要的是,它是"沉默"的,"因为只有沉默才能使他倾听"[1]。"沉默"使人冷静,保持足够的机敏,不放过任何一个细微迹象,以供大脑做出准确判断。近代以来,这道冷峻的目光同样传入了中国。我们不妨引述一个普通的生活插曲。

1919年4月,刚刚留学归国的任鸿隽准备从上海出发,乘坐蜀通号客轮,回四川探亲。客轮离港不久,就出了事故。任氏在给胡适的一封信中,详述了这之后的情形:

> 于是舱内议论蜂起,有的说船已到了南通了,有的说已经回到上海了,有的说就在吴淞口内避一避风呢。我很奇怪,那讲话的人眼角边就是窗子,为什么不探头出外看一个明白,何必在那里瞎猜呢!……还有一件有趣的事,就是我在这个时候,无意中亲见一种谣言的制造法。船停之后,一个人从外面进来说道:"外面的船依旧回到上海了。"一个睡着的人问道:"为什么回上海呢?"刚才那人道:"听说上海的和议破裂了。"旁边一个睡着的人接着道:"果然有这样的事,但是我昨天看见刘亚林,为什么不曾谈及呢?"[2]

这是一段生动的素描,展示了在任鸿隽心中,寻找事实与"制造谣言"的一个重要差异就在于:我们是否"探头出外看一个明白"。

在这里,我们仍可看到"百闻不如一见"的影子,不过,比起传统的"见"来,对任鸿

---

[1] 米歇尔·福柯(Michel Foucault):《临床医学的诞生》,刘北成译,译林出版社2001年版,第118页。
[2] 任鸿隽致胡适函,见中国社会科学院近代史研究所中华民国史研究室编:《胡适来往书信选》上册,中华书局香港分局1983年版,第38页。

隽来说,这种观看不但是"忠实于直接事物"的,也是应合乎逻辑的——这层标准,就隐含在那段"谣言制造法"的描绘中。这再次表明,近代文化的声音转向,并不意味着目光的消失。相反,那种叽叽喳喳的议论声,在这里却代表了一种懒惰的、没有秩序感的认知习惯,它和科学家的"沉默"形成了鲜明对照。我在这里举这个例子是想表明,在声音转向后,观看仍处在认知的核心地带(注意这和前边讲到的"象"的边缘化并不矛盾。"象"与观看当然有密切的关联,然毕竟是二事);同时,声音也不只象征着"科学",有时也正好象征了"科学"的反面。目光和声音各自具有怎样的含义,要看它们究竟是什么样的目光和声音。这一点也提示我们,近代学者为声音赋予的象征性的文化意义部分地与他们对声音物质意义的认知有关,但也带有很强的任意性,甚至可以说是各取所需。与其说他们在声音那里看到的文化意义是客观的实在,毋宁说是他们自身所持学术价值系统的表达。① 因此,在不同的情境下,"声音"的文化意义也是不一样的。

希翁提出,如果"剥夺其他感觉尤其是视觉的信息来源,而单凭听觉来倾听现实的声音,会发现完完全全陷入黑暗中"。这意味着,"单凭声音不足以帮助我们重建对现实的知觉"。另一方面,声音所引起的感受也不只是听觉的,而是"跨感觉感受"。② 这也使得我们不能把它看作与视觉完全对立的东西。尽管近代知识人的论述,常常习惯性地将声音和形象放在两极,但二者往往都需要更多地从象征而非实在意义上理解。实际上,声音不但不和其他感官对象相互排斥,它还犹如一个按钮一般,唤醒了人的所有感官,使各种感觉更加鲜明活泼。换言之,声音在知识建构过程中扮演了更加丰富的角色,它把整个外部世界作为"材料"引进了知识探索的范围。

视觉同样需要更复杂的思考。与很多人对"中国文化"的"集体主义"印象不同,主要由文字媒介构成的传统知识世界,其实更鼓励个体性的投入。阅读书本的过程,也是读者与作者心通意会、不断向内心深处探索的过程。这种认知类型要求各种感官逐渐"冷却"(程度当然不同),包括眼睛在内。余英时先生反复强调的中国文化的"内向超越性",恐怕便和中国人长期采用形意文字而将其"内化"养成的认知习性是分不开的。也就是说,比物理意义上的"声音"或"文字"及其象征意义更重要的,是与它们相配套的知识观。从这个角度切入,我们会发现,正如"声音"不仅是听觉的一样,"文字"也不仅是视觉的,它意味着一种更为"内向化"的认知取向。

至于近代知识观念所器重的"视觉",则完全是另一种形态。梁漱溟曾以医学为例,说明东西"知识"观念的差异:中医对疾病的观察是"猜想直观的",只要"从外表望着像是如此"就可以下判断,而不经过"检察实验"。这种"玄学"的观看和"科学"不同:

---

① 这里的一个例子是,美国诗人庞德在汉字的"象形性"中看到的就和本文提到的许多学者之所见相反:象形文字通过"把语源变成可视的",而"恢复语言的当下性"。参考查尔斯·泰勒(Charles Taylor):《自我的根源:现代认同的形成》,韩震等译,译林出版社2012年版,第690页。
② 米歇尔·希翁:《声音》,第154、82-83页。

"玄学总是不变更现状的看法,囫囵着看,整个着看,就拿那个东西当那个东西看;科学总是变更现状的看法,试换个样子来看,解析了看,不拿那个东西当那个东西看,却拿别的东西来作他看。"①梁漱溟是所谓"文化保守主义者",但这段话对中医却颇多误解,不过也恰好展示了在近代知识人心目中,"看"的观念发生了怎样的改变:传统的"看"是整体的、表象的("拿那个东西当那个东西看"),科学的"看"是分析的、深入于表象之下的、本质的("不拿那个东西当那个东西看")。将梁漱溟和任鸿隽的两段话放在一起,我们可以发现:重要的不是"看"或"听"的本身。哪一种行为得到较高评价,端赖于它们是与哪一种知识观念相配合的。

第二个问题是,怎样理解声音转向和西方文化的关系。这是一个大问题,此处只能简要一谈。显然,中国近代文化的声音转向和知识场域的变化,都可以看作西方影响的结果。大概是受到德里达理论的启发,日本学者莲实重彦认为:"'语音'中心的姿态"体现在近代"各种'知识'领域"中,"辉煌地统领了二十世纪的文化"②。前边讲过,这和中国传统知识形态存在十分明显的差异,也正是它受到近代国人青睐的主因。自19世纪中期以来,屡次败于西人之手的经验,对中国人造成了巨大的心理压力,导致文化自信力的大面积崩塌,结果之一就是,近代中国人倾向于把西方文化中那些看起来和中国传统不一致的地方,都当作西人独享富强的奥秘。反过来,他们又将这些"特点"作为标准,在中国传统中发现了种种"不足",并提出相应的赶超方案。声音转向就是其中的一部分。

这种背景为我们理解"声音"的象征意义提供了基本背景。这些象征意义当然不是空想出来的。从我们前边引用的学者论述可知,它们在人们对声音的实际经验中是可以找到影子的。不过,我们在西方学者的论述中,却也发现了不少相反的言论。比如,同福柯一样,在本雅明看来,"视觉较之于其他感觉具有优先地位"是19世纪认知的一个"鲜明特征"。③ 这和近代中国知识人的认知即使不能说完全相反,也有很大差异;与莲实重彦的看法更是背道而驰。又如,美国学者柯拉瑞指出:"在许多人类活动领域当中,效率与理性化端赖人们对于肉眼能力所累积的认识。"④英国人类学家杰克·古迪则说:就逻辑一词"最正式的意义"而言,它直接与书写技术有关;此外,"去语境化"(decontextualisation)也是"内在于书写技术"的。⑤ 这同样与近代国人赋予声音的"理性化"和"高效率"的象征意义恰好反背。而在语言和文字的关系上,也已经有学者

---

① 梁漱溟:《东西文化及其哲学》,《梁漱溟全集》第1卷,山东人民出版社1990年版,第357页。
② 莲实重彦:《反"日语论"》,贺晓星译,南京大学出版社2006年版,第136页。
③ 参考西蒙·冈恩(Simon Gunn):《历史学与文化理论》,韩炯译,北京大学出版社2012年版,第138页。
④ 强纳森·柯拉瑞(Jonathan Crary):《观察者的技术:论十九世纪的视觉与现代性》,蔡佩君译,台湾行人出版社2007年版,第30页。
⑤ Jack Goody, *The Domestication of the Savage Mind*, Cambridge, Cambridge University Press, 1978, p.44, p.159.

证明：口语所传达的意义对语境具有高度的依赖性，文字所传达的意义更集中于其本身。① 结构主义语言学大师索绪尔就注意到：在一般人看来，"书写形象"给人以"永恒"与"稳固"的感觉，而"视觉印象比音响印象更为明晰和持久"，这使得文字在西方文化中"凌驾于"口语之上。② 这也是前述中国知识人所未曾料到的。

传媒学创始人麦克卢汉的观点更使人惊讶。他虽隐约提到汉字是一种"会意文字"，但更多时候，他把中国文化归结为"东方的""部落式的、偏重听觉的"文化类型。由于"经验由占主导地位的听觉生活来安排，听觉生活压制着视觉价值"，这种文化"不可能接受独立的个体和分离的公民"，其"空间观念和时间观念既没有连续性，又没有一致性"，而是充满了感情色彩。这是由听觉这种传播媒介的性质决定的：听觉"具有高度的审美功能""精微细腻""无所不包"，这是因为，作为一种面对面的文化，"口头文化在行动的同时要做出反应"。相反，视觉是"低清晰度的、中性的"，使人可以"压抑情感和情绪"，"只行动而不用做出反应，不用卷入其间"——"这是使用文字的西方人特有的优越性"。③ 中国文化不能培养"个性"这类评价，当然也是近代西化知识人的共识，但他们和麦克卢汉的思路则南辕北辙：在麦氏看来，是视觉而非听觉造就了西方文化的"优越性"。

当然，西方学者所说的文字都是"拼音文字"，汉字或根本不在他们考虑的"文字"范围中。但站在中国人习惯的立场上，西人所言"文字"，则仍属声音文化的一种。这些例子表明，中国近代知识人在中西文化间所做的诸多对比，虽不能说无中生有，也夹杂着诸多误解与想象，充满了"自我他者化"的意味。其实，上面引用的西方学者之间也不无冲突，比如，德里达的关注点就和福柯、柯拉瑞完全不同。这显然是因为任何一种文化传统内部皆有其复杂性。因此，就事实而言，我们决不能单纯将"耳学"和"眼学"作为中西文化的区分标志。同样，书面文化与声音文化的区别也是理想型的，二者之间并不存在线性的接替关系，更不意味着书面文化就是排斥听觉作用的，或者相反。

不过，"事实"是一回事，对事实的认知和解释又是一回事：后者是对事实加以挑选和重组之后形成的一套论述，不免带有"任意"成分。这一点，我们从"声音"的象征意义中就可以看出——它依据了一部分"客观"经验，但更多地是由一套更大范围内的文化假定和文化心态决定的。麦克卢汉心中自觉不自觉的"西方中心主义"和中国近代知识人的过度"反求诸己"，只有在这样的文化假定和文化心态中才能理解。这也可以解释下面这种思想史上常见的现象：大家面对同样的"事实"，甚至得出了同样的结论，论证过程却大相径庭，甚至论点和论据之间的连接方式都是针锋相对的。因此，在对

---

① 此是语言学家奥尔森（David r. Olson）的观点，参考沃尔特·翁：《口语文化与书面文化：语词的技术化》，第 81 页。
② 费尔迪南·德·索绪尔（Ferdinand De Saussure）：《普通语言学教程》，高名凯译，商务印书馆1985年版，第50页。
③ 马歇尔·麦克卢汉：《理解媒介：论人的延伸》，何道宽译，译林出版社2011年版，第120-121、123页。

实际的文化运作方式加以"客观性"辨析的同时,我们应该更多地对那背后的文化假定和文化心态加以反思。如果我们承认,每一个文化的特性就在于它提供了一套与众不同的观察眼光,从而揭示了这个世界上如果存在着未被其他文化关注到的一些现象的话,我们不妨在有效汲取他人长处的同时,更自觉地维护和发展自己的文化特色。就本文所关注的现象而言,这意味着,我们应学会更好地利用和控制"声音",用它来补充、阐发和促进,而不是否定和替代华夏文化数千年来以"象"为中心形成的众多经验和知识。